AF827533

Brückner

IATF 16949 und ISO 9001 in der Praxis

Ihr Plus – digitale Zusatzinhalte!

Auf *plus.hanser-fachbuch.de* gibt es kostenloses Zusatzmaterial zu diesem Buch. Den Zugangscode finden Sie am Ende des Werkes.

Claudia Brückner

IATF 16949 und ISO 9001 in der Praxis

Schritt für Schritt zur erfolgreichen Umsetzung

HANSER

MIX
Papier | Fördert gute Waldnutzung
FSC® C016368

Print-ISBN: 978-3-446-48552-5
E-Book-ISBN: 978-3-446-48610-2
E-Pub-ISBN: 978-3-446-48658-4

Die allgemein verwendeten Personenbezeichnungen gelten gleichermaßen für alle Geschlechter.

Alle in diesem Werk enthaltenen Informationen, Verfahren und Darstellungen wurden zum Zeitpunkt der Veröffentlichung nach bestem Wissen zusammengestellt. Dennoch sind Fehler nicht ganz auszuschließen. Aus diesem Grund sind die im vorliegenden Werk enthaltenen Informationen für Autor:innen, Herausgeber:innen und Verlag mit keiner Verpflichtung oder Garantie irgendeiner Art verbunden. Autor:innen, Herausgeber:innen und Verlag übernehmen infolgedessen keine Verantwortung und werden keine daraus folgende oder sonstige Haftung übernehmen, die auf irgendeine Weise aus der Benutzung dieser Informationen – oder Teilen davon – entsteht. Ebenso wenig übernehmen Autor:innen, Herausgeber:innen und Verlag die Gewähr dafür, dass die beschriebenen Verfahren usw. frei von Schutzrechten Dritter sind. Die Wiedergabe von Gebrauchsnamen, Handelsnamen, Warenbezeichnungen usw. in diesem Werk berechtigt also auch ohne besondere Kennzeichnung nicht zu der Annahme, dass solche Namen im Sinne der Warenzeichen- und Markenschutz-Gesetzgebung als frei zu betrachten wären und daher von jedermann benützt werden dürften.

Die endgültige Entscheidung über die Eignung der Informationen für die vorgesehene Verwendung in einer bestimmten Anwendung liegt in der alleinigen Verantwortung des Nutzers.

Bibliografische Information der Deutschen Nationalbibliothek:
Die Deutsche Nationalbibliothek verzeichnet diese Publikation in der Deutschen Nationalbibliografie; detaillierte bibliografische Daten sind im Internet unter http://dnb.d-nb.de abrufbar.

Dieses Werk ist urheberrechtlich geschützt.
Alle Rechte, auch die der Übersetzung, des Nachdruckes und der Vervielfältigung des Werkes, oder Teilen daraus, vorbehalten. Kein Teil des Werkes darf ohne schriftliche Einwilligung des Verlages in irgendeiner Form (Fotokopie, Mikrofilm oder einem anderen Verfahren), auch nicht für Zwecke der Unterrichtsgestaltung – mit Ausnahme der in den §§ 53, 54 UrhG genannten Sonderfälle –, reproduziert oder unter Verwendung elektronischer Systeme verarbeitet, vervielfältigt oder verbreitet werden.
Wir behalten uns auch eine Nutzung des Werks für Zwecke des Text und Data Mining nach § 44b UrhG ausdrücklich vor.

© 2026 Carl Hanser Verlag GmbH & Co. KG, München
Vilshofener Straße 10 | 81679 München | info@hanser.de
www.hanser-fachbuch.de
Herstellung: Carolin Benedix
Covergestaltung: Max Kostopoulos
Titelmotiv: © Max Kostopoulos
Satz: Eberl & Koesel Studio, Kempten
Druck: Elanders Waiblingen GmbH, Waiblingen
Printed in Germany

Inhalt

Ein starker Impuls für mehr Effizienz und Sicherheit

Die IATF 16949 ist die wichtigste Norm innerhalb der Automobilbranche und legt sämtliche Anforderungen für ein Qualitätsmanagementsystem (QMS) fest.

Eine Zertifizierung nach der IATF 16949 wird in der Automobilbranche von allen Lieferanten erwartet, um die System- und Prozessqualität wesentlich zu verbessern, um die Kundenzufriedenheit zu erhöhen und um Fehler und Risiken innerhalb der gesamten Lieferkette frühzeitig zu erkennen, damit schnell geeignete Maßnahmen zur Beseitigung getroffen werden können.

Dieses Werk liefert die Basis für eine erfolgreiche Zertifizierung nach IATF 16949 und damit eine schnelle und praxisnahe Umsetzung der Normanforderungen beider Normen, der ISO 9001 und der IATF 16949. Es führt Schritt für Schritt durch die Normen, erklärt diese in verständlicher Sprache, gibt konkrete Hinweise zur Umsetzung, enthält Lösungsmöglichkeiten, Beispiele und Werkzeuge für die Umsetzung der Normanforderungen ebenso wie wertvolle Tipps und Beispiele für hilfreiche, direkt einsetzbare Arbeitshilfen, die zum Download auf *plus.hanser-fachbuch.de* zur Verfügung stehen.

Die Zusatzanforderungen der IATF 16949 sind bereits in den Überschriften der Normabschnitte durch das Zeichen (✗) sofort erkennbar.

Die SIs (Sanktionierte Interpretationen) sind ebenso bis zur vorliegenden aktuellen deutschen Fassung Nr. 23–26 (veröffentlicht November 2024) berücksichtigt und mit dem Zusatz SI-Nr. XX versehen.

Damit erhalten Sie mit diesem Buch ein wertvolles, kompaktes und komplettes Nachschlagewerk für beide Normen auf einen Blick. Es ist für alle anwendbar, die sich intensiv mit dem Thema Qualitätsmanagement in der Automobilindustrie beschäftigen, und es kann gleichermaßen von allen, die Qualität gestalten – vom Einstieg bis zur Leitung –, verwendet werden.

Wir unterrichten Sie kontinuierlich über den Stand der Revision der ISO 9001. Informationen dazu erhalten Sie im Download-Bereich *(plus.hanser-fachbuch.de)*.

1 Was Sie wissen sollten

Die DIN EN ISO 9001:2015 (ISO 9001) ist eine internationale Norm und legt die Mindestanforderungen an ein Qualitätsmanagementsystem (QMS) fest. Diese Norm ist ein Rahmenwerk, an dem sich Organisationen bei der Umsetzung ihres QMS orientieren können und zum Teil auch orientieren müssen. Die Aspekte, die in der Norm erwähnt werden, müssen auch bei der Umsetzung des QMS berücksichtigt werden (es sei denn, sie werden begründet ausgeschlossen).

Eine Anwendung der IATF 16949:2016 (IATF 16949) ist bei internen Audits und für Zertifizierungen nur in Verbindung mit der ISO 9001:2015 möglich. Denn die ISO 9001 bildet die Grundlagennorm für die IATF 16949. Damit haben alle Anforderungen der ISO 9001 vollständige Gültigkeit.

Die IATF 16949 verzichtet in ihrem Band gänzlich auf die Ausführung der Inhalte der ISO 9001:2015, sondern verweist lediglich darauf. Die automobilspezifischen Zusatzanforderungen zur ISO 9001 werden detailliert in der Norm aufgeführt.

Im Sinne der ISO 9001 und damit auch der IATF 16949 muss Ihr QMS für Ihr Unternehmen angemessen und Ihre Prozesse müssen für Ihr Unternehmen geeignet sein.

Die Dokumentation einschließlich der Prozessvisualisierung muss so sein, dass es für das jeweilige Unternehmen passt, die Prozesse wie geplant umgesetzt werden können und die Konformität gesichert ist.

Die in der ISO 9001 festgelegten Anforderungen an ein QMS und die automobilspezifischen Zusatzanforderungen der IATF 16949 ergänzen die sonstigen Anforderungen an Produkte und Dienstleistungen.

Qualitätsmanagement (QM) ist dabei kein Selbstzweck, sondern es sollte immer darum gehen, die Leistung zu verbessern und die Wirksamkeit zu erhöhen. Ein QMS ist dann wirksam, wenn die gewünschten Ziele erreicht werden.

Im Mittelpunkt stehen Prozesse und ihre Wechselwirkungen. Zentral dabei sind der PDCA-Zyklus (Plan, Do, Check, Act) sowie ein risikobasiertes Denken:

- Beim PDCA-Zyklus (Bild 1.1) geht es darum, dass die vorhandenen Ressourcen zu den Prozessen passen, die Prozesse gesteuert und Chancen zur Verbesserung erkannt und umgesetzt werden; und zwar ohne zu einem wirklichen Ende zu kommen.
- Risikobasiertes Denken bedeutet, dass Risiken erkannt und Chancen genutzt werden. Das beinhaltet, dass die Faktoren bestimmt werden, die einen Einfluss darauf haben könnten, dass die gewünschten Ergebnisse nicht erreicht werden, die also ein Risiko bilden (beispielsweise Engpässe bei den Zulieferern). Zu diesen Risikofaktoren sollten Maßnahmen definiert werden, die die negativen Auswirkungen minimieren oder verhindern. Zugleich sollten auch die Chancen, einschließlich des größtmöglich zu erreichenden Nutzens daraus, ermittelt werden.

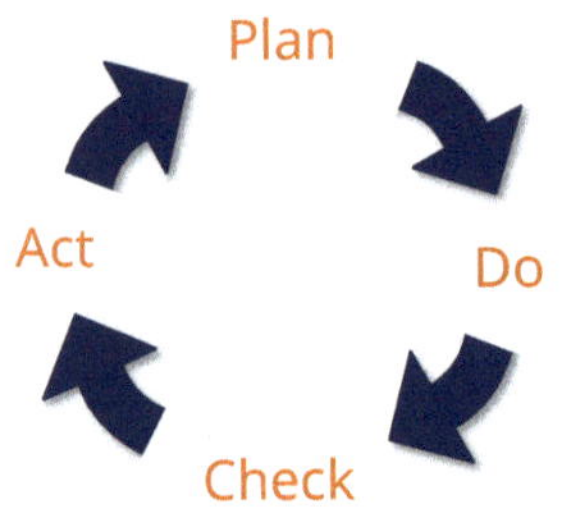

Bild 1.1
Der PDCA-Zyklus: Plan (Planen: Ziele? Chancen/Risiken? Ressourcen? etc.), Do (Umsetzen), Check (Prüfen: Passt's?), Act (Handeln: Verbesserungsmöglichkeiten?)

Das Ziel beim PDCA-Zyklus ist, immer besser zu werden. Basis der ISO 9001 bilden die Grundsätze des Qualitätsmanagements (ISO 9000; Bild 1.2).

- **Kundenorientierung**

  Jedes Unternehmen braucht Kunden. Zentral bei diesem Punkt ist, dass die Wünsche (Anforderungen) der Kunden verstanden werden; und dass angestrebt werden sollte, die Kundenerwartungen nicht nur zu erfüllen, sondern auch zu übertreffen.
- **Führung**

  Es ist Aufgabe der Führungskräfte, dass die Ziele erreicht werden können. Dafür müssen sie die notwendigen Rahmenbedingungen schaffen (notwendige Ressourcen bereitstellen, Motivation der Mitarbeitenden fördern etc.).
- **Einbeziehung/Engagement von Personen**

  Ein QMS muss „gelebt" werden, d. h., es braucht für die Umsetzung kompetente und engagierte Personen auf allen Ebenen und allen Hierarchiestufen der Organisation.

- **Prozessorientierter Ansatz**

  Prozessorientierung bedeutet, dass ein Unternehmen seine Arbeit nicht nur als einzelne Aufgaben oder Abteilungen sieht, sondern als ein System von miteinander verbundenen Prozessen, die gemeinsam das gewünschte Ergebnis (Produkt oder Dienstleistung) erzeugen.

- **Verbesserung**

  Ziel muss sein, immer besser zu werden. Stillstand darf es nicht geben. Damit Sie einen Verbesserungsprozess initiieren können, müssen Sie auch immer wissen, ob Sie die angestrebten Ziele erreicht haben oder nicht. Sie müssen also zu jedem Ziel formulieren, wie Sie das Erreichen des Ziels messen wollen (faktengestützte Entscheidungsfindung).

- **Faktengestützte Entscheidungsfindung**

  Es sollten in erster Linie Fakten, also Daten und Informationen, sein, die zu Entscheidungen führen. Es sollten Kennzahlen erhoben und ausgewertet werden. Qualität muss messbar gemacht werden.

- **Beziehungsmanagement**

  Bei diesem Punkt geht es um die Beziehungen zu den Interessengruppen (Stakeholder, interessierte Parteien). Dazu gehören beispielsweise die Zulieferer, die Gesellschaft, Belegschaft, Anteilseigner etc. Diese Beziehungen sollten so gestaltet werden, dass für alle ein Nutzen daraus entspringt.

Bild 1.2 Grundsätze des Qualitätsmanagements; sie werden in der ISO 9000 definiert und bilden die Basis der ISO 9001 und der IATF 16949

Bei der Umsetzung Ihres QMS müssen Sie bei allen Aspekten immer die Grundsätze des QM einschließlich des risikobasierten Denkens im Hinterkopf behalten. Diese Aspekte bilden die Basis und bringen Ihr Unternehmen voran!

Die ISO 9001 und die IATF 16949 kombinieren die sieben Grundsätze des QM mit dem PDCA-Zyklus. Bild 1.3 zeigt, wie die IATF 16949 strukturiert ist und wie sich diese Abschnitte dem PDCA-Zyklus zuordnen lassen.

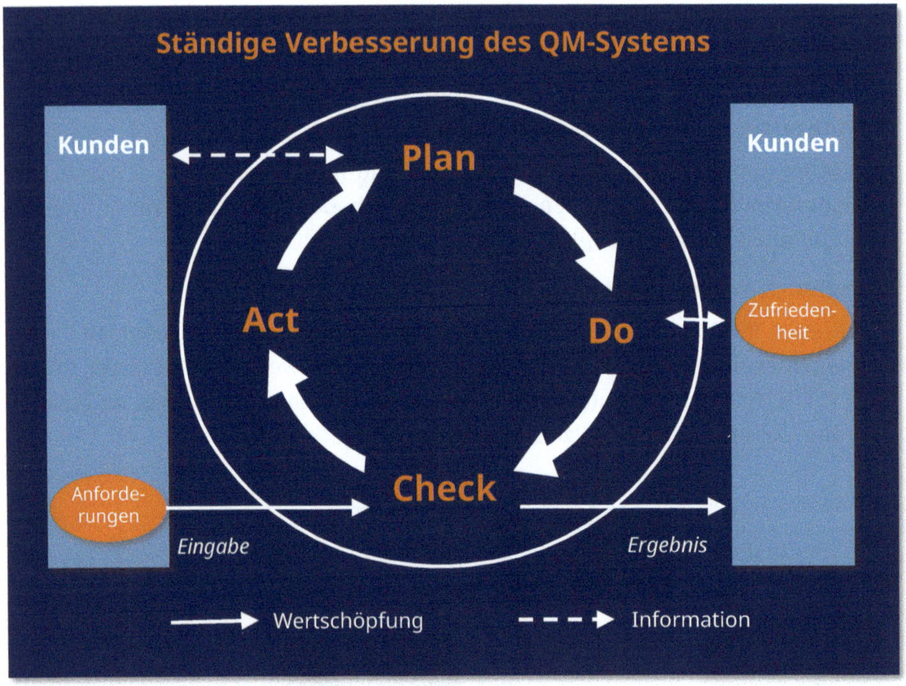

Bild 1.3 Struktur der ISO 9001 und IATF 16949

Der PDCA-Zyklus bildet die Basis der ISO 9001 und der IATF 16949 (Bild 1.4). Zentral ist die Rolle des Kunden. Beide Normen beginnen und enden beim Kunden. Die Anforderungen des Kunden bestimmen die Produkte oder Dienstleistungen, die Steigerung der Kundenzufriedenheit wiederum wirkt sich im Verbesserungszyklus wieder auf die Anforderungen aus.

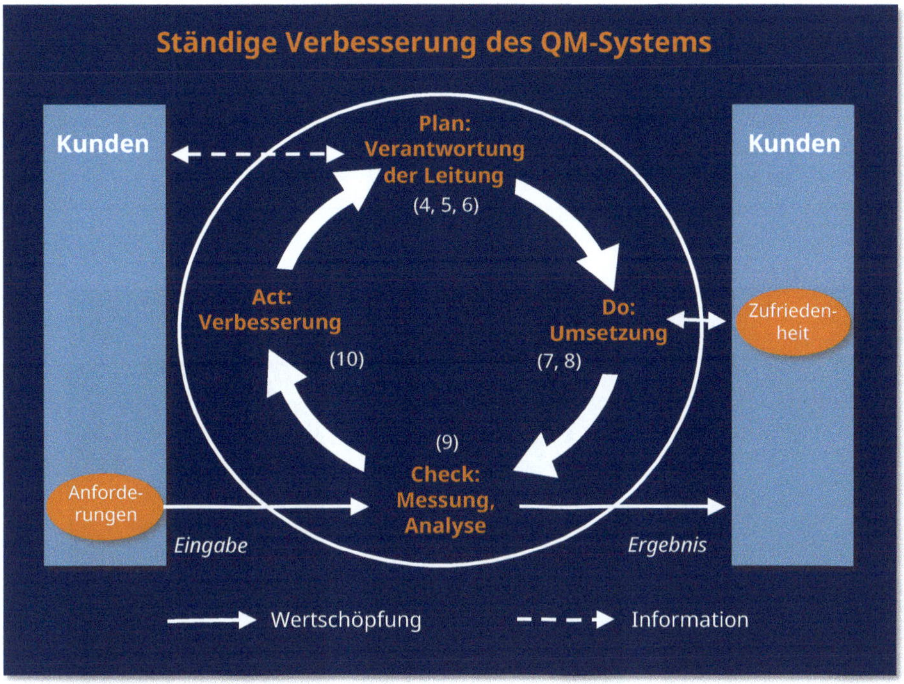

Bild 1.4 PDCA und die Rolle des Kunden

Bild 1.5 konkretisiert das Bild in Bezug auf die ISO 9001 und IATF 16949. Die einzelnen Normabschnitte können nicht losgelöst voneinander betrachtet werden. Sie sind eng miteinander verknüpft und bedingen sich gegenseitig. Das Modell wirkt erst mal etwas abstrakt, aber wenn Sie die Abschnitte der ISO und IATF durchgearbeitet haben, dann werden Sie merken, welches Potenzial für Ihr Unternehmen hinter dieser systematischen Vorgehensweise steckt.

Die ISO 9001 fordert kein QM-Handbuch (QMH) – die Anforderungen an ein QMH der IATF 16949 findet man im Normabschnitt 7.5.1.1.

Es wird darauf hingewiesen, dass das QMH auch aus einer Reihe einzelner Dokumente bestehen kann, dann muss jedoch eine Liste existieren, welche Dokumente zu dem QMH gehören.

Für die Inhalte eines QMH gelten folgende Anforderungen:

- Anwendungsbereich inkl. Beschreibung der Ausschlüsse
- Alle dokumentierten Prozesse einschließlich Abfolge und Wechselwirkung, die für das QMS relevant sind, oder eine Referenz darauf, z. B. durch eine Prozesslandschaft
- Lenkung ausgegliederter Prozesse
- Eine Matrix oder eine Liste, die darstellt, an welche Stelle im Unternehmen kundenspezifische Anforderungen adressiert werden

Zudem müssen weitere dokumentierte Informationen zur Verfügung stehen, die schon grundlegend von der ISO 9001 gefordert werden und nicht in Abschnitt 7.5.1.1 der IATF 16949 angeführt sind:

- Qualitätspolitik
- Merkmale der Produkte und Dienstleistungen
- Zu erzielende Ergebnisse

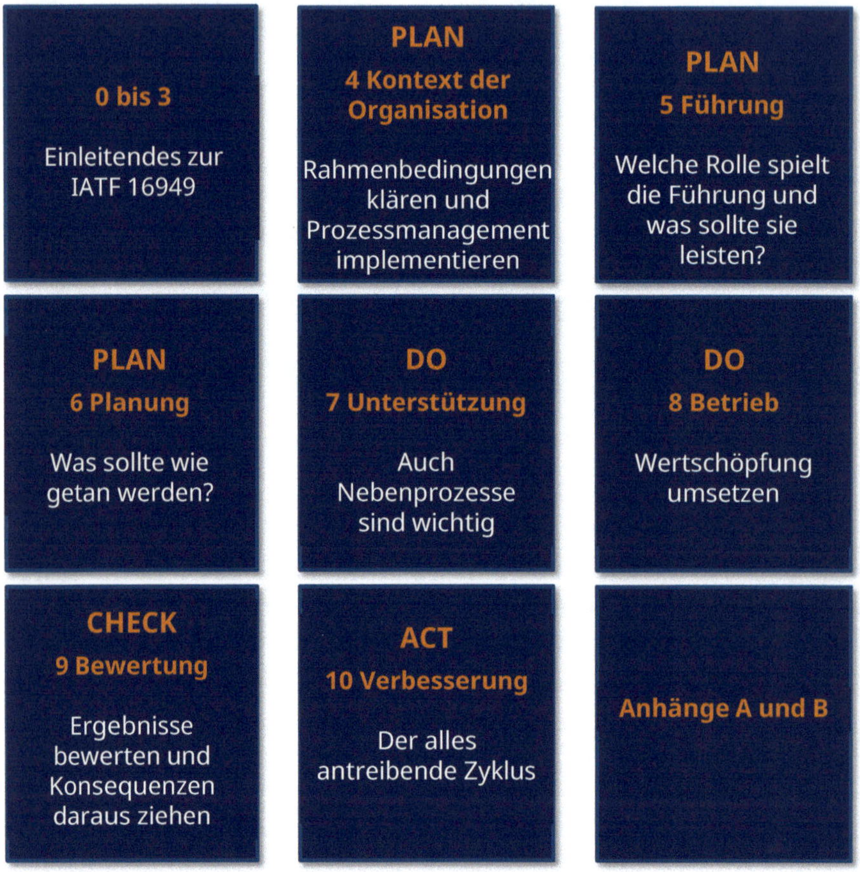

Bild 1.5 ISO 9001, IATF 16949 und PDCA – ein prozessorientiertes und zyklisches System

Dieses Buch ist exakt wie die ISO 9001 mit den zusätzlichen Anforderungen der IATF 16949 aufgebaut. Die Nummerierung suggeriert zwar einen linearen Prozess, die Umsetzung und der Betrieb erfolgen allerdings zyklisch. Viele Normabschnitte sind eng miteinander verknüpft, überschneiden sich zum Teil. Alle Aspekte müssen überwacht, immer wieder überprüft und gegebenenfalls angepasst werden (PDCA-Zyklus). Dennoch liefert diese Gliederungsstruktur viele Vorteile:

- Sie liefert Orientierung, schließt alle Bereiche und Aspekte mit ein, verhindert, dass etwas vergessen wird.
- Bei einer Zertifizierung ist sofort klar, um was es geht. Jeder Auditor kennt die Struktur und kann damit arbeiten.
- Die Anforderungen beider Normen (ISO 9001 und IATF 16949) werden berücksichtigt.

Eine Organisation muss zwar ihre Aktivitäten nicht nach den Anforderungen der Norm ausrichten und sie muss auch nicht das eigene QMS nach den Kapiteln der Norm strukturieren oder die Reihenfolge der Abschnitte einhalten. Auch die Verwendung der ISO-9000er-Terminologie oder eine „Auditorensprache" werden nicht vorgeschrieben. Allerdings empfehlen wir, sich dennoch an der Struktur der ISO 9001 zu orientieren. Diese Struktur liefert ein durchdachtes und in der Praxis erprobtes Rahmenwerk, und Sie wissen stets, was zu tun ist.

Starten Sie die Einführung idealerweise als Projekt. Machen Sie dabei die Betroffenen zu Beteiligten, und zwar indem Sie alle so weit wie möglich einbinden. Die Person, die bisher einen Prozess umgesetzt hat, kennt diesen Prozess am besten. Schätzen Sie das Bisherige wert, und vermitteln Sie unbedingt den Sinn und den Nutzen der Einführung.

Anwendungsbereich: Wann gelten die ISO 9001 und die IATF 16949?

Grundsätzlich kann die ISO 9001 von jedem Unternehmen, unabhängig von Branche und Größe, den produzierten Produkten, angebotenen Dienstleistungen oder sonstigen Kategorisierungen angewendet werden. Sinnvoll oder notwendig ist die ISO 9001 dann, wenn ein Unternehmen

- nachweisen muss/will, dass beständig Produkte und Dienstleistungen bereitgestellt werden können, die den Kundenanforderungen entsprechen, und/oder
- die Kundenzufriedenheit erhöhen und Prozessorientierung implementieren will.

Dabei müssen auch die gesetzlichen (rechtlichen) sowie behördlichen Anforderungen erfüllt werden.

Die IATF 16949 hat sich vornehmlich zum Ziel gesetzt, die System- und Prozessqualität in den Unternehmen wesentlich zu verbessern, um die Kundenzufriedenheit zu erhöhen sowie Fehler und Risiken innerhalb der gesamten Lieferkette frühzeitig zu erkennen, um geeignete Maßnahmen zur Beseitigung treffen zu können.

Aus diesem Grund sind in der IATF 16949 zusätzliche Anforderungen zu dem Anwendungsbereich der ISO 9001 in ihrem Abschnitt 1.1 festgelegt für

- die Entwicklung und Produktion,
- Montage und Einbau sowie Dienstleistungen in der Automobilindustrie,
- Produkte mit integrierter Software.

Die in Abschnitt 1.1 der IATF 16949 definierten Anforderungen für den Anwendungsbereich werden in den Abschnitten 4.3 der ISO 9001 sowie 4.3.1 der IATF 16949 konkretisiert.

Die IATF 16949 kann auf alle Standorte eines Unternehmens angewendet werden, die Serienteile, Ersatzteile und/oder originale Zubehörteile gemäß den Anforderungen der Kunden produzieren.

Die Anforderungen der IATF 16949 sollen in der gesamten Lieferkette der Automobilindustrie Anwendung finden.

Die Begriffe „soll", „muss", „kann" sind von großer Bedeutung, um die Anforderungen in Normen, insbesondere bei der IATF 16949 (eine internationale Norm für Qualitätsmanagementsysteme in der Automobilindustrie), richtig interpretieren zu können. Sie geben Auskunft über den Verbindlichkeitsgrad einzelner Forderungen.

„muss" = Pflichtanforderung, die ohne Ausnahme erfüllt werden muss

„soll" = bezeichnet eine empfohlene, aber nicht verpflichtende Anforderung. Die Norm erwartet, dass die Organisation dieser Empfehlung folgt, es sei denn, es gibt eine gute Begründung, die Anforderung nicht umzusetzen.

„kann" = Möglichkeit, keine verpflichtende Anforderung

Die Vorgaben basieren auf der ISO/IEC Directives, Part 2, die für alle Normen Gültigkeit hat. Die IATF 16949 basiert zum größten Teil auf „Muss-Anforderungen".

Die Normentexte sind bei DIN Media und beim VDA-QMC verfügbar:

DIN EN ISO 9001:2015-11 Qualitätsmanagementsysteme – Anforderungen (ISO 9001:2015). Deutsche und englische Fassung EN ISO 9001:2015. November 2015 *(www.dinmedia.de)*

Qualitätsmanagementsysteme – Anforderungen – Änderung 1: Ergänzungen zu klimabezogenen Maßnahmen (ISO 9001:2015/Amd 1:2024); Deutsche Fassung EN ISO 9001:2015/A1:2024 *(www.dinmedia.de)*

IATF 16949:2016-10 Anforderungen an Qualitätsmanagementsysteme für die Serien- und Ersatzteilproduktion in der Automobilindustrie. 1. Ausgabe Oktober 2016 *(www.vda-qmc.de)*

---

2 Normative Verweisungen: Welche Normen sind noch wichtig?

Normative Verweise der ISO 9001

Die ISO 9001 verweist in diesem Normabschnitt auf die ISO 9000:2015 (ISO 9000:2015, Quality management systems – Fundamentals and vocabulary). Das bedeutet, dass die ISO 9001 nur erfolgreich umgesetzt werden kann, wenn dabei die ISO 9000 mitberücksichtigt wird.

Die ISO 9001 ist Teil einer umfangreichen Normenfamilie. Dazu gehören:

- ISO 9004: Ein Leitfaden zur Weiterentwicklung des QMS, d. h. eine Art Selbstbewertungsnorm (nach der also nicht direkt zertifiziert werden kann)
- ISO 19011: Sie legt die Auditprinzipien fest, leitet also an, nach welchen Vorgehensweisen ein QMS zu prüfen ist.
- ISO 9000: Sie definiert die Grundlagen und Begriffe für das Qualitätsmanagement.

Normative und informative Verweisungen der IATF 16949

Die IATF verweist in ihren Anhängen A und B auf normative und informative Anforderungen, Leitfäden und Bände.

Normative und informative Verweise:

- Anhang A enthält die Mindestanforderungen für einen Produktionslenkungsplan (PLP). Dieser Anhang A ist normativ.
- Anhang B – Bibliografie – automobilspezifische Ergänzung. Dieser Anhang enthält weitere automobilspezifische Leitfäden und Bände, ist informativ und wird als Unterstützung verstanden.

Die Anwendung eines oder mehrerer Bände wird allerdings verpflichtend, wenn Kunden dies fordern.

Wichtig ist auch der Hinweis, die Informationen zu nutzen, die vom VDA-qmc und von der IATF kontinuierlich zur Verfügung gestellt werden und die Anforderungen näher erläutern bzw. auch gelegentlich ändern.

Unterstützende Internetseiten für die IATF 16949

Sanktionierte Interpretationen (SIs) zur IATF 16949

Die Sanktionierten Interpretationen werden durch die IATF freigegeben und veröffentlicht (s. *https://www.iatfglobaloversight.org/wp/wp-content/uploads/2025/08/IATF-16949-SIs-Nov-2024_GERMAN.pdf*).

Sie gelten ab dem Zeitpunkt ihrer jeweiligen Veröffentlichung, soweit nicht anders vorgegeben. Die Sanktionierten Interpretationen werden in diesem Buch innerhalb der automobilspezifischen Zusatzanforderungen der IATF 16949 berücksichtigt und explizit ausgewiesen.

IATF 16949:2016 Häufig gestellte Fragen (FAQs)

Die FAQs geben offizielle Antworten auf Fragen von durch die IATF zugelassenen Zertifizierungsgesellschaften und weiteren Interessensgruppen. Die FAQs wurden von der IATF überprüft. Sie werden ebenfalls, wenn notwendig, in diesem Buch berücksichtigt.

https://www.iatfglobaloversight.org/wp/wp-content/uploads/2022/11/IATF-16949-FAQs-Mai-2022_GERMAN.pdf

3 Wichtige Begriffe

3.1 Die Begriffswelt der ISO 9001

Die ISO-9000er-Welt hat eine eigene Terminologie, die nicht immer leicht zu verstehen ist. Das Ziel dabei ist, möglichst alle Bereiche abzudecken und keine Unklarheiten zuzulassen. Basis der verwendeten Begriffe in der ISO 9001 bildet die ISO 9000. Die Norm schreibt nicht vor, dass diese Begriffe verwendet werden.

> Unabhängig davon, ob Sie nun die Terminologie verwenden oder nicht, sollten Sie immer klären, ob alle das Gleiche verstehen (Kommunikation).

Nachfolgend einige zentrale Begriffe der Norm (ISO 9000):

- **Anforderung:** Erfordernis, Erwartung, Wunsch; im Sinne der Norm wird eine Anforderung üblicherweise vorausgesetzt oder ist verpflichtend (Anforderung: „Erfordernis oder Erwartung, das oder die festgelegt, üblicherweise vorausgesetzt oder verpflichtend ist").
- **Audit:** Systematischer, unabhängiger und dokumentierter Prozess, mittels dem bestimmt wird, inwieweit die Auditkriterien erfüllt werden. Der Begriff „überprüfen" wird in der ISO-Terminologie vermieden, aber frei übersetzt ist ein Audit eine Überprüfung, ob alles so ist, wie es sein soll. Ein Audit kann intern oder extern durchgeführt werden.
- **Auditkriterien:** Politiken, Verfahren oder Anforderungen, die als Bezugsgrundlage (Referenz) verwendet werden, anhand derer ein Vergleich mit dem Auditnachweis erfolgt.
- **Auditnachweis:** Aufzeichnungen, Tatsachenfeststellungen oder andere Informationen, die für die Auditkriterien zutreffen und verifizierbar sind.

- **Dokumentierte Information:** Notwendige Dokumentation (früher QM-Handbuch).
- **Fortlaufende Verbesserung:** Wiederkehrende Tätigkeit zum Steigern der Leistung (PDCA-Zyklus).
- **Inhärente Merkmale:** Dem „Objekt innewohnend“ (z. B. Gewicht, Größe, Konsistenz). Zugeordnete Merkmale (z. B. Preisgestaltung) sind im Sinne der Norm nicht zu berücksichtigen. „Zugeordnet“ sind Merkmale, die verändert werden können, ohne dass das Produkt oder die Dienstleistung beeinflusst wird.
- **Interessierte Parteien:** Stakeholder, Interessengruppen; das Ziel der ISO 9001 ist die Erfüllung der Kundenanforderungen, ansonsten müssen nur diejenigen Anforderungen der Stakeholder berücksichtigt werden, die Einfluss auf die Produkte und Dienstleistungen haben könnten.
- **Konformität:** Entspricht das IST dem SOLL? Ist das Produkt oder die Dienstleistung so wie geplant? Ist die Konformität in Bezug auf das QMS und die ISO 9001 sichergestellt?
- **Korrekturmaßnahme:** Maßnahme zum Beseitigen der Ursache einer Nichtkonformität (Fehler) und zum Verhindern ihres erneuten Auftretens.
- **Leistung:** Messbares Ergebnis.
- **Maßnahmen:** Aktivitäten, mit denen eine Anforderung umgesetzt werden kann (Aufgaben können als Aufteilung einer Maßnahme interpretiert werden; Aufgabe: konkrete Umsetzung mit Verantwortlichkeiten und Terminvorgabe).
- **Messbarkeit:** Alle Maßnahmen oder Ziele, die Sie formulieren, müssen messbar sein. Sie müssen klar bewerten können, ob sie die gewünschten Ergebnisse erreicht haben oder nicht. Dazu gehört, dass Sie hierfür klare Indikatoren definieren (z. B. physikalische Größen oder qualitative Größen wie ja/nein).
- **Oberste Leitung:** „Person oder Personengruppe, die eine Organisation auf der obersten Ebene führt und steuert“. Bei kleineren und mittleren Unternehmensgrößen handelt es sich im Regelfall um die Geschäftsführung.
- **Organisation:** „Person oder Personengruppe, die eigene Funktionen mit Verantwortlichkeiten, Befugnissen und Beziehungen hat, um ihre Ziele zu erreichen“. Damit kann es sich im Sinne der Norm um die zweite Führungsebene handeln, da diese Ebene von der obersten Leitung geführt und gesteuert wird. Wichtig ist, dass alle Personen mit Verantwortlichkeiten in Bezug auf das QMS eingebunden werden.
- **Produkt und Dienstleistung:** Ein Produkt gelangt erst im fertigen Zustand zum Kunden, eine Dienstleistung hingegen wird mit dem oder am Kunden erbracht. Ist die Unterscheidung unklar, ist ausschlaggebend, welche Merkmale überwiegen.

- **Qualität:** „Grad, in dem ein Satz inhärenter Merkmale eines Objekts Anforderungen erfüllt“: inhärente Qualitätsmerkmale der Produkte und Dienstleistungen, Erwartungen der Kunden, zutreffende gesetzliche und behördliche Anforderungen.
- **Qualitätsmanagementsystem (QMS):** Teil des Managementsystems der Organisation, welches sich mit Qualität befasst. Ein Managementsystem kann grob übersetzt werden als eine Checkliste, die alle relevanten Punkte eines Unternehmens zusammenhängend darstellt.
- **Qualitätspolitik:** Teil der Unternehmenspolitik, der sich mit Qualität beschäftigt.
- **Risikobasiertes Denken:** Vorausschauend denken; Chancen erkennen, analysieren und nutzen sowie Risiken erkennen, analysieren und negative Auswirkungen vermindern oder ganz verhindern.
- **Wirksamkeit:** Effektivität (Werden die gewünschten Ergebnisse erreicht?).

3.2 Die Begriffswelt der IATF 16949

Die IATF 16949:2016 (IATF 16949) listet insgesamt 40 automobilspezifische Fachbegriffe auf, die in den verschiedenen Anforderungen auftreten. Nachfolgend werden einige zentralen Begriffe der Norm aufgelistet (in Anlehnung an IATF 16949, Abschnitt 3):

- **Ausgegliederter Prozess:** Ausgegliederte Prozesse werden nach der aktuellen Fassung der IATF 16949 in Abschnitt 3.1 Begriffe wie folgt definiert: „Funktionen (oder Prozesse) der Organisation, die durch externe Anbieter ausgeführt werden.“ Es handelt sich demnach um die Prozesse, bei denen Produkte oder Dienstleistungen unter der Verantwortung eines anderen Unternehmens hergestellt oder durchgeführt und möglicherweise direkt zum Kunden ausgeliefert werden.
- **Besondere Merkmale:** Die IATF 16949 definiert in Abschnitt 3.1 Besondere Merkmale wie folgt: „Produktmerkmale oder Produktionsprozessparameter, die Auswirkungen auf die Sicherheit oder Einhaltung behördlicher Vorschriften, die Passform, die Funktion, die Leistung oder die weitere Verarbeitung des Produkts haben können“.
- **DFA – Montagegerechte Auslegung und Konstruktion (engl.: Design for Assembly):** Es handelt sich um einen Prozess, bei dem Produkte so entwickelt und gestaltet werden, dass sie im späteren Produktionsablauf einfach und effizient hergestellt werden können. Das bedeutet zum Beispiel: Wenn eine Baugruppe nur aus wenigen Einzelteilen besteht, lässt sie sich schneller und unkomplizierter montieren. Dadurch sinken die Montagezeiten und die Produktionskosten werden reduziert.

- **DFM – Produktionsgerechte Entwicklung (engl.: Design for Manufacturing):** Die Produktentwicklung und die Prozessplanung werden so miteinander verknüpft, dass das Produkt möglichst einfach, effizient und kostengünstig hergestellt werden kann.
- **Ersatzteile:** Nach OEM-Spezifikationen hergestellte Austauschteile – einschließlich wiederaufbereiteter Teile –, die vom OEM zur Verwendung als Ersatzteil entweder beschafft oder ausdrücklich freigegeben wurden.
- **Fehlervermeidung:** Entwicklung von Produkten und Prozessen, um die Herstellung fehlerhafter Produkte zu vermeiden.
- **Fehlermöglichkeits- und Einflussanalyse (FMEA):** Methode für die Untersuchung möglicher Fehler und Risiken einer betrachteten Einheit sowie die Feststellung der zu erwartenden Folgen dieser Fehler für die anderen Elemente und die Funktion der betrachteten Einheit. Ziel ist es, durch geeignete Maßnahmen die potenziellen Risiken zu minimieren.
- **FTA – Fehlerbaumanalyse (engl.: Fault Tree Analysis):** Die Fehlerbaumanalyse hat zum Ziel, gesicherte Informationen über das Verhalten eines Systems oder eines Prozesses zu bekommen. Grundlage bildet ein zuvor definierter Fehler, um damit die Ausfallwahrscheinlichkeit eines Systems oder Prozesses beurteilen zu können. Die Fehlerbaumanalyse kann sowohl zur Untersuchung von Produkten als auch von Produktionsprozessen angewendet werden.
- **Herstellbarkeitsbewertung:** Die Herstellbarkeit muss für jede Art von Produktions- oder Produkttechnologie durchgeführt werden sowie für jeden geänderten Fertigungsprozess und für jede Produktänderung. Damit wird sichergestellt, dass die Kundenanforderungen erfüllt werden.
- **Integrierte Software (Embedded Software):** Spezielle Programme oder Anwendungen, die typischerweise auf Computerchips oder anderen nicht löschbaren Speichermedien gespeichert werden. Sie sind entweder vom Kunden spezifiziert oder durch die Entwicklung eines Systems vorgegeben, um Funktionen von Komponenten, die für eine Anwendung in der Automobilindustrie entwickelt wurden, zu steuern (SI-Nr. 15).
- **Kundenanforderungen:** Alle Anforderungen des Kunden – dazu zählen technische und kaufmännische Anforderungen, produkt- und prozessbezogene Vorgaben, Einkaufsbedingungen sowie kundenspezifische Sonderanforderungen.
- **Kundenspezifische Anforderungen (engl.: Customer Specific Requirements – CSR):** Zusätzliche Anforderungen, die sich auf einzelne Abschnitte der IATF 16949 beziehen.
- **Multidisziplinärer Ansatz:** Vorgehensweise, die sicherstellt, dass die Wünsche und Erwartungen aller interessierten Parteien berücksichtigt werden, die einen Einfluss darauf haben können, wie ein Prozess von einem Team ausgeführt wird.

Die Mitglieder eines Teams können sowohl aus der eigenen Organisation stammen als auch externe Personen sein, zum Beispiel Kunden oder Vertreter von Lieferanten. Je nach Situation können es feste, bereits bestehende Teams sein oder kurzfristig zusammengestellte Gruppen, die sich speziell mit einem bestimmten Thema befassen. Beiträge und Impulse für die Arbeit des Teams können dabei sowohl von der Organisation selbst als auch vom Kunden kommen.

- **NTF – Kein Fehler gefunden (engl.: No Trouble Found):** Bezeichnung eines Teils, das mittels einer Reparatur aus einem Fahrzeug ausgebaut wurde und nach dessen Fehleranalyse (Befundung) durch den OEM oder den Hersteller des Teils festgestellt wurde, dass das Teil vollständig konform mit der Spezifikation ist (weitere gebräuchliche Bezeichnung: „Fehler nicht gefunden" u. a.).
- **Originalzubehörteile:** Unter vom Kunden spezifizierten Komponenten versteht man Bauteile, die entweder mechanisch oder elektronisch mit dem Fahrzeug oder dem Antriebsstrang verbunden werden. Diese können sowohl vor als auch nach der Auslieferung des Fahrzeugs an den Endkunden eingebaut werden. Beispiele hierfür sind: Fußmatten, Laderaumprotektoren, Radabdeckungen, Soundsysteme, Schiebedächer, Spoiler, Kompressoren usw.
- **Production Part Approval Process (PPAP):** Im Rahmen der ehemaligen QS 9000 vorgeschriebenes Produktionsteil-Freigabeverfahren. Das Referenzbuch hat nach wie vor Gültigkeit und legt fest, wie die Freigabe von Teilen durchzuführen ist.
- **Produktionsdienstleister:** Unternehmen, die Dienstleistungen wie Prüfung, Produktion, Lieferung und Reparatur von Komponenten oder Zusammenbauten durchführen.
- **Produktionslenkungsplan (PLP):** Der Produktionslenkungsplan (PLP), auch Control-Plan oder QM-Plan genannt, beschreibt im Wesentlichen die Maßnahmen, die zu jeder Phase eines Produktionsprozesses umgesetzt werden. Eingeschlossen sind dabei alle Forderungen zur Überwachung von Produkten und Prozessen vom Wareneingang bis hin zum Warenausgang.
- **Produktionsprozess- und Produktfreigabe (PPF):** Dabei handelt es sich um eine Vorlagestufe für Musterteile zur Sicherstellung der Qualität von Serienteilen auf Grundlage des VDA-Bandes 2.
- **Produktsicherheit:** Es handelt sich um Standards, deren Anwendung in der Produktentwicklung und -herstellung sicherstellt, dass die hergestellten Produkte für Endverbraucher weder schädlich sind noch eine Gefahr darstellen.
- **Qualitätsvorausplanung (APQP):** Advanced Product Quality Planning (APQP) ist eine strukturierte Methode, mit der die notwendigen Ablaufschritte definiert und eingeleitet werden, um sämtliche Kundenanforderungen zu erfüllen.
- **TPM – Total Productive Maintenance:** Ein System, das durch Maschinen, Anlagen, Prozesse und Mitarbeitende die Wirksamkeit von Produktions- und Qualitäts-

managementsystemen aufrechterhält und kontinuierlich verbessert, sodass ein nachhaltiger Mehrwert für die Organisation entsteht.

- **Unterstützungsfunktion:** Funktionen ohne Produktionsprozesse, die entweder vor Ort im Unternehmen oder an einem entfernt liegenden Standort sind und die einen oder mehrere Produktionsstandorte eines Unternehmens unterstützen.
- **Zubehörteile („Aftermarket Teile"):** Teile oder Komponenten, die nicht vom Originalhersteller (OEM) beschafft oder freigegeben wurden, auch wenn sie nach den ursprünglichen Produktspezifikationen gefertigt sein können.

4 Kontext der Organisation: die Rahmenbedingungen klären und Prozessmanagement implementieren

Jedes Unternehmen, jede Organisation muss wissen, welcher Zweck und welche Strategie verfolgt werden soll, muss Ziele und gewünschte Ergebnisse definieren: Ein Automobilhersteller will beispielsweise nachhaltige Elektrofahrzeuge für den Massenmarkt entwickeln (Zweck). Dabei möchte er sich als bevorzugter Anbieter für umweltfreundliche Mobilitätslösungen etablieren (Strategie). Ziel ist es, ausschließlich emissionsfreie Antriebe einzusetzen, die Lieferketten zu dekarbonisieren und gleichzeitig profitabel zu wirtschaften (Ziele). Dieses Vorhaben wird maßgeblich durch externe Rahmenbedingungen beeinflusst (externe Themen): Nur wenn Konsumenten und Konsumentinnen bereit sind, auf Elektrofahrzeuge umzusteigen – etwa aus ökologischen oder wirtschaftlichen Gründen –, ist das Angebot auch marktfähig. Auch die internen Voraussetzungen sind entscheidend (interne Themen): Nur wenn das Unternehmen über das technische Know-how zur Entwicklung effizienter E-Antriebe und leistungsfähiger Batteriesysteme verfügt, kann es solche Fahrzeuge erfolgreich anbieten.

Die ISO 9001 nennt diesen Punkt „Kontext der Organisation“. Im Sinne der Norm geht es um die wirtschaftlichen Rahmenbedingungen, um alle Aspekte, die die Strategie betreffen und sich auf Produkte, Stakeholder (Interessengruppen) etc. auswirken, um die Festlegung des Anwendungsbereiches und um die prozessorientierte Umsetzung des QMS.

Die zentralen Fragen in diesem Normabschnitt, die auch in Audits gestellt werden können, lauten:

- Welche Themen sind für die Strategie des Unternehmens relevant und wie wirken sie sich auf das QMS aus?
- Wer sind die Stakeholder (Interessengruppen, interessierte Parteien) und welche Erwartungen haben diese?

- Was ist der Anwendungsbereich des QMS? Welche Bereiche, Aspekte sind von dem QMS betroffen bzw. sollten einbezogen werden? Welche Anforderungen der Stakeholder, welche Themen, welche Produkte und Dienstleistungen?
- Welche Prozesse gibt es? Sind die Wechselwirkungen klar? Können die Prozesse ohne Probleme umgesetzt werden? Wenn nein, wo hakt es? Gibt es entsprechende Messkriterien? Wird darauf geachtet, dass Fehler minimiert und die Leistungen optimiert werden? Welche Chancen und Risiken sind mit den Prozessen verbunden?
- Wie wird gewährleistet, dass diese Aspekte laufend überwacht, überprüft und gegebenenfalls angepasst werden?

Bei einem Audit nach IATF 16949 können folgende Fragen hinzukommen:

- Wie werden die kundenspezifischen Anforderungen ermittelt, bewertet, dokumentiert und in den Anwendungsbereich aufgenommen?
- Wie wird sichergestellt, dass die Konformität für Produkte und Prozesse, Ersatzteile und Materialanforderungen mit den Anforderungen der Kunden sowie den relevanten Gesetzen und Vorschriften gegeben ist?
- Wie werden die gültigen gesetzlichen und behördlichen Anforderungen des Einfuhr- und Ausfuhrlandes und die gültigen gesetzlichen und behördlichen Anforderungen des vom Kunden genannten Bestimmungslandes (wenn genannt) berücksichtigt? (Siehe Normabschnitt 8.4.2.2)
- Wie wird sichergestellt, dass alle gesetzlichen produktsicherheitsrelevanten Anforderungen ermittelt werden?
- Welche behördlichen produktsicherheitsrelevanten Anforderungen werden ermittelt?
- Wo sind alle Verantwortlichkeiten zur Identifizierung und zur Bewertung aller produktsicherheitsrelevanten gesetzlichen und behördlichen Anforderungen festgelegt?

Bei einem Audit (Überprüfung) müssen Sie diese Fragen beantworten können. Es gibt keinen standardisierten Fragenkatalog, der bei allen Audits (intern und extern) eingesetzt wird. Jedes Unternehmen, das ISO-9001- bzw. IATF-16949-Zertifikate erteilt, nutzt ein eigenes Einschätzungs- und Bewertungssystem. Die Basis bilden bei allen entsprechenden Zertifizierungen die ISO 9001 und die IATF 16949, sodass die Unterschiede jeweils überschaubar sein dürften.

Im Februar 2024 wurde die ISO 9001:2015 durch das Amendment 1 um Anforderungen im Bereich „Klimawandel“ ergänzt.

Amendment 1 zur ISO 9001:2015

Das Internationale Akkreditierungsforum (IAF) und die Internationale Organisation für Normung (ISO) haben am 22. Februar 2024 eine gemeinsame Erklärung, ein sogenanntes Communiqué, abgegeben, das sowohl die „Harmonized Structure (HS)" als auch die darauf basierenden Managementsystemnormen um sogenannte „Amendments" ergänzt.

Der Klimawandel muss zusammen mit anderen Themen auf seine Relevanz hin evaluiert werden. Die Anforderungen gelten für die Abschnitte 4.1, Analyse des Kontextes, und 4.2, Anforderungen und Erwartungen interessierter Parteien (weitere Erläuterungen finden Sie unter den Abschnitten 4.1 und 4.2 der ISO 9001).

Die ergänzenden Anforderungen werden bei Zertifizierungsaudits von den Auditoren mit sofortiger Wirkung mit betrachtet, d. h., sie erwarten ab sofort, dass die ergänzenden Anforderungen in den ISO-Managementsystemen berücksichtigt werden.

Betroffen sind insgesamt 32 Normen, unter anderem die ISO 9001:2015.

Durch das ISO-Amendment 1 erhalten die Abschnitte 4.1 und 4.2 keine neuen Anforderungen, sondern werden um zusätzliche Aspekte erweitert. Die Zielsetzung der ursprünglichen Anforderungen bleibt bestehen, da diese bereits die Berücksichtigung aller relevanten internen und externen Faktoren fordert, die das Unternehmen beeinflussen können. Die Ergänzungen stellen jedoch sicher, dass der Klimawandel explizit als ein bedeutender Faktor im Kontext des jeweiligen Managementsystems betrachtet wird. Bild 4.1 skizziert die Normabschnitte im Zusammenspiel.

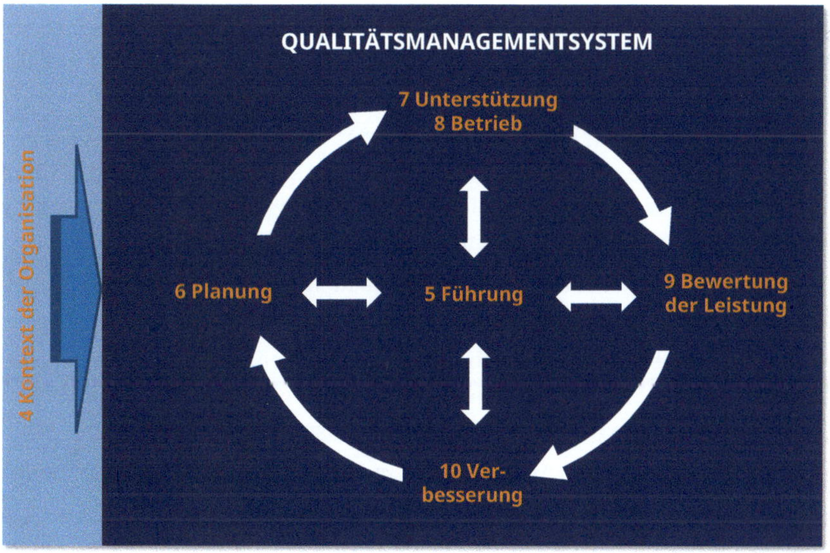

Bild 4.1 Die ISO 9001 und IATF 16949 im Überblick

Ein QMS nach ISO 9001 und IATF 16949 sollte nicht losgelöst von der allgemeinen Unternehmensstrategie sein, sondern direkt daran anknüpfen.

4.1 Verstehen der Organisation und ihres Kontextes

Bei diesem Normabschnitt (Bild 4.2) geht es darum, dass Sie Ihr eigenes Unternehmen (eigene Stärken, Schwächen, Möglichkeiten etc.) und das Umfeld Ihres Unternehmens (Wettbewerb, Gesellschaft etc.) kennen.

Dieser Normabschnitt behandelt vorrangig folgende Fragen:

- Welche Themen (externe oder interne) sind für die Strategie des Unternehmens wichtig?
- Ist das Thema Klimawandel für uns relevant?
- Wirken sich diese Themen auf das QMS aus?
- Wenn ja, wie sieht diese Auswirkung aus?
- Wie können die Überwachung und Überprüfung sichergestellt werden?

Für ein Zulieferunternehmen aus der Automobilbranche sind dies beispielsweise externe Themen wie neue Technologien, Handelspolitik, Cybersicherheit, die Einhaltung von Gesetzen oder Fachkräftemangel; und interne Themen wie beispielsweise die eigene Unternehmenskultur, Kundenorientierung, moderne IT-Infrastruktur oder die Belegschaft.

Die ISO 9001 verlangt, dass Sie die externen und internen Einflussfaktoren auf Ihr Qualitätsmanagementsystem (QMS) berücksichtigen.

Externe Themen ergeben sich aus dem Umfeld Ihres Unternehmens. Dazu gehören gesetzliche, wirtschaftliche, soziale und technologische Aspekte. Diese sind oft eng mit Ihren Stakeholdern verbunden. Beispiele dafür sind steigende Energiepreise oder Lieferengpässe, die sich auf Ihr Geschäftsmodell auswirken können.

Interne Themen beziehen sich auf Ihr Unternehmen selbst, wie beispielsweise der Bedarf an Schulungen, Software oder die Kompetenzen der Mitarbeitenden.

Sie müssen diese Faktoren regelmäßig überwachen, um rechtzeitig auf Veränderungen reagieren zu können, z. B. auf benötigte Ressourcen oder das Ausscheiden von langjährigen Mitarbeitenden mit einem großen Wissenspotenzial.

Die Durchführung einer solchen Analyse sollte in Ihre strategische Unternehmensplanung integriert werden, nicht nur isoliert für das QMS betrachtet werden.

Bild 4.2 Abschnitt 4.1 der ISO 9001 im Überblick

Unterstützende Werkzeuge (Auswahl)

- Unternehmenskulturanalyse
- Kompetenzanalysen
- SWOT-Analyse (SWOT: Strengths (Stärken), Weaknesses (Schwächen), Opportunities (Chancen) und Threats (Risiken))
- Umfeldanalysen
- Szenarioanalysen
- Benchmarking
- STEP-Analysen (STEP: Sociological (soziokulturell), Technological (technologisch), Economic (ökonomisch) und Political (politisch))
- PESTEL-Analysen ((Political (politisch), Economic (wirtschaftlich), Social (soziokulturell), Technological (technologisch), Environmental (ökologisch-geografisch), Legal (rechtlich))
- Portfolio- oder Produktlebenszyklus-Analysen
- Analysen der strategischen Geschäftsfelder

Tabelle 4.1 fasst die wichtigen Aspekte zu diesem Normabschnitt zusammen.

Tabelle 4.1 Themen bestimmen – Normabschnitts 4.1 der ISO 9001 umsetzen

Leitfragen ▪ Welche Themen (Einflussfaktoren) sind für unsere strategische Ausrichtung wichtig? Wie wirken sich diese Themen auf unser QMS aus? ▪ Was sind unsere wichtigen internen Themen (Kultur, Leistung, Werte, Wissen)? ▪ Was sind unsere wichtigen externen Themen (Gesetze, Kultur/Gesellschaft, Markt, soziale und wirtschaftliche Faktoren, Technik, Wettbewerb, Klimawandel)?
Ziel: Verstehen des Umfelds, Erkennen der eigenen Fähigkeiten
Umsetzungshinweis ▪ Bestimmen Sie im ersten Schritt Ihre Themen: Kombinieren Sie die Bestimmung Ihrer internen Themen mit einer SWOT-Analyse und organisationsspezifischen Analysen. Kombinieren Sie Ihre externen Themen mit Umfeld-/Umweltanalysen. ▪ In sehr kleinen Organisationen oder in Organisationen mit wenig Komplexität lassen sich die Themen im Team mittels Brainstormings ermitteln, Chancen und Risiken ableiten, mit einer einfachen Punktebewertung priorisieren und mittels einer Tabelle dokumentieren. ▪ Nach der ISO erfolgt die Reihenfolge zwar erst nach Themen, dann nach interessierten Parteien, aber Sie können erst interessierte Parteien, dann Themen oder beide gleichzeitig ermitteln. Zudem ist es nicht sinnvoll, nur für das QMS alleine eine Stakeholder- und Themenbestimmung zu machen. Aussagekräftige Ergebnisse bekommen Sie erst, wenn das gesamte Unternehmen mit allen Abteilungen, Produkten, Dienstleistungen etc. berücksichtigt wird. Ermittelt werden können die externen und internen Themen auch im Rahmen des Managementreviews (Normabschnitt 9).
Mögliche Auditnachweise *Externe Themen:* ▪ Liste der Gesetze ▪ Auflistung von Änderungen und geplanten Änderungen ▪ Auflistung der technischen Entwicklungen ▪ Marktanalysen ▪ Auflistung wirtschaftlicher Änderungen ▪ Strategiepapiere *Interne Themen:* ▪ Leitbild ▪ Leistung, Kennzahlen ▪ Auflistung kultureller Themen (z. B. China) etc. (Gietl/Lobinger 2022)

4.2 Verstehen der Erfordernisse und Erwartungen der interessierten Parteien

Bei diesem Normabschnitt geht es um die Erfordernisse, Erwartungen sowie Wünsche der Stakeholder. Diese müssen Sie verstehen und stets im Auge behalten (Bild 4.3).

Es stehen folgende Fragen im Zentrum:

- Wer sind die Stakeholder (Interessengruppen, relevante interessierte Parteien), die Ihr QMS beeinflussen oder beeinflussen könnten?
- Welche Wünsche, Erwartungen (relevante Anforderungen) sind für das QMS bzw. Produkte und Dienstleistungen relevant?
- Wie können die Überwachung und Überprüfung sichergestellt werden?

Stakeholder eines Unternehmens sind Personen, Gruppen, Organisationen, die das Unternehmen beeinflussen oder vom Unternehmen beeinflusst werden können. Zu den Stakeholdern eines Automobilherstellers gehören beispielsweise die Kundinnen und Kunden, die ein sicheres, umweltfreundliches und preislich attraktives Fahrzeug erwarten, die Anwohnerinnen und Anwohner am Produktionsstandort, die auf die Einhaltung von Umwelt- und Lärmschutzauflagen achten, die Kommunalverwaltung, die auf Gewerbesteuereinnahmen und regionale Arbeitsplätze setzt, sowie die Belegschaft, die auf faire Löhne, sichere Arbeitsbedingungen und berufliche Entwicklungsmöglichkeiten angewiesen ist.

Erfordernisse und Erwartungen – Beispiele

Die ISO unterteilt Anforderungen in Erfordernisse und Erwartungen: **Erwartungen** sind beispielsweise, dass Umweltauflagen, rechtliche Vorschriften etc. eingehalten oder dass Mitarbeitende fair behandelt werden. **Erfordernisse** sind beispielsweise Schulungspläne, Dokumentationen, Angaben zu Schadstoffen etc.

Stakeholder und Themen sind eng miteinander verbunden. Beispielsweise sind Mitarbeitende Stakeholder, während Unternehmenskultur oder Werte ein internes Thema sind.

Die ISO 9001 verlangt, dass Sie die relevanten interessierten Parteien bestimmen. Eine Partei ist relevant, wenn sie Ihr Qualitätsmanagementsystem (QMS) oder Ihre Produkte beeinflussen kann oder davon betroffen ist. Dabei müssen Sie auch die Erwartungen der Stakeholder in Bezug auf den Klimawandel einbeziehen.

Bild 4.3
Abschnitt 4.2 der ISO 9001 im Überblick

Unterstützende Werkzeuge (Auswahl)

- Stakeholderanalyse
- Trendanalysen
- Kundenbefragungen
- Mitarbeiterbefragungen

Tabelle 4.2 fasst die wichtigen Aspekte zu diesem Normabschnitt zusammen.

Tabelle 4.2 Erfordernisse und Erwartungen der interessierten Parteien verstehen – Normabschnitt 4.2 der ISO 9001 umsetzen

Leitfragen
▪ Welche Stakeholder (interessierte Parteien) sind für uns wichtig und welche Wünsche, Erwartungen oder Erfordernisse (Anforderungen) haben diese an uns? ▪ Wer sind unsere wichtigen Stakeholder (z. B. Kunden, Belegschaft)? ▪ Haben wir die Anforderungen und Erwartungen der interessierten Parteien in Bezug zum Klimawandel geprüft und bewertet? ▪ Beachten wir die sich ergebenden Verpflichtungen (wenn das Thema Klimawandel relevant ist)? ▪ Welche Anforderungen haben unsere wichtigen Stakeholder (z. B. Kunden wollen Produkte, die begeistern, Gesellschaft will Nachhaltigkeit, Kommune will Gewerbesteuer)?

Ziel: Verstehen, was die Stakeholder wünschen/erwarten/brauchen

Umsetzungshinweis
Bestimmen Sie Ihre relevanten Stakeholder und leiten Sie deren Anforderungen ab. Hier unterstützt Sie die Methode Stakeholderanalyse. Es empfiehlt sich, Ihre Stakeholder auch direkt zu befragen.

Mögliche Auditnachweise
- Ergebnisse der Stakeholderanalyse inklusive der Anforderungen bezüglich des Klimawandels (wenn relevant)
- Auflistung der Stakeholder mit ihren Erwartungen (Anforderungen)
- Entscheidung der obersten Leitung hinsichtlich der Relevanz des Klimawandels

Laut ISO müssen Sie sich „nur" um diejenigen Stakeholder kümmern, die für das QMS relevant sind. Die wichtigsten Stakeholder sind also die Kunden.

4.3 Festlegen des Anwendungsbereichs des Qualitätsmanagementsystems

Bei diesem Normabschnitt geht es darum, den Anwendungsbereich des QMS festzulegen, also für welche Bereiche das QMS gilt.

Es stehen folgende Fragen im Mittelpunkt (Bild 4.4):

- Auf welche Bereiche soll das QMS angewendet werden? Und auf welche nicht?
- Welche Anforderungen der Norm treffen nicht zu? Und warum treffen diese Anforderungen nicht zu?
- Wie und wo wird dokumentiert, und wie wird die Überprüfung/Überwachung sichergestellt?

Ein Zulieferunternehmen in der Automobilbranche verfügt über ausgelagerte Funktionen wie z. B. Vertriebszentren, die mit einbezogen werden müssen, oder es hat keine eigene Produktentwicklung.

Die ISO 9001 und die IATF 16949 verlangen, dass die Definition des Anwendungsbereichs an internen und externen Themen, an den Erwartungen/Anforderungen der Stakeholder sowie an den eigenen Produkten und Dienstleistungen ausgerichtet wird. Dieser Normenpunkt setzt also voraus, dass die relevanten Themen, die Stakeholder und die Anforderungen ermittelt wurden.

Dokumentierte Information

Der Anwendungsbereich muss schriftlich festgehalten werden. Wenn das Unternehmen keine eigene Produktentwicklung durchführt, so kann dies als „nicht zutreffend" deklariert werden, dann muss hierfür eine nachvollziehbare Begründung vorliegen. Mit dieser Begründung soll auch nachgewiesen werden, dass das QMS trotz des Ausschlusses erfolgreich umgesetzt werden kann.

Bei der Festlegung des Anwendungsbereichs des QMS müssen die in Abschnitt 4.1 ermittelten externen Einflussfaktoren (externe Themen) sowie die unter Abschnitt 4.2 ermittelten Erwartungen der Stakeholder berücksichtigt werden.

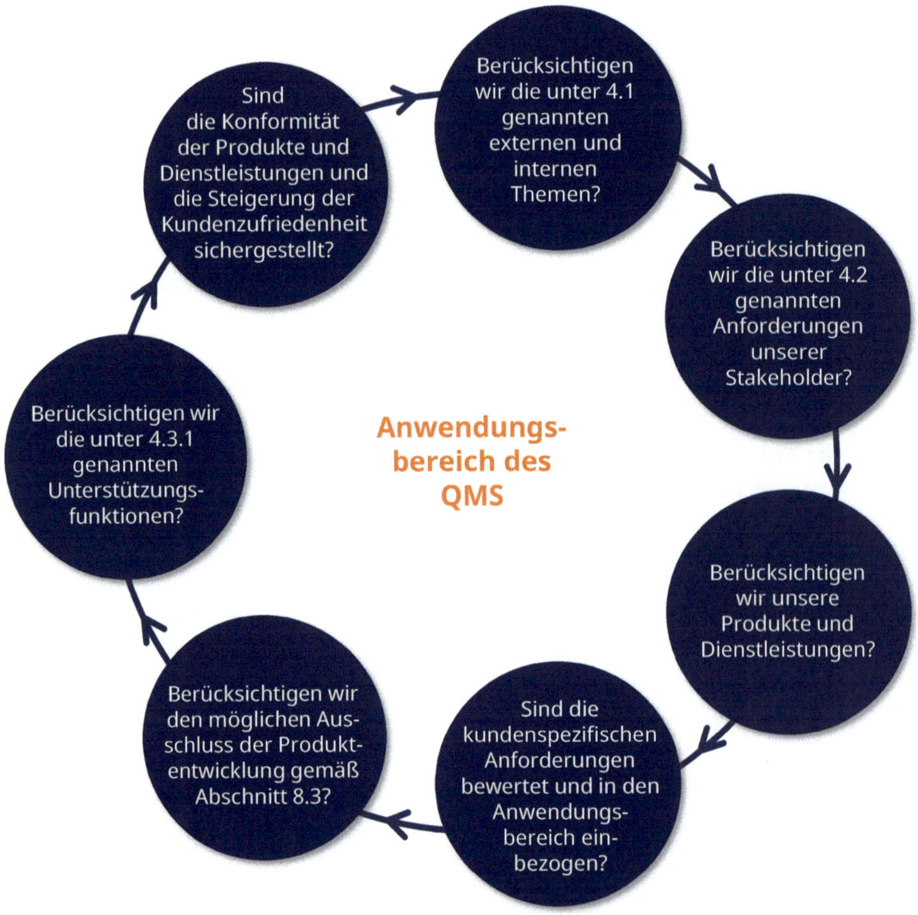

Bild 4.4 Abschnitt 4.3 der ISO 9001 und IATF 16949 im Überblick

Unterstützende Werkzeuge (Auswahl)

- Stakeholderanalyse
- Überprüfen der Prozesskette und/oder der möglichen Wechselwirkungen

4.3.1 Festlegung des Anwendungsbereichs des QMS – Ergänzung (*X*)

Die IATF 16949 ergänzt und präzisiert den Abschnitt 4.3 der ISO 9001 insbesondere durch die Berücksichtigung von kundenspezifischen Anforderungen und um Produkte, Prozesse und Standorte des Unternehmens, die von dem QMS abgedeckt werden und in direktem Zusammenhang mit der Produktion stehen.

Folgende Fragen stehen im Zentrum:

- Welche Bereiche müssen neben den geforderten Bereichen der ISO 9001 noch berücksichtigt werden?
- Welche Ausschlüsse dürfen getätigt werden?

Alle Unterstützungsfunktionen, die am eigentlichen Produktionsstandort oder auch an einem anderen Standort durchgeführt werden, müssen in den Anwendungsbereich mit einbezogen werden. Beispiele dafür können z. B. ausgelagerte Funktionen wie die Zentrale eines Unternehmens, Vertriebs- oder Entwicklungszentren sein.

Der einzige zulässige Ausschlussbereich in der IATF 16949 ist die Produktentwicklung gemäß Abschnitt 8.3 der ISO 9001. Der Ausschluss ist nur erlaubt, wenn das Unternehmen keine eigene Produktentwicklung durchführt oder ausschließlich nach Kundenvorgaben produziert. Der Ausschluss muss genau schriftlich begründet werden.

Selbst in diesem Fall muss die Schnittstelle zum Kunden klar geregelt sein und das Unternehmen muss nachweisen, wie die Qualität der vom Kunden entwickelten Produkte sichergestellt wird. Andere Ausschlüsse sind in der Automobilindustrie in der Regel nicht zulässig.

Wenn allerdings eine Anforderung nicht zutreffend ist, muss das Unternehmen nachweisen, dass sie objektiv nicht anwendbar ist. Verfügt ein Unternehmen z. B. über keinen Versandbereich, dann entfallen bestimmte Anforderungen an die Logistik. Prozessentwicklung, Produktionslenkung und Validierung müssen in jedem Fall durchgeführt werden.

Dokumentierte Information

Schriftlich festgehaltener Anwendungsbereich mit einer Begründung, falls die Produktentwicklung ausgeschlossen wird.

Unterstützende Werkzeuge (Auswahl)

- Prozesslandkarte
- Matrix zur Standortabdeckung
- SWOT-Analyse

Tabelle 4.3 fasst die wichtigen Aspekte zu dem Normabschnitt zusammen.

Tabelle 4.3 Anwendungsbereich festlegen – Normabschnitt 4.3 der ISO 9001 und 4.3.1 der IATF 16949 umsetzen

Leitfragen

- Was ist der Anwendungsbereich des QMS?
- Für welche Bereiche sollte das QMS gelten? Unter Berücksichtigung
  - der internen und externen Themen, die wir als wichtig eingestuft haben,
  - der Anforderungen der Stakeholder und
  - unserer Produkte und Dienstleistungen.
- Für welche Standorte, Bereiche, Produktlinien etc. sollte das QMS gelten?
- Welche Anforderungen müssen wir nicht umsetzen, sind „nicht zutreffend"?
- Sind alle Unterstützungsfunktionen im Anwendungsbereich berücksichtigt?
- Ist sichergestellt, dass nur der Produktentwicklungsprozess gemäß Abschnitt 8.3 der ISO 9001 ausgeschlossen wurde?
- Gibt es eine schriftliche Begründung für einen Ausschluss (wenn vorhanden)?

Ziel: Festlegen des Anwendungsbereichs des QMS und Berücksichtigung von Unterstützungsfunktionen und Begründung eines Ausschlusses

Umsetzungshinweis

- Bestimmen Sie, für welchen Bereich das QMS gelten soll. Beim Anwendungsbereich können Sie gemäß der ISO 9001 auch die Anforderungen ausschließen, die für Sie nicht relevant sind. Deklarieren Sie solche Anforderungen als „nicht zutreffend". Wichtig hierbei ist eine nachvollziehbare Begründung.
- Bei der IATF kann nur die Produktentwicklung ausgeschlossen werden. Halten Sie dafür eine schriftliche Begründung für den Ausschluss der Produktentwicklung als dokumentierte Information aufrecht. Beachten Sie auch, dass die Produktentwicklung auch ausgeschlossen werden kann, wenn diese nach Vorgaben von Kunden erfolgt.
- Halten Sie den Anwendungsbereich stets aktuell und aufrecht.
- Prüfen Sie, ob unterstützende Funktionen an anderen Standorten wie z. B. Vertrieb oder Unternehmenszentrale vorliegen. Hier unterstützt Sie eine Matrix zur Standortabdeckung.

(Brückner, 2019)

Mögliche Auditnachweise

- Dokumentierter Anwendungsbereich
- Nachvollziehbare Begründungen für Ausschlüsse (IATF: nur Produktentwicklung)
- Einbeziehung von Unterstützungsfunktionen (wenn relevant)

4.3.2 Kundenspezifische Anforderungen (*X*)

Die kundenspezifischen Anforderungen (Customer Specific Requirements, CSR) konkretisieren die Anforderungen der ISO 9001 und IATF 16949 in der Weise, dass alle spezifischen Kundenanforderungen in Bezug auf das Produkt oder die Dienstleistung ermittelt, dokumentiert, bewertet, umgesetzt und in den Anwendungsbereich aufgenommen werden müssen.

Folgende Fragen stehen im Zentrum:

- Was sind kundenspezifische Anforderungen? Wie müssen diese bewertet werden? Wie und wo werden diese dokumentiert und die Überprüfung/Überwachung sichergestellt?
- Wie können diese in den Anwendungsbereich aufgenommen werden?

Die IATF 16949 definiert in dem Abschnitt 3.1 Automobilspezifische Begriffe **„Kundenanforderungen"** wie folgt: „Alle Anforderungen des Kunden (z. B. technischer und kommerzieller Art oder das Produkt und den Produktionsprozess betreffende Anforderungen, Einkaufsbedingungen oder kundenspezifische Anforderungen usw.)." Dieses wurde in den Sanktionierten Interpretationen (SI) Nr. 1 konkretisiert: „Handelt es sich bei der auditierten Organisation um einen Fahrzeughersteller, die Tochtergesellschaft eines Fahrzeugherstellers oder ein Joint-Venture mit einem Fahrzeughersteller, so ist der entsprechende Kunde durch den Fahrzeughersteller, durch die Tochtergesellschaft eines Fahrzeugherstellers oder das Joint-Venture festgelegt."

„Kundenspezifische Anforderungen" (Customer-Specific Requirements, CSR) sind „Interpretationen oder Zusatzanforderungen, die sich auf bestimmte Abschnitte dieses QMS-Standards der Automobilindustrie beziehen."

Sonstige Kundenanforderungen, wie z. B. Spezifikationen, fallen nicht unter den Begriff der kundenspezifischen Anforderungen und sind gesondert darzustellen. Die CSR sind erst anwendbar, wenn sie Bestandteil bestehender Verträge sind, allgemein in Portalen der Kunden zur Verfügung gestellt werden oder zwischen Lieferanten und Kunden schriftlich vereinbart wurden (Qualitätssicherungsvereinbarungen, QSV). (Bild 4.5)

Für eine kontinuierliche Bewertung der Aktualität und der Inhalte der CSR sollte ein Prozess im Unternehmen etabliert werden, der den Umgang mit den kundenspezifischen Anforderungen beschreibt. Dies ist unerlässlich, um eine stetige Überwachung und Umsetzung der Anforderungen zu gewährleisten.

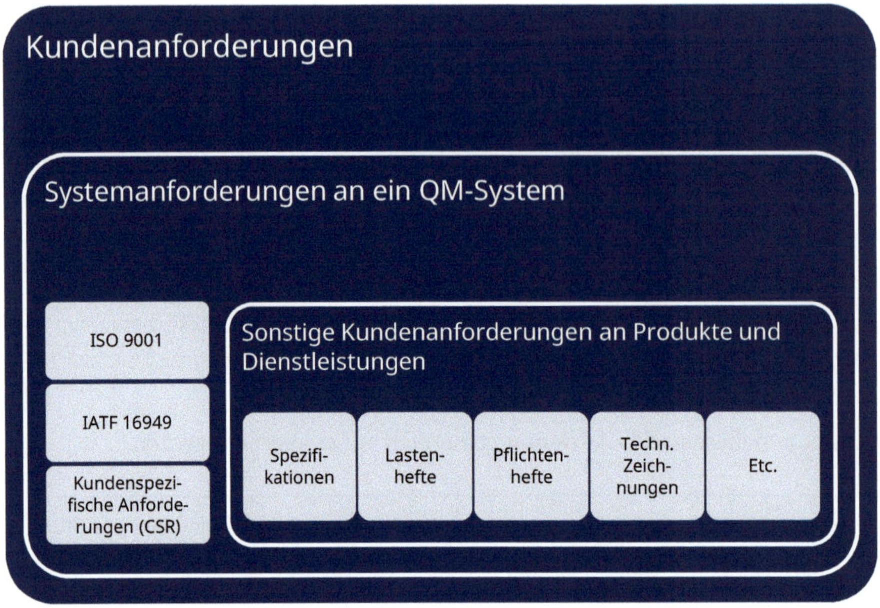

Bild 4.5 Übersicht über die gesamten Kundenanforderungen

Dokumentierte Information

Die kundenspezifischen Anforderungen können z. B. in einer Liste, Matrix oder Tabelle festgehalten und müssen dem Anwendungsbereich als mitgeltende Anlage angefügt werden.

Die relevanten Informationen hinsichtlich der Lenkung der CSR sollten enthalten:

- Art der Bereitstellung des Dokuments (z. B. Kundenportal)
- Kontaktdaten des Herausgebers des Kunden
- Revisionsstand und Änderungshistorie mit Kennzeichnung im Dokument
- Rechtsverbindliche Sprache

Sollte eine kundenspezifische Anforderung nicht erfüllbar sein oder in einer anderen Art und Weise durchgeführt werden, muss mit dem jeweiligen Kunden Kontakt aufgenommen werden, um eine Zustimmung einzuholen, die in jedem Fall schriftlich vorliegen muss.

Unterstützende Werkzeuge (Auswahl)

- Prozessbeschreibung der Ermittlung und Überwachung von kundenspezifischen Systemanforderungen
- Tabelle oder Matrix der kundenspezifischen Systemanforderungen
- Kundenportale
- Verträge, Qualitätssicherungsvereinbarungen (QSV)

- Anhang B der IATF 16949
- VDA-Band: Kundenspezifische Anforderungen – Erstellung kundenspezifischer QM-Systemanforderungen auf Basis der IATF 16949

Tabelle 4.4 fasst die wichtigen Aspekte zu diesem Normabschnitt zusammen.

Tabelle 4.4 Kundenspezifische Anforderungen ermitteln, bewerten und überwachen – Normabschnitt 4.3.2 der IATF 16949 umsetzen

Leitfragen ▪ Sind alle kundenspezifischen Anforderungen ermittelt, bewertet, dokumentiert und umgesetzt? ▪ Wurden mögliche Ausschlüsse schriftlich mit dem Kunden vereinbart? ▪ Wurde beispielsweise eine Liste mit den kundenspezifischen Anforderungen als Anhang dem Anwendungsbereich hinzugefügt?
Ziel: Bewertung der kundenspezifischen Anforderungen und Einbeziehung in den Anwendungsbereich.
Umsetzungshinweise Erstellen Sie ein Dokument, in dem festgelegt wird, wer für das Änderungsmanagement der CSR verantwortlich ist. Machen Sie den Umfang und Änderungen kenntlich. Führen Sie mitgeltende Unterlagen, wie z. B. Referenzhandbücher, VDA-Bände, Hausnormen, Spezifikationen etc., auf. Listen Sie darin die relevanten Informationen für den jeweiligen Kunden auf: ▪ Art der Bereitstellung des Dokumentes (z. B. Kundenportal) ▪ Kontaktdaten des Herausgebers des Kunden ▪ Revisionsstand und Änderungshistorie mit Kennzeichnung im Dokument ▪ Rechtsverbindliche Sprache Erstellen Sie einen standardisierten Ablauf für die Ermittlung und Überwachung der kundenspezifischen Anforderungen.
Mögliche Auditnachweise ▪ Liste oder Matrix mit den aktuellen kundenspezifischen Anforderungen ▪ Verweis im Anwendungsbereich auf die CSR-Liste oder Matrix ▪ Festgelegte Verantwortlichkeiten für die Ermittlung und Pflege der kundenspezifischen Anforderungen

4.4 Qualitätsmanagementsystem und seine Prozesse

Bei diesem Normabschnitt geht es darum, wie das QMS konkret im Unternehmen umgesetzt wird und sich in den Prozessen widerspiegelt. Die Prozesse müssen dabei mit ihren Wechselwirkungen erfasst (dokumentiert), umgesetzt, laufend aktualisiert und verbessert werden.

Beim Zulieferunternehmen aus der Automobilbranche könnte es sich beispielsweise um einen Prozess handeln, der den Umgang mit Beschwerden betrifft. Ist dieser dokumentiert? Halten sich alle an die Vorgaben? Wie wird dies überprüft und gibt es Konsequenzen bei Nichteinhaltung? Gibt es nach Beschwerden Folgeaufträge oder sind diese Kunden für immer verschwunden?

Es stehen folgende Fragen im Zentrum:

- Welche Prozesse umfasst das QMS und was sind die genauen Anforderungen, Verantwortlichkeiten und Befugnisse?
- Welche Ergebnisse sollen die Prozesse erzielen und wie wird sichergestellt, dass sie erreicht, überwacht, gemessen und fortlaufend verbessert werden?
- Welche Ressourcen werden benötigt und wie hängen die Prozesse mit den Risiken und Chancen (gemäß ISO 9001, Abschnitt 6.1) zusammen?

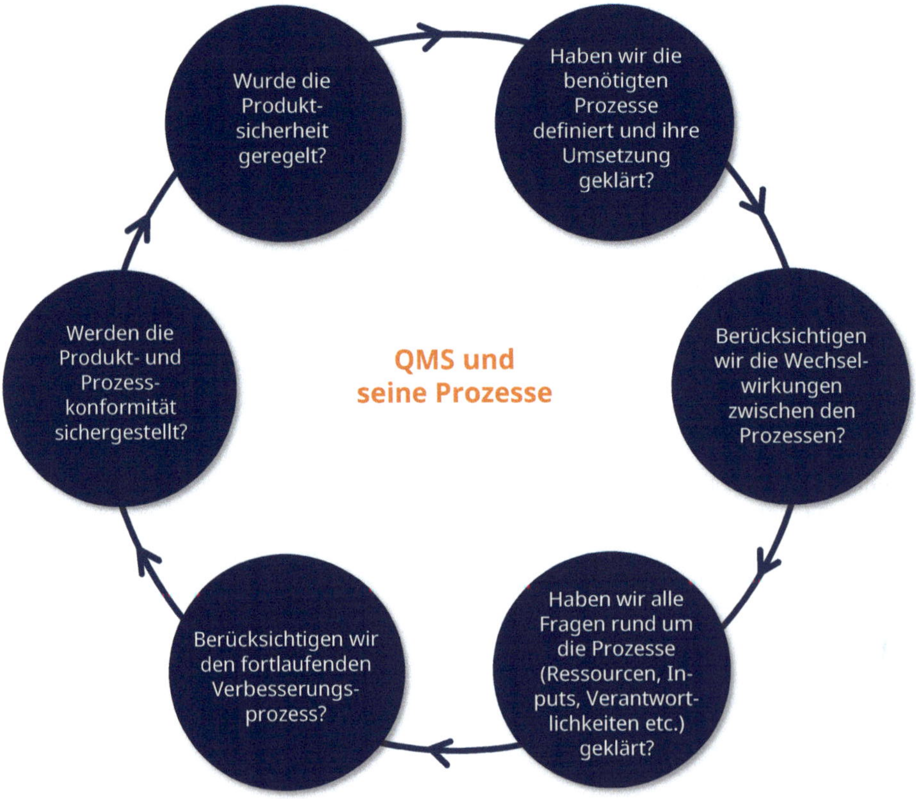

Bild 4.6 Abschnitt 4.4 der ISO 9001 und IATF 16949 im Überblick

Die ISO 9001 und die IATF 16949 verlangen nicht, dass Sie von jedem einzelnen Prozess Chancen und Risiken benennen sowie Maßnahmen einleiten. Der Weg ist andersherum, es werden die Chancen und Risiken bestimmt (Abschnitt 6.1 der ISO 9001) und diese sollten dann bei den Prozessen berücksichtigt werden.

Dokumentierte Information

Sie müssen schriftlich nachweisen, dass alle nötigen Informationen vorliegen und für alle Beteiligten verfügbar sind, damit die Prozesse wie geplant umgesetzt werden können. Es müssen also entsprechende Vorgabe- und Nachweisdokumente formuliert vorliegen (z. B. Flussdiagramme, Prozessbeschreibungen).

Bild 4.6 zeigt die Anforderungen des Normabschnitts 4.4 im Überblick.

4.4.1 QMS aufbauen, umsetzen und verbessern

Sie müssen im Sinne der Norm ein QMS „aufbauen, verwirklichen, aufrechterhalten und fortlaufend verbessern, einschließlich der benötigten Prozesse und ihrer Wechselwirkungen". Sie müssen auch festlegen, wo diese Prozesse zur Anwendung kommen. Bild 4.7 fasst die zentralen Elemente zusammen.

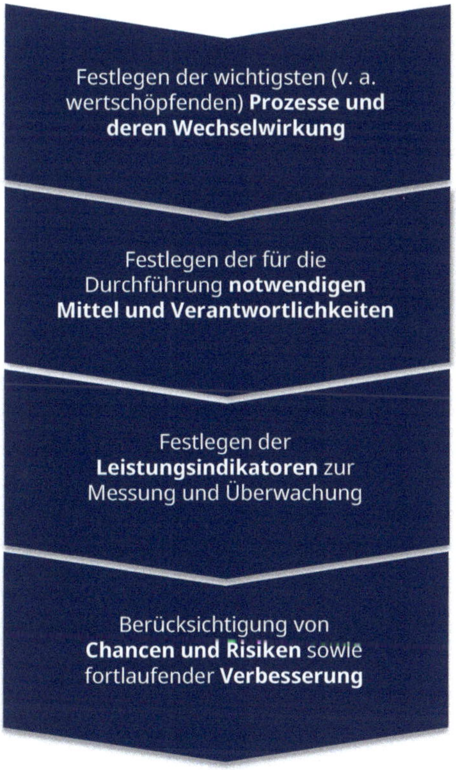

Bild 4.7
Der Aufbau eines QMS

Definieren und implementieren Sie alle erforderlichen Prozesse für Ihr QMS.

Stellen Sie sicher, dass diese Prozesse wie gewünscht funktionieren, indem Sie klare Kriterien (Kennzahlen, KPIs) festlegen. Ein Beispiel hierfür wäre die angestrebte Produktionsmenge. Diese Kriterien helfen Ihnen auch bei der Prozesssteuerung. Überschreitet ein Prozess beispielsweise die geplante Zeit, müssen Sie die Ursachen analysieren und gegensteuern.

Um die Prozessumsetzung und -steuerung zu gewährleisten, müssen Sie außerdem geeignete Methoden definieren und anwenden. Dies kann die Festlegung von Verfahren für den Umgang mit Fehlern beinhalten. Die Einhaltung kann durch Maßnahmen wie das Vieraugenprinzip oder Checklisten überprüft werden.

Zu definieren ist auch die Abfolge (Reihenfolge) der Prozesse. Dabei geht es um einzelne Prozessschritte (z. B. Prozessbeschreibung zur Visualisierung) sowie um alle relevanten Prozesse, beispielsweise anhand einer Prozesslandschaft (Bild 4.8).

Bild 4.8 Beispiel einer Prozesslandschaft (Quelle: Fritz 2022)

Prozesse beeinflussen sich gegenseitig. Wird beispielsweise definiert, dass die Wareneingangskontrolle nur stichpunktartig erfolgt, kann sich dadurch die Reklamationsquote erhöhen, was sich unmittelbar auf die Vertriebsprozesse auswirken würde. Solche möglichen Wechselwirkungen müssen Sie bei Ihrer Prozessdefinition berücksichtigen. Dokumentieren lassen sich die Wechselwirkungen beispielsweise anhand einer Wechselwirkungsmatrix.

Es muss klar sein, welche Inputs (Eingaben) für die Prozessumsetzung nötig sind. Diese definierten Inputs müssen zur Verfügung stehen. Wenn beispielsweise bestimmte Rohstoffe, eine bestimmte Software oder bestimmte Kompetenzen für die Prozessumsetzung nötig sind, dann muss gewährleistet sein, dass diese zur Verfügung stehen. Unterstützen können hier beispielsweise Alarmsysteme, die bei Abweichung reagieren, verbindliche Vereinbarungen zwischen Abteilungen, Einführung von interdisziplinären Teams etc.

Es muss auch klar sein, welche Outputs (Ergebnisse) die Prozesse liefern sollen. Die Ergebnisse müssen dabei messbar sein (Kennzahlen).

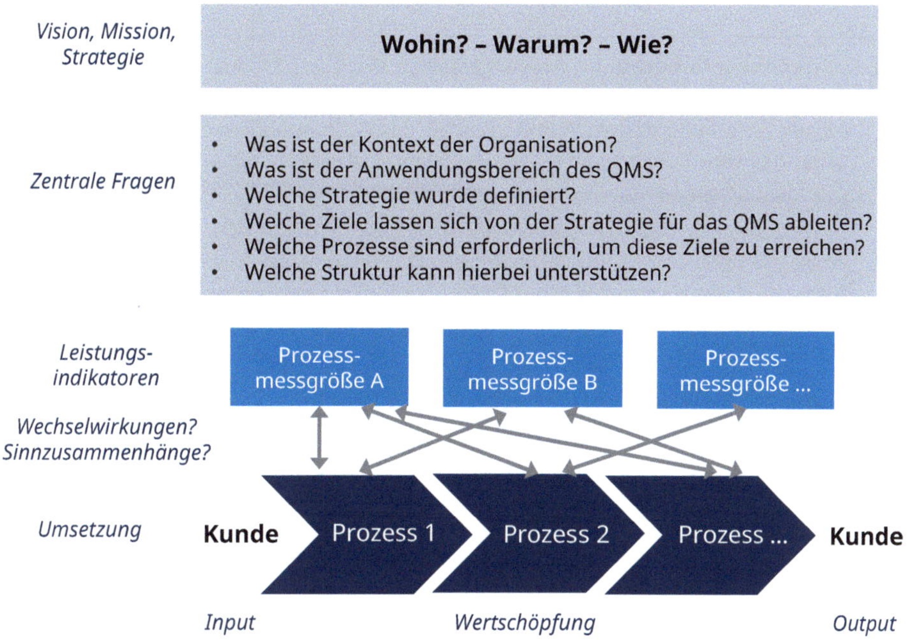

Bild 4.9 Ein QMS im Überblick

Auch die für die Umsetzung der Prozesse benötigten Ressourcen (z. B. Mitarbeitende, Werkzeuge, Material) müssen definiert werden und zur Verfügung stehen, beispielsweise anhand tabellarischer Auflistungen, von Einsatzplänen, des Materialmanagements etc.

Ebenso müssen die Verantwortlichkeiten und die Befugnisse definiert werden. Also wer ist für was verantwortlich und wer darf was entscheiden?

Zudem müssen die in Abschnitt 6.1 der ISO 9001 definierten Risiken und Chancen bei der Prozessgestaltung berücksichtigt werden, beispielsweise durch das Definieren von Prozessen, wie mit Abweichungen oder Fehlern (Nichtkonformitäten) umgegangen wird, oder durch das Ermöglichen von Flexibilität (agile Arbeitsweisen), dem Fördern von risikobasiertem Denken.

Bei der Prozessgestaltung muss ferner berücksichtigt werden, dass die Prozesse und damit auch das QMS fortlaufend verbessert werden, beispielsweise durch regelmäßig stattfindende Workshops zum Thema, die Einführung von Qualitätszirkeln, KVP etc.

Bild 4.9 zeigt den Zusammenhang der einzelnen Elemente.

4.4.1.1 Produkt- und Prozesskonformität (X)

Damit die Einhaltung der Produkt- und Prozesskonformität in der gesamten Lieferkette sichergestellt wird, beinhaltet die IATF 16949 in Abschnitt 4.4.1.1 weitergehende Anforderungen.

Nachfolgend eine kurze Erläuterung zu den relevanten Begriffen:

Produktkonformität: „Alle bereitgestellten Prozesse, Produkte und Dienstleistungen müssen die jeweils vereinbarten Kundenanforderungen sowie die gesetzlichen und behördlichen Anforderungen des Ausfuhrlandes, des Einfuhrlandes und des vom Kunden genannten Bestimmungslandes erfüllen". (Vgl. VDA-Band Produktintegrität)

Prozesskonformität: „Prozesskonformität beschreibt das Maß, in dem ein Prozess die definierten Anforderungen erfüllt. Dies umfasst sowohl regulatorische Vorgaben als auch kundenspezifische, normative und interne Standards." (Vgl. VDA-Band 6.3)

Nicht nur die Produkt- und Prozesskonformität für Produkte und Ersatzteile ist wichtig, sondern die IATF geht noch ein Stück weiter und bezieht Materialanforderungen mit ein (SI-Nr. 23).

Folgende Fragen stehen im Zentrum:

- Werden die Produkt- und Prozesskonformität für Produkte und Dienstleistungen sichergestellt?
- Wird die Konformität an Materialanforderungen berücksichtigt?
- Wie wird die Einhaltung gesetzlicher und regulatorischer Anforderungen sichergestellt (im Sinne von Normabschnitt 8.4.2.2 der IATF 16949)?

Dokumentierte Information

Um die Konformität aller Produkte und Prozesse, inklusive aller extern bereitgestellten Prozesse, Produkte und Dienstleistungen, sicherzustellen, wird gemäß Abschnitt 8.4.2.2 die Dokumentation eines Prozesses verlangt. Dieser Prozess muss den Umgang mit allen Kundenanforderungen sowie den zutreffenden gesetzlichen und behördlichen Anforderungen enthalten.

Wichtig sind eine sehr gute Organisation der Produktintegration und der Aufbau eines Kommunikationsnetzwerks im Unternehmen sowie innerhalb der Lieferkette.

Unterstützende Werkzeuge (Auswahl)

- Lieferantenselbstauskunft (LSA)
- Lieferantenauswahl und -bewertung
- Rechtskataster

Tabelle 4.5 fasst die wichtigsten Aspekte zu diesem Normabschnitt zusammen.

Tabelle 4.5 Produkt- und Prozesskonformität – Normabschnitt 4.4.1.1 der IATF 16949 umsetzen

Leitfragen

- Ist die Konformität für Produkte und Prozesse, Ersatzteile und Materialanforderungen in Übereinstimmung mit den Anforderungen der Kunden sowie den relevanten Gesetzen und Vorschriften gegeben?
- Werden die gültigen gesetzlichen und behördlichen Anforderungen des Einfuhr- und Ausfuhrlandes und die gültigen gesetzlichen und behördlichen Anforderungen des vom Kunden genannten Bestimmungslandes (wenn genannt) berücksichtigt? (Siehe Normabschnitt 8.4.2.2)

Ziel: Relevante Sachverhalte bei Abweichungen der Produktintegrität und -konformität müssen schnell und effektiv aufgearbeitet und schnellstens Entscheidungen über die weitere Vorgehensweise getroffen werden können.

Umsetzungshinweis

- Identifizieren, bewerten und überwachen Sie die externen Anbieter, die Einfluss auf die Konformität Ihrer Produkte und Dienstleistungen haben.
- Stellen Sie sicher, dass alle anwendbaren gesetzlichen und behördlichen Anforderungen im Sinne von Normabschnitt 8.4.2.2 erfüllt werden.
- Dokumentieren Sie einen Prozess, der die Einhaltung aller gesetzlichen und behördlichen Anforderungen sicherstellt.

Mögliche Auditnachweise

- Produktkonformität
  - Wareneingangsprüfprotokolle
  - Warenausgangsprüfprotokolle
  - Erstmusterprüfberichte
  - SPC-Auswertungen
  - Produktauditberichte
- Prozesskonformität
  - Prozess-FMEA
  - Prozessbeschreibungen
  - Prozessfähigkeitsnachweise
  - ERP-Auswertungen
  - Prozessauditberichte

(Brückner, 2019)

4.4.1.2 Produktsicherheit (*X*)

In diesem Normabschnitt der IATF 16949 wird auf die sicherheitsrelevanten Produkte und Prozesse des Unternehmens im Hinblick auf Produkt- und Produktionsprozessmerkmale eingegangen, die Auswirkung auf die Sicherheitsanforderung der Endmontage haben. Möglicherweise gibt es für diese Merkmale keine gesetzlichen oder behördlichen Vorgaben, aber der Kunde kann Anforderungen stellen.

Folgende Leitfragen stehen im Mittelpunkt:

- Wer ist für die Produktsicherheit verantwortlich?
- Sind sicherheitsrelevante Produkte oder Merkmale identifiziert?
- Gibt es dokumentierte Prozesse zur Steuerung von Produktsicherheit?
- Gibt es Freigabeprozesse für Änderungen mit Sicherheitsauswirkungen?
- Gibt es Notfall- und Eskalationsprozesse bei sicherheitsrelevanten Vorfällen?
- Werden Kunden und Lieferanten bei sicherheitsrelevanten Themen eingebunden?

Um den Abschnitt richtig zu verstehen, ist nachfolgend eine Definition aufgeführt, die dem VDA-Band „Produktintegrität" entnommen ist:

- **Produktsicherheit:** „Ein Produkt, das auf dem Markt bereitgestellt wird, darf bei bestimmungsgemäßer oder vorhersehbarer Verwendung die Sicherheit und Gesundheit von Personen nicht gefährden."

Dokumentierte Information

Der Prozess für das Management von produktsicherheitsrelevanten Produkten und Produktionsprozessen muss dokumentiert und eingeführt sein. Die relevanten Vorgehensweisen können auch in unterschiedliche, eventuell bereits bestehende Prozesse integriert werden und müssen nicht unbedingt einen eigenen Prozess darstellen.

Reaktionspläne (siehe Abschnitt 9.1.1.1 IATF 16949) für alle potenziellen Produktsicherheitsprobleme müssen erstellt werden.

Die meisten der OEM haben Produktsicherheitsbeauftragte in ihren Produktionsstätten etabliert und fordern dies auch von ihren Zulieferern (siehe z. B. Formel Q von VW oder SPEZIFISCHE ANFORDERUNGEN DER BMW GROUP). Grund für diese Forderung ist die Ermittlung von Haftungsrisiken, die im gesamten Produktentstehungsprozess und in der Produktentwicklung minimiert und über die Prozessentwicklung beherrscht werden sollen.

Die Anforderungen, die für die Produktsicherheit und Produktkonformität ermittelt werden, müssen einer Risikoanalyse unterzogen und die Ergebnisse dokumentiert werden. In jedem Fall muss der gesamte Produktlebenszyklus betrachtet werden.

Die Einhaltung der Produktintegrität und -konformität ist elementar in der gesamten Lieferkette. Wichtig sind eine sehr gute Organisation der Produktintegration im Unternehmen sowie der Aufbau eines Kommunikationsnetzwerkes im Unternehmen sowie innerhalb der Lieferkette.

Dazu muss gemäß IATF ein Prozess dokumentiert werden, dessen Bausteine

- Definition von Verantwortungen,
- Eskalationsprozesse,
- Reaktionspläne,
- Kommunikations- und Informationsfluss sowie
- Rückverfolgbarkeit

sind.

Wichtig ist auch, dass alle zutreffenden gesetzlichen und behördlichen Anforderungen an die Produktsicherheit ermittelt und bewertet und an die jeweiligen Kunden des Unternehmens weitergegeben werden.

Ziel muss es sein, dass relevante Sachverhalte bei Abweichungen der Produktintegrität und -konformität schnell und effektiv aufgearbeitet und schnellstens Entscheidungen über die weitere Vorgehensweise getroffen werden. Neben den Norm- und Kundenanforderungen bilden die Anforderungen des Produktsicherheitsgesetzes (ProdSG), welches am 01. Dezember 2011 in Kraft getreten ist und am 27. Juli 2021 neu gefasst wurde, eine weitere Grundlage.

Beispiele für gesetzliche und behördliche Anforderungen an die Produktsicherheit:

- Produktsicherheitsgesetz (ProdSG) in Deutschland
- DIN EN ISO 26262:2021 für die funktionale Sicherheit von Kraftfahrzeugen
- UN-ECE-Regelungen sind internationale Vorschriften, die die Sicherheit von Kraftfahrzeugen und ihrer Komponenten regeln (Wirtschaftskommission (Economic Commission for Europe) für Europa bei den Vereinten Nationen (UN/ECE) erlassene Vorschriften für Kfz).
- Verordnung über die Genehmigung von Fahrzeugteilen (EG-FPV)
- SO 3834:2016 – Qualitätsanforderungen an Schweißprozesse

Unterstützende Werkzeuge (Auswahl)

- FMEA (Fehlermöglichkeits- und -einflussanalyse)
- Spezifikation sicherheitsrelevanter Merkmale (Special Characteristics)
- Produktionslenkungsplan
- Gefährdungsanalyse
- Risikoanalyse

Tabelle 4.6 fasst die wichtigen Aspekte zu diesem Normabschnitt zusammen.

Tabelle 4.6 Produktsicherheit – Normabschnitt 4.4.1.2 der IATF 16949 umsetzen

Leitfragen

- Sind dokumentierte Prozesse für das Management von produktsicherheitsrelevanten Produkten und/oder Produktionsprozesse festgelegt und eingeführt, die mindestens folgende Vorgehensweisen enthalten:
  - Ermittlung aller gesetzlichen und behördlichen produktsicherheitsrelevanten Anforderungen.
  - Benachrichtigung der Kunden über die Ergebnisse aus dem vorherigen Punkt.
  - Implementierung eines Freigabemechanismus für eine gesonderte Freigabe der Design-FMEA durch den Kunden oder intern.
  - Ermittlung aller Merkmale, die für die Produktsicherheit relevant sind.
  - Ermittlung und Lenkung aller Merkmale, die für die Produktsicherheit am Produkt oder im Produktionsprozess ausschlaggebend sind.
  - Festlegung von Vorgaben für die gesonderte Freigabe durch den Kunden oder intern in Prozess-FMEAs und Produktionslenkungsplan (PLP).
  - Reaktionspläne (Abschnitt 9.1.1.1, e).
  - Festgelegte Verantwortlichkeiten zur Identifizierung aller produktsicherheitsrelevanten gesetzlichen und behördlichen Anforderungen mit festgelegten Informationsflüssen für eine Benachrichtigung der Geschäftsführung und der Kunden.
  - Systematische Vorgehensweise zur Ermittlung des Schulungsbedarfs für Mitarbeitende, die an sicherheitsrelevanten Produkten und in den dazugehörenden Prozessen arbeiten.
  - Bewertung von Auswirkungen auf die Produktsicherheit bei Änderungen an Produkten oder Produktionsprozesse (s. auch Abschnitt 8.3.6 der ISO 9001).
  - Weitergabe von Anforderungen zur Produktsicherheit an die gesamte Lieferkette inklusive vom Kunden festgelegter Bezugsquellen (s. auch Abschnitt 8.4.3.1).
  - Rückverfolgbarkeit der einzelnen Produkte mindestens je Fertigungslos in der gesamten Lieferkette über den kompletten Produktlebenszyklus.
  - Anwendung von Lessons Learned bei der Entwicklung neuer Produkte.

Ziel: Minimierung von Haftungsrisiken im gesamten Produktentwicklungs- und Produktionsprozess

Umsetzungshinweis

- Stellen Sie durch einen dokumentierten Prozess oder durch Ergänzungen in bestehenden Prozessen sicher, dass alle gesetzlichen produktsicherheitsrelevanten Anforderungen ermittelt werden, die sich auf nationale, europäische oder internationale Gesetze und Vorschriften beziehen.
- Dokumentieren Sie den geforderten Prozess für das Management von produktsicherheitsrelevanten Produkten. Nehmen Sie alle Punkte, die in diesem Abschnitt der Norm aufgeführt werden, in Ihren Prozess auf und beachten Sie, dass die gesonderte Freigabe von sicherheitsrelevanten Anforderungen oder Dokumenten mit sicherheitsrelevanten Inhalten durch den Kunden oder durch interne Prozesse der Organisation gefordert sein kann.

- Benennen Sie einen Produktsicherheitsbeauftragten, der klar definierte Zuständigkeiten und die Verantwortung für einen Eskalationsprozess besitzt. Identifizieren Sie produktsicherheitsrelevante Merkmale aus Kundenvorgaben, gesetzlichen und behördlichen Regelungen sowie aus internen Spezifikationen. Integrieren Sie die Erkenntnisse in Entwicklungs- und Qualitätsprozesse, beispielsweise durch Berücksichtigung in FMEAs und die besondere Kennzeichnung sicherheitsrelevanter Merkmale.
- Sichern Sie die spezifischen Merkmale durch Anpassung in Prüfplänen, Fehlervermeidungsmethoden und Rückverfolgbarkeit ab, dokumentieren Sie Validierungsprüfungen und berücksichtigen Sie Änderungen an Produkt und Prozess.
- Geben Sie alle relevanten Änderungen in der Lieferkette weiter, kontrollieren Sie die Einhaltung und richten Sie ein Notfall- und Rückrufmanagement ein.
- Dokumentieren Sie alle geplanten und durchgeführten Maßnahmen und integrieren Sie diese in die Managementbewertung, damit eine kontinuierliche Verbesserung sichergestellt ist.
- Schulen Sie alle Mitarbeitenden, die an sicherheitsrelevanten Produkten und den damit verbundenen Prozessen beteiligt sind.

(Brückner, 2019)

Mögliche Auditnachweise

- Prozessbeschreibung für den Umgang mit Produktsicherheitsmerkmalen
- Prozessbeschreibung zur Fehlerbehandlung bei Sicherheitsabweichungen
- Prozessbeschreibung von Änderungsmanagement bei Produkten und Prozessen
- Organigramme
- Stellenbeschreibungen
- Schulungsnachweise für sicherheitskritische Themen
- Design-, Prozess-FMEA
- Risikoanalysen
- Dokumentation zur Kennzeichnung von besonderen Merkmalen bei sicherheitsrelevanten Teilen
- Notfallpläne
- Eskalationspläne
- Protokolle zur Ursachenanalyse
- Fehlersammellisten
- Kundenanforderungen
- Lieferantenaudits
- Benachrichtigungen an Kunden
- Dokumentierte Freigaben
- Kommunikation produktsicherheitsrelevanter Anforderungen an Lieferanten

(Brückner, 2019)

4.4.2 Notwendige Dokumentation

Dieser Abschnitt widmet sich dem Umfang und der Aufbewahrung dokumentierter Informationen.

Folgende Fragen stehen im Fokus:

- Arbeiten wir prozessorientiert?
- Unterstützen unsere Prozesse das QMS?
- Haben wir die Wechselwirkungen der Prozesse definiert?
- Bringen unsere Prozesse die gewünschten Ergebnisse?
- Ist ein Verbesserungsprozess implementiert?
- Erkennen wir die damit verbundenen Chancen und Risiken?

Sie müssen „im erforderlichen Umfang" die Prozesse so dokumentieren, dass sie wie gewünscht umgesetzt werden können. Die Dokumentation muss aktuell sein und für die Beteiligten zur Verfügung stehen. Zu empfehlen ist, dass Sie zumindest Ihre wertschöpfenden Prozesse visualisieren und alle Beteiligten darauf Zugriff haben.

Können Ihre Prozesse ohne Dokumentation umgesetzt werden, dann müssen Sie sie im Sinne der ISO 9001 nicht dokumentieren. Zu empfehlen ist, dass Sie zumindest Ihre Hauptprozesse (wertschöpfende Prozesse) dokumentieren.

Die Einschätzung, wann eine Dokumentation notwendig ist und wann nicht, ist nicht immer einfach. Bei allen Prozessen, die benötigt werden, dürfte zumindest ein Mindestmaß an Dokumentation sinnvoll sein, beispielsweise bei den zentralen Produktions- und Dienstleistungsaktivitäten, beim Umgang mit Kundenreklamationen, was bei einem ein Notfall zu tun ist etc. Treffen Sie diese Entscheidung am besten im Team. Auch hier hilft der PDCA-Zyklus.

Die dokumentierte Information muss so gepflegt (aufrechterhalten) werden, dass die Umsetzung der Prozesse unterstützt wird. Dazu gehört, dass sie aktuell und verständlich ist, beispielsweise durch eine gemeinsam erarbeitete Prozessmodellierung. Auch die Aufbewahrung der Dokumentation muss die gewünschte Prozessumsetzung unterstützen und alle Beteiligten, die sie brauchen, müssen darauf zugreifen können, beispielsweise im Intranet oder mittels einer Datenbank.

Unterstützende Werkzeuge (Auswahl)

- Prozessmanagement
- Kontinuierlicher Verbesserungsprozess (KVP)
- Plan-Do-Check-Act (PDCA)
- 5S (Seiri (Selektieren), Seiton (Systematisieren), Seiso (Säuberung), Seiketsu (Standardisieren) und Shitsuke (Selbstdisziplin üben))
- Qualitätszirkel

Tabelle 4.7 fasst die wichtigsten Aspekte zu den Normabschnitten zusammen.

Tabelle 4.7 QMS und seine Prozesse. Normabschnitt 4.4.1/4.4.2 der ISO 9001 umsetzen

Leitfragen

- Haben wir alle relevanten Prozesse dokumentiert?
- Was sind unsere zentralen (wertschöpfenden) Prozesse und deren Wechselwirkungen?
- Was brauchen wir, damit die Prozesse durchgeführt werden können? Sind die Verantwortlichkeiten und Befugnisse geklärt?
- Haben wir Leistungsindikatoren definiert, die eine wirksame Durchführung unterstützen und mit denen wir messen und überwachen können?
- Welche Chancen und Risiken sind mit den Prozessen verbunden?
- Wie kann ein fortlaufender Verbesserungsprozess implementiert werden?
- Halten wir alle dokumentierten Informationen aufrecht?
- Bewahren wir alle dokumentierten Informationen auf?

Ziel: Das QMS prozessorientiert umsetzen, aufrechterhalten und aufbewahren

Umsetzungshinweis

Beim Prozessmanagement geht es um die bewusste Gestaltung und Verbesserung von Arbeitsabläufen.

- Starten Sie das Ganze am besten als Projekt. Hier helfen die Methoden Projektmanagement oder Scrum.

Wenn es für Ihr Unternehmen nicht sinnvoll ist, ein umfassendes Prozessmanagement einzuführen, beispielsweise aufgrund der Größe, dann gilt die Normanforderung als erfüllt, wenn Sie für jeden Ihrer Kernprozesse (Hauptprozesse, wertschöpfende Prozesse) eine „Prozess-Turtle" erstellen.

Mögliche Auditnachweise

Die Prozesse müssen so dokumentiert werden, dass eine problemlose Umsetzung gewährleistet ist. Dazu gehören beispielsweise folgende Dokumentationen:

- Definition von Kern-, Management- und Unterstützungsprozessen
- Definition einer „Prozesslandschaft"
- Darstellung der Wechselwirkung mittels einer Matrix bzw. durch Verknüpfungen im Intranet oder Querverweise in den einzelnen Prozessbeschreibungen
- Prozessfestlegungen in Form von Prozessdatenblättern mit Input/Output/Verfahren/Kennzahlen/Ressourcen
- Liste der Prozessverantwortlichen
- Aufgaben, Funktionsbeschreibung der Prozessverantwortlichen
- Leistungsindikatoren zur Messung der Wirksamkeit der Prozesse
- Zuordnung der Leistungsindikatoren zu den Prozessen
- Verknüpfung der Prozesse mit weiteren Dokumenten (Verfahrensanweisungen, Arbeitsanweisungen)
- Analyse der Prozesse hinsichtlich Risiken und Chancen
- Planung, Umsetzung und Bewertung von Maßnahmen

(Gietl/Lobinger 2022)

5 Führung: Welche Rolle spielt die Führung und was sollte sie leisten?

Jedes Unternehmen, jede Organisation braucht Führung! Führung hat den höchsten Einfluss darauf, ob die Zeichen der Zeit erkannt werden, ob die Zahlen stimmen und vieles mehr. Führung ist maßgeblich für die Zufriedenheit und das Engagement der Belegschaft verantwortlich. Kaum eine Position ist so anspruchsvoll und vielseitig.

In der ISO 9001 geht es beim Thema „Führung" um die Frage, was die Führung in Bezug auf das QMS zu leisten hat (Anforderungen in Bezug auf „Führung und Verpflichtung").

Die ISO benutzt anstatt des Führungsbegriffs den Begriff der „obersten Leitung". Gibt es unterschiedliche Führungsebenen, dann bezieht sich dieser Normenpunkt auf die oberste Ebene, Geschäftsführung, Topmanagement oder Vorstand. „Verpflichtung" bezieht sich darauf, dass die Führung dem Qualitätsgedanken verpflichtet sein muss und dass sie ihre Führungsrolle wahrnimmt. Tut sie das nicht, dann wird die Umsetzung des QMS sehr wahrscheinlich nicht erfolgreich sein.

Dieser Abschnitt fokussiert folgende zentrale Fragen:

- Sind Qualitätspolitik und -ziele klar definiert und allen Mitarbeitenden bekannt?
- Werden Kundenerwartungen übertroffen und die kontinuierliche Verbesserung gefördert?
- Sind Rollen und Verantwortlichkeiten, inklusive der Prozessverantwortlichen, klar zugewiesen?
- Wird das Qualitätsbewusstsein der Mitarbeitenden gefördert?
- Tragen alle Beteiligten zur erfolgreichen Umsetzung des QMS bei?

- Werden die Prozesse zur Produktrealisierung und Unterstützung von der obersten Leitung regelmäßig überprüft und verbessert?
- Sind Grundsätze der Unternehmensverantwortung, wie beispielsweise eine Antikorruptions-, Ethik-, Eskalationspolitik oder ein Verhaltenskodex, festgelegt?

Bei einem Audit könnten zu diesem Normenpunkt folgende Fragen gestellt werden (Weghorn 2022):

- Wo hat sich die oberste Leitung (Führung) zur Erfüllung aller Anforderungen an das QMS im Sinne der Norm verpflichtet?
- Wie wird die Kundenorientierung umgesetzt?
- Wie und wo hat die oberste Leitung eine Qualitätspolitik festgelegt?
- Wie und wo hat die oberste Leitung die Grundsätze zur Wahrnehmung der Unternehmensverantwortung festgelegt?
- Wie wurde die Qualitätspolitik im Unternehmen bekannt gemacht?
- Welche Verantwortlichkeiten und Befugnisse sind geregelt und werden diese entsprechend gelebt?
- Wie und wo sind die Verantwortlichkeiten für Prozessverantwortliche geregelt?
- Wie erfolgt die Bewertung der Produktrealisierungsprozesse und Unterstützungsprozesse durch die oberste Leitung?

Für die IATF 16949 können noch folgende Auditfragen hinzukommen (Brückner 2019):

- Wie sind die Grundsätze zur Wahrnehmung der Unternehmensverantwortung festgelegt und umgesetzt?
- Wie überprüft die oberste Leitung die Produktrealisierungs- und Unterstützungsprozesse?
- Wie werden Prozessverantwortliche benannt?
- Wie ist festgelegt, wer für die Sicherstellung der Erfüllung der Kundenanforderungen verantwortlich ist?
- Welche Mitarbeitenden sind in allen Schichten mit Verantwortung und Befugnis bestimmt, um die Produktion bei Qualitätsproblemen zu stoppen?
- Wie werden befugte Mitarbeitende über die Einleitung von Korrekturmaßnahmen informiert, wenn Qualitätsprobleme vorliegen?

Bild 5.1 zeigt im Überblick, über welche Bereiche sich das Verantwortungsspektrum der Führung erstreckt.

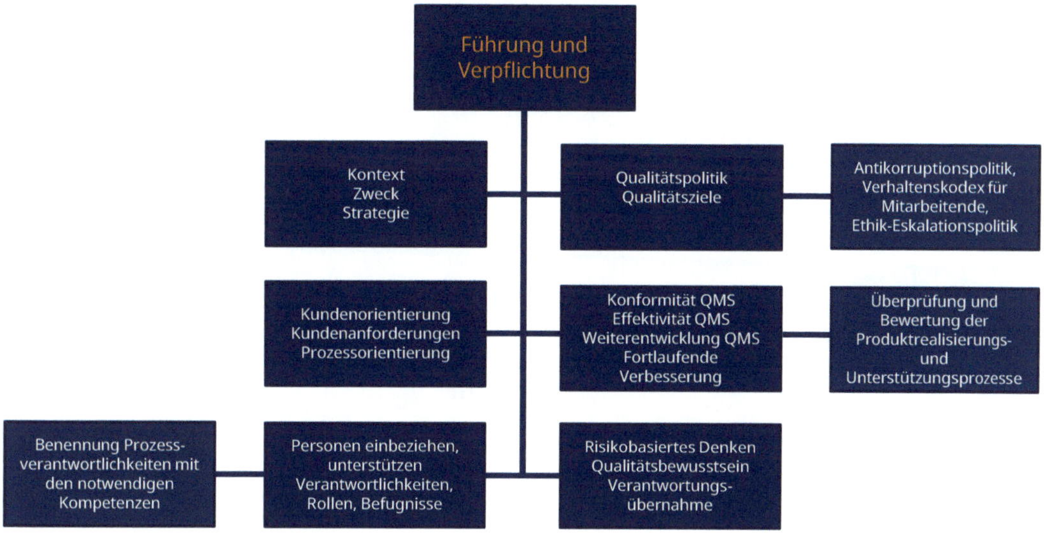

Bild 5.1 Normkapitel 5 Führung der ISO 9001 und IATF 16949 im Überblick

5.1 Führung und Verpflichtung

Neben den notwendigen Weichenstellungen (Aufgabenklarheit etc.) müssen Führungskräfte in ihren täglichen Handlungen zeigen, wie wichtig ein QMS ist, und ihre Führungsverantwortung wahrnehmen („Führung und Verpflichtung zeigen"). Auch in Bezug auf die Kundenorientierung müssen Führungskräfte „Führung und Verpflichtung" zeigen. Nur wenn die Führung mit gutem Beispiel vorangeht, wird die Belegschaft folgen! Bild 5.2 zeigt die Anforderungen dieses Normabschnitts im Überblick.

Bild 5.2 Abschnitt 5.1 der ISO 9001 und IATF 16949 im Überblick

5.1.1 Allgemeine Anforderungen an die Führung

Bei diesem Normabschnitt stehen folgende Fragen im Zentrum:

- Wie übernimmt die Führung die Gesamtverantwortung für die Wirksamkeit des QMS und sorgt für dessen fortlaufende Verbesserung?
- Wie stellt die oberste Leitung sicher, dass die Qualitätspolitik und -ziele festgelegt, verstanden und im gesamten Unternehmen umgesetzt werden?
- Wie wird die Kundenzufriedenheit gesteigert, damit die Kundenerwartungen erfüllt werden?

- Wie werden die notwendigen Ressourcen bereitgestellt?
- Werden Chancen und Risiken berücksichtigt?
- Wie wird das Qualitätsbewusstsein der Mitarbeitenden gefördert?

Die Führung ist für die Umsetzung des QMS und für das Erreichen der gewünschten Ziele (Wirksamkeit des QMS) verantwortlich. Und sie ist dafür rechenschaftspflichtig. Sie ist auch dafür verantwortlich, dass Qualitätspolitik und Qualitätsziele mit der strategischen Ausrichtung, dem Zweck sowie dem Kontext des Unternehmens zusammenpassen. Damit die gewünschten Ergebnisse erreicht werden können, müssen die Mitarbeitenden entsprechend eingesetzt, angeleitet und unterstützt werden.

Es muss klar sein, wer was wie zu erledigen hat: Verantwortlichkeiten, Aufgaben und Rollen müssen geklärt und auch von den Beteiligten angenommen werden.

Die Führungsebene muss die Gesamtverantwortung für die Wirksamkeit des QMS übernehmen und sicherstellen, dass die gewünschten Ziele erreicht werden. Dies schließt die Definition messbarer Indikatoren ein.

Ebenso muss die Führung sicherstellen, dass eine Qualitätspolitik und Qualitätsziele definiert werden und diese zum Kontext und zur strategischen Ausrichtung des Unternehmens passen, beispielsweise im Rahmen der Qualitätsplanung und mithilfe einer Balanced Scorecard.

Die Führung muss sich darum kümmern, dass die Anforderungen des QMS in die Geschäftsprozesse des Unternehmens integriert werden. Damit werden alle Voraussetzungen geschaffen, damit die Anforderungen an ein QMS durch die relevanten Prozesse umgesetzt werden. Dazu müssen Ziele festgelegt werden.

Die Führung muss sich auch dazu verpflichten, das prozessorientierte Denken zu fördern. Prozessorientierung bedeutet, dass nicht in Abteilungen, sondern entlang eines Prozesses (z. B. der Weg vom Beschwerdeeingang bis zur dauerhaften Lösung des Problems) gedacht wird.

Auch das risikobasierte Denken muss durch die Führung unterstützt werden. Dazu müssen Chancen und Risiken erkannt und berücksichtigt werden. Dies kann beispielsweise durch die Umsetzung von selbst organisierten Arbeitsgruppen (z. B. Scrum), Zielvereinbarungen, Feedbackgesprächen, ständiger Kommunikation des Themas etc. geschehen.

Die Führung muss ihre Vorbildfunktion wahrnehmen. Durch ihr Handeln muss sie die Bedeutung des QMS vermitteln, um die Mitarbeitenden zu motivieren und um ihr Qualitätsbewusstsein zu stärken. Praxiserprobte Vorgehensweisen sind beispielsweise Workshops, klares Führungsverhalten, das auf den QM-Grundsätzen basiert, Definition von Indikatoren, Entwicklung eines Führungsleitbildes, ständige Kommunikation der Bedeutung und Wichtigkeit etc.

Die Führung muss sicherstellen, dass die richtigen Mitarbeitenden mit den passenden Kompetenzen an den richtigen Stellen eingesetzt werden, um die gesetzten Ziele zu erreichen. Das bedeutet, dass die Führung sicherstellen muss, dass alle Mitarbeitenden ihre Aufgaben durch klare Rollen- und Stellenbeschreibungen, Einarbeitungspläne und Schulungen effektiv erfüllen können. Regelmäßige Feedbackgespräche und die Nutzung von Instrumenten wie Zielvereinbarungen und Mentoring fördern die persönliche und fachliche Entwicklung der Mitarbeitenden.

Die kontinuierliche Verbesserung kann beispielsweise durch eine offene Fehlerkultur, in der Fehler als Chance zur Verbesserung gesehen werden, gefördert werden. Dies ermutigt die Mitarbeitenden, Probleme proaktiv anzusprechen. Wichtig in diesem Zusammenhang ist auch die Schaffung von Freiräumen durch die Führung, damit diese eigenständige Verbesserungsvorschläge einbringen können.

Die oberste Leitung muss alle Führungskräfte so unterstützen, dass diese das Qualitätsbewusstsein im gesamten Unternehmen vorleben und fördern. Dazu können Instrumente wie beispielsweise Schulungen, Mentoring sowie die Formulierung klarer Führungsgrundsätze eingesetzt werden.

Unterstützende Werkzeuge (Auswahl)

- Prozessmanagement
- Kontinuierlicher Verbesserungsprozess (KVP)
- Scrum
- Agile Arbeitsweisen
- Balanced Scorecard
- Qualitätszirkel
- Schulungen

5.1.1.1 Unternehmensverantwortung (*X*)

Die Unternehmensleitung hat eine Organisations- und Aufsichtspflicht. Dafür fordert die IATF 16949, dass die oberste Leitung das Unternehmen so organisiert, dass gesetzliche und unternehmensinterne Vorschriften durch das Unternehmen und seine Mitarbeitenden eingehalten werden und keine Rechtsverstöße vorkommen. Dazu müssen geeignete Strukturen und Maßnahmen etabliert werden, um die Einhaltung von internen und externen Regelungen zu gewährleisten.

Bei diesem Abschnitt steht folgende Frage im Mittelpunkt:

- Kommt die oberste Leitung ihrer Verantwortung nach, indem sie Grundsätze festlegt und umsetzt?

Die IATF fordert mindestens eine Antikorruptions- und Ethik-Eskalationspolitik. Durch die Inkraftsetzung von Verhaltensrichtlinien und Kodizes in einem Unternehmen sollen in erster Linie Rechtsverstöße verhindert werden, um Imageschäden, unkorrekte oder illegale Geschäftspraktiken, Preisabsprachen, persönliche Strafbarkeits- und Schadenersatzrisiken der Geschäftsführung oder Risiken für das Unternehmen vor allem aus Korruptionsfällen etc. zu vermeiden.

Meldungen über Vorfälle sollten neben personifizierten Meldungen auch anonym über eine sogenannte Whistle-Blower-Hotline erfolgen können. In den meisten Fällen wird in den Unternehmen ein Compliance-Beauftragter benannt, der als Ansprechpartner gilt, die Mitarbeitenden schult und informiert, aber auch gemeldete Vorfälle dokumentiert und diesen nachgeht.

Die IATF sagt nicht, wie die Umsetzung der Politiken erfolgen soll. Da haben Sie freie Hand. Die IATF fordert mit keinem Wort die Einrichtung eines Compliance-Managements, was dies jedoch nicht ausschließt.

Hilfreich sind die Erstellung einer Antikorruptionspolitik sowie die Ethik-Eskalationspolitik entweder als einzelnes Dokument oder integriert in die Unternehmenspolitik. Zudem empfiehlt es sich, einen Ethik-Eskalationsprozess zu definieren und umzusetzen.

Beachten Sie auch das Hinweisgeberschutzgesetz (HinSchG). Danach müssen Unternehmen ihren Mitarbeitenden einen internen Meldekanal zur Verfügung stellen, der die rechtlichen Anforderungen des HinSchG erfüllt. Dies gilt für Unternehmen ab 50 Mitarbeitenden.

Nachweislich nehmen die Anforderungen der OEM in deren Kundenportalen zu und Lieferanten müssen dort ihre Vorgehensweisen gegen Korruption, Kinderarbeit etc. darlegen.

Insgesamt verschafft die Einführung der Grundsätze zur Unternehmensverantwortung einen hohen Nutzen, da das zivil- und strafrechtliche Haftungsrisiko für ein Unternehmen sowie für die Führungskräfte und Mitarbeitenden verringert wird. Zudem wird das Vertrauen bei Geschäftspartnern und Kunden erheblich gesteigert.

Dokumentierte Information

Antikorruptions- und Ethik-Eskalationspolitik, Verhaltenskodex für Mitarbeitende

---

Unterstützende Werkzeuge (Auswahl)

- Management-Bewertungen
- KPI-Dashboards
- Risikoanalyse-Tools: z. B. FMEA

5.1.1.2 Prozesseffektivität und -effizienz (✗)

Die Geschäftsführung muss Wirksamkeit und Effizienz des QMS prüfen, damit Verbesserungen geplant und eingeführt werden können. Die Ergebnisse müssen in die Managementbewertung mit einfließen. Dazu muss festgelegt werden, welche Prozesse des QMS mit Effizienzkennzahlen überwacht werden. Die Problemlösungsprozesse müssen in jedem Fall durch die oberste Leitung, z. B. Geschäftsführung, auf ihre Wirksamkeit hin überprüft werden und in die Managementbewertung einfließen.

Die zentralen Fragen lauten:

- Werden Wirksamkeit und Effizienz des QMS überprüft, um Bewertungen durch- und Verbesserungen einzuführen?
- Fließen die Ergebnisse in das Management-Review ein?

Die Anforderung wurde durch die SI-Nr. 12 geändert und der Fokus auf das gesamte Qualitätsmanagementsystem gelegt. Durch die Änderung wurde deutlich gemacht, dass nicht für jeden Prozess eine Effizienzkennzahl erforderlich ist, sondern dass im Unternehmen eine Festlegung erfolgen soll, welche Prozesse innerhalb ihres Qualitätsmanagementsystems Effizienzmaßkennzahlen erfordern.

Damit dies sichergestellt ist, müssen Prozessziele festgelegt werden, die im Einklang mit den übergreifenden Qualitätszielen und der Qualitätspolitik stehen. Die festgelegten Prozessziele werden dann kontinuierlich gemessen und den Sollwerten gegenübergestellt. Bei Nichterreichung müssen Maßnahmen ergriffen werden.

In der Praxis wird die Überwachung der festgelegten Prozesse und der Problemlösungsprozesse im Hinblick auf Wirksamkeit und Effizienz in aller Regel von der obersten Leitung delegiert und kann z. B. den Prozessverantwortlichen übertragen werden. Die Bewertung der Wirksamkeit führt die oberste Leitung im Zuge der Managementbewertung durch.

Unterstützende Werkzeuge (Auswahl)

- Six-Sigma DMAIC (Define, Measure, Analyze, Improve, Control)
- Managementbewertung
- BPM-Software (Business Process Management Tools)

5.1.1.3 Prozessverantwortliche (✗)

Die Festlegung von Prozessverantwortlichen ist unerlässlich, damit sich jemand zuständig für einen Prozess und dessen Ergebnisse fühlt. Die Geschäftsführung trägt die

Verantwortung dafür, dass den Prozessverantwortlichen (Process Owner, Prozesseigner) alle Aufgaben zur Führung von Prozessen übertragen werden. Die personifizierte Verantwortung hat einen sehr hohen Stellenwert.

Folgende Frage steht im Mittelpunkt:

- Ist die Benennung von Prozessverantwortlichen erfolgt, die die notwendige Kompetenz für diese Aufgabe besitzen?

Am besten eignen sich als Prozessverantwortliche diejenigen Mitarbeitenden, die die meisten Anteile am Prozess bzw. die das größte Interesse daran haben, dass der Prozess funktioniert. Prozessverantwortliche sollten im Führungskreis sein, um immer die aktuellen Informationen über Änderungen der geschäftlichen Ziele, Prioritäten etc. zu erhalten. Die jeweiligen Prozessverantwortlichen können beispielsweise in den Prozessen oder in einer Matrix aufgeführt werden.

Wichtige Aufgaben von Prozessverantwortlichen sind beispielsweise:

- Definition der Prozessgrenzen
- Verantwortung für Effizienz und Effektivität des jeweiligen Prozesses
- Einführung und Überwachung geeigneter Prozesskennzahlen
- Einleitung von Ursachenanalysen
- Überwachung der Prozesskonformität
- Information und Schulung der Mitarbeitenden
- Auslösen von Prozessverbesserungen
- Koordination der Prozessverbesserungen

Zudem hat es sich bewährt, wenn Prozessverantwortliche über eine Mitsprache bei Zielen und Rahmenbedingungen verfügen, wenn notwendig in einem bestimmt Rahmen Ressourcen anpassen oder bei gravierenden Problemen einen Eskalationsmechanismus starten können.

Unterstützende Werkzeuge (Auswahl)

- Prozessbeschreibungen
- Rollenbeschreibungen
- Organigramme
- RACI-Matrix (Responsible, Accountable, Consulted, Informed)

Tabelle 5.1 fasst die wichtigen Aspekte zu den drei ergänzenden Normabschnitten zusammen.

Tabelle 5.1 Unternehmensverantwortung – Normabschnitte 5.1.1.1, 5.1.1.2, 5.1.1.3 der IATF 16949 umsetzen

Leitfragen
- Hat das Unternehmen eine Antikorruptionspolitik definiert und umgesetzt?
- Ist eine Ethik-Eskalationspolitik erstellt und umgesetzt?
- Ist ein Verhaltenskodex für Mitarbeitende erstellt und umgesetzt?
- Überprüft und bewertet die oberste Leitung die Wirksamkeit des QMS?
- Ist festgelegt, welche Prozesse mit Effizienzkennzahlen überwacht werden?
- Sind von der obersten Leitung Prozessverantwortliche benannt?
- Wie kann nachgewiesen werden, dass die Prozessverantwortlichen ihre Rolle verstehen?
- Wie kann nachgewiesen werden, dass die Prozessverantwortlichen die notwendigen Kompetenzen besitzen?

Ziel
Die oberste Leitung zeigt Verantwortung und legt Grundsätze zur Unternehmensverantwortung fest, überwacht und bewertet die Produktrealisierungs- und Unterstützungsprozesse und benennt Prozessverantwortliche.

Umsetzungshinweis
- Erstellen Sie im Sinn der IATF 16949 eine Antikorruptions- und Ethik-Eskalationspolitik sowie einen Verhaltenskodex für Mitarbeitende.
- Die Grundsätze müssen im Unternehmen veröffentlicht sein und von allen verstanden werden. Das kann über Anlagen zu Verträgen, innerhalb von Workshops, innerhalb von Mitarbeiterschulungen etc. erfolgen.
- Die Ergebnisse der Bewertung des QMS und die Einführung von relevanten Verbesserungsmaßnahmen müssen in die Managementbewertung einfließen.
- Benennen Sie einen Prozessverantwortlichen, um die Effizienz und Effektivität der Prozessergebnisse zu gewährleisten. Die einzelnen Aufgaben für das Betreiben eines Prozesses können auch auf Prozessteams verteilt werden, wenn es sich um sehr komplexe Prozesse handelt.

(Brückner, 2019)

Mögliche Auditnachweise
- Dokumentierte Antikorruptionspolitik
- Dokumentierte Ethikpolitik
- Dokumentierter Verhaltenskodex
- Dokumentierte Beauftragungen
- Schulungsnachweise
- Schulungspläne
- Anlagen zu Arbeitsverträgen
- Verantwortungsmatrizen
- Stellenbeschreibungen
- Prozessbeschreibungen
- Auditberichte
- Kennzahlendateien, z. B. Balanced Scorecard
- Maßnahmenpläne
- Organigramm
- Informationen im Intranet

(Brückner, 2019)

5.1.2 Kundenorientierung

Kundenorientierung ist in der ISO 9001 zentral. Die Kundenanforderungen (Input) bestimmen, was als Ergebnis (Output) rauskommen soll. Die Führungskräfte muss zeigen, wie wichtig der Kunde ist, und die Weichen dafür stellen, dass die Kundenorientierung von allen Beteiligten „gelebt" werden kann. Das Ziel ist, dass in der Unternehmenskultur eine kundenorientierte Haltung fest verankert wird. Dazu gehört auch das Streben, hierbei immer besser zu werden (ständige Verbesserung).

Dieser Abschnitt widmet sich vorrangig den folgenden Fragestellungen:

- Wie wird sichergestellt, dass Kundenanforderungen und -erwartungen ermittelt und verstanden werden?
- Welche Maßnahmen werden ergriffen, um die Kundenzufriedenheit zu steigern?
- Was wird getan, um die Konformität von Produkten und Dienstleistungen sicherzustellen, damit die Kundenanforderungen erfüllt werden?

Ziel ist, eine kundenorientierte Unternehmenskultur zu implementieren und bei den Mitarbeitenden das dafür notwendige Qualitätsbewusstsein zu schaffen.

Kundenorientiertes Verhalten muss von allen konsequent eingefordert und Abweichungen müssen sanktioniert werden. Und das nicht nur einmalig, sondern dauerhaft! Ebenso wichtig sind eine klare Kommunikation und eine ständige Reflexion des Themas.

Die Führung muss sicherstellen, dass die Erwartungen oder Wünsche (Anforderungen) der Kunden definiert, verstanden und beständig erfüllt werden. Definiert werden können die Erwartungen beispielsweise im Rahmen der Stakeholderanalyse, der Qualitätsplanung, durch Quality Function Deployment (QFD), Durchführung von Kundenbefragungen, Kundenzufriedenheitsanalysen etc.

Feedbackgespräche können beispielsweise beim Verstehen helfen. Und ob die Anforderungen erfüllt werden, lässt sich z. B. durch Kundenbefragungen oder durch die Überwachung bestimmter Kennzahlen überprüfen.

Die Führung muss sicherstellen, dass klar ist, welche gesetzlichen und behördlichen Anforderungen zutreffen. Wenn Sie nicht wissen, welche Anforderungen hier für Sie relevant sind, dann holen Sie sich juristischen Rat ein. Innungen, Handelskammern, Verbände, Arbeitgebervertretungen etc. können hier ebenfalls weiterhelfen.

Die Führung ist dafür verantwortlich, dass Maßnahmen im Umgang mit relevanten Chancen, die die Konformität der Produkte und Dienstleistungen beeinflussen können, definiert werden. Die Risiken und Chancen können beispielsweise im Rahmen der Stakeholderanalyse oder bei der Ermittlung der relevanten Themen mit betrachtet werden.

Ebenso ist die Führung dafür verantwortlich, dass die Kundenzufriedenheit kontinuierlich erhöht wird. Bei der Ermittlung kann beispielsweise die SWOT-Analyse unterstützen, bei der Verbesserung helfen z. B. agile Teams, KVP-Projekte, Fehlermanagement, Schulungen etc.

Unterstützende Werkzeuge (Auswahl)

- Prozessmanagement
- Kontinuierlicher Verbesserungsprozess (KVP)
- Stakeholderanalysen
- SWOT-Analysen
- QFD
- Kundenzufriedenheitsanalysen
- Kundenbefragungen
- Feedbackgespräche
- Kennzahlensystem

Tabelle 5.2 fasst die wichtigen Aspekte zu dem Normabschnitt zusammen.

Tabelle 5.2 Führungsrolle wahrnehmen und Verpflichtung zeigen – Normabschnitt 5.1, der ISO 9001 umsetzen

Leitfragen ▪ Für was verpflichten wir uns? ▪ Wie und wo zeigen wir diese Verpflichtung?
Ziel: Führung zeigt, dass sie Verantwortung (Verpflichtung) im Sinne der ISO 9001 übernimmt.
Umsetzungshinweis Im Sinne der ISO müssen Sie folgende Punkte aktiv unterstützen: ▪ Verantwortung für die Wirksamkeit des QMS übernehmen ▪ Rechenschaftspflicht für die Wirksamkeit des QMS übernehmen ▪ Qualitätspolitik und Qualitätsziele festlegen und kommunizieren (bekannt machen) ▪ Anforderungen des QMS in die Geschäftsprozesse integrieren ▪ Prozessorientierten Ansatz und risikobasiertes Denken berücksichtigen und fördern ▪ Bedeutung des QMS und die Relevanz der Erfüllung der Anforderungen vermitteln ▪ Qualitätsbewusstsein fördern ▪ Erforderliche Mittel bereitstellen (benötigte Ressourcen) ▪ Sicherstellen, dass beabsichtigte Ziele erreicht werden ▪ Ständige Verbesserung (KVP) fördern ▪ Andere Führungskräfte in ihrer Führungsrolle unterstützen ▪ Personen benennen, anleiten und unterstützen, damit diese zur Wirksamkeit des QMS beitragen können ▪ Gesetzliche und behördliche Anforderungen erfüllen ▪ Kundenanforderungen erfüllen ▪ Fortlaufend Produkte und Dienstleistungen bereitstellen

- Nach Verbesserung streben
- Kundenzufriedenheit erhöhen

Sie können diese Punkte für Ihr Unternehmen anpassen und in einer Verpflichtungserklärung zusammenfassen, die Sie dann beispielsweise im Intranet veröffentlichen.
Wichtig ist, dass die Führung diese Punkte täglich lebt, sich ihrer Vorbildfunktion bewusst ist und – sollten irgendwelche Hindernisse vorhanden sein – diese aus dem Weg räumt.
Die Führung muss hierbei nicht alle Aufgaben selbst übernehmen. Es geht darum, dass sie eine klare Verpflichtung in Bezug auf das QMS zeigt, ein klares Bekenntnis zur Kundenorientierung formuliert und die Erfüllung dieser Anforderungen aktiv unterstützt.

Mögliche Auditnachweise

- Schriftlich fixierte Qualitätspolitik
- Formulierte Unternehmensleitlinien; formuliertes Leitbild
- Nachweis zu Schulungen über Qualitätspolitik/Infoveranstaltungen
- Statements der Geschäftsführung
- Schriftlich formulierte Qualitätsziele
- Zielerreichungsnachweise
- Reaktionspläne bei Nichterreichung von Zielen
- Erstellte BSC (Balanced Scorecard)
- Nachweis von Managementreviews (Agenda, Protokoll)
- Leistungscharts
- Schulungspläne/-nachweise zu Prozessorientierung, Prozessen, Methoden
- Informationen an die Belegschaft (Aushänge, Tagesordnungen von Informationsveranstaltungen)
- Projektpläne
- Investitionspläne
- Schulungsbudget
- Betriebsvereinbarungen
- KVP-Projekte
- Auswertungen von Lieferantenbewertungen des Kunden
- Nachweise über Kundengespräche
- Marktforschung
- Wettbewerbsanalyse
- Reklamationsauswertung

(Gietl/Lobinger 2022)

5.2 Qualitätspolitik festlegen und bekanntmachen

Die Qualitätspolitik beschreibt die qualitätsrelevante Zielsetzung einer Organisation. Sie beantwortet die Fragen: „Was ist uns wichtig?“ und „Was leitet uns?“.

Im Sinne der ISO 9001 ist die Führung dafür verantwortlich, dass eine Qualitätspolitik definiert, umgesetzt und dauerhaft verfolgt wird. Bei der Definition der Qualitätspolitik sind folgende Fragen zu berücksichtigen (Bild 5.3):

- Passt die Qualitätspolitik zur übergeordneten Unternehmenspolitik, zum Zweck und zum Kontext des Unternehmens?
- Unterstützt sie die strategische Ausrichtung und die kontinuierliche Verbesserung?
- Können von ihr konkret erreichbare Qualitätsziele und verbindliches Verhalten abgeleitet werden?
- Wird die Qualitätspolitik an alle Beteiligten kommuniziert?
- Wird sie von diesen verstanden?
- Ist die Qualitätspolitik in angemessener Form auch für die relevanten Stakeholder verfügbar?
- Ist die Qualitätspolitik dokumentiert und wird sie in regelmäßigen Abständen überprüft und gegebenenfalls angepasst?

Bild 5.3 Abschnitt 5.2 der ISO 9001 im Überblick

Die Qualitätspolitik bildet die Basis für die Entwicklung der Qualitätsziele und legt fest, was das QMS leisten muss. Als Grundlage eignen sich Prinzipien wie beispielsweise die QM-Grundsätze.

Auch wenn Ihr Unternehmen sehr klein sein sollte, sollten Sie wissen, welche Werte in Ihrem Unternehmen wichtig sind, ob Sie beispielsweise klimaneutral sein wollen, wie Sie miteinander umgehen etc. Für Ihre Geschäftspartner und Kunden oder auch für potenzielle Nachwuchskräfte kann die Unternehmenspolitik zum ausschlaggebenden Kriterium werden.

Dokumentierte Information

Die Qualitätspolitik muss als dokumentierte Information schriftlich formuliert vorliegen.

5.2.1 Festlegung der Qualitätspolitik

Die Führung muss eine Qualitätspolitik definieren. Diese muss ein integraler Bestandteil der Unternehmenspolitik sein. Sie können identisch sein, müssen aber, falls sie getrennt existieren, in jedem Fall konsistent zueinander sein.

Die Qualitätspolitik muss zum Unternehmenszweck passen und die strategische Ausrichtung unterstützen. Sie wird von der Vision, die das Unternehmen verfolgt, abgeleitet, umfasst alle Grundsätze, die dem Unternehmen wichtig sind, und ist häufig in einem Leitbild schriftlich fixiert. Sie muss so formuliert sein, dass sie von allen verstanden wird und umgesetzt werden kann. Der Sinn der Politik muss den Mitarbeitenden ersichtlich sein, um die Umsetzung zu gewährleisten. Eine Politik, die im Widerspruch zu den wirtschaftlichen Rahmenbedingungen steht, ist nicht sinnvoll.

Die Qualitätspolitik muss operationalisierbar sein. Von ihr müssen Qualitätsziele abgeleitet werden können. Ziele sollten stets SMART sein: spezifisch, messbar, attraktiv, realistisch und terminiert.

Die Qualitätspolitik muss eine klare Verpflichtung der Führung zur Erfüllung zutreffender Anforderungen (z. B. Gesetze, Kundenwünsche) und zur fortlaufenden Verbesserung des Qualitätsmanagementsystems (QMS) enthalten.

Unterstützende Werkzeuge (Auswahl)

- Qualitätsplanung
- Workshops
- Umweltanalysen
- Balanced Scorecard

5.2.2 Bekanntmachung der Qualitätspolitik

Bei diesem Normabschnitt findet man die Anforderungen an die Bekanntmachung der Qualitätspolitik. Wichtig ist, dass alle Beteiligten eingebunden werden und die Qualitätspolitik von allen verfolgt wird.

Dieser Abschnitt widmet sich vorrangig den folgenden Fragestellungen:

- Ist die Qualitätspolitik dokumentiert und verfügbar?
- Ist eine Bekanntmachung im Unternehmen erfolgt?
- Ist sie für relevante interessierte Parteien verfügbar?

Die Qualitätspolitik muss als dokumentierte Information vorliegen und allen Mitarbeitenden bekannt gemacht werden. Es ist die Aufgabe der Führung, sicherzustellen, dass jeder, der mit dem Qualitätsmanagementsystem (QMS) zu tun hat, weiß, wie sich die Qualitätspolitik auf seine Arbeit auswirkt. Unterstützen können hier Veröffentlichungen im Intranet, Mitarbeiterversammlungen, E-Mails etc.

Jeder Mitarbeitende muss verstehen, was die Qualitätspolitik konkret für seine tägliche Arbeit bedeutet. Die Führung muss die Werte und Grundhaltungen der Politik fördern und deren Einhaltung sicherstellen. Kennzahlensysteme und eine starke Unternehmenskultur können dies unterstützen. Hilfreich dabei sind z. B. Checklisten und Feedbackgespräche, um zu überprüfen, ob die Mitarbeitenden die Qualitätspolitik richtig verstanden haben.

Die Qualitätspolitik muss für alle relevanten Stakeholder (interessierte Parteien) einsehbar sein. Das kann z. B. durch eine Veröffentlichung auf Ihrer Homepage geschehen. Das Unternehmen entscheidet selbst, welche Stakeholder relevant sind (gemäß Abschnitt 4.2 der ISO 9001) und ob die Veröffentlichung der Qualitätspolitik für diese angemessen ist.

Die Qualitätspolitik ist kein statisches Dokument. Sie muss laufend aktualisiert und „aufrechterhalten" werden. Wenn sich beispielsweise die Strategie oder der Kontext des Unternehmens ändert, muss die Qualitätspolitik entsprechend angepasst werden. Jährlich stattfindende Strategiemeetings oder vollständige Kennzahlensysteme unterstützen bei der Aktualität und Relevanz der Qualitätspolitik.

Dokumentierte Information

Dokumentierte und bekannt gemachte Qualitätspolitik.

Unterstützende Werkzeuge (Auswahl)

- Intranet
- Mitarbeiterportale
- Kanban-Boards
- Informationsbildschirme

- E-Learnings
- Workshops/Team-Meetings
- Poster und sonstige Aushänge

5.3 Rollen, Verantwortlichkeiten und Befugnisse in der Organisation

Die oberste Leitung des Unternehmens muss Rollen, Verantwortlichkeiten und Befugnisse für relevante Aufgaben innerhalb des Qualitätsmanagementsystems (QMS) festlegen, zuweisen und kommunizieren. Damit soll sichergestellt werden, dass die Prozesse effektiv durchgeführt und die Qualitätsziele erreicht werden.

Im Zentrum dieses Normabschnitts stehen folgende Fragen (Bild 5.4):

- Sind die Rollen, Verantwortlichkeiten und Befugnisse rund um das QMS geklärt?
- Werden dabei alle zentralen Aspekte abgedeckt (Effektivität, Berichterstattung, Prozess- und Kundenorientierung, Produktanforderungen, Verbesserung, Veränderungen)?
- Haben das auch alle Beteiligten verstanden?

Die Führung ist dafür verantwortlich, dass jedem Mitarbeitenden folgende Punkte klar sind:

- Für was bin ich verantwortlich? Was sind meine Aufgaben?
- Was macht meine Rolle aus?
- Was umfasst mein Handlungsspielraum? Was kann ich entscheiden?
- Habe ich die Ressourcen (Fähigkeiten, Kompetenzen, Mittel), um die Aufgaben erfolgreich zu meistern?

> Nur wenn ich genau weiß, was ich zu tun habe und wie weit mein Entscheidungsspielraum reicht, kann ich meine Aufgaben erledigen. Unklarheiten führen zu Missverständnissen, zu Frust und sind auch ein Ausdruck von mangelnder Wertschätzung.

Befugnis nach ISO 9001 bedeutet mehr als nur die Erlaubnis, eine Entscheidung zu treffen. Sie schließt mit ein, dass die verantwortliche Person auch die Fähigkeiten, das Wissen und die notwendigen Ressourcen hat, um die Aufgabe erfolgreich umzusetzen. Das bedeutet, dass die Person in der Lage sein muss, die notwendigen Entscheidungen zu treffen, und alle Werkzeuge (z. B. Personal, Budget, Zeit, Informationen) zur Hand haben sollte.

Die Verantwortlichkeiten und Befugnisse für alle relevanten Rollen müssen „zugewiesen, bekannt gemacht und verstanden werden“. Die Führung muss festlegen, wer für welche Aufgaben im QMS zuständig ist. Wie diese Zuweisung erfolgt, bleibt Ihnen überlassen. Sie müssen nicht für jede Aufgabe eine einzelne Person bestimmen; Verantwortlichkeiten können auch von Teams oder mehreren befähigten Personen wahrgenommen werden. Wichtig ist, dass es eine klare Regelung gibt. Zudem müssen alle Mitarbeitenden, die vom QMS betroffen sind, wissen, was ihre Rolle beinhaltet und welche Befugnisse sie haben. Die Führung muss sicherstellen, dass diese Informationen transparent kommuniziert und von jedem verstanden werden.

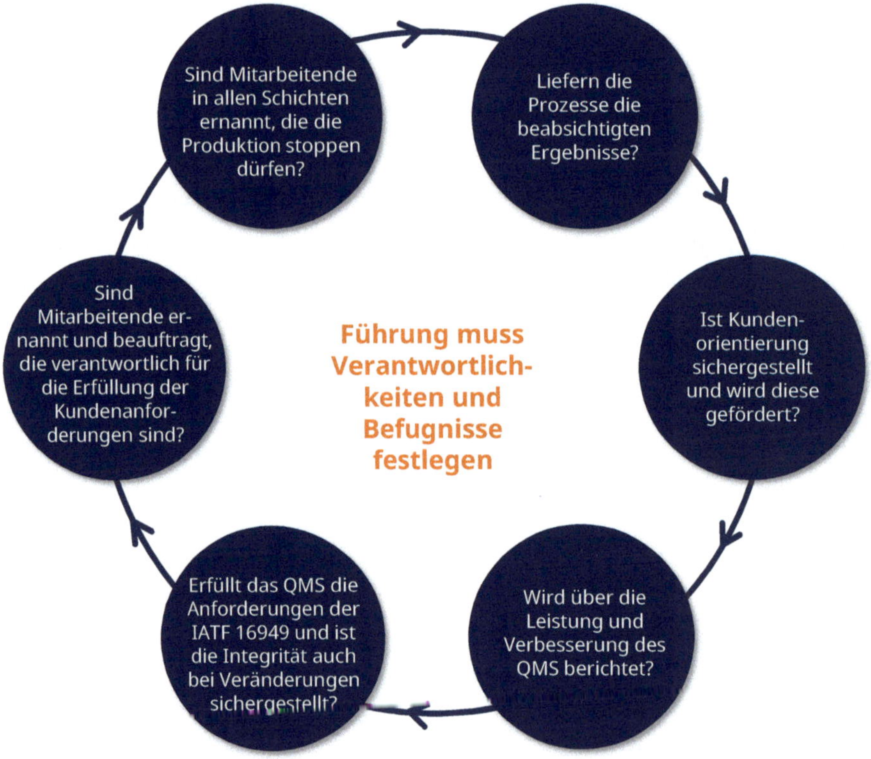

Bild 5.4 Abschnitt 5.3 der ISO 9001 und IATF 16949 im Überblick

Die oberste Leitung muss sicherstellen, dass die Prozesse die geplanten Ergebnisse liefern und die Produkte sowie Dienstleistungen den gewünschten Anforderungen entsprechen. Dafür muss sie die notwendigen Verantwortlichkeiten und Befugnisse klar zuweisen, damit die Prozesse effektiv gesteuert werden können. Dabei geht es nicht nur um einzelne Abläufe, sondern um alle Prozesse aus der Prozesslandschaft. Wichtige Aufgaben, die hierbei zu vergeben sind, beinhalten die Berichterstattung über die Leistung des Qualitätsmanagementsystems (QMS) und die Förderung der Kundenorientierung.

Auch bei geplanten Änderungen am QMS müssen Verantwortlichkeiten zugewiesen werden. So wird sichergestellt, dass das System seine Integrität bewahrt – es also weiterhin so funktioniert, wie es geplant ist, um die Qualitätsziele zu erreichen.

Unterstützende Werkzeuge (Auswahl)

- Zuständigkeitsmatrizen/-beschreibungen
- Rollenbeschreibungen, Stellenbeschreibungen
- Klare Positionierung durch die Geschäftsleitung
- Organigramme
- Verträge

Tabelle 5.3 fasst die wichtigen Aspekte zu dem Normabschnitt 5.3 zusammen.

Tabelle 5.3 Rollen, Verantwortlichkeiten und Befugnisse klären – Normabschnitt 5.3 der ISO 9001 umsetzen

Leitfragen ▪ Sind die Rollen, Verantwortlichkeiten und Befugnisse rund um das QMS geklärt? ▪ Werden dabei alle zentralen Aspekte abgedeckt (Effektivität, Berichterstattung, Prozess- und Kundenorientierung, Verbesserung, Veränderungen)? ▪ Haben das alle Beteiligten verstanden?
Ziel: Klärung der Rollen, Verantwortlichkeiten und Befugnisse
Umsetzungshinweis Regeln Sie Verantwortlichkeiten und Befugnisse nach folgendem Schema: ▪ Legen Sie die „Funktionen" Ihrer Organisation fest („Was muss funktionieren?"). Das Ergebnis mündet in der Regel in einem Funktionsorganigramm. ▪ Ordnen Sie die Mitarbeitenden den Funktionen zu – entweder direkt im Organigramm oder über eine Excel-Liste, die wiederum die Funktionen im Organigramm referenziert. (Weghorn 2022)
Mögliche Auditnachweise ▪ Organigramm ▪ Stellenbeschreibung bzw. Funktionsbeschreibungen ▪ Unterschriftenregelungen ▪ Verantwortungsmatrix ▪ Prozessbeschreibungen ▪ Aufgabenbeschreibungen ▪ Festlegung von Beauftragtenfunktionen ▪ Verträge mit Externen ▪ Anforderungsprofile; Benennungsschreiben ▪ Prozessverantwortliche ▪ Key Accounts, Kundenbetreuer ▪ Verantwortlichkeiten bei Änderungen ▪ Kommunikationsregelungen (Hol- und Bringschuld) etc. (Gietl/Lobinger 2022)

5.3.1 Rollen, Verantwortlichkeiten und Befugnisse in der Organisation – Ergänzung (X)

Die IATF 16949 wird in ihren Ergänzungen noch etwas konkreter, denn sie verlangt in diesem Abschnitt, dass Mitarbeitende mit Verantwortung und Befugnis zur Sicherstellung der Kundenanforderungen zu ernennen und zu beauftragen sind und dass die Beauftragungen die Mindestanforderungen enthalten.

Die Leitfrage zu diesem Abschnitt lautet:

- Sind Verantwortlichkeiten festgelegt, die sicherstellen, dass die Kundenanforderungen erfüllt werden?

Dazu kann z. B. eine/ein Kundenbeauftragte/r ernannt werden, der mindestens folgende Befugnisse besitzt:

- Festlegung von Korrektur- und Vorbeugemaßnahmen
- Auswahl besonderer Merkmale
- Festlegung und Schulung der Qualitätsziele
- Produktentwicklung
- Kapazitätsanalysen
- Logische Informationen
- Lieferantenbewertungen durch die Kunden
- Zugriff auf Kundenportale

Dokumentierte Information

Die Beauftragungen für Mitarbeitende mit Verantwortung und Befugnis müssen für die Umsetzung der Kundenanforderungen (z. B. Kundenbeauftragung) schriftlich erfolgen.

Unterstützende Werkzeuge (Auswahl)

- Verantwortungsmatrix
- Qualifikationsmatrix
- Stellenbeschreibung
- Schriftliche Beauftragung

5.3.2 Verantwortung und Befugnis für Produktanforderungen und Korrekturmaßnahmen (*X*)

Auch innerhalb der Produktion muss die oberste Leitung wichtige Verantwortungen zuweisen, damit die Produkte jederzeit konform hergestellt werden. Dazu fordert die IATF 16949, dass Mitarbeitende jederzeit vor Ort sind, die den Versand und die Produktion stoppen dürfen, wenn Qualitätsprobleme auftreten. Der Kommunikationsfluss muss so eingerichtet sein, dass Mitarbeitende mit der Befugnis, Korrektur- und Vorbeugemaßnahmen vergeben zu können, etabliert sind, die bei Qualitätsproblemen umgehend informiert werden.

In diesem Abschnitt stehen folgende Fragen im Mittelpunkt:

- Sind Verantwortung und Befugnis für Mitarbeitende in allen Schichten festgelegt, die die Produktion bei Qualitätsproblemen stoppen dürfen?
- Erfolgt eine sofortige Information an Mitarbeitende, die die Verantwortung und Befugnis besitzen, um Korrekturmaßnahmen einleiten zu können?
- Ist sichergestellt, dass in allen Schichten Personal zu Verfügung steht, das die Produktkonformität gewährleistet?

Zusätzlich können die entscheidungsbefugten Mitarbeitenden im Schichtplan gekennzeichnet werden.

Grundvoraussetzung ist, dass das mit Befugnissen ausgestattete Personal qualifiziert ist. Im Wesentlichen gewinnt dieser Aspekt in Spät-, Nacht- oder Wochenendschichten an Bedeutung, wenn die relevanten Führungskräfte nicht vor Ort sind. Die verantwortlichen Mitarbeitenden müssen vor allem in folgenden Punkten qualifiziert sein:

- Beurteilung der Qualität eines Produkts
- Verifizierung von Einrichtvorgängen
- Umgang mit Qualitätsproblemen

Für diesen Punkt bieten sich Instrumente wie z. B. die ISO/IATF-Verantwortungsmatrix oder eine Funktionsmatrix an. Darüber hinaus können Regelungen in Schichtplänen, Funktionsbeschreibungen, Arbeitsanweisungen und Prozessbeschreibungen hinterlegt werden.

Unterstützende Werkzeuge (Auswahl)

- Verantwortungsmatrix
- Funktionsmatrix
- Stellenbeschreibung
- Qualifikationsmatrix
- Kommunikationsmatrix
- Maßnahmenplanung
- Schichtplan

Tabelle 5.4 fasst die wichtigen Aspekte zu den beiden Normabschnitten 5.3.1 und 5.3.2 zusammen.

Tabelle 5.4 Rollen, Verantwortlichkeiten, Befugnisse und Sicherstellung der Produktkonformität – Normabschnitte 5.3.1 und 5.3.2 der IATF 16949 umsetzen

Leitfragen

- Sind Mitarbeitende benannt, schriftlich beauftragt und mit Verantwortung und Befugnis ausgestattet, die für Kundenbelange verantwortlich sind?
- Enthalten die Beauftragungen mindestens die grundsätzlichen Anforderungen des Abschnitts 5.3.1?
- Sind Personen mit Verantwortung und Befugnis festgelegt, die die Produktion und den Versand bei Qualitätsproblemen stoppen dürfen?
- Werden die Mitarbeitenden, die befugt sind, Korrekturmaßnahmen einzuleiten, unverzüglich informiert, wenn Qualitätsprobleme vorliegen?
- Sind Personen in allen Schichten festgelegt, die die Produktion anhalten und Korrekturmaßnahmen vergeben dürfen?

Ziel: Erfüllung der Kundenanforderungen

Umsetzungshinweis

- Benennen Sie einen oder mehrere Mitarbeitende als Kundenbeauftragte(n). Berücksichtigen Sie in der schriftlichen Beauftragung die Mindestanforderungen, die die Norm vorgibt.
- Stellen Sie sicher, dass Personen benannt sind, die die Befugnis haben, den Versand an Kunden und die Produktion zu stoppen, wenn Qualitätsprobleme auftreten.
- Benennen Sie Personen, die informiert werden müssen, um sofort Korrektur- und Vorbeugemaßnahmen zu vergeben. Für die Festlegung eignet sich beispielsweise eine Prozessbeschreibung oder eine Arbeitsanweisung.
- Sie können die benannten Personen auch in einer Funktions- oder Qualifikationsmatrix und im Schichtplan festhalten. Dann ist klar erkennbar, welche Mitarbeitenden befugt sind, die Produktion zu stoppen und Korrekturmaßnahmen zu vergeben.
- Kommunizieren Sie die Befugnisse z. B. durch Aushang des Schichtplans.

Stellen Sie sicher, dass ausreichend Mitarbeitende, beispielsweise Schichtführungen und deren Vertretungen, ausgebildet sind, um die Verantwortung übernehmen und die Konformität der Produkte sicherstellen zu können.

Mögliche Auditnachweise

- Organigramm
- Stellenbeschreibung bzw. Funktionsbeschreibungen
- Verantwortungsmatrix
- Prozessbeschreibungen
- Aufgabenbeschreibungen
- Kennzahlensteckbriefe
- Kennzahlenauswertungen
- Maßnahmenpläne
- Festlegung von Aufgaben für Kundenbeauftragte
- Anforderungsprofile
- Schriftliche Beauftragungen
- Eskalationsplan
- Kommunikationsmatrix
- Schichtpläne

(Brückner, 2019)

6 Planung: Was sollte wie getan werden?

Egal wie unsicher, unvorhersehbar, mehrdeutig, komplex oder instabil unsere Welt ist, jedes Unternehmen muss planen! Und auch Qualität muss geplant werden. Nur wenn klar ist, wohin die Reise gehen soll, kann alles, was man auf dem Weg braucht, definiert werden.

In der Qualitätsplanung (Bild 6.1) wird festgelegt, welche Qualitätsziele angestrebt werden, welche Maßnahmen zur Umsetzung notwendig und welche Ressourcen zum Erreichen dieser Ziele erforderlich sind. Dazu gehört auch der Umgang mit Chancen und Risiken.

Die Qualitätsziele werden von der Qualitätspolitik abgeleitet und müssen konsistent zur strategischen Ausrichtung des Unternehmens sein. Ein Qualitätsziel wäre beispielsweise, die Fehlerquote im laufenden Geschäftsjahr im Vergleich zum Vorjahr um 5 % zu minimieren, um die Kundenreklamationen zu senken.

Dieser Normabschnitt 6 der ISO 9001 baut auf den in Abschnitt 4.1 definierten, für das Unternehmen relevanten Themen sowie die in Abschnitt 4.2 festgelegten Anforderungen der Stakeholder auf. Wurden beispielsweise als Thema „Nachhaltigkeit" und als Anforderung der Kunden „gesteigertes Umweltbewusstsein" definiert, dann sollte sich dies auch in den Qualitätszielen wiederfinden.

Nachstehende Fragen stehen im Zentrum dieses Normabschnitts und könnten auch genauso bei einem Audit gestellt werden:

- Welche Chancen und Risiken wurden identifiziert?
- Wie wird mit diesen sich aus der Strategie ergebenden Chancen und Risiken umgegangen?
- Welche Qualitätsziele wurden definiert und wie sollen diese erreicht werden?

- Wie wird mit Änderungen am QMS umgegangen?
- Wie wird sichergestellt, dass dabei auch die Verbesserungsmöglichkeiten im Blick behalten werden?
- Wie wird sichergestellt, dass diese Aspekte laufend überwacht, überprüft und gegebenenfalls angepasst werden?

Bild 6.1 Normkapitel 6 Planung der ISO 9001 und IATF 16949 im Überblick

Bei einem IATF-Audit könnten zusätzlich mögliche Auditfragen gestellt werden:

- Fließen alle mindestens von der Norm geforderten gewonnenen Erkenntnisse in die Risikoanalyse ein?
- Wie dokumentieren Sie die Ergebnisse aus Ihrer Risikoanalyse?
- Existiert ein Prozess, der Auswirkungen ermittelter Risiken vermindert?
- Beinhaltet der Prozess mindestens Vorgehensweisen für die Ursachenermittlung und -bewertung?
- Beinhaltet der Prozess Vorgehenseisen für die Festlegung, Umsetzung relevanter und den Status sowie eine Wirksamkeitsbewertung umgesetzter Vorbeugemaßnahmen?
- Beinhaltet der Prozess Vorgehensweisen zur Nutzung von Lessons Learned?

- Werden kundenspezifische Anforderungen an Notfallpläne berücksichtigt?
- Wie erfolgt im Notfall die Kommunikation mit Kunden, Lieferanten und internen Stellen?
- Erfolgen Mitarbeiterschulungen zu den Notfallplänen?
- Werden die Notfallpläne regelmäßig überprüft, getestet oder simuliert (z. B. Cyberangriffe)?
- Wie werden die Ergebnisse der Tests dokumentiert und bewertet, systematisch verbessert und weiterentwickelt?
- Gibt es definierte Prozesse zum Wiederanlauf der Maschinen und Anlagen nach Eintritt eines unvorhergesehenen Ereignisses?

6.1 Mit Risiken und Chancen umgehen

Bei einem Risiko handelt es sich im Sinne der ISO 9001 um eine „unerwünschte Auswirkung einer Ungewissheit", bei einer Chance handelt es sich dementsprechend um eine erwünschte Auswirkung einer Ungewissheit. Der Umgang mit Chancen und Risiken muss systematisch geplant werden, und im Falle eines Eintritts müssen alle Beteiligten wissen, was sie wie zu tun haben.

Abschnitt 0.3.3 und Anmerkung 2 des Normabschnitts 6.1.12 der ISO 9001 geben einige Hinweise, was unter Chancen zu verstehen ist, beispielsweise Kundengewinnung, Entwicklung neuer Produkte, Erschließung neuer Märkte, Aufbau von Partnerschaften etc.

Risiken können beispielsweise eliminiert, vermieden, geteilt, ausgelagert oder akzeptiert werden. Chancen können sich etwa auf neue Praktiken oder Technologien, neue Produkte oder Märkte, neue Kunden oder Partnerschaften beziehen. Bild 6.2 fasst die Anforderungen dieses Abschnitts zusammen.

Sie können selbst festlegen, welche Methode, welches Werkzeug Sie nutzen wollen. Sie müssen allerdings strukturiert vorgehen und sowohl Risiken als auch Chancen betrachten. Die ISO 9001 schreibt zwar einen systematischen Prozess für die Planung des Umgangs mit Chancen und Risiken vor, aber eine bestimmte Methode, ein bestimmtes Risikomanagement (beispielsweise nach ISO 31000) oder entsprechend dokumentierte Prozesse sind nicht erforderlich.

Bild 6.2 Abschnitt 6.1 der ISO 9001 und IATF 16949 im Überblick

Risikobasiertes Denken ist in der ISO 9001 ein zentrales Element und der Umgang mit Chancen und Risiken wird mehrfach thematisiert (4.1, 4.2, 4.4, 5.1, 8.4, 9.3, 10.2). Wichtig ist, dass Sie sich bei allem, was Sie tun, Gedanken darüber machen, was im negativen Sinne (Risiko) und im positiven Sinne (Chance) passieren könnte, wie Sie damit umgehen, ob Ihr Umgang damit erfolgreich ist oder nicht und was Sie besser machen könnten. Also auch hier: PDCA!

6.1.1 Maßnahmen zum Umgang mit Risiken und Chancen entwickeln

Die erste Verantwortung liegt bei der Führung. Sie muss risikobasiertes Denken bzw. Qualitätsbewusstsein fördern und dazu gehört ein systematischer Umgang mit Chancen und Risiken (Normabschnitt 5.1.1).

Folgende Fragen stehen in diesem Abschnitt im Mittelpunkt:

- Wie wird mit den Chancen und Risiken, die sich aus unserer Strategie ergeben, umgegangen?
- Wie werden mögliche Chancen genutzt?
- Was wird getan, wenn ein Risiko (Fehler, Probleme) eintritt?
- Können negative Auswirkungen verhindert oder zumindest abgeschwächt werden?
- Können positive Auswirkungen verstärkt werden?

Sie müssen bei der Behandlung von Chancen und Risiken immer folgende Fragen im Blick behalten:

- Kann das QMS die geplanten Ergebnisse erreichen?
- Können erwünschte Auswirkungen verstärkt werden?
- Können unerwünschte Auswirkungen verhindert oder vermindert werden?
- Lassen sich Verbesserungen umsetzen?

Die unter Normabschnitt 4.1 der ISO 9001 ermittelten Themen und die unter Abschnitt 4.2 ermittelten Anforderungen müssen bei der Qualitätsplanung berücksichtigt werden. Nur wenn sich ein Thema oder eine Anforderung auf das QMS auswirkt, ist es relevant. Themen wie beispielsweise Unternehmenskultur, Kundenbindung und Mitarbeiterzufriedenheit sind bei der Qualitätsplanung zu berücksichtigen, da sie sich direkt auf das QMS auswirken.

Im Rahmen der Qualitätsplanung müssen alle relevanten Risiken und Chancen definiert werden. Der Umgang mit Risiken, also mit „unerwünschten Auswirkungen einer Ungewissheit", und der Umgang mit Chancen ist nicht nur bei der Qualitätsplanung zentral. Das Abschwächen von Risiken und das Ergreifen der Chancen sind ein elementarer Bestandteil jeder strategischen Planung, so auch der Qualitätsplanung.

Relevant ist ein Risiko oder eine Chance dann, wenn es das Erreichen Ihrer geplanten Ziele beeinflussen könnte. Es bietet sich an, die Definition der Risiken und Chancen mit der Definition der Maßnahmen bei Eintritt zu koppeln.

Die positiven (erwünschten) Auswirkungen der identifizierten Chancen müssen verstärkt, die negativen (unerwünschten) Auswirkungen der identifizierten Risiken müssen verhindert oder vermindert werden. Sind diese Auswirkungen nicht beeinflussbar, brauchen keine Handlungsoptionen entwickelt zu werden.

Diese Aspekte sind eng an die Definition der Maßnahmen bei Eintritt von Risiken gekoppelt. Je sensibler der Bereich ist, in dem Sie tätig sind, desto wichtiger sind Notfallpläne. Tritt eine Krise ein, dann sollten Sie sofort wissen, was zu tun ist. Die Verstärkung einer Chance beispielsweise „auf Null-Fehler“ könnte durch zusätzliche Qualitätskontrollen erhöht werden.

Auch das Streben nach Verbesserung muss bei der Behandlung der Risiken und Chancen berücksichtigt werden, beispielsweise durch die Einführung von Lessons Learned, Fehlermanagement oder eines Qualitätszirkels

Unterstützende Werkzeuge (Auswahl)

- Szenarioanalysen
- Lessons Learned
- Qualitätszirkel
- Fehlermanagement
- Kontinuierlicher Verbesserungsprozess (KVP)

6.1.2 Maßnahmen zum Umgang mit Risiken und Chancen definieren und umsetzen

Nach dem Verständnis des Kontextes der Organisation (Abschnitt 4.1) und der relevanten interessierten Parteien (Abschnitt 4.2) müssen die Risiken und Chancen identifiziert werden.

Im Fokus dieses Abschnitts stehen folgende Fragen:

- Sind alle Maßnahmen zum Umgang mit Risiken und Chancen geplant?
- Ist die Integration der Maßnahmen in unsere QMS-Prozesse geplant?
- Ist die Bewertung der Wirksamkeit der Maßnahmen geplant?

Ein unwahrscheinliches Risiko, wie der Ausfall aller Konkurrenten, erfordert kaum Maßnahmen. Hingegen sollten Sie bei einem wahrscheinlichen Risiko, wie dem drohenden Wegfall eines wichtigen Konkurrenten, proaktive Schritte einleiten, um dem entgegenwirken zu können.

Anhand ermittelter Risiken und Chancen müssen Maßnahmen geplant werden. Diese Maßnahmen müssen in die Prozesse des Qualitätsmanagementsystems (QMS) integriert und umgesetzt werden (siehe Normabschnitt 4.4). Zudem muss eine Bewertung der Maßnahmen erfolgen. Das bedeutet, dass Sie prüfen müssen, ob die Maßnahmen wirksam sind. Bei Risiken muss eine Risikoabschätzung durchgeführt werden. Dabei sind die Eintrittswahrscheinlichkeit und die möglichen Auswirkungen des Risikos zu berücksichtigen.

Die Ziele, die mit der Einführung der Maßnahmen verfolgt werden, sind in erster Linie, dass Risiken vermieden, verringert oder eliminiert und Chancen genutzt werden oder deren Auswirkung verstärkt wird.

Die geplanten Maßnahmen müssen „proportional zur möglichen Auswirkung" sein. Je größer die Auswirkung, desto umfangreicher die Maßnahmen. Dies muss sich in den Prozessen widerspiegeln. Bei großem Risiko sind beispielsweise enge Überwachungszyklen oder spezielle Steuerungsmaßnahmen notwendig. Bei einer großen Chance oder einem großen Risiko ist es eventuell sinnvoll, einen Überwachungszyklus zu installieren und ein eigenes Budget dafür einzuplanen.

Das Verhältnis von Risiken und Chancen verlangt eine strategische Herangehensweise. Je wahrscheinlicher und größer die potenziellen Auswirkungen eines Risikos sind, desto umfangreicher müssen die Gegenmaßnahmen ausfallen.

Unterstützende Werkzeuge (Auswahl)

- Notfallpläne
- Checklisten
- Workshops
- Klare Verantwortungszuweisungen
- Kennzahlensystem
- Kontroll-/Überwachungssysteme

Tabelle 6.1 fasst die wichtigsten Aspekte in dem Normabschnitt zusammen.

Tabelle 6.1 Risiken meistern und Chancen nutzen – Normabschnitt 6.1 der ISO 9001 umsetzen

Leitfragen ▪ Wie gehen wir mit den Chancen und Risiken um, die wir bei unserer strategischen Ausrichtung identifiziert haben? ▪ Wie können wir etwaige Chancen nutzen? Können wir mögliche positive Auswirkungen verstärken? ▪ Was machen wir, wenn ein Risiko (Fehler, Problem) eintritt? Können wir negative Auswirkungen verhindern oder zumindest abschwächen? ▪ Wie bewerten wir diese Maßnahmen?
Ziel: Chancen nutzen und Risiken verhindern oder abschwächen
Umsetzungshinweis Bestimmen Sie Risiken und Chancen, die sich aus der strategischen Ausrichtung sowie den interessierten Parteien ergeben. Dies kann im Rahmen eines Brainstormings mit Unterstützung von Mindmaps oder Ishikawa-Diagrammen erfolgen. Die Bestimmung ist notwendig, damit ▪ angestrebte Ziele des QMS erreicht werden, ▪ unerwünschte Auswirkungen verhindert oder minimiert werden, ▪ eine ständige Verbesserung erreicht wird (KVP).

Tabelle 6.1 Risiken meistern und Chancen nutzen – Normabschnitt 6.1 der ISO 9001 umsetzen *(Fortsetzung)*

Nach der Auflistung der identifizierten Risiken und Chancen müssen diese einer Bewertung unterzogen werden (z. B. FMEA (Fehlermöglichkeits- und -einflussanalyse), Risk Grid oder Ähnliches). ▪ Für hoch bewertete Risiken müssen (vorbeugende) Maßnahmen zur Risikoreduzierung definiert werden. Diese müssen methodisch beschrieben werden (wie werden sie in Prozesse integriert und umgesetzt?). Die Maßnahmen müssen proportional zum möglichen Einfluss auf die angebotenen Produkte oder Dienstleistungen sein. ▪ Möglichkeiten zum Umgang mit Risiken und Chancen sind: Risikovermeidung, bewusstes Inkaufnehmen eines Risikos zur Chancenerhöhung, Beseitigen der Risikoquelle, Ändern der Wahrscheinlichkeit oder der Konsequenzen, Risikoteilung oder Beibehaltung eines Risikos durch verantwortungsbewusste Entscheidung. ▪ Danach müssen sie hinsichtlich ihrer Wirksamkeit bewertet bzw. das verbleibende Restrisiko muss festgestellt werden. Legen Sie ein Verfahren fest, wie neue Risiken in die Analyse aufgenommen werden und eine regelmäßige Prüfung der bestehenden Risiken erfolgt. (Weghorn 2022)
Mögliche Auditnachweise ▪ Projektplan für Änderungsprojekte bei identifizierten Risiken ▪ Liste der externen Themen ▪ Liste der internen Themen ▪ Liste der Risiken und Chancen ▪ Strategiepläne ▪ QM-Pläne ▪ Produktionspläne ▪ Ressourcenpläne/-nachweise ▪ FMEA ▪ Risikoanalysen ▪ Resultierende Maßnahmenpläne ▪ Arbeits- und Prüfpläne etc. (Gietl/Lobinger 2022)

6.1.2.1 Risikoanalyse (*X*)

Das Erkennen von Chancen und Risiken gehört zum unternehmerischen Alltag. Die Unternehmen existieren heute im Umfeld einer wachsenden Komplexität und Dynamik. Aus diesem Grund müssen die richtigen Entscheidungen meist sehr schnell getroffen werden. Fehlentscheidungen können oft zu einer Bedrohung für das Unternehmen werden. Die Vielzahl negativer Informationen aus der Wirtschaft lässt den Schluss zu, dass in der Praxis nur selten ein systematischer Umgang mit möglichen Chancen und Risiken stattfindet.

Die IATF 16949 greift in diesem Abschnitt explizit den Risikoaspekt auf und ergänzt diesen mit genau vorgegebenen Anforderungen, die in einer Risikoanalyse unbedingt beachtet werden müssen.

Bei der Risikoanalyse kommt auch der Umgang mit bereits gewonnenen Erkenntnissen (Lessons Learned) ins Spiel. Unternehmen sollen alle bisher gesammelten Informationen und gemachten Erfahrungen mit in die Betrachtung der Risiken einbringen und nicht immer von vorn anfangen.

Folgende Fragen stehen im Fokus dieses Abschnitts:

- Werden in der Risikoanalyse vorliegende Erkenntnisse betrachtet, die sich aus Risiken, die nach der Lieferung oder in der Gebrauchsphase von Produktionsprozessen auftreten können, ergeben?
- Werden IT-Sicherheitsrisiken infolge von Cyberangriffen betrachtet?
- Fließen Lessons Learned in die Risikoanalyse ein?

Die Betrachtung von Cyberangriffen wurde in den SI (21) neu hinzugefügt, da es unerlässlich ist, dieses Risiko im Rahmen der Risikoanalyse angemessen zu berücksichtigen.

Mit der Einführung eines systematischen und umfassenden Risikomanagements können Sie den Erfolg in Ihrer Organisation besser steuern und positiv beeinflussen. Durch eine Analyse möglicher Risiken und deren Bewertung sowie durch das Treffen von Entscheidungen, wie mit Risiken und Restrisiken umgegangen werden soll, kann sich ein Unternehmen vor unvorhersehbaren „Katastrophen“ schützen. Dadurch kann es seinen Fortbestand sichern, Kundenzufriedenheit generieren und die Lieferfähigkeit sichern. Ein Unternehmen, das ein Risikomanagement etabliert hat, steigert das Vertrauen gegenüber allen Stakeholdern, wie z. B. Eigentümern, Kunden und Behörden. Vorrangig soll ein Risikomanagement den Unternehmensfortbestand und die Weiterentwicklung sichern.

Dokumentierte Information

Die Ergebnisse der Risikoanalyse müssen dokumentiert und aufbewahrt werden.

Dieser Abschnitt der IATF 16949 ist grundlegend für ein proaktives, robustes Qualitätsmanagement, denn er fordert nicht nur die Identifizierung von Risiken, sondern geht über die reinen strategischen Risiken hinaus und verlangt auch, dass Prozess-, Produktions-, Lieferanten- und Qualitätsrisiken berücksichtigt werden.

Unterstützende Werkzeuge (Auswahl)

- Risiko- und Chancenanalyse
- Maßnahmenpläne
- Lessons Learned
- FMEA (Failure Mode and Effect Analysis)
- FTA (Fault Tree Analysis)
- QRA (Quantitative Risk Analysis)
- KPI-Auswertungen

6.1.2.2 Vorbeugemaßnahmen (✗)

Die Anforderungen dieses Abschnitts sind ein zentrales Element zur Risikominimierung und Qualitätssteigerung im gesamten Produktlebenszyklus.

Folgende Fragen stehen im Mittelpunkt:

- Wie werden potenzielle Fehlerquellen identifiziert?
- Werden Maßnahmen zur präventiven Fehlervermeidung geplant und umgesetzt?
- Wird die Wirksamkeit der vorbeugenden Maßnahmen bewertet?
- Werden gewonnene Erkenntnisse genutzt?

Der Umgang mit Fehlern ist ein wichtiges Thema, dazu verlangt die IATF, dass bereits Maßnahmen im Vorfeld festgelegt und umgesetzt werden müssen, um potenzielle Fehlerquellen zu identifizieren und präventiv zu beseitigen, bevor sie auftreten. Das bedeutet, dass der Fokus dieses Abschnitts auf der Vermeidung von Fehlern liegt. Dies muss standardisiert geschehen, indem ein Prozess festgelegt wird, der die Vorgehensweise regelt und ein Wiederauftreten der Fehler verhindert.

Sie sind zunächst verpflichtet, einen strukturierten Prozess einzuführen, um die negativen Auswirkungen potenzieller Risiken wirksam zu verringern. In einem ersten Schritt müssen Sie mögliche Fehlerquellen ermitteln und ihre zugrunde liegenden Ursachen analysieren. Darauf aufbauend beurteilen Sie, in welchem Umfang Handlungsbedarf besteht, um das Entstehen solcher Fehler im Vorfeld zu verhindern.

Anschließend legen Sie die notwendigen Maßnahmen eindeutig fest und setzen diese um. Damit Transparenz und Nachvollziehbarkeit gewährleistet sind, werden alle getroffenen Maßnahmen in geeigneter Form dokumentiert. Die Wirksamkeit dieser Vorbeugemaßnahmen wird regelmäßig überprüft, um sicherzustellen, dass sie den gewünschten Effekt erzielen.

Darüber hinaus nutzen Sie bereits gewonnene Erkenntnisse/„Lessons Learned“, um diese aktiv in vergleichbare Prozesse zu übertragen. Auf diese Weise soll verhindert werden, dass ähnliche Risiken oder Fehler in zukünftigen Abläufen erneut auftreten.

Dokumentierte Information

Der Prozess zum Umgang mit Vorbeugemaßnahmen muss sicherstellen, dass alle umgesetzten Maßnahmen dokumentiert werden.

Der Abschnitt verpflichtet Unternehmen, proaktive Qualitätsarbeit zu leisten, indem Risiken vor dem Eintreten eines Fehlers erkannt und behoben werden müssen.

Unterstützende Werkzeuge (Auswahl)

- FMEA (Fehlermöglichkeits- und Einflussanalyse)
- Risikomatrix
- Trendanalysen (Frühwarnsystem)
- Lessons Learned
- 5-Why-Methode

6.1.2.3 Notfallpläne (*X*)

DIE IATF 16949 fordert explizit eine Notfallplanung, da ungeplante Ereignisse unter Umständen eklatante Auswirkungen auf die Infrastruktur haben können. Notfallpläne müssen erstellt, umgesetzt und aufrechterhalten werden, um trotz potenzieller Risiken die Erfüllung der Kundenanforderungen aufrechtzuerhalten. In Punkt c) werden Szenarien, wie beispielsweise Naturkatastrophen, Brände, Arbeitsmängel, Stromausfälle, aufgeführt, die mindestens beachtet werden müssen.

Im Fokus dieses Abschnitts stehen folgende Fragen:

- Haben wir alle ungeplanten Ereignisse in Notfallplänen berücksichtigt?
- Wie stellen wir die Wirksamkeit und regelmäßige Überprüfung der Notfallpläne sicher?

Notfallpläne müssen durch ein multidisziplinäres Team unter Einbindung der obersten Leitung mindestens einmal pro Jahr oder bei Veränderungen bewertet werden. Wenn notwendig, muss eine Aktualisierung vorgenommen werden. Zudem müssen die Notfallpläne in dokumentierter Form vorliegen und jede Änderung muss schriftlich nachweisbar sein.

Die Notfallpläne sollen Risiken durch mögliche Störungen abdecken. Mindestens diese:

- Ausfall von wichtigen Produktionseinrichtungen
- Lieferunterbrechungen
- Naturkatastrophen
- Feuer
- Pandemien

- Cyberangriffe auf IT-Systeme
- Unterbrechungen der Versorgungssysteme
- Arbeitskräftemangel
- Störungen der Infrastruktur

Ihre Notfallpläne müssen mindestens Maßnahmen zur Reaktion, Wiederherstellung und Kommunikation (inklusive Benachrichtigungsprozess) mit dem Kunden und anderen interessierten Parteien enthalten. Sie müssen mindestens jährlich durch ein multidisziplinäres Team, welchem die oberste Leitung angehört, bewertet und gegebenenfalls aktualisiert werden.

Konkretisierung durch die SI-Nr. 3

- Pandemien und Cyberangriffe müssen als Notfallszenario explizit mit einbezogen werden.
- Notfallpläne müssen regelmäßig mittels simulierter Übungen oder realistischer Tests erprobt werden. Die reine Dokumentenüberarbeitung ist nicht ausreichend. Diese Tests können intern durchgeführt oder nach extern vergeben werden.
- Die Ergebnisse dieser Tests müssen Sie dokumentieren und gegebenenfalls Verbesserungen einführen. Die Kundenanforderungen sind dabei unbedingt zu berücksichtigen.
- Die Kommunikation mit dem Kunden und interessierten Parteien muss im Notfallplan konkret ausgearbeitet werden.
- Geeignete Mitarbeiterschulungen und Sensibilisierungen sind in den Notfallplänen vorzusehen.

Notfallpläne sind in erster Linie dazu da, um bei Eintritt ungeplanter Ereignisse die Erfüllung der Kundenanforderungen auch weiterhin zu ermöglichen.

In Produktionsunternehmen sollten die Engpass- oder Schlüsselmaschinen definiert werden, um bei einer Störung oder einem Ausfall geeignete Maßnahmen einleiten zu können.

Fallen Maschinen aus, so kann häufig das Werkzeug auf eine andere Maschine (Notfallplan), je nach Auslastung bzw. Terminlage der Aufträge, aufgespannt werden, um weiterproduzieren zu können. Maschinen sind häufig unspezifisch, aber Werkzeuge sind in der Regel spezifisch.

Die grundlegenden Vorgehensweisen können in einem Notfallhandbuch oder einem Notfallplan dargestellt werden.

Grundlage für die Notfallplanung bilden die Ermittlung und Bewertung interner und externer Risiken für alle Produktionsprozesse und Fertigungseinrichtungen.

Unterstützende Werkzeuge (Auswahl)

- FMEA (Fehlermöglichkeits- und Einflussanalyse)
- Business Continuity Plan (BCP)
- Wiederanlaufplan in der Produktion
- Lieferantennotfälle
- Kommunikationsmatrix

Tabelle 6.2 fasst die wichtigsten Aspekte zu den Normabschnitten zusammen.

Tabelle 6.2 Risikoanalyse, Vorbeugemaßnahmen, Notfallpläne – Normabschnitte 6.1.2.1, 6.1.2.2, 6.1.2.3 der IATF 16949 umsetzen

Leitfragen

- Wie identifizieren und bewerten wir potenzielle Risiken, die die Konformität von Produkten und Prozessen beeinträchtigen können?
- Wie überprüfen und aktualisieren wir regelmäßig identifizierte Risiken, insbesondere bei Änderungen in Prozessen, Produkten oder der Lieferkette?
- Welche systematischen vorbeugenden Maßnahmen ergreifen wir, um das Eintreten erkannter Risiken zu verhindern?
- Wie bewerten wir die Wirksamkeit der Vorbeugemaßnahmen und passen diese gegebenenfalls an?
- Haben wir dokumentierte Notfallpläne für Ereignisse wie z. B. Produktionsausfälle, Naturkatastrophen oder Lieferengpässe?
- Testen wir die Notfallpläne in festgelegten Abständen und aktualisieren wir diese bei Bedarf (z. B. durch Simulationen oder Lessons Learned)?

Ziel: Stetige Aufrechterhaltung der Lieferfähigkeit, um die Anforderungen der Kunden zu erfüllen

Umsetzungshinweis

Wenden Sie Methoden zur Risikoidentifikation und -bewertung an, die auf Ihre Prozesse und Produkte zugeschnitten sind. Führen Sie eine systematische und dokumentierte Risikoanalyse durch, die mindestens Erkenntnisse enthält über:

- Rückrufaktionen
- Produktaudits
- Beanstandungen aus dem Feld
- Reparaturen
- Reklamationen
- Ausschuss
- Nacharbeit

Tabelle 6.2 Risikoanalyse, Vorbeugemaßnahmen, Notfallpläne – Normabschnitte 6.1.2.1, 6.1.2.2, 6.1.2.3 der IATF 16949 umsetzen *(Fortsetzung)*

Führen Sie einen dokumentierten Prozess für Vorbeugemaßnahmen ein, um Auswirkungen von Risiken zu vermindern. ▪ Dieser Prozess muss geeignete Maßnahmen zur Fehlervermeidung festlegen. Methoden zur Risikoidentifikation wie FMEA oder ähnliche eignen sich dazu. ▪ Stellen Sie sicher, dass die Umsetzung der Maßnahmen wirksam ist und dokumentiert wird, einschließlich der Verantwortlichkeiten und der Bewertung der Wirksamkeit. ▪ Übertragen Sie die Vorbeugemaßnahmen auf künftige ähnliche Produkte und Prozesse, um systematische Fehler zu verhindern. Erstellen Sie dokumentierte Notfallpläne, die mindestens die Anforderungen der IATF 16949 und der SI-Nr. 3 enthalten: ▪ Beachten Sie die Abhängigkeit von erkannten Risiken und Auswirkungen auf Kunden. ▪ Überprüfen Sie die Notfallpläne regelmäßig, aktualisieren Sie sie bei Bedarf und sorgen Sie für deren Aufrechterhaltung. ▪ Sorgen Sie dafür, dass die Person, die Änderungen veranlasst, ebenso nachweislich dokumentiert wird. (Brückner, 2019)
Mögliche Auditnachweise ▪ FMEA (Fehlermöglichkeits- und Einflussanalyse) ▪ SWOT-Analyse ▪ Risikobewertungstabellen ▪ FAQ-(Lessons Learned-)Datenbanken ▪ Datenbank für Kundenreklamationen ▪ Poka Yoke ▪ Maßnahmen aus Risikoanalyse und FMEA (eventuell verlinkt) ▪ Auditbericht (z. B. Layered Audits) ▪ PPAP ▪ SPC-Konzepte ▪ Notfallpläne ▪ Dokumentation von Tests/Simulationen ▪ Lessons Learned/Verbesserungsmaßnahmen ▪ Protokolle des interdisziplinären Teams

6.2 Qualitätsziele und Planung zu deren Erreichung

Qualitätsziele werden von der Qualitätspolitik abgeleitet und sind konkrete Ziele, um die Qualitätspolitik zu erfüllen. Die Qualitätsziele können das ganze Unternehmen betreffen wie beispielsweise Umsatzsteigerung oder Neukundengewinnung. Sie können sich auf einzelne Prozesse beziehen wie beispielsweise die Reduzierung von Fehlerquoten oder Mitarbeiterfluktuation. Sie können sich auch auf Produkte oder

Dienstleistungen beziehen, wie die Erhöhung des Angebots oder die Senkung der Reklamationen. Qualitätsziele müssen konkret, messbar und terminiert sein. Ziele sollten stets SMART formuliert sein: spezifisch, messbar, attraktiv, realistisch und terminiert. Bild 6.3 zeigt die Anforderungen dieses Normabschnitts im Überblick.

Bild 6.3 Abschnitt 6.2 der ISO 9001 und IATF 16949 im Überblick

Die Erhöhung der Kundenzufriedenheit (Qualitätspolitik) lässt sich beispielsweise durch folgendes Qualitätsziel darstellen: „Wir werden im Laufe des Geschäftsjahres unsere Kundenbetreuung ausbauen". Konkrete Schritte hierfür wären beispielsweise das Einstellen eines neuen Kundenbetreuers, die Beantwortung von Kundenanfragen innerhalb von zwei Stunden oder eine 24-Stunden-Hotline.

Die IATF fordert in Abschnitt 6.2.2.1 ergänzend, dass jährlich zu überprüfende Qualitätsziele auf allen relevanten Funktionen, Prozessen und Ebenen festgelegt werden, die die Erfüllung der Kundenanforderungen und die der interessierten Parteien berücksichtigen.

Dokumentierte Information

Die Qualitätsziele müssen dokumentiert, aufrechterhalten und aufbewahrt werden.

6.2.1 Qualitätsziele festlegen

Die Qualitätsziele müssen konsistent zur Qualitätspolitik sein. Es darf keine Widersprüche geben. Sie müssen messbar sein. Nur so können Abweichungen registriert und eine Bewertung vorgenommen werden. Die Qualitätsziele müssen auch die ermittelten Anforderungen berücksichtigen, sich zudem auf die Konformität der Produkte und Dienstleistungen beziehen und auf eine Steigerung der Kundenzufriedenheit abzielen. Reine Finanzziele (Erhöhung ROI im laufenden Jahr um 3 %) sind beispielsweise keine Qualitätsziele.

Bei diesem Normabschnitt stehen folgende Fragen im Mittelpunkt:

- Welche Qualitätsziele definieren wir und wie wollen wir diese erreichen?
- Konzentrieren wir uns dabei auf die wichtigen Funktionen, Ebenen und Prozesse?
- Berücksichtigen wir alle zutreffenden Anforderungen der Norm, und zwar so, dass die Erfüllung der Anforderungen unterstützt wird (Konformität)?
- Steigern unsere Qualitätsziele die Kundenzufriedenheit?

Die Norm verlangt, dass die oberste Leitung auf allen relevanten Ebenen und für alle relevanten Funktionen und Prozesse messbare Qualitätsziele festlegt. Diese müssen mit der Qualitätspolitik konsistent sein und die Konformität von Produkten und Dienstleistungen sowie die Kundenzufriedenheit steigern. Die Ziele müssen überwacht, kommuniziert und bei Bedarf aktualisiert werden. Relevante Funktionen sind beispielsweise Kundenbetreuung, Qualitäts- oder Prozessmanagement. Welche Funktionen, Bereiche oder Prozesse für Ihr Unternehmen relevant sind, können Sie selbst festlegen.

Ableiten lassen sich die relevanten Funktionen von Abschnitt 5.3 (Rollen, Verantwortlichkeiten und Befugnisse). Relevante Ebenen sind beispielsweise die Führungsebene und die Mitarbeiterebene. Normabschnitt 4.4 unterstützt bei der Definition der relevanten Prozesse.

Qualitätsziele müssen direkt aus der übergeordneten Qualitätspolitik abgeleitet sein. Die Qualitätspolitik ist die strategische Leitlinie; die Ziele sind die messbaren Schritte, um die Vorgaben in der Qualitätspolitik zu erfüllen. Ein Beispiel wäre: Wenn in der

Qualitätspolitik von „hervorragender Kundenzufriedenheit" gesprochen wird, könnte ein Ziel die Senkung der Reklamationsquote um 10 % sein.

Wichtig ist, dass jedes Qualitätsziel messbar ist, sodass eine objektive Verfolgung des Fortschritts und damit der Zielerreichung möglich ist. Ohne Messbarkeit ist eine Überprüfung der Wirksamkeit unmöglich. Bei der Festlegung der Ziele müssen Sie alle relevanten gesetzlichen, behördlichen und kundenspezifischen Anforderungen einbeziehen.

Die Ziele müssen relevant für die Konformität Ihrer Produkte und Dienstleistungen sowie für die Wahrnehmung Ihrer Kunden sein. Das bedeutet, dass sie so erhoben werden müssen, dass sie nicht einem Selbstzweck dienen, sondern tatsächlich die Leistung Ihres Unternehmens verbessern und die Kundenzufriedenheit steigern.

Sie müssen wissen, ob Sie auf dem richtigen Weg sind, um Ihre Ziele zu erreichen. Aus diesem Grund müssen diese kontinuierlich überwacht werden. Das kann beispielsweise über festgelegte Kennzahlen, Berichte und regelmäßige Managementbewertungen geschehen.

Kommunizieren Sie offen und transparent Ihre Qualitätsziele in Ihrem Unternehmen. Nur so können Ihre Mitarbeitenden verstehen, wie ihre Tätigkeit zur Zielerreichung beitragen kann. Zudem steigert das die Motivation Ihrer Mitarbeitenden, an der gemeinsamen Ausrichtung mitzuwirken.

Wenn sich eine Änderung, wie z. B. Rahmenbedingungen oder Kundenanforderungen, ergibt, die sich auf die Qualitätsziele auswirkt, dann müssen die Qualitätsziele entsprechend aktualisiert werden.

Unterstützende Werkzeuge (Auswahl)

- Workshops
- Checklisten
- QFD
- 7 W-Fragen
- SMART-Methode bei der Zielformulierung

6.2.2 Qualitätsziele umsetzen

Damit die Qualitätsziele erreicht werden können, müssen konkrete, direkt umsetzbare Schritte geplant werden.

Dieser Normabschnitt fokussiert folgende Fragestellungen:

- Sind die erforderlichen Ressourcen vorhanden?
- Sind die Überwachung, Vermittlung und gegebenenfalls die Aktualisierung der Qualitätsziele geregelt?

- Sind Verantwortlichkeiten klar festgelegt?
- Ist festgelegt, wann der Planungsprozess abgeschlossen sein wird, und welche Kriterien gelten, um die Ergebnisse bewertbar zu machen

Es muss klar sein, wer was wann tut, welche Ressourcen nötig sind, wann die Ergebnisse erreicht werden sollen und wie diese bewertet werden.

Die notwendigen Ressourcen wie Personal, Budget, Ausrüstung oder Informationen müssen identifiziert und bereitgestellt werden. Hier können beispielsweise ein Ressourcenplan oder eine Kompetenzmatrix unterstützen.

Es muss klar sein, wer für was verantwortlich ist, beispielsweise anhand einer Verantwortungsmatrix.

Es muss zudem definiert werden, bis wann die Ergebnisse der Qualitätsziele erreicht werden sollen und wie gemessen wird, ob sie erreicht worden sind (SMART: spezifisch, messbar, attraktiv, realistisch und terminiert).

Die Bewertung ist Voraussetzung dafür, dass Abweichungen registriert und Verbesserungsmaßnahmen eingeleitet werden können. Qualitätsziele müssen messbar sein! Hierfür bieten sich beispielsweise Kennzahlen oder Soll-Ist-Analysen an.

Unterstützende Werkzeuge (Auswahl)

- Kompetenzmatrix
- Verantwortungsmatrix
- Ressourcenmanagement/Ressourcenmatrix
- Kennzahlensystem
- Soll-Ist-Analysen

6.2.2.1 Qualitätsziele und Planungen, um diese zu erreichen – Ergänzung (✗)

Dieser Abschnitt stellt folgende Fragen in den Mittelpunkt:

- Sind die Qualitätsziele so festgelegt, dass sie die Kundenanforderungen erfüllen?
- Wie werden die Qualitätsziele für alle wichtigen Funktionen, Prozesse und Ebenen heruntergebrochen?
- Ist sichergestellt, dass die Qualitätsziele mindestens jährlich einer Überprüfung auf Aktualität unterzogen werden?
- Wie werden die Anforderungen der interessierten Parteien bei der Festlegung und Überprüfung der Aktualität der Qualitätsziele berücksichtigt?

Die IATF 16949 fordert darüber hinausgehend, dass sichergestellt werden muss, dass auch solche Qualitätsziele festgelegt werden, die der Erfüllung der Kundenanforderungen dienen, beispielsweise Zielvorgaben für die Produktqualität (ppm) oder die Liefertreue (on time in full), und kundenrelevante Leistungskennzahlen enthalten, z. B. spezifische Zielvorgaben aus Scorecards. Diese Qualitätsziele und die damit verbundenen Leistungsziele müssen auf alle relevanten Funktionen, Prozesse und Ebenen innerhalb der Organisation heruntergebrochen werden (Bild 6.4). Die Anforderungen interessierter Parteien sollten dabei berücksichtigt werden. Die Qualitätsziele und die damit verbundenen Leistungsziele müssen mindestens einmal pro Jahr überwacht werden und die Ergebnisse aus der Überprüfung der Anforderungen der interessierten Parteien müssen darin einfließen.

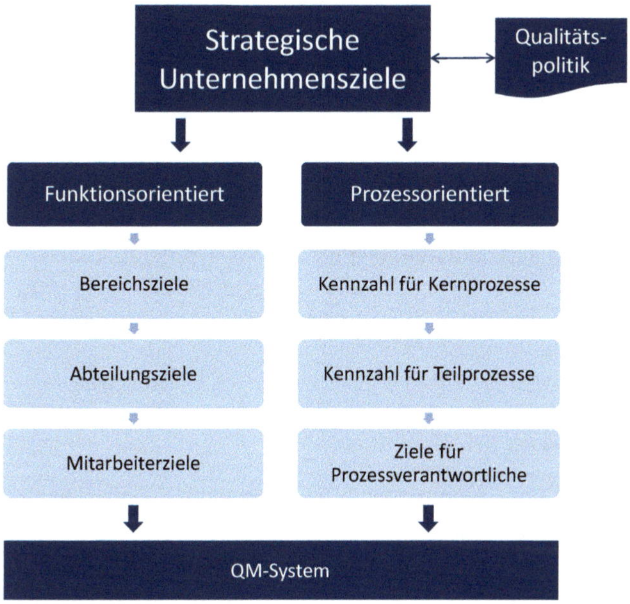

Bild 6.4 Herunterbrechen von Qualitätszielen

Unterstützende Werkzeuge (Auswahl)

- Balanced Scorecard
- FMEA (Fehlermöglichkeits- und Einflussanalyse)
- Risikoanalyse
- SWOT-Analyse
- Kennzahlen-Tracking
- Dashboard-Tools
- Digitale Boards
- Shopfloor Management

Tabelle 6.3 fasst die wichtigen Aspekte zu diesem Normabschnitt zusammen.

Tabelle 6.3 Qualitätsziele und deren Umsetzung definieren – Normabschnitte 6.2, 6.2.1, 6.2.2 der ISO 9001 und Abschnitt 6.2.2.1 der IATF 16949 umsetzen

Leitfragen

- Haben wir messbare Qualitätsziele festgelegt, die mit der Qualitätspolitik vereinbar sind und die Kundenzufriedenheit und Produktqualität verbessern?
- Bewerten und aktualisieren wir die Qualitätsziele (wenn erforderlich)?
- Haben wir Verantwortung und Zuständigkeit für die Qualitätsziele klar definiert?
- Haben wir Maßnahmen definiert, um die Qualitätsziele zu erreichen?
- Legen wir bei Planabweichungen Korrekturmaßnahmen fest und dokumentieren diese?
- Sind Qualitätsziele für relevante Funktionen, Ebenen und Prozesse im Unternehmen definiert?
- Berücksichtigen die Qualitätsziele Kundenanforderungen und relevante Leistungsindikatoren (KPIs) sowie Anforderungen der interessierten Parteien?
- Erfolgt eine jährliche Überwachung der Qualitätsziele und der damit verbundenen Leistungsziele?

Ziel: Festlegen der Qualitätsziele und Planung, wie diese erreicht werden

Umsetzungshinweis

Die grundsätzliche Darlegung der Planung zur Erreichung der Qualitätsziele sollte im QM-Handbuch bzw. als dokumentierte Information erfolgen – z. B. jährliche Erstellung eines Jahreszielplans im Dezember mit Bewertung des Status des Vorjahres und Jahresplanung für das kommende Jahr.

Legen Sie einen Jahreszielplan in Form einer einfachen Tabelle mit zwölf Monatsspalten an. Die erste Spalte enthält eine kurze Zielformulierung, Spalte 2 sollte für Verantwortlichkeiten vorgesehen werden. Außerdem empfiehlt sich eine Statusspalte.

Tragen Sie folgende Informationen ein:

- Maßnahmen zur Zielerreichung (was)
- Erforderliche Ressourcen (womit) und Verantwortlichkeiten (wer)
- Terminierung, wann die Ziele erreicht sein sollen (wann)
- Bewerten der Ergebnisse (wie)

Prüfen Sie, ob Ihre Qualitätsziele mit folgenden Forderungen in Einklang stehen:

- Sie harmonieren mit der vorgegebenen Qualitätspolitik.
- Sie sind messbar (wie viel).
- Sie berücksichtigen interne und externe Anforderungen (IATF: Erfüllung der Kundenanforderungen und kundenrelevante Leistungskennzahlen).
- Sie werden regelmäßig überwacht und gegebenenfalls aktualisiert (IATF: mindestens einmal pro Jahr).
- Sie berücksichtigen die Ergebnisse der Überprüfung der Anforderungen der interessierten Parteien.
- Sie werden auf relevante Funktionen, Prozesse und Ebenen der gesamten Organisation heruntergebrochen.
- Sie werden in der Organisation vermittelt.

(Weghorn 2022; Brückner 2019)

Mögliche Auditnachweise

- Dokument mit Unternehmenszielen (z. B. unternehmensbezogen, produktbezogen, kundenbezogen) mit Kennzahl, Zielwert, Termin, Verantwortung
- Zielvereinbarungen auf Bereichs-, Abteilungs- oder Prozessebene
- Zielvereinbarungsgespräche
- Verschiedene Prozesse bzw. Themenfelder (Kunde, Mitarbeitende, Finanzen, Prozesse ...)
- Interne/Externe Zielvereinbarungen (Geschäftspläne, Projektpläne, Qualitätssicherungsvereinbarungen)
- Vorgaben zur Aktualisierung
- Erreichungsgrad und Maßnahmenpläne zur Zielerreichung
- Nachweisbare Prozessänderungen zur Zielerreichung etc.
- Zielmatrix
- KPI-Berichte/Dashboards
- Aushänge, Intranet, Protokolle etc.

(Gietl/Lobinger 2022; Brückner 2019)

6.3 Planung von Änderungen

Wenn Änderungen am QMS notwendig werden, beispielsweise dass eine neue Produktlinie eingeführt wird oder sich die Marktsituation geändert hat, dann müssen diese Änderungen systematisch umgesetzt werden. Bild 6.5 fasst die Anforderungen zusammen.

Es stehen folgende Fragen im Zentrum:

- Wie gehen wir mit Änderungen um?
- Wird dabei die Integrität des QMS gewahrt?
- Werden etwaige Auswirkungen auf Ressourcen, Verantwortlichkeiten, Befugnisse berücksichtigt und gegebenenfalls notwendige Anpassungen vorgenommen?

Die ISO 9001 verlangt bei Änderungsvorhaben ein systematisches Vorgehen. Bei einer Änderung des QMS muss klar sein, warum die Änderung notwendig ist, was genau mit der Änderung erreicht werden soll und was passieren würde, wenn die Änderung nicht oder nur teilweise durchgeführt werden würde. Diese Frage kann beispielsweise in einem hierfür angesetzten Meeting, in dem als Ergebnis eine entsprechende Begründung formuliert wird, geklärt werden.

Bei jeder Änderung muss also die Frage beantwortet werden, welche Auswirkung diese Änderung hat bzw. welche Wechselwirkungen möglich sind. Hier können beispielsweise die Q7 (sieben Qualitätswerkzeuge) unterstützen.

Auch die Integrität des QMS muss sichergestellt bleiben. Das bedeutet, dass das QMS weiterhin wie geplant „funktioniert" und dass weiterhin die Produkte oder die Dienstleistungen so sind, wie sie sein sollen, also die Konformität gegenüber den Anforderungen gewahrt bleibt.

Bild 6.5 Abschnitt 6.3 der ISO 9001 im Überblick

Es müssen für die Umsetzung der Änderung ausreichend Ressourcen zur Verfügung gestellt werden. Bei Ressourcen kann es sich beispielsweise um finanzielle Mittel, neue Maschinen, aber auch um notwendige weitere Kompetenzen der Mitarbeitenden handeln.

Es kann sein, dass sich Änderungen auf Verantwortlichkeiten und Befugnisse (Entscheidungsspielräume, Zugriffsrechte etc.) auswirken. Eventuell ist eine Zuweisung oder Neuzuweisung nötig. Daher müssen auch diese überprüft und geklärt werden.

Unterstützende Werkzeuge (Auswahl)

- Changemanagement-Tools
- Dokumentenmanagementsysteme (DMS)
- ERP-Systeme
- Workflow-Managementsysteme
- Q7 (sieben Qualitätswerkzeuge)
- Verantwortungsmatrix
- Kompetenzmatrix

Tabelle 6.4 fasst die wichtigen Aspekte zu diesem Normabschnitt zusammen.

Tabelle 6.4 Mit Änderungen umgehen – Normabschnitt 6.3 der ISO 9001 umsetzen

Leitfragen ▪ Wie gehen wir mit Änderungen um? ▪ Wird dabei die Integrität des QMS gewahrt? ▪ Werden etwaige Auswirkungen auf Ressourcen, Verantwortlichkeiten, Befugnisse berücksichtigt und gegebenenfalls notwendige Anpassungen vorgenommen?
Ziel: Systematische Planung und Umsetzung von Änderungen
Umsetzungshinweis Legen Sie einen Abschnitt im QM-Handbuch, in der dokumentierten Information oder der Lenkung von Dokumenten an und beschreiben Sie kurz, wie QMS-Änderungen auf geplante Weise durchgeführt werden. Überprüfen Sie, ob Ihre Regelung folgende Anforderungen der Norm berücksichtigt: ▪ Zweck einer Änderung und ihre mögliche Konsequenz ▪ Erhalten der Integrität des QMS ▪ Verfügbarkeit der notwendigen Ressourcen ▪ Festlegung der Verantwortungen und Befugnisse (Weghorn 2022)
Mögliche Auditnachweise ▪ Prozessbeschreibung „Projektmanagement" ▪ Projektpläne ▪ Meilensteine zur Verfolgung von Projekten ▪ Definiertes Änderungsmanagement (vor allem für Produkte) ▪ Maßnahmenpläne zur Umsetzung von Änderungen ▪ Statusverfolgung der Maßnahmen etc. (Gietl/Lobinger 2022)

7 Unterstützung: Auch Nebenprozesse sind wichtig

In einer Prozesslandschaft werden Prozesse, die zwar dringend benötigt werden, aber zumeist keine direkte Wertschöpfung beinhalten, „unterstützende Prozesse" genannt. In einem Automobilunternehmen beispielsweise müssen Mitarbeitende in der Montage die Sicherheitsvorgaben und Qualitätsstandards exakt einhalten, Fertigungsanlagen und Logistiksysteme müssen reibungslos funktionieren – Aspekte, ohne die die Fahrzeugproduktion nicht möglich wäre, für die der Kunde jedoch keinen Aufpreis zahlen möchte.

Auch wenn sich von unterstützenden Prozessen keine direkte Wertschöpfung ableiten lässt, sind sie trotzdem unabdingbar. Das sehen die ISO 9001 und die IATF 16949 auch so, daher dreht sich in diesem Normabschnitt alles um die Frage, wie das QMS unterstützt werden muss, damit es das leisten kann, was es leisten soll.

Bild 7.1 zeigt die Anforderungen dieses Normabschnitts im Überblick. Zu den unterstützenden Prozessen gehören in der ISO 9001 die Bereitstellung von Ressourcen (z. B. Fachpersonal, Maschinen, Messgeräte), Kompetenz (Fähigkeit, zu handeln), Qualitätsbewusstsein, Kommunikation und der Umgang mit dokumentierter Information.

In diesem Normabschnitt stehen folgende Fragen im Zentrum:

- Welche Ressourcen sind nötig, damit das QMS aufgebaut, umgesetzt, am Laufen gehalten und kontinuierlich verbessert werden kann?
- Welche Fähigkeiten, welches Wissen und welche Fertigkeiten brauchen wir, damit wir unsere Pläne umsetzen und die gewünschten Ziele erreichen können?
- Verfügen wir über das notwendige Qualitätsbewusstsein?
- Wer kommuniziert wann mit wem worüber und wie?
- Was müssen wir wie dokumentieren?

- Welche Anforderungen existieren für interne und externe Labore?
- Über welche Kompetenzen müssen First- und Second-Party-Auditoren verfügen?
- Wie können Mitarbeitende motiviert werden?

Bei der Ermittlung und Bereitstellung der notwendigen Ressourcen ist es zunächst einmal unerheblich, nach welcher Norm eine Zertifizierung erfolgen soll. Ausgangspunkt ist das Ziel, welches man erreichen möchte. Danach müssen die Aktivitäten ausgerichtet werden. Erst nach Formulierung der Aktivitäten sollte mit der jeweiligen Norm abgeglichen werden, ob noch eine Anforderung der Norm besteht, die nicht berücksichtigt wurde. Eine strukturierte und gründliche Ermittlung und Bereitstellung von Ressourcen führen zu einem effizienten Einsatz dieser Ressourcen.

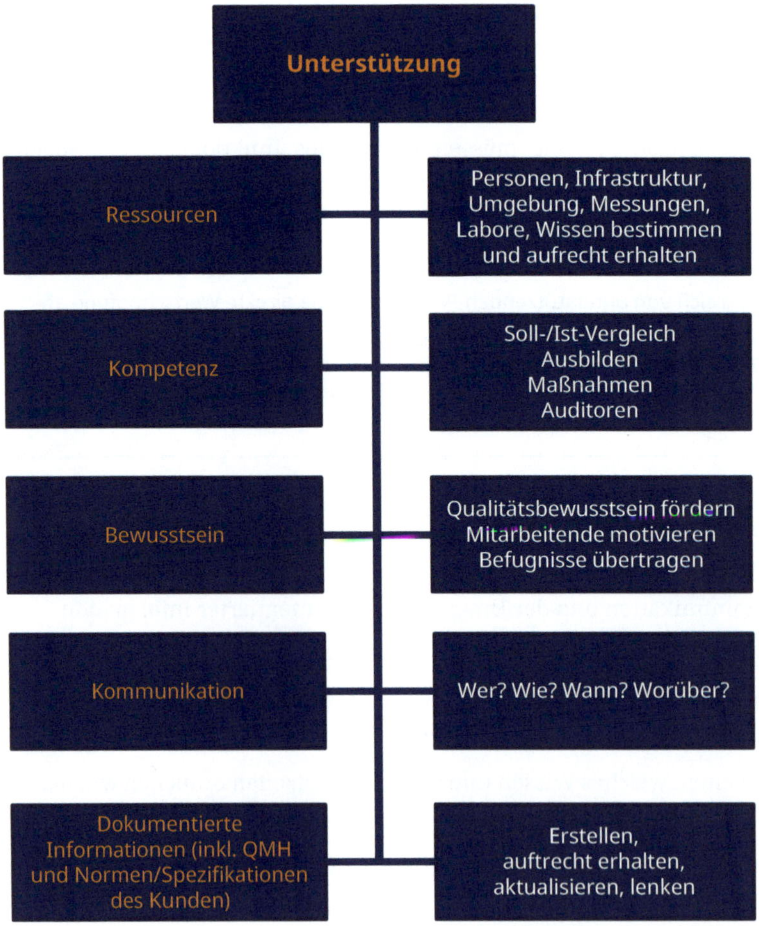

Bild 7.1 Normkapitel 7 Unterstützung der ISO 9001 und IATF 16949 im Überblick

Bei einem Audit könnten folgende Fragen die ISO 9001 betreffend gestellt werden (Weghorn 2022):

- Welche Ressourcen für Aufbau, Verwirklichung, Aufrechterhaltung und KVP des QMS wurden als notwendig definiert und wie werden diese bereitgestellt?
- Wie wird nachgewiesen, dass die Organisation über das notwendige Personal verfügt, um das QMS und die benötigten Prozesse wirksam in der Praxis umzusetzen?
- Welche Infrastruktur wurde von der Organisation festgelegt und wie wird diese bereitgestellt?
- Wie wird nachgewiesen, dass für alle Bereiche eine geeignete Prozessumgebung vorliegt?
- Welche Mess- und Prüfmittel gibt es und wie erfolgt der Umgang damit (Kalibrierung, Intervalle etc.)?
- Wie wird nachgewiesen, dass die Organisation über das notwendige Wissen verfügt, um die Konformität von Produkten und Dienstleistungen zu erreichen?
- Wie wird sichergestellt, dass die Mitarbeitenden über die notwendige Kompetenz verfügen?
- Wie schafft die Organisation das notwendige Qualitätsbewusstsein bei den Mitarbeitenden?
- Was ist zu interner und externer Kommunikation festgelegt?
- Welche dokumentierten Informationen liegen in Ihrem Unternehmen vor und entsprechen diese den Vorgaben der Norm?
- Welche Regelungen gibt es in Bezug auf Erstellung und Aktualisierung dokumentierter Informationen?
- Wie werden dokumentierte Informationen im Sinne der Norm gelenkt?

Zusätzliche Auditfragen im Hinblick auf die IATF 16949 könnten sein (Brückner, 2019):

- Welches Team wird bei der Entwicklung von Werks-, Anlagen- und Einrichtungsplänen eingesetzt?
- Wie erfolgt die Bewertung der Herstellbarkeit bzw. Machbarkeit?
- In welchen Intervallen werden risikobezogene Neubewertungen von Prozessabnahmen durchgeführt?
- Was wird getan, um die Betriebsstätten sauber und ordentlich sowie instand zu halten?
- Wie erfolgt die Verifizierung für alle im Produktionslenkungsplan festgelegten Arten von Prüfungen, Messungen, Prüf- und Messsystemen?
- Was wird getan, wenn andere als die vom Kunden vorgegebenen analytischen Methoden und Annahmekriterien verwendet werden?

- Welche Kalibrier- und Wartungsaktivitäten werden aufgezeichnet?
- Wie wird sichergestellt, dass produktionsrelevante Software, die für die Produkt- und Prozesslenkung eingesetzt wird, verifiziert wird?
- Wie wird sichergestellt, dass interne und externe Labore über ein festgelegtes Aufgabengebiet verfügen?
- Wie werden Kompetenzen für Personen festgelegt, die in ihrem Verantwortungsbereich Tätigkeiten durchführen, die das QMS beeinflussen?
- Welche Vorgaben sind umgesetzt, die sicherstellen, dass die intern eingesetzten Auditoren über die notwendige Kompetenz verfügen (System-, Prozess- und Produktauditoren)?
- Was wird getan, um sicherzustellen, dass die Second-Party-Auditoren die notwendigen Kompetenzen besitzen?
- Wie wird das Bewusstsein für qualitätsrelevante Tätigkeiten ausreichend geschult und aufrechterhalten?
- Wie werden die Mitarbeitenden motiviert, um die Qualitätsziele zu erreichen und um zur kontinuierlichen Verbesserung beizutragen?
- Wie ist das verpflichtende Qualitätsmanagementhandbuch (QMH) umgesetzt? (Dabei kann sich das QMH aus unterschiedlichen Dokumenten zusammensetzen und in elektronischer Form oder in Papierform vorliegen.)
- Wie wurden die kundenspezifischen Anforderungen ins QMH integriert?
- Wie erfolgt die Aufbewahrung von Aufzeichnungen?
- Wie wird mit technischen Spezifikationen umgegangen?
- Wie wird die vorgegebene Dauer von zehn Arbeitstagen für die Bewertung technischer Spezifikationen eingehalten?

7.1 Ressourcen festlegen und sicherstellen

Dieser Abschnitt richtet seinen Fokus auf die Ressourcen, die für die Umsetzung eines Qualitätsmanagementsystems notwendig sind (Bild 7.2).

Dieser Normabschnitt befasst sich insbesondere mit folgenden Fragestellungen:

- Was ist für den Aufbau, für die Umsetzung, Aufrechterhaltung und gegebenenfalls Aktualisierung des QMS notwendig?
- Was ist notwendig, dass das „Streben nach Verbesserung“ umgesetzt werden kann? Kurz: Was wird benötigt, damit das QMS funktioniert?

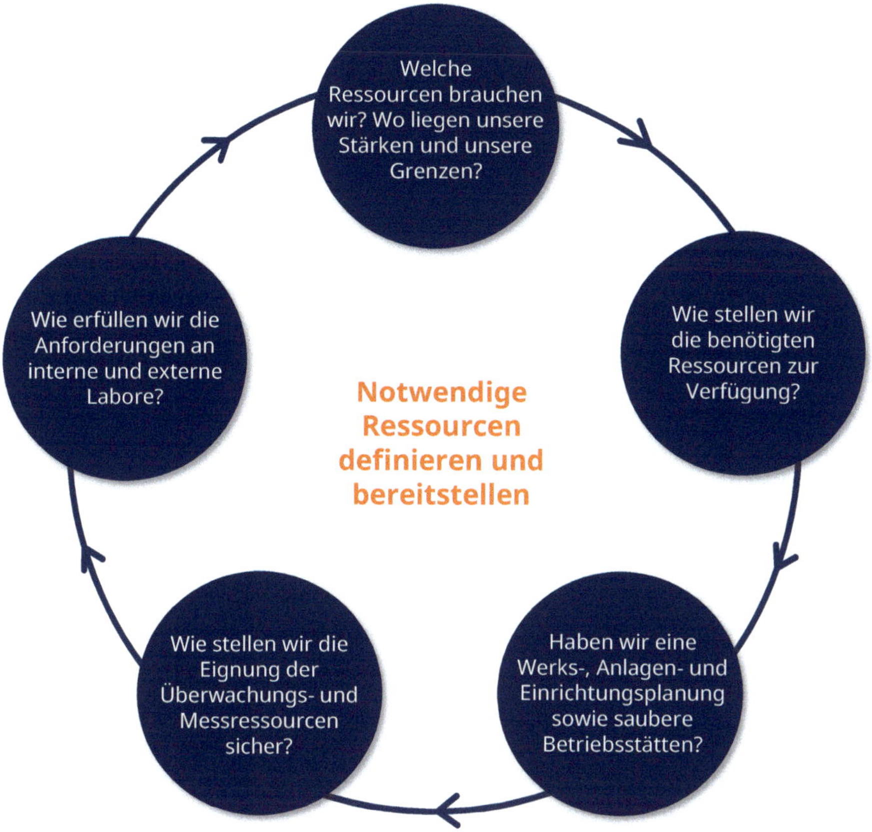

Bild 7.2 Abschnitt 7.1 der ISO 9001 und IATF 15949 im Überblick

7.1.1 Allgemeines

Dieser erste Abschnitt 7.1.1 beschäftigt sich mit den allgemeinen Anforderungen an die Bereitstellung von Ressourcen, die notwendig sind, um das QMS effektiv und effizient zu unterstützen und seine beabsichtigten und gewünschten Ergebnisse zu erzielen.

Damit Sie Ihre gewünschten Ziele erreichen können, brauchen Sie verfügbare Ressourcen. Dabei müssen Sie Ihre Fähigkeiten und Grenzen berücksichtigen sowie klären, was Sie („notwendigerweise") extern hinzuziehen.

Um definieren zu können, welche Ressourcen Sie brauchen, müssen Sie nachfolgende Fragen beantworten können:

- Welche Ziele wollen wir erreichen?
- Was brauchen wir alles, um diese Ziele erreichen zu können/welche Ressourcen sind nötig?

- Können wir das, was wir brauchen (die Ressourcen), selber bereitstellen? Oder brauchen wir externe Unterstützung?
- Bis wann brauchen wir die Ressourcen?

Verantwortlich dafür, dass die benötigten Ressourcen zur Verfügung gestellt werden, ist die Führung (siehe Normabschnitt 5.1).

Die für den Aufbau und den Betrieb des QMS notwendigen Ressourcen müssen definiert werden und zur Verfügung stehen. Das können personelle Ressourcen, z. B. die Zusammenstellung eines Teams, das das QMS aufbaut, das Bestimmen eines/einer Qualitätsbeauftragten oder auch eine neue Prozessmanagement-Software sein. Was benötigt wird, ist von den Zielen abhängig, die erreicht werden sollen.

Bei Ressourcen kann es sich beispielsweise um finanzielle Ressourcen handeln, um Material, um Personal, um Zeit, Wissen etc.

Ändern sich Rahmenbedingungen, müssen auch die Ressourcen angepasst werden. Diese Ressourcen müssen definiert werden und zur Verfügung stehen.

Für den Verbesserungsprozess, der alle Normabschnitte umfasst, muss sichergestellt sein, dass die hierfür benötigten Ressourcen definiert werden und zur Verfügung stehen.

Auch die eigene Leistungsfähigkeit ist zu klären: Wissen wir, was wir bis wann brauchen, um unsere Ziele zu erreichen? Kennen wir unsere Fähigkeiten und Grenzen? Hier unterstützt die SWOT-Analyse.

Es ist zu klären, ob externe Anbieter (auch Lieferanten) einbezogen werden. Es ist nicht immer sinnvoll, alles selber machen zu wollen. Prüfen Sie daher genau, was Sie outsourcen können und was Sie selber machen wollen. Hier kann die SWOT-Analyse unterstützen (Schwächen werden sinnvollerweise ausgelagert), ebenso kann eine Kompetenzmatrix helfen (nicht vorhandene Kompetenzen könnten durch Externe kompensiert werden).

Unterstützende Werkzeuge (Auswahl)

- Workshops
- Verpflichtungserklärung der Führung
- Ressourcenmanagement
- Einsatzpläne/Schichtpläne
- KVP-Workshop
- Implementierung von KVP-Teams
- SWOT-Analyse
- Interne Audits
- ERP-Systeme
- HR-Systeme

Tabelle 7.1 fasst die wichtigen Aspekte zu diesem Normabschnitt zusammen.

Tabelle 7.1 Ressourcen bestimmen und bereitstellen – Normabschnitt 7.1.1 der ISO 9001 umsetzen

Leitfragen ▪ Was brauchen wir alles, um unsere Ziele erreichen zu können? Welche Ressourcen sind nötig? ▪ Können wir das, was wir benötigen (die Ressourcen), selber bereitstellen? Oder brauchen wir externe Unterstützung? ▪ Bis wann brauchen wir die Ressourcen?
Ziel: Bestimmung und Bereitstellen der Ressourcen, die nötig sind, um die Ziele zu erreichen
Umsetzungshinweis ▪ Führen Sie eine systematische Analyse durch, welche Ressourcen erforderlich sind (z. B. Personal, Infrastruktur, Arbeitsumgebung, Wissen etc.). ▪ Legen Sie eine grundsätzliche Erklärung im QM-Handbuch oder in der dokumentierten Information fest, dass die erforderlichen Ressourcen für Aufbau, Verwirklichung, Aufrechterhaltung und kontinuierliche Verbesserung des QMS bestimmt und bereitgestellt werden. Berücksichtigen Sie dabei alle Prozesse des QMS, einschließlich unterstützender Tätigkeiten wie IT, Wartung oder interne Audits. Prüfen Sie, ob folgende Anforderungen der Norm berücksichtigt wurden, und arbeiten Sie diese gegebenenfalls in Ihre Erklärung ein: ▪ Fähigkeiten und Beschränkungen ▪ Einzuholende Informationen bei Inanspruchnahme externer Anbieter (Weghorn 2022)
Mögliche Auditnachweise ▪ Festlegungen in Stellenbeschreibungen ▪ Budgetpläne ▪ Investitionspläne ▪ Investanträge ▪ Projektpläne ▪ Personalpläne ▪ Werksstrukturpläne (Gietl/Lobinger 2022)

7.1.2 Personen

Die personellen Ressourcen sind ein entscheidender Faktor innerhalb eines Unternehmens, da die korrekte Bearbeitung aller relevanten Tätigkeiten von ihnen durchgeführt werden muss. Grundlage für die notwendigen Kompetenzen von Mitarbeitenden bildet das relevante Wissen, welches im Unternehmen benötigt wird. Das betrifft alle Funktionen, denn jeder Mitarbeitende trägt in irgendeiner Weise dazu bei, dass qualitativ hochwertige Produkte und Dienstleistungen gefertigt bzw. erbracht werden können.

Bei diesem Abschnitt steht die Frage im Zentrum:

- Welche Personen sind für die Umsetzung des QMS sowie der Prozessumsetzung und -steuerung notwendig?

Die „notwendigen Personen“ müssen dabei die für die Umsetzung notwendige Kompetenz mitbringen (Normabschnitt 7.2). Diese zwei Normabschnitte sind also eng miteinander verknüpft.

Die Norm unterscheidet zwischen den Personen, die einerseits für die effektive Umsetzung des QMS und andererseits für die Prozessumsetzung notwendig sind. In kleineren Unternehmen oder in Unternehmen mit agilen Arbeitsweisen dürfte es sich hierbei um die gleichen Personen handeln.

Sie müssen also die relevanten Personen einplanen und festlegen, die für die Umsetzung des QMS sowie für die Umsetzung und Steuerung der Prozesse notwendig sind, also wer was macht. Diese Personen müssen die dafür notwendige Kompetenz mitbringen und verfügbar sein. Es geht nicht nur darum, dass Personen bestimmt werden, sondern auch darum, dass die richtigen Personen bestimmt werden und dass diese Personen hierfür Kapazitäten haben.

Unterstützende Werkzeuge (Auswahl)

- Kompetenz- und Qualifikationsmatrix
- Mitarbeiterentwicklungspläne
- Onboarding-Checklisten
- Kapazitätspläne
- Schulungsmanagementsysteme

Tabelle 7.2 fasst die wichtigen Aspekte zu diesem Normabschnitt zusammen.

Tabelle 7.2 Das notwendige Personal mit den notwendigen Kompetenzen nachweisen – Normabschnitt 7.1.2 umsetzen

Leitfragen ▪ Haben wir das Personal, damit das QMS und die benötigten Prozesse umgesetzt werden können? ▪ Verfügen diese Personen über die dazu benötigte Kompetenz?
Ziel: Nachweis, dass sich die richtigen Mitarbeitenden um die Umsetzung des QMS und der Prozesse kümmern

Umsetzungshinweis

- Legen Sie eine grundsätzliche Erklärung in der dokumentierten Information oder im QM-Handbuch fest, dass die Organisation das notwendige Personal bestimmt und bereitstellt, um das QMS und die benötigten Prozesse wirksam in der Praxis umzusetzen.
- Analysieren Sie, welche Funktionen und Kompetenzen für die Prozesse erforderlich sind. Erfassen Sie vorhandene Qualifikationen und führen Sie eine Kompetenzmatrix, um das mögliche GAP festzustellen.
- Erstellen Sie entsprechende Dokumente, aus denen die Anforderungen hierfür hervorgehen (Stellenbeschreibungen, Kompetenzmatrizen, Personalbedarfsanalysen etc.).
- Sammeln Sie Nachweise wie Zeugnisse, Lebenslauf etc. in Form einer Personalakte.

(Weghorn 2022; Brückner 2019)

Mögliche Auditnachweise

- Organigramm
- Festlegungen in Stellenbeschreibungen
- Personalpläne
- Dienstpläne
- Stellvertretungsregelungen
- Personalbedarfsplanungen
- Kompetenzmatrix

(Gietl/Lobinger 2022)

7.1.3 Infrastruktur

Damit die Prozesse des QMS wie gewünscht durchgeführt und die gewünschten Ergebnisse (Konformität) erreicht werden können, ist eine geeignete Infrastruktur nötig. Diese ist zu definieren und sie muss zur Verfügung stehen, beispielsweise müssen Fahrzeuge fahrbereit, der Internetzugang gesichert oder Geräte einsatzbereit sein. Diese benötigte Infrastruktur muss instand gehalten werden. Eine Produktionsanlage muss beispielsweise konsequent gewartet werden, Fahrzeuge müssen verkehrssicher sein, Maschinenausfälle sollten vermieden werden etc.

Zur Infrastruktur gehören im Sinne der Norm beispielsweise Gebäude und dazugehörige Versorgungseinrichtungen, Ausrüstung (inklusive Hard- und Software), Transporteinrichtungen oder Informations- und Kommunikationstechnik.

Die Leitfrage bei diesem Abschnitt lautet:

- Welche Infrastruktur brauchen wir, damit unsere Produkte und/oder Dienstleistungen so sind, wie sie sein sollen (Konformität)?

Bei einem produzierenden Unternehmen besteht eine geeignete Infrastruktur in der Regel aus Gebäuden, Anlagen, Maschinen, IT-Systemen und unterstützenden Dienstleistungen, die regelmäßig instand gehalten und an die Anforderungen der Produktion angepasst werden.

7.1.3.1 Werks-, Anlagen- und Einrichtungsplanung (X)

Die ergänzenden Anforderungen der IATF 16949 konkretisieren die Anforderungen der ISO 9001 in Abschnitt 7.1.3.1 in der Hinsicht, dass die Organisation Pläne zur Werks-, Einrichtungs- und Anlagenplanung entwickeln und umsetzen muss. Dies hat die Zielsetzung, dass neue oder geänderte Produktionsstandorte, Fertigungseinrichtungen und Ausrüstungen systematisch geplant werden, um Produktqualität, Prozessfähigkeit, Materialfluss, Arbeitssicherheit und Ergonomie sicherzustellen. Im Prinzip geht es der IATF in diesem Abschnitt darum, dass die Nutzung vorhandener Flächen optimiert, der Materialfluss einschließlich fehlerhafter Teile so weit wie möglich synchronisiert und dass Maßnahmen zum Schutz vor Cyberangriffen auf Computer in Bürobereichen sowie auf computergesteuerte Einrichtungen und Systeme in der Produktion implementiert werden müssen (SI-Nr. 18).

Für diesen Abschnitt steht folgende Frage im Mittelpunkt:

- Wie stellen wir sicher, dass bei der Planung von Produktionsstätten, Anlagen und Einrichtungen alle relevanten Anforderungen an Qualität, Effizienz, Materialfluss und Arbeitssicherheit systematisch berücksichtigt werden?

Die Forderungen an die Infrastruktur sind geprägt von den Vorstellungen des Lean Manufacturing (Lean Management). Wenn es möglich ist, dann sollten die Anforderungen des Abschnitts 7.1.3.1 auch für Tätigkeiten gelten, die externe Anbieter vor Ort als Fremdleistung ausführen.

Identifizieren und dokumentieren Sie die für Ihren Betrieb notwendige Infrastruktur (z. B. Gebäude und zugehörige Einrichtungen, technische Ausrüstung, einschließlich Hardware und Software, Transportmittel, Informations- und Kommunikationstechnik) für alle relevanten Prozesse, Gebäude und zugehörige Gebäudetechnik. Prüfen und bewerten Sie kontinuierlich, ob die Infrastruktur noch geeignet und aktuell ist. Wartungs- und Kalibrierpläne sowie Softwarevalidierungen sind wichtige Bestandteile. Nutzen Sie die Ergebnisse für die kontinuierliche Verbesserung.

Führen Sie einen strukturierten Prozess ein, mit dem Infrastrukturänderungen so geplant werden, dass Qualität, Effizienz, Materialfluss und Instandhaltbarkeit berücksichtigt werden. Bei Änderungen sollten Risikoaspekte (z. B. durch FMEA) berücksichtigt und relevante Bereiche wie Produktion, Instandhaltung oder Logistik eingebunden werden. Führen Sie die Bewertungen im interdisziplinären Team durch. Dokumentieren Sie die durchgeführte Herstellbarkeitsbewertung oder Machbarkeitsanalyse. Benutzen Sie dazu beispielsweise Formblätter nach VDA oder kundenspezifische Templates. Stellen Sie sicher, dass die eingesetzten Methoden zur Bewertung der Herstellbarkeit neuer Produkte bzw. der Machbarkeit neuer Betriebsabläufe auch Kapazitätsplanungen enthalten.

Aktualisieren Sie je nach Bedarf den Produktionslenkungsplan. Entwickeln Sie Maßnahmen zum Schutz vor Cyberangriffen auf Einrichtungen und Systeme, die in der Produktion Anwendung finden. Nehmen Sie die Ergebnisse für Änderungen an vorhandenen Betriebsabläufen, für neue Anlagen und Einrichtungen, für neue oder geänderte Produkte in den Managementbewertungsbericht mit auf.

Um immer auf dem neuesten Stand zu sein, müssen die vorliegenden Werksanlagen, Anlagen- und Einrichtungspläne durch multidisziplinäre Teams kontinuierlich bewertet werden.

Das multidisziplinäre Team kann beispielsweise wie folgt zusammengesetzt werden:

- im eigenen Unternehmen durch Mitarbeitende der Entwicklung, der Produktion, der Konstruktion, der Qualität, der Montage,
- beim Kundenunternehmen durch Mitarbeitende der Beschaffung, der Qualität, der Logistik, der Fertigungstechnik, des Werkspersonals und
- gegebenenfalls noch durch Mitarbeitende der Lieferanten.

Zudem wird in diesem Abschnitt gefordert, dass Bewertungen der Herstellbarkeit bzw. Machbarkeit Kapazitätsplanungen enthalten müssen. Die Herstellbarkeit bzw. Machbarkeit muss auch bewertet werden, wenn Betriebsabläufe geändert werden.

Die Bewertung der Herstellbarkeit wird am besten mit einem Formular, digital, durchgeführt, welches durch die relevanten Entscheider des multidisziplinären Teams entweder freigegeben wird oder nicht.

Regelmäßig müssen risikobezogene Neubewertungen von Prozessabnahmen durchgeführt werden, um Änderungen zu berücksichtigen. Dazu gehören die Aktualisierung des Produktionslenkungsplans (siehe Abschnitt 8.5.1.1) sowie die Überprüfung von Einrichtvorgängen (siehe Abschnitt 8.5.1.3).

In den Managementbewertungsbericht müssen die Ergebnisse für Änderungen an vorhandenen Betriebsabläufen, für neue Anlagen und Einrichtungen oder neue Produkte, für die gemäß Abschnitt 7.1.3.1 der IATF 16949 Herstellbarkeitsbewertungen gefordert werden, aufgenommen werden (siehe Abschnitt 9.3.2.1a).

Unterstützende Werkzeuge (Auswahl)

- Layoutplanungstools
- Materialflusssimulationstools
- 5S-Audits
- Instandhaltungsmanagementsysteme
- Design for Manufacturability (DfM)
- Wertstromanalyse und -design (VSM – Value Stream Mapping)
- Protokolle von Teamsitzungen
- FMEA (Fehlermöglichkeits- und Einflussanalyse)
- APQP & PPAP/PPF Tabellen aus AIAG/VDA

Tabelle 7.3 fasst die wichtigen Aspekte zu den Normabschnitten 7.1.3 der ISO 9001 und 7.1.3.1 der IATF 16949 zusammen.

Tabelle 7.3 Notwendige Infrastruktur bestimmen und bereitstellen – Normabschnitt 7.1.3 der ISO 9001 und 7.1.3.1 der IATF 16949 umsetzen

Leitfragen:

- Welche Infrastruktur brauchen wir, damit unsere Produkte und Dienstleistungen so sein können, wie sie sein sollen?
- Welcher bereichsübergreifende Ansatz zur Entwicklung von Werks-, Anlagen- und Einrichtungsplänen wird angewendet?
- In welchem Umfang wird bei der Bewertung der Herstellbarkeit bzw. Machbarkeit von neuen oder geänderten Produkten und Betriebsabläufen auch die Kapazitätsplanung berücksichtigt?
- Wie wird sichergestellt, dass regelmäßig risikobezogene Neubewertungen von Prozessabnahmen durchgeführt werden?
- In welcher Form fließen die Ergebnisse der Herstellbarkeitsbewertungen in die Managementbewertung ein?

Ziel: Festlegung und Bereitstellung der benötigten Infrastruktur

Umsetzungshinweis

- Identifizieren und dokumentieren Sie die für Ihren Betrieb notwendige Infrastruktur für alle relevanten Prozesse.
- Prüfen und bewerten Sie kontinuierlich mit einem strukturierten Prozess, ob die Infrastruktur noch geeignet und aktuell ist. Lassen Sie die Ergebnisse in den kontinuierlichen Verbesserungsprozess einfließen.
- Wenden Sie für die Entwicklung und zur kontinuierlichen Verbesserung einen multidisziplinären Ansatz an.
- Planen Sie strukturiert Infrastrukturänderungen unter Berücksichtigung von Qualität, Effizienz, Materialfluss und Instandhaltbarkeit sowie Risikoaspekte.
- Dokumentieren Sie die durchgeführten Herstellbarkeitsbewertungen oder Machbarkeitsanalysen.
- Stellen Sie sicher, dass die eingesetzten Methoden zur Bewertung der Herstellbarkeit neuer Produkte bzw. der Machbarkeit neuer Betriebsabläufe auch Kapazitätsplanungen enthalten.
- Aktualisieren Sie je nach Bedarf den Produktionslenkungsplan.
- Entwickeln Sie Maßnahmen zum Schutz vor Cyberangriffen auf Einrichtungen und Systeme, die in der Produktion Anwendung finden.
- Nehmen Sie die Ergebnisse für Änderungen an vorhandenen Betriebsabläufen, für neue Anlagen und Einrichtungen, für neue oder geänderte Produkte in den Managementbewertungsbericht mit auf.

Mögliche Auditnachweise
- Werksstrukturpläne
- Wartungs- und Instandhaltungspläne
- Ablauf von Reparaturen
- Maschinenlebensläufe
- Wartungsverträge
- Reinigungspläne
- Inventarübersichten
- Materialflussanalysen
- Lagerkapazitätsbewertungen
- Maschinenfähigkeitsuntersuchungen
- Datensicherheitsregelungen
- IT-Schnittstellenregelungen zu Lieferanten und Kunden
- Machbarkeitsanalyse
- Herstellbarkeitsbewertung
- Risikobewertung
- Materialflusspläne
- Layoutpläne
- Produktionslenkungsplan

(Gietl/Lobinger 2022; Brückner 2019)

7.1.4 Prozessumgebung

Die Normen fordern, dass die notwendige Prozessumgebung, die einen Teil der Infrastruktur darstellt, ermittelt, bereitgestellt und aufrechterhalten werden muss, um die Produkt- oder Dienstleistungskonformität zu gewährleisten.

Im Mittelpunkt dieses Normabschnitts steht die folgende Fragestellung:

- Wie muss die Umgebung sein, damit die Prozesse so wie geplant durchgeführt und die gewünschten Ergebnisse erreicht werden können (Konformität)?

Zu der Umgebung gehören beispielsweise der Lärmpegel in der Produktionshalle, Hygienekonzepte für die Lebensmittelindustrie, besondere Patientenunterstützung in der Krebsabteilung eines Krankenhauses oder Schulungsangebote, die die Resilienz der Lehrerschaft besonders stärken. Auch der Themenbereich „Arbeitssicherheit" gehört zu diesem Punkt bzw. diesen könnten Sie hier einbinden. Der Fokus liegt darauf, die Erfüllung der Anforderungen des QMS optimal zu unterstützen.

Die Norm unterscheidet in drei Faktoren, die auch kombiniert werden und sich in Abhängigkeit vom Geschäftsmodell erheblich unterscheiden können:

- „soziale Faktoren (z. B. diskriminierungsfrei, ruhig, nichtkonfrontativ);
- psychologische Faktoren (z. B. stressmindernd, Prävention von Burn-out, emotional schützend);
- physikalische Faktoren (z. B. Temperatur, Wärme, Feuchtigkeit, Licht, Luftführung, Hygiene, Lärm)."

Damit die gewünschten Ergebnisse erzielt werden können, muss die Umgebung die Umsetzung der Prozesse unterstützen und diese unterstützende Umgebung muss verfügbar sein. Dazu müssen Sie definieren, welche Umgebung nötig ist, beispielsweise im Rahmen eines „Prozesse-Workshops", mittels der Umsetzung von 5S, der Vermeidung von Verschwendung etc. Sie müssen gewährleisten, dass die Umgebung dauerhaft so ist, dass die Prozesse effektiv durchgeführt werden können, beispielsweise mittels langfristigen Leasingverträgen.

Unterstützende Werkzeuge (Auswahl)

- Prozessmanagement
- Kontinuierlicher Verbesserungsprozess (KVP)
- 5S-Audits
- Qualitätszirkel
- Gefährdungsanalysen

7.1.4.1 Sauberkeit der Betriebsstätten – Ergänzung (✗)

Die Betriebsstätten müssen sich in einem dem Produkt angemessenen ordentlichen und sauberen Zustand befinden.

Dieser Abschnitt konzentriert sich auf folgende zentrale Frage:

- Befinden sich unsere Betriebsstätten in einem sauberen und ordentlichen Zustand?

Das bedeutet, dass die Instandhaltung und Pflege geregelt werden müssen. Qualität, die produziert werden soll, beginnt mit Ordnung und Sauberkeit. Dieser Abschnitt steht in engem Zusammenhang mit Abschnitt 8.5.1.5, Total Productive Maintenance (TPM).

Die interne Wartung und Instandhaltung sind an dieser Stelle mit einzubeziehen, obwohl die Anforderungen erst in Abschnitt 8.5 in der IATF 16949 aufgestellt werden. Eine systematische Wartung und Instandhaltung sind für die Aufrechterhaltung der Infrastruktur unerlässlich. Dafür sind Methoden zu entwickeln und einzuführen. Bei größeren Unternehmen ist es sinnvoll, ein Immobilien- oder Gebäudemanagement zu implementieren.

Unterstützende Werkzeuge (Auswahl)

- 5S-Audits
- Reinigungspläne
- Shadow Boards
- Schulungen
- KVP

Tabelle 7.4 fasst die wichtigen Aspekte zu den Normabschnitten 7.1.4 der ISO 9001 und 7.1.4.1 der IATF 16949 zusammen.

Tabelle 7.4 Die passende Umgebung sicherstellen – Normabschnitte 7.1.4 der ISO 9001 und 7.1.4.1 der IATF 16949 umsetzen

Leitfrage: Wie muss die Umgebung sein, damit die Prozesse so wie geplant durchgeführt und die gewünschten Ergebnisse erreicht werden können (Konformität)?
Ziel: Nachweis, dass die Arbeitsumgebung geeignet ist und die Betriebsstätten sauber und ordentlich sind
Umsetzungshinweis Beurteilen Sie Ihre Arbeitsumgebung/Prozessumgebung in Bezug auf folgende Faktoren: ▪ soziale Faktoren (z. B. diskriminierungsfrei, ruhig, nicht konfrontativ) ▪ psychologische Faktoren (z. B. Stress-, Burn-out-Prävention) ▪ physikalische Faktoren (z. B. Temperatur, Wärme, Feuchtigkeit, Licht, Luftführung, Hygiene, Lärm usw.) In Abhängigkeit von den angebotenen Dienstleistungen und Produkten umfasst diese Anforderung auch alle Forderungen des klassischen Arbeitsschutzes bzw. der Arbeitssicherheit. (Weghorn 2022) Regeln Sie die Instandhaltung und Pflege von Betriebsstätten in der Art und Weise, dass sie sich in einem dem Produkt angemessenen ordentlichen und sauberen Zustand befinden. ▪ Beachten Sie gesonderte Anforderungen beispielsweise für Kühlräume oder Reinräume. ▪ Alle Änderungen, die an der bestehenden Infrastruktur und Arbeitsumgebung vorgenommen werden, müssen erneut innerhalb einer Risikobewertung durchleuchtet werden. Die Ergebnisse dieser Bewertungen müssen in das Managementreview einfließen. ▪ In Abhängigkeit von den angebotenen Dienstleistungen und Produkten umfasst diese Anforderung auch alle Forderungen des klassischen Arbeitsschutzes bzw. der Arbeitssicherheit. Die IATF 16949 weist in ihrer Anmerkung darauf hin, dass eine Zertifizierung nach ISO 45001 als Nachweis für die Einhaltung der Anforderungen zur Arbeitssicherheit dienen kann. (Brückner 2019)

Tabelle 7.4 Die passende Umgebung sicherstellen – Normabschnitte 7.1.4 der ISO 9001 und 7.1.4.1 der IATF 16949 umsetzen *(Fortsetzung)*

Mögliche Auditnachweise

- Handhabungs- und Lagerungsbedingungen (Temperatur, Luftfeuchte, Reinheit, Kennzeichnung und Rückverfolgbarkeit, Sonneneinstrahlung etc.)
- Wartungs- und Instandhaltungspläne
- Vorbeugende Instandhaltungsmaßnahmen
- Gefährdungsbeurteilung
- Arbeitsplatzbegehungsprotokolle
- Werksstrukturpläne
- Festlegung von einzuhaltenden Parametern in Prüfanweisungen, Betriebsanweisungen, Arbeitsanweisungen ...
- Aufzeichnung der einzuhaltenden Werte in Protokollen, Statistiken etc.
- Maßnahmen zur Vermeidung von menschlichen Fehlern: Arbeitszeitregelungen, Pausenregelungen etc.
- Festgelegte Anerkennungssysteme (Leistungsprämien für Menge an „In-Ordnung-Produkten", Bonus für (sehr) gutes Abschneiden bei Kundenzufriedenheitsbefragungen, Lob für besondere Kundenorientierung ...)
- Definierte Unternehmenswerte bzgl. Antidiskriminierung, Mobbing, Kinderarbeit etc.
- 5S-Audits
- Reinigungspläne mit Reinigungsfrequenzen, -methoden und -mitteln

(Gietl/Lobinger 2022; Brückner 2019)

7.1.5 Ressourcen zur Überwachung und Messung

In diesem Abschnitt geht es darum, dass die für die Überwachung und Messung notwendigen Ressourcen ermittelt und bereitgestellt werden. Dabei muss auch sichergestellt und dokumentiert werden, dass diese Ressourcen geeignet sind und geeignet bleiben. Ein Unternehmen muss zunächst festlegen, an welchen Produkten die Konformität gemessen und überwacht wird und mit welchen Prüf- und Messmitteln dies durchgeführt werden soll. Es muss sichergestellt werden, dass die eingesetzten Ressourcen für die jeweilige Art der Überwachung geeignet sind. Dokumentierte Nachweise darüber sind explizit gefordert.

7.1.5.1 Allgemeines

Die Anforderungen der ISO 9001 geben vor, dass Sie nachweisen müssen, dass Ihre Produkte und/oder Dienstleistungen mit den festgelegten Anforderungen übereinstimmen, also das erfüllen, was sie erfüllen sollen (Konformität). Dazu werden Messverfahren benötigt, die „gültige und zuverlässige Überwachungs- und Messergebnisse" liefern. Die hierfür bereitgestellten Ressourcen müssen geeignet sein und es muss laufend die Eignung sichergestellt werden.

Folgende Frage steht im Zentrum:

- Stellt die Organisation die geeigneten Ressourcen bereit, um gültige und zuverlässige Ergebnisse bei Überwachungs- und Messtätigkeiten zu erzielen?

Sie müssen klar festlegen, welche Messungen wann und wie durchgeführt werden. Das umfasst sowohl Geräte und Software als auch qualifiziertes Personal. Die Ressourcen müssen konsequent geeignet sein, was so viel bedeutet, dass Maßnahmen wie Kalibrierung und Wartung vorhanden sein müssen.

Dokumentierte Information

Es muss schriftlich nachgewiesen werden, dass sich die bereitgestellten Ressourcen zur Überwachung und Messung eignen. Dazu müssen als dokumentierte Information vorliegen:

- Eignung der Ressourcen zur Überwachung der Konformität
- Eignung der Ressourcen zur Messung der Konformität

Beispiele: Kalibriernachweise, Messergebnisse zur Messmittelfähigkeit, Vergleichsmessungen oder Herstellerangaben, Personenzertifizierungen, Ausbildungsnachweise, Verifizierungen, Gültigkeitsüberprüfungen.

Um die Konformität von Produkten oder Dienstleistungen zu überprüfen, müssen Sie geeignete Messverfahren festlegen. Diese können qualitativ (z. B. Checklisten mit eindeutigen Fragen) oder quantitativ (z. B. Messsysteme mit akzeptabler Messunsicherheit) sein.

Stellen Sie sich dazu folgende Fragen:

Misst das Messinstrument tatsächlich das, was es messen soll? Wie genau ist das Ergebnis? Sie müssen auch sicherstellen, dass die Ergebnisse, die das Messinstrument liefert, valide sind, beispielsweise durch eine regelmäßige Kontrolle, Vergleiche, Korrelationsüberprüfungen etc. (Validität).

Liefern die Messungen bei Wiederholung und unabhängig von der messenden Person die gleichen Ergebnisse (Reliabilität)? Auch diese Zuverlässigkeit müssen Sie beispielsweise durch regelmäßige Kontrollen gewährleisten. Daten müssen möglichst objektiv sein, damit sie mit ausreichend Aussagekraft interpretiert werden können.

Die Überwachungs- und Messmittel müssen laufend auf ihre Eignung überprüft und gegebenenfalls angepasst werden (z. B. durch Wartung, Reparatur oder Software-Updates). Stellt man fest, dass ein Messmittel fehlerhaft ist, muss die Gültigkeit der früheren Ergebnisse (bis zur letzten Kalibrierung) überprüft werden, da dies Auswirkungen auf bereits ausgelieferte Produkte oder Dienstleistungen haben kann. Die Gültigkeit muss bei Beeinträchtigung wieder hergestellt werden. Das kann sich auch auf bereits ausgelieferte Produkte oder Dienstleistungen auswirken. Die Gewährleistung der Validität kann beispielsweise durch eine Neujustierung, -kalibrierung oder eine Reparatur des Messmittels erfolgen.

Dokumentierte Information

Dokumentierte Nachweise für die Eignung der Ressourcen

Unterstützende Werkzeuge (Auswahl)

- Prozessmanagement
- Kontinuierlicher Verbesserungsprozess (KVP)
- 5S
- Qualitätszirkel
- Managementsysteme für Messmittel
- Schulungen
- Prüfsoftware

7.1.5.1.1 Beurteilung von Messsystemen (*x*)

In der Automobilbranche wird explizit die Beurteilung von Messsystemen gefordert. Wenn keine Kundenanforderung vorliegt, kann dies entweder nach dem VDA-Band 5 Prüfprozesseignung oder dem Band Analyse von Messsystemen (MSA), 4. Ausgabe/2010 (Referenzhandbuch QS 9000), durchgeführt werden.

Sollten alternative Methoden angewendet werden, dann muss eine schriftliche Zustimmung des bzw. der Kunden vorliegen.

Im Fokus dieses Abschnitts steht die folgende Frage:

- Wird für alle im Produktionslenkungsplan aufgeführten Prüf- und Messmittel eine Messsystemanalyse durchgeführt?

Kritische oder besondere Produkt- und Prozessmerkmale sollten bei der Durchführung einer MSA priorisiert werden.

Um die Qualität des Messprozesses und der Messmittel unter den konkreten Betriebsbedingungen zu ermitteln, müssen Messsystemanalysen durchgeführt werden. Mit einer MSA wird das Messergebnis unter Einbeziehung folgender Einflüsse geprüft:

- Messumgebung
- Bedienereinfluss
- Einfluss der Messvorrichtungen

Aufgrund dieser Prüfungen können Aussagen darüber getroffen werden, ob diese Prüfmittel und Messeinrichtungen geeignet sind.

Messsysteme, die dieselben Merkmale besitzen wie z. B. Messbereich, Auflösung, Wiederholbarkeit, können dabei zu Gruppen zusammengefasst werden, sodass ein Musterinstrument (repräsentativ für die Messgerätefamilie) für die Prüfprozesseignung verwendet werden kann.

Messsystemanalysen dienen als Nachweis für die Qualitätsfähigkeit des Messprozesses unter Betriebsbedingungen. Gemäß Abschnitt 7.1.5.1.1 der IATF 16949 muss dies für alle Messsysteme erfolgen, die im Produktionslenkungsplan (PLP) aufgeführt werden.

Dokumentierte Information

Aufzeichnungen über die Akzeptanz von alternativen Methoden durch den Kunden inklusive der Ergebnisse aus alternativen Messsystemanalysen, wenn Sie für Messsystemanalysen alternative Methoden anwenden.

Unterstützende Werkzeuge (Auswahl)

- Statistische Softwaretools
- Standardwerke von VDA und AIAG
- Formulare
- Checklisten

7.1.5.2 Messtechnische Rückführbarkeit

In diesem Abschnitt steht folgende Frage im Mittelpunkt:

- Wie stellt die Organisation sicher, dass eingesetzte Messmittel und Messergebnisse rückführbar auf internationale oder nationale Normale sind, um die Gültigkeit von Prüfergebnissen sicherzustellen?

Diese Anforderung trifft zu, wenn eine Rückverfolgung der Messung

- eine gesetzliche oder behördliche Anforderung darstellt (z. B. Schadstoffmessungen),
- von Stakeholdern gefordert wird (z. B. Qualitätssicherungsvereinbarungen) oder
- vom Unternehmen selbst durchgeführt wird (z. B. um Rechtssicherheit zu erhöhen).

Mit der messtechnischen Rückführbarkeit soll sichergestellt werden, dass sich die Abweichungen der Prüfmittel innerhalb der vorgegebenen Toleranzen bewegen. Messtechnische Rückführbarkeit bedeutet, dass ein Messergebnis auf einen Standard (nationale oder internationale Normale) bezogen wird oder in Relation zu diesem stehen kann. Ein Messwert ist dann rückführbar, wenn eine ununterbrochene Kette von Vergleichsmessungen auf einen Standard bezogen wird. Die Messergebnisse des eigenen Messgeräts werden also mit einem Standard verglichen. Gibt es keinen anerkannten Standard (national oder international), dann verlangt die ISO eine dokumentierte Information.

Wird eine messtechnische Rückführbarkeit durchgeführt, dann erhöht dies das Vertrauen in die Validität (Gültigkeit) der Messergebnisse.

Wenn das Rückverfolgen von Messungen nicht notwendig ist, dann können Sie diesen Normabschnitt für die ISO 9001 ausschließen und als „nicht zutreffend" bezeichnen.

In der IATF 16949 kann die Rückverfolgbarkeit von Messungen nicht ausgeschlossen werden. Es gibt allerdings alternative Möglichkeiten, um den Anforderungen der Norm gerecht zu werden, wenn im Unternehmen eine Rückverfolgbarkeit nicht relevant ist:

- Begründung und Dokumentation im QMS, warum eine Rückverfolgbarkeit von Messungen nicht notwendig ist
- Integration des Nichtanwendens der Rückverfolgbarkeit in die Risikoanalyse, um eine Bewertung möglicher Auswirkungen vorzunehmen
- Abstimmung mit dem Kunden, ob die Rückverfolgbarkeit von Messungen aus seiner Sicht notwendig ist

---

Bei der messtechnischen Rückführbarkeit müssen die Messmittel in „bestimmten Abständen oder vor der Anwendung gegen Normale kalibriert, verifiziert oder beides werden". Dies kann jährlich, monatlich etc. oder vor der Anwendung sein. Bei der Normale handelt es sich um ein Vergleichsmaß. Kalibrierung bezieht sich auf die Abweichung des Messmittels von der Vergleichsgröße. Ein Messmittel ist dann verifiziert, wenn es den gestellten Anforderungen entspricht, also die Abweichung im Toleranzbereich bleibt.

Die Vergleichsnormale muss eine verbindliche Grundlage für die entsprechenden physikalischen Größen bilden, einem nationalen oder internationalen Standard entsprechen (z. B. Urkilo). Wenn ein solcher Standard nicht vorliegt, beispielsweise wenn das Unternehmen die Vergleichsnormale selbst festlegt, dann muss dokumentiert werden, wie die Kalibrierung oder Verifizierung durchgeführt und welche Ergebnisse dabei erzielt werden.

Ein Messmittel muss so gekennzeichnet werden, dass der Kalibrierstatus erkennbar oder ermittelbar ist, beispielsweise durch einen Aufkleber, der den Kalibrierstatus anzeigt, oder eine ID-Nummer, die eine eindeutige Zuordnung erlaubt, und entsprechende Informationen aufrufbar sind (z. B. über eine Datenbank).

Verändern sich die Einstellungen, ist das Messmittel beschädigt oder verschlechtert sich, kann dies die Messergebnisse ungültig machen. Beeinflussungen des Kalibrierstatus müssen verhindert werden, beispielsweise durch sorgfältigen Umgang, spezielle Lagerung etc.

Dokumentierte Information

Liegt kein Standard (z. B. Vergleichsnormale) vor, muss die Grundlage für die Kalibrierung oder Verifizierung dokumentiert und aufbewahrt werden; das heißt, wie die Kalibrierung oder Verifizierung durchgeführt wird und welche Ergebnisse dabei erzielt werden.

Unterstützende Werkzeuge (Auswahl)

- Kalibriersoftware
- Messmittelverwaltungssysteme
- Arbeitsanweisungen/Prüfanweisungen
- Schulungen

7.1.5.2.1 Aufzeichnungen der Verifizierung und Kalibrierung (*X*)

Die IATF 16949 hat in diesem Abschnitt weitergehende Anforderungen an die Aufzeichnungen für Kalibrierung und Verifizierung. Als Erstes wird ein dokumentierter Prozess für die Verwaltung der Aufzeichnungen für die Kalibrierung bzw. Verifizierung gefordert, der Vorgaben enthält, welche Nachweise in welcher Form vorliegen müssen und durch wen sie erstellt wurden. Nachweise müssen geführt und gepflegt werden und beispielsweise Rückverfolgbarkeit, Prüfergebnisse, Maßnahmen bei Nichteinhaltung usw. enthalten.

Festgehalten werden müssen die Aufbewahrungszeiten und -orte sowie die Zugriffsmöglichkeiten auf diese Dokumente. Weiterhin wird gefordert, dass die Aufzeichnungen nachweisen, dass die korrekte Softwareversion verwendet wurde und dass Wartungen und Kalibrierungen für alle Messsysteme dokumentiert werden.

In der ISO 9001 sowie in der IATF 16949 wird nicht mehr von der reinen Lenkung von Prüf- und Messmitteln gesprochen, sondern es wird wesentlich umfassender auf die Anforderungen an die Sicherstellung zuverlässiger Messergebnisse und an die zugehörigen Prüf- und Messeinrichtungen eingegangen.

Stellen Sie sicher, dass ein Prozess dokumentiert und eingeführt ist, der Vorgaben für den gesamten Prozess der Kalibrierung und Verifizierung von Prüf- und Messmitteln enthält. Das betrifft folgende Aspekte:

- Aktualisierung der Kalibrierung bzw. Verifizierung bei Konstruktionsänderungen an Prüf- und Messmitteln
- Dokumentierte und bewertete Messwerte, die außerhalb der Kalibrierung, Spezifikation oder Verifizierung liegen
- Vorgaben für die Durchführung einer Risikobewertung, wenn fehlerhafte Messmittel für Prüfungen verwendet werden

- Nachweise über die Gültigkeit der bisherigen Messergebnisse (inklusive Prüfnorm), wenn ein Mess- oder Prüfmittel während der geplanten Verifizierung unbrauchbar wird
- Vorgehensweise zur Information der Kunden, wenn Lieferungen von Produkten oder Materialien, die aufgrund fehlerhafter Messmittel fehlerverdächtig sind, anstehen bzw. durchgeführt wurden. (Information sollte mindestens eine Problembeschreibung enthalten)
- Nachweis nach Durchführung der Kalibrierung oder Verifizierung, dass das Mess- oder Prüfmittel in der Lage ist, die jeweilige Spezifikation zu erfüllen
- Aktuelle Versionierung der Software für die Produkt- und Prozesslenkung
- Dokumentation der Kalibrier- bzw. Wartungstätigkeiten an Prüf- und Messmitteln. (Die Nachweise sollten mindestens folgende Informationen enthalten: Art des Mess- oder Prüfmittels, dessen Seriennummer, Datum der letzten Kalibrierung/Wartung, Name der Person, die diese durchgeführt hat, Zertifikat der Kalibrierung sowie die Ergebnisse der Kalibrierung)
- Die eingesetzte Software zur Produkt- und Prozesslenkung muss verifiziert sein. Geben Sie vor, wie die Verifizierung zu erfolgen hat, beispielsweise durch eine Durchführung von statischen oder dynamischen Tests. Stellen Sie sicher, dass die Testergebnisse bewertet und dokumentiert werden. Die Verifizierung sollte von einer unabhängigen Person durchgeführt werden

Die Lenkung und Überwachung von Lehren, Prüf- und Messmitteln wird in der Praxis als Prüfmittelverwaltung oder Prüfmittelmanagement bezeichnet.

Schon diese Begriffe zeigen, dass sich dahinter verschiedene Schritte verbergen, die eingehalten werden müssen. Es gibt unterschiedliche Richtlinien und Normen, die zur Prüfmittelüberwachung hinzugezogen werden können. Oft werden diese auch von den Kunden gefordert. Zudem gibt es eine DIN-Norm, die sich mit dem Thema Prüfmittelmanagement beschäftigt, die ISO 10012:2004. Diese Norm kann sowohl im eigenen Unternehmen als auch bei Lieferanten angewendet werden. Sie unterstützt den beherrschten Prozess der Prüfmittelüberwachung, der eine wichtige Voraussetzung für die Anwendung geeigneter Prüfmittel ist. Dieser Standard ist hilfreich, da er alle Forderungen an die Qualitätssicherung für Messmittel insbesondere für deren Eignung, Verwaltung und Handhabung behandelt.

Die Anwender von Prüfmitteln für geometrische Größen und die Kalibrierlaboratorien können sich an der Richtlinienreihe VDI/VDE/DGQ 2618 Prüfmittelüberwachung orientieren.

Die VDI-Richtlinie VDI/VDE 2623 stellt den Austausch von Daten dar, die während des Kalibrierprozesses benötigt und generiert werden. Ziel dieser Richtlinie ist es, dass ein schneller und sicherer Austausch von Prüfmitteldaten zwischen unterschiedlichen Systemen (Abteilungen, Firmen, Werken usw.) erreicht wird. Relevante Daten beliebiger Prüfmittel werden gesammelt und zusammengefasst, die für das Prüfmittelmanagement und somit für die Prozess- und Qualitätssicherung notwendig sind.

Dokumentierte Information

Ein Prozess für die Verwaltung der Aufzeichnungen der Kalibrierung/Verifizierung muss als dokumentierte Information vorliegen.

Aufzeichnungen der Prüf- und Messmittelüberwachung (beispielsweise Kalibrierzertifikate, Wartungsprotokolle) müssen vorliegen.

Unterstützende Werkzeuge (Auswahl)

- Kalibriermanagementsoftware
- Datenbank für Messmittel
- Barcode-/QR-Code-Systeme
- Prozessmanagement
- Maßnahmenpläne
- Auditberichte

Tabelle 7.5 fasst die wichtigen Aspekte zu den Normabschnitten der ISO 9001 und IATF 16949 zusammen.

Tabelle 7.5 Gültige und verlässliche Überwachungs- und Messergebnisse gewährleisten – Normabschnitt 7.1.5 der ISO 9001 und Normabschnitte 7.1.5.1.1 und 7.1.5.2.1 der IATF 16949 umsetzen

Leitfragen ▪ Liefern die Messverfahren „gültige und zuverlässige Überwachungs- und Messergebnisse"? ▪ Sind die hierfür bereitgestellten Ressourcen geeignet und wird laufend die Eignung sichergestellt? ▪ Werden für jede Art von Messsystemen, die im PLP aufgeführt sind, statistische Untersuchungen zur Analyse der Streuung der Messergebnisse durchgeführt? ▪ Hat das Unternehmen einen Prozess eingeführt, der sicherstellt, dass Kalibrierungs- bzw. Verifizierungstätigkeiten nach gesetzlichen, behördlichen und Kundenanforderungen durchgeführt und dokumentiert werden? ▪ Werden alle Aufzeichnungen in Bezug zu Kalibrierung und Verifizierung aufbewahrt?
Ziel: Sicherstellung von gültigen und verlässlichen Überwachungs- und Messergebnissen

Tabelle 7.5 Gültige und verlässliche Überwachungs- und Messergebnisse gewährleisten – Normabschnitt 7.1.5 der ISO 9001 und Normabschnitte 7.1.5.1.1 und 7.1.5.2.1 der IATF 16949 umsetzen *(Fortsetzung)*

Umsetzungshinweis ■ Legen Sie eine Bestandsliste Ihrer Mess- und Prüfmittel an (Ressourcen zur Überwachung und Messung). Wichtig dabei ist eine eindeutige Nummerierung der aufgeführten Mittel und die Festlegung eines geeigneten Kalibrierintervalls. ■ Kennzeichnen Sie die Prüfmittel mit der entsprechenden ID-Nummer. ■ Legen Sie in einem Wiedervorlagesystem geeignete Serientermine für die Prüfmittelüberwachung fest (je nach Kalibrierintervallen). ■ Dokumentieren Sie die Ergebnisse von Kalibrierung, gegebenenfalls mit Justierung sowie der Kennzeichnung des Prüfmittels und dem nächsten Prüfdatum. Legen Sie ein Ablagesystem für die durchgeführten Kalibriernachweise fest (Ordner, Datenbank etc.). ■ Schützen Sie Ihre Prüfmittel vor Beschädigung, Dejustierung oder Verschlechterung. Prüfen Sie, ob mit Ihrem System folgende Anforderungen erfüllt sind: ■ Eignung der Messmittel sowie deren Kalibrierungen und Prüfintervalle ■ geeignete Aufzeichnungen/Nachweise hierzu Wenn eine messtechnische Rückführbarkeit gefordert ist, muss eine Rückführung auf internationale oder nationale Normale gegeben sein. Wenn letzter Punkt nicht gegeben ist, muss die Grundlage der Kalibrierung oder Verifizierung an geeigneter Stelle dokumentiert werden. Bei Feststellung mangelnder Eignung müssen auch frühere Messergebnisse infrage gestellt werden. (Weghorn 2022) Beurteilen Sie Ihre Messsysteme und zeichnen Sie Ihre Kalibrierungs- und Verifizierungsergebnisse auf. ■ Legen Sie alle relevanten Prüf- und Messsysteme fest. Priorisieren Sie die Systeme im Produktionslenkungsplan (PLP), die für kritische Produkt- und Prozessmerkmale angewendet werden. ■ Stellen Sie sicher, dass je nach Prüf- und Messsystem die in den Referenzhandbüchern beschriebenen Schritte und Berechnungen korrekt durchgeführt und dass die Ergebnisse nach den Anforderungen in den Referenzbüchern dokumentiert werden. ■ Informieren Sie Ihren Kunden im Voraus, wenn Sie alternative Methoden anwenden, und stellen Sie die Vor- und Nachteile klar heraus. Lassen Sie sich eine Genehmigung seitens des Kunden schriftlich geben und bewahren Sie diese inklusive der Ergebnisse der alternativen Messsystemanalysen auf. ■ Stellen Sie sicher, dass ein Prozess dokumentiert und eingeführt ist, der Vorgaben für den gesamten Prozess der Kalibrierung und Verifizierung von Prüf- und Messmitteln gemäß den Anforderungen der IATF 16949 enthält. (Brückner 2019)

Mögliche Auditnachweise

- Prüfplanungskonzept
- Qualifikationsanforderungen an die Person, die die Prüfung durchführt
- Schulungen zum sorgsamen Umgang
- Umgebungsbedingungen in Prüfanweisungen
- Messmittelfähigkeitsuntersuchungen
- Validierung von Prüfsoftware
- Verzeichnis der Messmittel und Normale
- Prüfmitteldatenbank
- Kalibriernachweise mit Bezug zu internationalen Normalen
- Dokumentierte Maßnahmen bei defekten Messmitteln
- Ergebnisse von Messsystemanalysen (MSA)
- 8D-Report
- Kalibrier- und Verifiziernachweise
- Produktionslenkungsplan (PLP)

(Gietl/Lobinger 2022; Brückner 2019)

7.1.5.3 Anforderungen an Prüflabore (*X*)

Grundsätzlich kann die Kalibrierung sowohl intern als auch extern erfolgen. Die IATF 16949 stellt hohe Anforderungen an Prüflabore in der Automobilindustrie. In den Abschnitten 7.1.5.3.1 sind spezifische Mindestanforderungen an interne Labore und in Abschnitt 7.1.5.3.2 an externe Prüflabore festgelegt. Mit diesen Anforderungen wird das Ziel verfolgt, für relevante Prüfungen und Kalibrierungen in der Serien- und Ersatzteilproduktion eine gleichbleibende Qualität und Zuverlässigkeit zu sichern.

7.1.5.3.1 Interne Labore (*X*)

Dieser Normabschnitt befasst sich insbesondere mit folgenden Fragestellungen:

- Wie wird nachgewiesen, dass das interne Labor für die jeweiligen Prüfungen oder Kalibrierungen geeignet ist?
- Ist der Umfang der internen Laboraktivitäten und der angewendeten Prüfmethoden dokumentiert sowie auf dem aktuellen Stand und Teil der QM-Dokumentation?
- Erfolgt eine regelmäßige Überprüfung, ob das interne Labor den Anforderungen entspricht und gültige Nachweise besitzt?

Interne Labore können sehr gut für Prüf- und Kalibrierdienste eingesetzt werden, wenn sie die Fähigkeit dazu besitzen. Ein internes Labor ist dann befähigt, wenn beispielsweise eine Third-Party-Akkreditierung (Bestätigung der Kompetenz durch eine unabhängige externe Stelle) nach ISO/IEC 17025 oder einem vergleichbaren Standard vorliegt. Diese Akkreditierung kann als Nachweis herangezogen werden, dass die Anforderungen der IATF 16949 an ein internes Labor erfüllt sind.

- Angemessenheit der Laborverfahren
- Kompetenz des Laborpersonals
- Prüfung des Produktes
- Fähigkeit, die Dienstleistungen ordnungsgemäß und rückführbar auf die zutreffende Prozessnorm auszuführen
- Gegebenenfalls Beachtung von Kundenanforderungen
- Überprüfung der zugehörigen Aufzeichnungen

Erstellen Sie für Ihr internes Labor ein Dokument (in der Regel spricht man von „Laborhandbuch“), in dem beschrieben wird, für welche Tests, Auswertungen und Kalibrierungen das interne Labor qualifiziert ist. Dokumentieren Sie die Qualifikation des Personals (Dokumentation beispielsweise mittels einer Qualifikationsmatrix). Beschreiben Sie, welche Ausrüstungen für die Tätigkeiten verwendet werden. Zudem sollten die Methoden und Normen, nach denen die Aufgaben durchgeführt werden, aufgelistet und stetig aktuell gehalten werden.

Stellen Sie bei der Verwendung von firmeneigener Kalibrierungssoftware sicher, dass ein Zugriff auf den Quellcode möglich ist. Wird firmeneigene Software bei der Kalibrierung eingesetzt, müssen Sie eine Validierung nachweisen. Achten Sie darauf, dass die eingesetzte Prüfsoftware verifiziert wurde und dass die Mitarbeitenden, die Prüfungen und Messungen durchführen, dafür qualifiziert sind.

Dokumentierte Information

Separates Dokument erstellen, welches Teil der QM-Dokumentation ist. In der Regel handelt es sich um ein sogenanntes „Laborhandbuch“.

7.1.5.3.2 Externe Labore (*X*)

Durch externe Prüf- und Kalibrierlabore haben Unternehmen die Möglichkeit, Prüfungen und Kalibrierungen von Mess- und Prüfmitteln von unabhängigen Experten durchführen zu lassen.

Folgende Fragen stehen im Zentrum:

- Kann das externe Labor eine Akkreditierung nach ISO/IEC 17025 vorweisen und deckt der Umfang dieser Akkreditierung die von Ihnen geforderten Prüf- und Messdienstleistungen ab?
- Trägt das Kalibrier- oder Prüfzertifikat des externen Labors das Akkreditierungszeichen der entsprechenden nationalen Akkreditierungsstelle?
- Wie erfolgen die Bewertung und Dokumentation der Eignung des Labors, wenn eine Akkreditierung nach ISO/IEC 17025 nicht möglich ist?

Externe Labore müssen die Fähigkeit nachweisen, dass sie die Prüf- und Kalibrierdienste ordnungsgemäß durchführen können. Dies kann entweder durch eine Akkreditierung nach ISO/IEC 17025 oder nach dem entsprechenden nationalen Äquivalent (z. B. CNAS-CL01 in China) von einer Akkreditierungsstelle (Unterzeichner) des ILAC MRA (International Laboratory Accreditation Forum Mutual Recognition Arrangement – *www.ilac.org*) (SI-Nr. 10) geschehen. Der Geltungsbereich der Akkreditierung muss die Prüfungen, Messungen und Kalibrierungen umfassen, die vom externen Labor durchgeführt werden dürfen.

Sollte für ein Prüfgerät kein adäquates Labor existieren, dann kann die Kalibrierung auch durch den Hersteller durchgeführt werden. In diesem Fall muss der Hersteller jedoch die Anforderungen von internen Laboren erfüllen.

Dokumentierte Information

Aktuelle Zertifikate, die Fähigkeit der Prüf- und Kalibrierdienste nachweisen

Unterstützende Werkzeuge (Auswahl)

- Labormanagementsysteme (LIMS)
- Kalibrierverwaltungssoftware
- Audit-Checklisten
- Datenbanken

Tabelle 7.6 fasst die wichtigen Aspekte zu diesem Normabschnitt der IATF 16949 zusammen.

Tabelle 7.6 Anforderungen an Prüflabore – Normabschnitt 7.1.5.3 der IATF 16949 umsetzen

Leitfragen ▪ Verfügen interne Prüflabore über einen festgelegten Anwendungsbereich, aus dem ihre Fähigkeit hervorgeht, die geforderten Prüf- und Kalibrierdienstleistungen durchführen zu können? ▪ Wie ist sichergestellt, dass externe Labore bei einer Zusammenarbeit eine Akkreditierung nach ISO/IEC 17025 oder einem entsprechenden nationalen Äquivalent nachweisen können?
Ziel: Alle Prüf- und Kalibrierdienstleistungen, die für die Produkt- oder Prozessfreigabe bzw. zur Unterstützung der Serienproduktion verwendet werden, müssen zuverlässig, nachvollziehbar und kompetent durchgeführt werden.

Tabelle 7.6 Anforderungen an Prüflabore – Normabschnitt 7.1.5.3 der IATF 16949 umsetzen *(Fortsetzung)*

Umsetzungshinweis Das interne Prüflabor muss einen festgelegten Anwendungsbereich besitzen, aus dem seine Fähigkeit hervorgeht, die geforderten Prüf- und Kalibrierdienstleistungen durchführen zu können. Die Dokumentation muss Teil der QM-Dokumentation sein. ▪ Erstellen Sie für Ihr internes Labor ein Dokument, in dem die Ausrüstung sowie Qualifikation des Labors und des Personals beschrieben sind. ▪ Listen Sie Methoden und Normen auf, nach denen die Aufgaben durchgeführt werden, und halten Sie diese aktuell. ▪ Stellen Sie bei der Verwendung von firmeneigener Kalibrierungssoftware sicher, dass ein Zugriff auf den Quellcode möglich ist. Wird firmeneigene Software bei der Kalibrierung eingesetzt, müssen Sie eine Validierung und qualifiziertes Personal nachweisen. Weisen Sie nach, dass ein von Ihnen beauftragtes externes Labor über ein festgelegtes Arbeitsgebiet verfügt. Für dieses Arbeitsgebiet muss die Fähigkeit nachgewiesen werden, und zwar entweder durch ▪ die Akkreditierung der ISO/IEC 17025 (oder einer vergleichbaren nationalen Norm) oder ▪ den Nachweis, dass den Kundenanforderungen Folge geleistet werden kann. (Brückner, 2019)
Mögliche Auditnachweise ▪ Organigramm ▪ Funktionsdiagramm ▪ Dokumentierte Prüfmethoden ▪ Prüfpläne ▪ Zertifikat nach ISO/IEC 17025 ▪ Kompetenznachweise des Personals ▪ Prüfmittelübersicht ▪ Kalibrierzertifikate ▪ Auditberichte ▪ Kundenfreigaben, wenn keine Akkreditierung vorliegt ▪ Lieferantenbewertung ▪ Risikoanalyse

7.1.6 Wissen der Organisation

Bei diesem Punkt geht es um den Umgang mit unternehmensspezifischem Wissen. Welches Wissen wird benötigt, damit Prozesse wie gewünscht umgesetzt werden und die Konformität der Produkte und Dienstleistungen erreicht wird, also dass die Ergebnisse so sind, wie sie sein sollen?

Folgende zentrale Fragen werden in diesem Abschnitt der ISO 9001 behandelt:

- Welches Wissen wird benötigt, um die Ziele zu erreichen?

- Welches Wissen ist vorhanden?
- Wie können Wissenslücken geschlossen werden?
- Wie lässt sich das Wissen vermitteln?
- Wie wird sichergestellt, dass das vorhandene Wissen auch angewendet, aufrechterhalten und gegebenenfalls angepasst wird?

Die ISO unterscheidet in Wissen, das auf internen Quellen beruht, wie beispielsweise geistiges Eigentum (wie Patente), Erfahrungswissen, gesammeltes Wissen, Lernen aus eigenen Erfahrungen (Fehler, Projekte, Ergebnisse), Erfassen und Austausch von nicht Dokumentiertem, und in Wissen, das auf externen Quellen beruht, wie beispielsweise Normwissen, wissenschaftliche Erkenntnisse, Konferenzen, „Wissenserwerb von Kunden oder externen Anbietern".

Es geht aber nicht nur darum, Wissen zu erwerben, sondern die ISO fordert auch, dass die Aufrechterhaltung des Wissens sichergestellt sein muss. Mittlerweile bietet die Informationstechnik Unterstützung durch spezielle Software an. Als Beispiel wäre hier ein Dokumentenmanagementsystem für die Erstellung und Aktualisierung der QM-Dokumentation anzuführen. Mit einem solchen Instrument wäre auch zugleich sichergestellt, dass die aktuellen Dokumente allen Mitarbeitenden zur Verfügung stehen. Aufgrund dieser Systeme kann das bestehende Wissen durch Ausscheiden, Krankheit oder Urlaub von Mitarbeitenden aufrechterhalten werden. Beispielsweise können Nachfolger oder neue Mitarbeitende durch entsprechende Transfermaßnahmen unterstützt werden, indem damit ein sogenanntes Expert-Debriefing oder Lessons Learned etabliert werden.

Mit dem „Aufrechterhalten" von Wissen ist nicht nur das Bewahren von Wissen gemeint, sondern das Wissen muss auch aktuell gehalten und kontinuierlich weiterentwickelt werden. Mitarbeitende müssen die Möglichkeit haben, Zusatzwissen zu erwerben, wenn dies notwendig wird, beispielsweise bei sich ändernden Rahmenbedingungen.

In der Norm geht es nicht um eine akribische Dokumentation des Wissens oder um die Einführung eines Wissensmanagementsystems, sondern vielmehr um eine für die jeweilige Situation eines Unternehmens sinnvolle Steuerung der Wissensressourcen, die für die Erzielung der Produkt- bzw. Dienstleistungskonformität relevant sind.

Durch eine ständige Überprüfung des notwendigen Wissens und den Abgleich des vorhandenen Wissens ist eine ständige Aktualisierung möglich, die dann die relevanten Schulungen und Qualifikationen nach sich zieht.

Die Anforderungen des Normabschnitts 7.1.6 der ISO 9001 „Wissen der Organisation" lassen sich sehr gut mit dem PDCA-Zyklus darstellen (Bild 7.3).

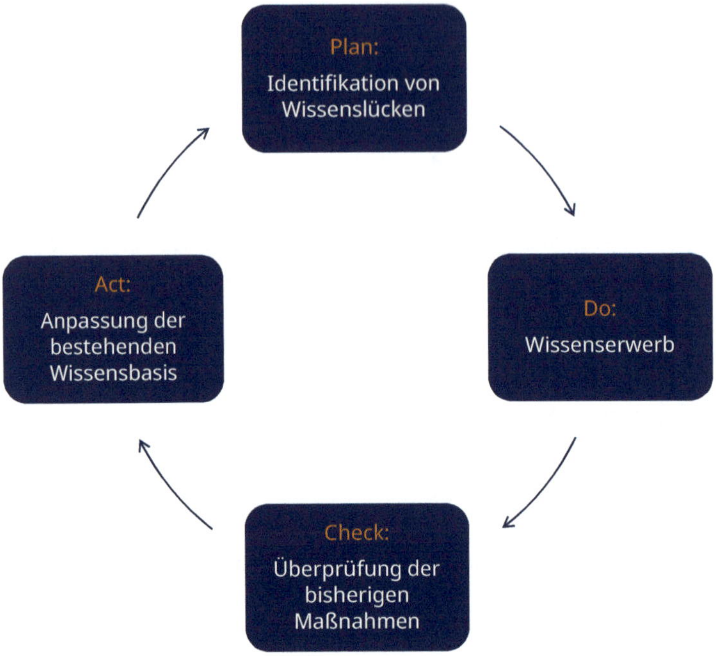

Bild 7.3 Integration der Anforderungen in den PDCA-Zyklus

Es gibt eine Reihe von Methoden und Werkzeuge, die für die Erfüllung der Anforderungen der Norm herangezogen werden können.

Unterstützende Werkzeuge (Auswahl)

- Dokumentenmanagementsysteme
- Wissensmanagementsysteme
- Wissensbilanz
- Wissenslandkarten
- SOPs (Standard Operating Procedures)
- Wissensorientierte Prozessanalyse
- Kompetenzrad

Tabelle 7.7 fasst die wichtigen Aspekte zu diesem Normabschnitt der ISO 9001 zusammen.

Tabelle 7.7 Anforderungen an das Wissen der Organisation, Normabschnitt 7.1.6 der ISO 9001 umsetzen

Leitfragen

- Wie bestimmen wir unser benötigtes Wissen?
- Wie stellen wir das notwendige Wissen zur Verfügung, halten es aufrecht und aktualisieren es?
- Wie passen wir unser Wissen an sich ändernde Erfordernisse an?

Ziel: Sicherstellung und Verfügbarkeit von Wissen, das für den Betrieb und die kontinuierliche Verbesserung des Qualitätsmanagementsystems notwendig ist

Umsetzungshinweis

- Verankern Sie das Wissen als unverzichtbare und werttreibende Ressource in Ihrer Unternehmenspolitik oder Ihrem Unternehmensleitbild.
- Nehmen Sie Führungsgrundsätze, die die Verpflichtung zur Förderung von Wissensteilung und zur Förderung der Nutzung von vorhandenem Wissen enthalten, ebenso darin auf. Benutzen Sie Werkzeuge wie z. B. das Kompetenzrad zur Ermittlung des fehlenden Wissens.
- Halten Sie Ihr erforderliches Wissen aufrecht. Eine Unterstützung ist beispielsweise durch die moderne Informationstechnik gegeben, die spezielle Software zur Verfügung stellt, beispielsweise ein Dokumentenmanagementsystem für die Erstellung und Aktualisierung der QM-Dokumentation. Mit einem solchen Instrument wäre auch zugleich sichergestellt, dass die aktuellen Dokumente allen Mitarbeitenden zur Verfügung stehen.
- Überprüfen Sie das notwendige Wissen kontinuierlich, und gleichen Sie es mit dem vorhandenen Wissen ab. Stellen Sie dann die relevanten Schulungen und Qualifikationen zur Verfügung.
- Ermöglichen Sie den Erwerb von Zusatzwissen für die Mitarbeitenden, wenn sich z. B. Rahmenbedingungen ändern.

(Brückner, 2019)

Mögliche Auditnachweise

- Dokumentierte Informationen des QMS
- Wissensdatenbanken
- Schulungspläne
- Schulungsnachweise
- Einarbeitungspläne
- Besprechungsprotokolle (Q-Zirkel, Teambesprechungen, Projektbesprechungen etc.)
- Stellenbeschreibungen
- Vertretungsregelungen

7.2 Kompetenz

Kompetenz ist im Sinne der ISO und IATF die „Fähigkeit, Wissen und Fertigkeiten anzuwenden, um beabsichtigte Ergebnisse zu erzielen". Es geht nicht primär darum, dass eine Person bestimmte Zertifikate mitbringt, sondern dass sie fähig ist, so zu handeln, dass die Ziele erreicht werden. Die Frage nach der Kompetenz schließt alle Personen ein, die Tätigkeiten ausführen, die die Leistung und Effektivität des QMS beeinflussen, also auch Leiharbeiter, Kooperationspartner etc. Bild 7.4 zeigt die Anforderungen im Überblick.

Folgende Fragestellungen bilden den inhaltlichen Schwerpunkt dieses Abschnitts:

- Welche Kompetenzen sind erforderlich?
- Wie werden Kompetenzen ermittelt, aufrechterhalten, angepasst?
- Wie werden Kompetenzen vermittelt und die Wirksamkeit der Maßnahmen zur Kompetenzentwicklung überprüft?
- Wie erfolgt der Nachweis der Kompetenzen?

! Die IATF 16949 fordert zusätzlich, dass ein Prozess zur Ermittlung des Schulungsbedarfs einschließlich der Maßnahmen zur Bewusstseinsbildung dokumentiert ist (Abschnitt 7.2.1). Ebenso wird gefordert, dass eine praktische Ausbildung am Arbeitsplatz erfolgt (Abschnitt 7.2.2) und dass im Unternehmen eingesetzte Auditoren über die notwendige Kompetenz verfügen (Abschnitte7.2.3, 7.2.4).

Es muss definiert werden, welche Kompetenz erforderlich ist, um die gewünschte Leistung und die gewünschte Effektivität (Wirksamkeit) des QMS zu erreichen. Bei den erforderlichen Kompetenzen kann es sich beispielsweise um Sprachkenntnisse, Führerscheine, Hochschulabschlüsse etc. handeln. Sie müssen also wissen, was es braucht, damit das QMS so läuft, wie es laufen soll. Ziel muss dabei immer sein, die gewünschten Ergebnisse zu erreichen. Also: Welche Leistung bzw. welche Qualitätsziele sollen erreicht werden? Welche Kompetenzen müssen die Beteiligten hierfür mitbringen?

Es muss auch sichergestellt sein, dass die Personen, die die Leistung und die Effektivität des QMS beeinflussen, dafür ausreichend kompetent sind. Bei diesem Punkt geht es darum, dass für die Personen, die in Ihrem Auftrag arbeiten (die ISO schreibt „unter ... Aufsicht Tätigkeiten verrichten") und die Leistung sowie die Effektivität des QMS beeinflussen, auch die dafür „erforderliche Kompetenz" besitzen. Basis der Kompetenz bilden Erfahrung, Ausbildung und/oder Schulung der Beteiligten. Passen diese zu der erforderlichen Kompetenz? Sind die Beteiligten so kompetent, dass die Leistung des QMS wie gewünscht umgesetzt werden kann? Oder sind Kompetenzlücken vorhanden?

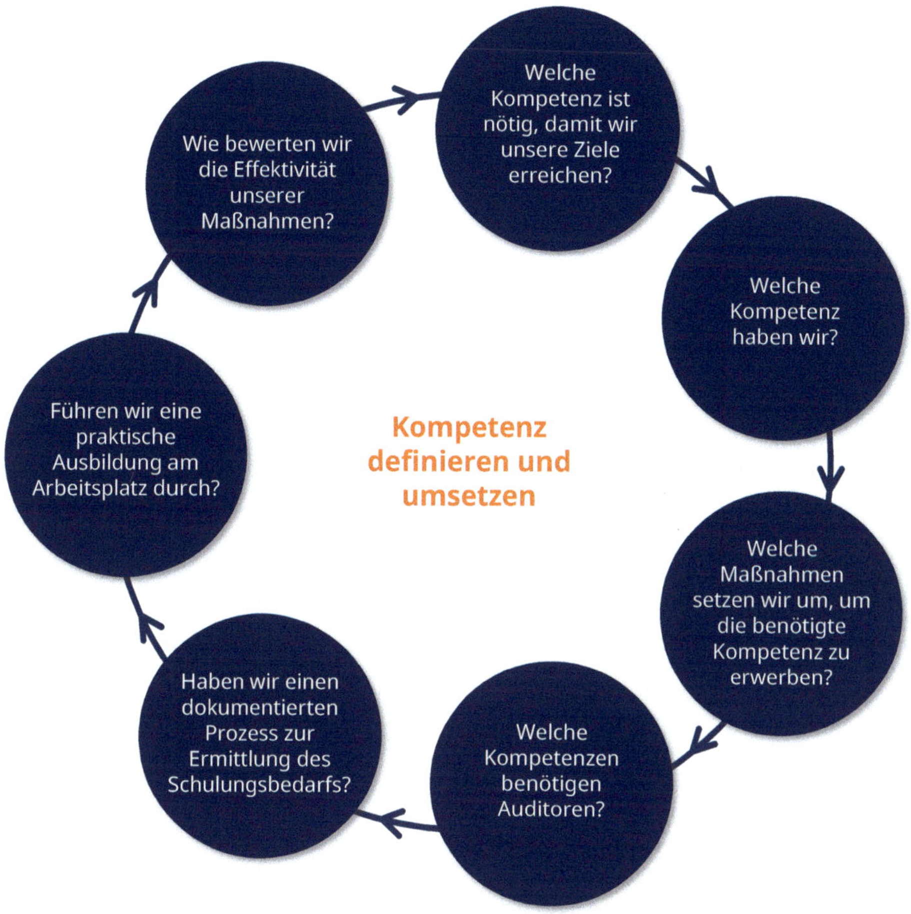

Bild 7.4 Abschnitt 7.2 der ISO 9001 und IATF 16949 im Überblick

Bei Kompetenzlücken müssen Maßnahmen eingeleitet und bewertet werden, damit diese Lücken geschlossen werden, beispielsweise durch Schulungsmaßnahmen, Einstellen von neuem, entsprechend kompetentem Personal, das Outsourcen der Tätigkeit, Mentoring etc. Dieser Normabschnitt ist eng an den Normabschnitt 5.1 geknüpft. Die Führung ist dafür verantwortlich, dass die benötigte Kompetenz vorhanden ist.

Dokumentierte Information

Sie müssen den Kompetenznachweis „angemessen" schriftlich festhalten, beispielsweise durch Schulungspläne, eine Kompetenzmatrix etc.

Unterstützende Werkzeuge (Auswahl)

- Einarbeitungspläne
- Feedbackgespräche
- Checklisten
- Schulungen
- Lernzirkel
- Kompetenzmatrix
- Anforderungsmatrix

7.2.1 Kompetenz – Ergänzung (*X*)

Dieser Abschnitt ergänzt die Anforderungen der ISO 9001 und zielt darauf ab, dass in Unternehmen die Ermittlung des Schulungsbedarfs systematisch durchgeführt wird.

Folgende Fragen stehen im Fokus dieses Normabschnitts:

- Liegt ein dokumentierter Prozess zur Ermittlung des Schulungsbedarfs vor?
- Werden in dem Prozess Maßnahmen zum Kompetenzerwerb berücksichtigt?
- Enthält der Prozess Informationen darüber, wie Mitarbeitende durch Schulung befähigt werden, Risiken wie Anlagenstörungen oder Cyberangriffe frühzeitig zu erkennen? (SI-Nr. 22)

Schulungen sind Maßnahmen, mit deren Hilfe sichergestellt wird, dass alle Mitarbeitenden den gestellten Anforderungen ihrer Tätigkeiten entsprechend geschult und ausgebildet werden und somit über ausreichendes Fachwissen verfügen. Außerdem wird sichergestellt, dass durch regelmäßige Überprüfung der notwendigen Anforderungen auch entsprechende Fort- und Weiterbildungsmaßnahmen geplant und durchgeführt werden.

Das Unternehmen steht aufgrund der Anforderungen der IATF 16949 in erster Linie in der Pflicht, für eine angemessene Kompetenz der Mitarbeitenden zu sorgen, deren Tätigkeiten die Erfüllung der Produktanforderungen beeinflussen (direkt und indirekt).

Zudem wird gefordert, dass Mitarbeitende, die besondere Tätigkeiten ausführen, beispielsweise prüfen oder schweißen, die entsprechenden Qualifikationen vorweisen müssen, damit die Kundenanforderungen vollständig erfüllt werden können.

Dokumentieren Sie einen Prozess, der Vorgaben enthält, wie Kompetenzen analysiert, Kompetenzlücken identifiziert und Entwicklungsmaßnahmen geplant und durchgeführt werden. Binden Sie den Prozess in Ihr QMS ein. Wie die notwendigen Kompetenzen ermittelt werden, bleibt Ihnen überlassen. Sie müssen Ihre Vorgehensweise in dem Prozess vorgeben. Der Prozess muss Maßnahmen zur Bewusstseinsbildung enthalten, um die Produkt- und Prozesskonformität zu erreichen und sicherzustellen.

Der Prozess zur Ermittlung des Schulungsbedarfs sollte sich nicht nur auf die unmittelbar erforderlichen Schulungen beschränken, sondern auch Raum für zukünftige Perspektiven bieten und damit in Richtung Personalentwicklung gehen. Nur so können qualitativ hochwertige Leistungen erfolgen und den Gegebenheiten des Markts sowie dem technischen Fortschritt kann Rechnung getragen werden.

Dokumentierte Information

Ein dokumentierter Prozess zur Ermittlung des Schulungsbedarfs muss eingeführt sein und aufrechterhalten werden.

Unterstützende Werkzeuge (Auswahl)

- Skill-Matrix
- Funktionsbeschreibungen
- Schulungs- und Weiterbildungspläne
- Wirksamkeitskontrolle von Schulungs- und Weiterbildungsmaßnahmen
- Prozessmanagement
- Digitale Tools zur Verwaltung von Qualifikationen, Schulungsplänen und Wirksamkeitskontrollen

7.2.2 Kompetenz – praktische Ausbildung am Arbeitsplatz (*X*)

Im Zentrum der Ausführungen dieses Normabschnitts stehen folgende Fragen:

- Führt das Unternehmen für sein Personal (inklusive befristet eingestelltem oder vertraglich beauftragtem Personal) eine Ausbildung am Arbeitsplatz für alle neuen oder geänderten Tätigkeiten durch, die einen Einfluss auf die Produktqualität haben?
- Sind die Schulungen so konzipiert, dass dabei die Komplexität der Aufgabe und das Bildungsniveau der Mitarbeitenden berücksichtigt werden?
- Erfolgen Schulungen für Mitarbeitende, deren Tätigkeit Einfluss auf die Qualität haben kann, über die Auswirkungen von Fehlern beim Kunden für den Fall der Nichterfüllung von Qualitätsanforderungen?

Die für bestimmte Tätigkeiten erforderliche Qualifikation muss arbeitsplatzbezogen mit dem notwendigen Detaillierungsgrad durch den Fachvorgesetzten ermittelt werden. Veränderungen der Qualifikation der Mitarbeitenden werden im Sinne der IATF durch die Ermittlung des Aus- und Weiterbildungsbedarfs im Rahmen des Schulungsplans definiert. Es muss auch dafür Sorge getragen werden, dass alle Mitarbeitenden, die z. B. neu eingestellt werden oder ihren Verantwortungsbereich wechseln, durch eine direkte Ausbildung am Arbeitsplatz geschult werden.

Die Ausbildung am Arbeitsplatz kann beispielsweise über die Kompetenzmatrix geplant werden. Prüfen Sie, ob die Personen, die die Schulung durchführen, über die erforderlichen Qualifikationen und Erfahrungen verfügen.

Stellen Sie sicher, dass durch gezielte Schulung und Sensibilisierung dazu beigetragen wird, Risiken für die Organisation zu minimieren – insbesondere durch die Vermittlung von Kenntnissen zur Erkennung möglicher Anzeichen technischer Ausfälle oder versuchter Cyberangriffe, die für ihre spezifischen Aufgaben und die Arbeitsumgebung relevant sind. (SI-Nr. 22)

Unterstützende Werkzeuge (Auswahl)

- On-the-Job-Trainingsprogramme
- Kompetenzbewertung und -nachweis
- Ausbildungsprogramme für Trainer
- Skill-Management-Software
- Lernmanagementsysteme
- Blended Learning
- Onlineseminare
- Fehlerkataloge

Tabelle 7.8 fasst die wichtigen Aspekte zu dem Normabschnitt 7.2 der ISO 9001 und den Abschnitten 7.2.1 und 7.2.2 der IATF 16949 zusammen.

Tabelle 7.8 Kompetenz ermitteln und vorhandene Kompetenzlücken schließen – Normabschnitt 7.2 der ISO 9001 und Normabschnitte 7.2.1 und 7.2.2 der IATF 16949 umsetzen

Leitfragen ▪ Welche Kompetenz ist erforderlich? ▪ Ist die benötigte Kompetenz vorhanden? ▪ Wie lassen sich etwaige Lücken schließen? ▪ Wie lässt sich die Effektivität der Maßnahme(n) bewerten? ▪ Ist ein Prozess zur Ermittlung des Schulungsbedarfs eingeführt? ▪ Wird eine praktische Ausbildung am Arbeitsplatz durchgeführt?
Ziel: Sicherstellung, dass das Personal über die notwendige Kompetenz verfügt

Umsetzungshinweis

- Bestimmen Sie die erforderlichen Kompetenzen im Unternehmen, z. B. in Form von Qualifikationsmatrizen, in denen dargestellt wird, welche Kompetenz welcher Mitarbeitende besitzt.
- Leiten Sie hieraus einen Schulungsplan ab, welche Kompetenzen gefördert werden müssen (Ermittlung des Schulungsbedarfs).
- Führen Sie die Schulungsmaßnahmen wie geplant durch (intern und extern). Auch Maßnahmen wie Mentoring, Jobrotation oder Ähnliches fallen hierunter.
- Sammeln Sie geeignete Schulungsnachweise. Wo keine externen Nachweise vorhanden sind, sollte ein eigener Schulungsnachweis erstellt werden.
- Prüfen Sie die Wirksamkeit der Schulungen (je nach Unternehmensgröße ggf. schriftlich).

Dokumentieren Sie einen Prozess, der Vorgaben für die Ermittlung des Schulungsbedarfs sowie für die Bewusstseinsbildung enthält.

- In der Praxis hat sich beispielsweise die Kompetenzmatrix oder das Kompetenzrad bewährt, damit Kompetenzen ermittelt und entwickelt werden können.

Führen Sie Schulungen, die die Komplexität der Tätigkeit sowie den notwendigen Detaillierungsgrad enthalten, direkt am Arbeitsplatz durch.

- Berücksichtigen Sie befristet eingestellte oder vertraglich beauftragte Mitarbeitende. Dokumentieren Sie die durchgeführten Schulungen und bewahren Sie die Nachweise auf.

Informieren Sie Mitarbeitende, die innerhalb ihrer Tätigkeit Einfluss auf die Qualität haben, über die Fehlerfolgen, die entstehen können, wenn Kundenanforderungen nicht erfüllt werden.

(Weghorn 2022; Brückner 2019)

Mögliche Auditnachweise

- Anforderungsprofile
- Liste wiederkehrend durchzuführender Schulungen und Einweisungen
- Kompetenzmatrix
- Stellen-/Funktionsbeschreibungen
- Mitarbeitergespräche
- Einarbeitungspläne
- Schulungsbedarfsanalyse
- Schulungspläne
- On-the-Job-Trainingsprogramme (OJT)
- Mentoringprogramme
- Nachweise der Qualifikation der Trainer/Mentoren
- Qualifikationsnachweise (Teilnahmebescheinigungen, Listen, Zertifikate, OJT ...)
- Wirksamkeitsbewertungen über Teilnehmerfeedback, Vorgesetztenfeedback, Tests, Probearbeiten, Kennzahlen zur Arbeitsleistung, OJT
- Kundenanforderungen

(Gietl/Lobinger 2022, Brückner 2019)

7.2.3 Kompetenz von internen Auditoren (✗)

Der Erfolg von Audits hängt wesentlich von der Qualifikation der Auditoren ab. Die Anforderungen an interne Auditoren sind in der ISO 19011 sowie in der IATF 16949 in Abschnitt 7.2.3 festgelegt.

Zu den internen Auditoren gehören System-, Prozess- und Produktauditoren.

Kernfragen dieses Normabschnitts sind:

- Ist ein dokumentierter Prozess eingeführt, der die Kompetenz interner Auditoren sicherstellt?
- Verfügen interne System-, Prozess- und Produktauditoren über die Mindestkompetenzen nach IATF 16949?
- Verfügen die eingesetzten Trainer, die Auditorentrainings durchführen, über die notwendigen Kompetenzen?
- Gibt es dokumentierte Nachweise, dass die Kompetenzen der eingesetzten Trainer den Anforderungen des Abschnitts 7.2.3 entsprechen?

Die fachspezifischen Kenntnisse richten sich nach der Auditart (Systemaudit, Prozessaudit, Produktaudit oder Compliance-Audit) und den abgeleiteten Auditkriterien sowie der Unternehmensbranche (Dienstleistungsunternehmen, produzierendes Gewerbe, Hightechprodukte etc.). Außerdem sind Kenntnisse über das unternehmensindividuelle Managementsystem notwendig.

Allgemeine Anforderungen	Mindest - Kompetenzen für interne Systemauditoren (1st. Party)	Zusätzliche Mindest - Kompetenzen für Prozessauditoren	Zusätzliche Mindest - Kompetenzen für Produktauditoren
• Dokumentierter Prozess, der Vorgaben enthält, damit die Kompetenz der internen Auditoren sichergestellt wird • Bei der Festlegung des Prozesses müssen die Anforderungen durch die Organisation selbst definiert und/oder Kundenanforderungen berücksichtigt werden • Alle qualifizierten Auditoren müssen in einer Liste geführt werden • Dokumentierte Nachweise der Kompetenz von Trainern	• Verständnis für den prozessorientierten Ansatz und der risikobasierten Denkweise • Verständnis für die relevanten kundenspezifischen Anforderungen • Verständnis für die Anforderungen der ISO 9001:2015 sowie der IATF 16949 • Verständnis relevanter Anforderungen zu Qualitätstechniken und -methoden wie z.B. der Core Tools • Auditplanung, Auditdurchführung, Berichterstellung sowie Maßnahmenplanung	• Technisches Verständnis für die relevanten Produktionsprozesse • Verständnis für prozessbezogene Risikoanalysen z.B. FMEA • Verständnis für Produktionslenkungspläne (PLP)	• Kompetenz, die Anforderungen an die relevanten Produkte zu verstehen • Handhabung der relevanten Mess- und Prüfmittel, die zur Überprüfung der Produktkonformität eingesetzt werden

Bild 7.5 Überblick über die Mindestanforderungen an die Kompetenz interner Auditoren

Ein Auditor sollte eine Ausbildung abgeschlossen haben, die in ausreichendem Maß den Erwerb der Kenntnisse und Fähigkeiten beinhaltet. Er sollte Berufserfahrung in einer technischen, leitenden oder beruflichen Funktion haben, wozu Urteilsvermögen, Problemlösungen und Kommunikation mit anderem Leitungspersonal oder Kollegen, mit Kunden oder anderen interessierten Parteien erforderlich sind. Der Auditor sollte außerdem an einer Auditorenschulung teilgenommen haben, die zur Entwicklung der notwendigen Kenntnisse und Fähigkeiten für die Auditdurchführung beisteuert.

Bild 7.5 stellt die Mindestanforderung an den Auditprozess und die Kompetenz von internen Auditoren der IATF 16949 im Überblick dar. Die Anpassungen der SI-Nr. 4 sind enthalten.

Für weitergehende Informationen im Hinblick auf Kompetenzen von Auditoren wird auf die ISO 19011 verwiesen. Die allgemeinen Kompetenzen umfassen Aspekte wie:

- Auditdurchführungskompetenz, z. B. Auditprinzipien, Auditverfahren, Audittechniken,
- Methodenkompetenz, z. B. Grundlagen statistischer Methoden, Grundlagen der Prüfplanung und Prüftechnik, Prozesslenkung, Kennzahlensysteme,
- Managementsystem- und Referenzdokumente, z. B. Dokumentenlenkung, Aufbewahrungsfristen,
- Gesprächsführungskompetenz, z. B. Kommunikations- und Verhaltensregeln.

Die persönlichen Eigenschaften, die ein Auditor haben sollte, sind in Abschnitt 7.3.3 der ISO 19011 festgelegt:

- Berufsethik (unparteiisch, ehrlich, diskret etc.), Aufgeschlossenheit (bereit, alternative Ideen oder Standpunkte zu erwägen),
- Diplomatie (taktvoll im Umgang mit Menschen),
- Auffassungsgabe (schnell und instinktiv Situationen erfassen und verstehen),
- Entscheidungsfähigkeit (rechtzeitige Schlussfolgerungen durch logisches Denken),
- Sorgfalt (angemessene berufliche Sorgfalt).

Abschnitt 7.3.4 der ISO 19011 enthält Anforderungen an die fachspezifischen Kenntnisse und Fertigkeiten:

- Verständnis für Managementsystem- und Referenzdokumente, um den Auditumfang zu erkennen und Auditkriterien anzuwenden,
- Erfassung von organisatorischen Situationen, um den operationalen Zusammenhang der Organisation zu verstehen,
- Kenntnis der zutreffenden Gesetze, Vorschriften und anderen Anforderungen in Bezug auf das Fachgebiet, um die Anforderungen, die für die zu auditierende Organisation gelten, zu kennen und zu beachten.

In Abschnitt 7.5 der ISO 19011 werden Informationen zur Aufrechterhaltung der Qualifikation und Auditierungsfähigkeit von Auditoren gegeben. Die Aufrechterhaltung der Qualifikation kann durch folgende beispielhaft aufgezählte sachliche Nachweise erwirkt werden:

- zusätzliche Arbeitserfahrung,
- Schulung,
- privates Studium,
- Privatunterricht,
- Teilnahme an Sitzungen, Seminaren und Konferenzen,
- andere entsprechende Tätigkeiten.

Dokumentierte Information

Der Prozess über die Ermittlung und Aufrechterhaltung der Kompetenz interner Auditoren muss dokumentiert vorliegen. Die von der Organisation definierten Anforderungen sowie die Kundenanforderungen müssen berücksichtigt werden.

Nachweise wie z. B. über Schulungen, eine Liste aller qualifizierten Auditoren müssen aufbewahrt werden.

Unterstützende Werkzeuge (Auswahl)

- Interne/Externe Schulungen für beispielsweise ISO 9001, IATF 16949, ISO 19011, Core-Tools, VDA 6.3
- Kompetenzmatrix
- Liste der Auditoren
- Leitfäden und Checklisten für Auditoren
- Auditprogramm
- On-the-Job-Trainings
- Leistungsbeurteilungen der Auditoren
- Auditplanungstools

7.2.4 Kompetenz der Second-Party-Auditoren (*X*)

Die Auditoren, die Audits bei Lieferanten durchführen, müssen dieselben Kernkompetenzen wie interne Systemauditoren besitzen. Es hat sich bewährt, wenn sie noch über weitere Kompetenzen verfügen, beispielsweise Erfahrung in den zu auditierenden Branchen oder notwendige Fremdsprachen, um die Audits bei externen Anbietern durchführen zu können.

Im Fokus dieses Normabschnitts steht die folgende Fragestellung:

- Über welche Kompetenzen müssen 2nd-Party-Auditoren mindestens verfügen?

Das bedeutet, dass Organisationen, die Audits bei ihren Lieferanten durchführen, sicherstellen müssen, dass die eingesetzten Auditoren die erforderliche Kompetenz besitzen. Dies umfasst spezifische Schulungen, Kenntnisse der IATF 16949 sowie praktische Auditerfahrung, um Lieferanten effektiv und gemäß den Anforderungen der Norm bewerten zu können.

Unterstützende Werkzeuge (Auswahl)

- Schulungsprogramme, z. B. zu kundenspezifischen Anforderungen
- Produktschulungen
- Kompetenzmatrix
- Auditorenbefugnisse
- Leitfäden und Checklisten für Auditoren
- Auditprogramm
- Leistungsbeurteilungen der Auditoren
- Feedback-Mechanismen
- Wissensdatenbanken

Tabelle 7.9 fasst die wichtigen Aspekte zu den Normabschnitten 7.2.3 und 7.2.4 der IATF 16949 zusammen.

Tabelle 7.9 Kompetenzen für interne und 2nd-Party-Auditoren –Normabschnitte 7.2.3 und 7.2.4 der IATF 16949 umsetzen

Leitfragen ▪ Ist ein dokumentierter Prozess eingeführt, der die Kompetenz von internen Auditoren sicherstellt? ▪ Sind die eingesetzten Trainer ausreichend qualifiziert? ▪ Verfügen die eingesetzten 2nd-Party-Auditoren über die notwendigen Kompetenzen?
Ziel: Sicherstellung, dass Auditoren und Trainer über die notwendige Kompetenz verfügen
Umsetzungshinweis ▪ Dokumentieren Sie einen Prozess, der mindestens von Ihrer Organisation erstellte Vorgaben zu den Anforderungen an die Ausbildung und Erfahrung der Auditoren und zur Planung und Durchführung von regelmäßigen Schulungen und Weiterbildungen enthält. Zudem sollte er Vorgaben zur Erreichung, Bewertung und Aufrechterhaltung der Auditorenkompetenz enthalten. ▪ Bilden Sie Ihre internen Systemauditoren dahingehend aus, dass sie die Prozessorientierung, die kundenspezifischen Anforderungen, die Anforderungen der Norm, relevante QM-Methoden sowie den Auditprozess verstehen. ▪ Bilden Sie Ihre internen Prozessauditoren dahingehend aus, dass sie ausreichende technische Kenntnisse des relevanten Produktionsprozesses vorweisen können und prozessbezogene Risikoanalysen (FMEA) und Produktionslenkungspläne verstehen. ▪ Achten Sie bei der Ausbildung Ihrer Produktauditoren darauf, dass sie die relevanten Anforderungen an das Produkt und die Handhabung der relevanten Mess- und Prüfmittel verstehen.

Tabelle 7.9 Kompetenzen für interne und 2nd-Party-Auditoren –Normabschnitte 7.2.3 und 7.2.4 der IATF 16949 umsetzen *(Fortsetzung)*

▪ Stellen Sie sicher, dass die Trainer, die Sie für die Ausbildung Ihrer Auditoren einsetzen, über die notwendigen Kompetenzen verfügen. Nachweise können beispielsweise Zeugnisse und Zertifikate der Trainer, Angaben über deren Berufsausbildung, Praxis- und Branchenerfahrung sowie Bewertungen durch Teilnehmende früherer Seminare sein. ▪ Setzen Sie nur 2nd-Party-Auditoren ein, die die erforderlichen Nachweise erbringen können, beispielsweise zur VDA 6.3 bzw. VDA 6.5. Wenn Sie eigene Auditoren einsetzen, müssen Sie dafür Sorge tragen, dass sie die geforderten Ausbildungsgänge absolviert haben. ▪ Achten Sie darauf, dass Ihr 2nd-Party-Auditor die spezifischen Kundenanforderungen kennt, die für sein Lieferantenaudit von Bedeutung sind. Denn die spezifischen Anforderungen des Kunden müssen auch vom jeweiligen Lieferanten befolgt werden. Vor dem 2nd-Party-Audit muss der jeweilige Auditor alle entsprechenden relevanten Informationen zur Verfügung gestellt bekommen.
Mögliche Auditnachweise ▪ Dokumentierter Prozess zur Auditorenqualifikation ▪ Schulungsnachweise ▪ Erfahrungsnachweise, z. B. Anzahl und Art von Audits ▪ Liste der qualifizierten Auditoren ▪ Auditprogramm ▪ Kundenspezifische Anforderungen ▪ Erfahrungsnachweise der 2nd-Party-Auditoren in der Automobilindustrie ▪ Requalifizierungsnachweise (Brückner 2019)

7.3 Bewusstsein für Qualität fördern

Alle Personen, die für das Unternehmen tätig sind und die Leistung und die Effektivität des QMS beeinflussen, müssen über ein entsprechendes Bewusstsein darüber verfügen, wie sich ihre Handlungen auswirken (Bild 7.6). Wenn mir beispielsweise bewusst ist, dass eine unfreundliche Reaktion auf eine Kundenreklamation nicht kundenorientiert ist, dass ich damit eventuell eine Chance auf Verbesserung nicht nutze und dadurch womöglich Ziele nicht erreicht werden, werde ich eher bereit sein, nachzufragen, die Reklamation ernst zu nehmen und einen freundlichen Ton zu wählen.

Bei den Personen, die für das Unternehmen arbeiten und die das QMS beeinflussen können, müssen folgende Fragen geklärt sein:

- Sind sich die beteiligten Personen der Qualitätspolitik und der für sie relevanten Qualitätsziele bewusst?
- Ist ihnen ihr Beitrag zur Wirksamkeit (Effektivität) und Verbesserung der Leistung des QMS bewusst?

- Sind ihnen die Folgen klar, die ein Nichterfüllen der Anforderungen des QMS mit sich bringt?
- Kennen sie den Nutzen, der mit dem Erfüllen von Anforderungen einhergeht?

Die ISO 9001 spricht hier von Bewusstsein:

Bewusstsein ist mehr als Kennen oder ein Darüber-Bescheid-Wissen. Es zielt darauf ab, dass sich eine Unternehmenskultur entwickelt, in der Qualitätsbewusstsein die zentrale Rolle spielt.

Die IATF 16949 fügt in Abschnitt 7.3.1 noch hinzu, dass sämtliche Nachweise für die Vermittlung und Aufrechterhaltung des Bewusstseins aufbewahrt werden müssen und dass die Bewusstseinsbildung um die Anforderungen der Kunden sowie um die Risiken und Folgen bei der Herstellung nichtkonformer Produkte ergänzt werden. Die IATF 16949 fordert in Abschnitt 7.3.2 darüber hinausgehend, dass ein Prozess für die Motivation der Mitarbeitenden dokumentiert und eingeführt sein muss.

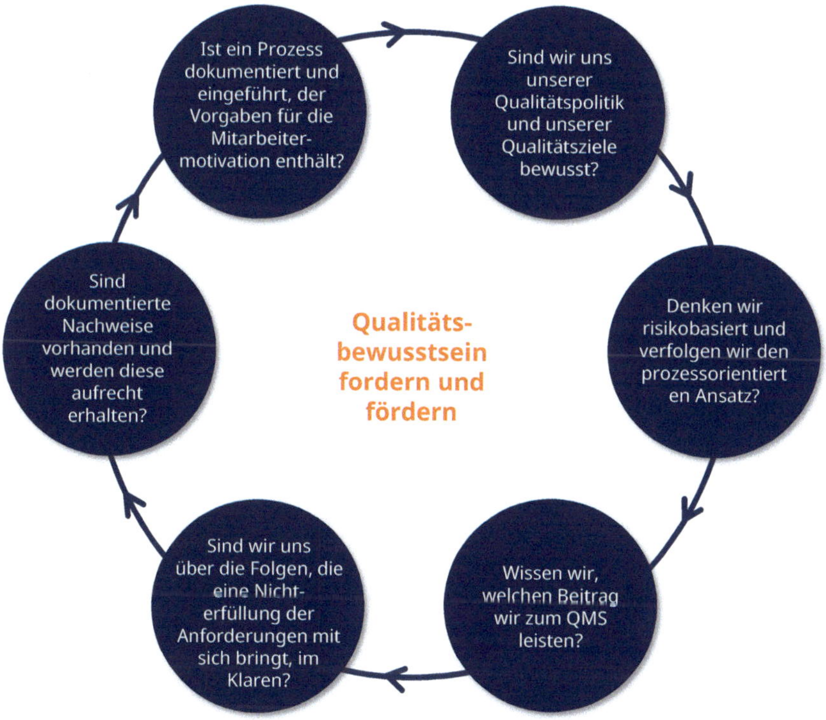

Bild 7.6 Abschnitt 7.3 der ISO 9001 und IATF 16949 im Überblick

Qualitätsbewusstsein hat mit Verantwortungsübernahme, mit vorausschauendem und ganzheitlichem Denken, Prozess- und Kundenorientierung zu tun. Im Sinne der Norm müssen dazu die Beteiligten die Vorteile eines QMS kennen und sollten so weit wie möglich einbezogen werden. Ist klar, warum etwas zu tun ist, welchen Nutzen bzw. Sinn das Ganze hat, dass dabei auch Möglichkeiten der Einflussnahme oder Gestaltungsspielräume bestehen, kombiniert mit Wertschätzung und Wahrnehmung der Vorbildfunktion der Führung, dann ist die Wahrscheinlichkeit sehr hoch, dass die Mitarbeitenden ein entsprechendes Bewusstsein entwickeln. Zu einem bestimmten Bewusstsein braucht es bestimmte Werte, eine bestimmte Unternehmenskultur.

Wer Wein predigt und Wasser ausgibt, hat schlechte Karten.

Personen, die das QMS durch ihre Arbeit beeinflussen, müssen sich der Qualitätspolitik und der Qualitätsziele bewusst sein. Es geht hier um alle Personen, die die Wirksamkeit und Leistung des QMS beeinflussen und dazu beitragen, dass die Konformität der Produkte und Dienstleistungen erreicht wird; also auch um Leiharbeiter etc. Die Qualitätspolitik und die Qualitätsziele müssen immer wieder kommuniziert werden und für die Beteiligten einsehbar sein. Durch Nachfragen kann beispielsweise geklärt werden, ob diese Information auch wirklich bei den Beteiligten angekommen ist. Werden die Qualitätspolitik und die Qualitätsziele von den Beteiligten selbst (mit)erarbeitet, dann ist die Wahrscheinlichkeit hoch, dass sie sich dieser bewusst sind.

Alle Personen, die das QMS durch ihre Arbeit beeinflussen, müssen sich klar darüber sein, was sie in Bezug auf die Leistung und die Effektivität (Wirksamkeit) des QMS beitragen und auch welche Folgen das Nichterfüllen einer Anforderung des QMS mit sich bringt. Alle Beteiligten müssen erkennen, warum es sinnvoll ist, die Anforderungen des QMS zu erfüllen, und wie fatal es sein könnte, diese nicht zu erfüllen, beispielsweise wenn geforderte Sicherheitsmaßnahmen nicht erfüllt oder fehlerhafte Teile ausgeliefert werden. Unterstützen kann hierbei das Ursache-Wirkungs-Diagramm (Q7).

Es muss für alle Beteiligten klar sein, welche Vorteile eine verbesserte Leistung des QMS mit sich bringt. Das Erkennen von Sinn ist motivierend und unabdingbar für jegliches Commitment!

Unterstützende Werkzeuge (Auswahl)

- Feedbackgespräche
- Transparente und fortlaufende Kommunikation
- Q7

7.3.1 Bewusstsein - Ergänzung (✗)

Das Bewusstsein, dass Mitarbeitende im Unternehmen für Qualität entwickeln, ist entscheidend für die Auslieferung qualitativ hochwertiger Produkte.

Dieser Abschnitt behandelt vorrangig folgende Fragen:

- Werden sämtliche Nachweise für die Vermittlung und Aufrechterhaltung des Bewusstseins aufbewahrt?
- Sind den Mitarbeitenden die Kundenanforderungen sowie die Risiken, die mit nichtkonformen Produkten einhergehen, bewusst?

Bei diesen Anforderungen geht es nicht nur um die Bewusstseinsbildung, sondern auch um die Kommunikation im Unternehmen. Diese Kommunikation sollte Top-down erfolgen, d.h. von der Führungsebene nach unten. Es muss ersichtlich sein, dass das Qualitätsmanagement von den Führungskräften vorgelebt wird.

Die Kommunikation kann z.B. durch

- Meetings,
- Betriebsversammlungen,
- Schulungen,
- Aushänge oder
- Rundmails

erfolgen.

Dokumentierte Information

Nachweise über die erfolgte Durchführung von bewusstseinsbildenden Maßnahmen müssen aufbewahrt werden.

Unterstützende Werkzeuge (Auswahl)

- Schulungen und Weiterbildung
- Regelmäßige Besprechungen
- Interne Kommunikationskanäle
- Produktionslenkungsplan (PLP)
- Leistungsbeurteilungen

7.3.2 Mitarbeitermotivation (X)

Mitarbeitende zu motivieren ist keine leichte Aufgabe. Den Grundstein legen die Unternehmensleitung und die Führungskräfte, indem sie überhaupt zur aktiven Motivation ihrer Mitarbeitenden bereit sind. Erwiesenermaßen liegt die Arbeitsleistung bei motivierten Mitarbeitenden wesentlich höher als bei unmotivierten oder frustrierten Mitarbeitenden. Neben systematischen Methoden wie Mitarbeitergesprächen, Personalentwicklung, Coaching oder Konfliktlösung sind die Grundvoraussetzungen für motivierte Mitarbeitende in einer offenen Kommunikation und mit transparenten Informationen sowie durch den jeweiligen Führungsstil und eine vertrauensvolle Zusammenarbeit gegeben.

Ein besonderes Augenmerk gilt in diesem Abschnitt der folgenden Frage:

- Ist ein dokumentierter Prozess für die Mitarbeitermotivation eingeführt?

Je stärker eine Kommunikation zwischen der Führungsperson und ihren Mitarbeitenden in Form von Gesprächen stattfindet, umso mehr lässt sich auch ein Mitarbeitender motivieren. Das bedeutet, dass sich Führungsverhalten, Kommunikation und Motivation nicht trennen lassen.

Dokumentierte Information

Der Prozess zur Motivation der Mitarbeitenden muss dokumentiert vorliegen.

Unterstützende Werkzeuge (Auswahl)

- Betriebliches Vorschlagswesen
- KVP-Workshops
- Qualitätszirkel
- Anerkennungsprogramme
- Führungskräfte als Coach oder Mentor

Tabelle 7.10 gibt einen Überblick über die wichtigen Aspekte zu diesen Normabschnitten

Tabelle 7.10 Qualitätsbewusstsein entwickeln und Mitarbeitende motivieren – Normabschnitt 7.3 der ISO 9001 und 7.3.1, 7.3.2 der IATF 16949 umsetzen

Leitfragen

- Sind sich die beteiligten Personen der Qualitätspolitik und der für sie relevanten Qualitätsziele bewusst?
- Ist ihnen ihr Beitrag zur Wirksamkeit (Effektivität) und Verbesserung der Leistung des QMS bewusst?
- Sind ihnen die Folgen klar, die ein Nichterfüllen der Anforderungen des QMS mit sich bringen?
- Haben die Mitarbeitenden ein Bewusstsein für die Kundenanforderungen entwickelt?
- Kennen die Mitarbeitenden die Risiken, die mit nichtkonformen Produkten einhergehen?
- Ist ein dokumentierter Prozess für die Mitarbeitermotivation eingeführt, der Vorgaben zur Erreichung, Aufrechterhaltung und Verbesserung der Qualität sowie Technologien zur Förderung der Innovation enthält?

Ziel: Schaffen und Weiterentwickeln eines Qualitätsbewusstseins und der Motivation der Mitarbeitenden

Umsetzungshinweis

Schaffen Sie das notwendige Qualitätsbewusstsein, indem Sie eine Verpflichtungserklärung für die Mitarbeitenden erstellen, in der folgende Informationen verankert sind (z. B. Auszüge aus dem QM-Handbuch bzw. der dokumentierten Information):

- Qualitätspolitik
- Qualitätsziele
- Beitrag der Mitarbeitenden am QMS
- Folgen von Fehlern (Nichterfüllung von Forderungen)

Verwenden Sie unterschiedliche Möglichkeiten, um das Qualitätsbewusstsein zu stärken:

- Vermitteln Sie die Inhalte durch geeignete Veranstaltungen und holen Sie von jedem Mitarbeitenden eine Unterschrift zu dieser Verpflichtungserklärung ein.
- Bewahren Sie sämtliche relevanten Nachweise zur Bewusstseinsbildung auf; beispielsweise um Schulungsunterlagen, Teilnahmebescheinigungen, interne Unterweisungsnachweise, Aufzeichnungen zu Beobachtungen.
- Informieren Sie Ihre Belegschaft regelmäßig über die aktuellen Anforderungen der Kunden, beispielsweise mittels Schulungen, internen Unterweisungen, Teambesprechungen. Führen Sie Nachweise über die durchgeführte Informationsvermittlung.
- Sensibilisieren Sie Ihre Mitarbeitenden regelmäßig über die Folgen bei der Auslieferung von nichtkonformen Produkten. Das kann beispielsweise in Regelmeetings, Shopfloor-Besprechungen etc. integriert werden. Es können auch Informationsmaterialien wie beispielsweise Fehlerkataloge oder Poster zur Verfügung gestellt werden. Auch Wissensdatenbanken können eine entsprechende Bewusstseinsbildung unterstützen.
- Dokumentieren Sie einen Prozess, wie Sie Ihre Mitarbeitenden motivieren, der Vorgaben auf die Erfüllung der Qualitätsziele enthält.
- Stellen Sie sicher, dass der Prozess auch das Technologiebewusstsein fördert, beispielsweise durch Vorgaben für technische Schulungen, Workshops, Fehlerkultur oder Informationsveranstaltungen.

(Weghorn 2022, Brückner 2019)

Tabelle 7.10 Qualitätsbewusstsein entwickeln und Mitarbeitende motivieren – Normabschnitt 7.3 der ISO 9001 und 7.3.1, 7.3.2 der IATF 16949 umsetzen *(Fortsetzung)*

Mögliche Auditnachweise ▪ Infotage für Mitarbeitende ▪ Definierte Werte für die Zusammenarbeit im Unternehmen ▪ Workshops zur Leitbildentwicklung, gemeinsam mit Mitarbeitenden ▪ KVP-Workshops ▪ Teambildungsmaßnahmen ▪ Qualitätszirkel (Wochen-, Monats- oder Quartalsbesprechungen) ▪ Persönliche Kommunikation der Qualitätspolitik durch Führungskräfte mit konkreten Beispielen zu der Umsetzung im Berufsalltag ▪ Breite Kommunikation von Qualitätszielen ▪ Definition von Maßnahmen zur Erreichung der Qualitätsziele unter Einbeziehung der Mitarbeitenden ▪ Agendapunkt „Beitrag zum Qualitätsmanagement" oder „Veränderungsbeiträge" im Mitarbeitergespräch ▪ Aushang von Kennzahlenentwicklungen zu relevanten Prozesskenngrößen (Wartezeiten, Ausschussquoten, Lieferterminverzögerungen, Feldrückmeldungen ...) ▪ Besprechung mit Mitarbeitenden über Qualitätsmaßnahmen und deren Auswirkungen ▪ Kommunikation von Reklamationen und deren Ursachen, Einbindung der Mitarbeitenden bei der Definition von Korrekturmaßnahmen ▪ Anerkennungssysteme (Prämien, Lob, Incentives) ▪ Betriebliches Vorschlagswesen ▪ Mitarbeiterbefragungen ▪ Programme zur Leistungsanerkennung ▪ Protokolle von Besprechungen ▪ Protokolle von Verbesserungsprojekten ▪ Motivationstrainings, (Gietl/Lobinger 2022, Brückner 2019)

7.4 Kommunikation

Die richtige Kommunikation entscheidet über Erfolg oder Nichterfolg! Eine Führungskraft, die beispielsweise offen, transparent und wertschätzend kommuniziert, wird mehr Zustimmung erfahren als eine Führungskraft, die das nicht tut. Kommunikationsmängel sind die Hauptursache von Fehlern. Wenn beispielsweise aus einer Liste mit Maschineneinstellungen nicht klar hervorgeht, welche Einstellungen nun genau vorzunehmen sind, sind Fehler vorprogrammiert. Kommunikationsprozesse sind also genau zu definieren, zu gestalten und zu optimieren.

Bei diesem Normabschnitt geht es um interne und externe Kommunikation, die in Bezug auf das QMS relevant ist. Es steht folgende Frage im Zentrum (Bild 7.7):

- Wer kommuniziert wann mit wem worüber und wie?

Bild 7.7 Abschnitt 7.4 der ISO 9001 und der IATF 16949 im Überblick

Es muss definiert werden, worüber intern über das QMS kommuniziert werden muss. Das kann beispielsweise die Qualitätspolitik oder die Qualitätsziele betreffen, aber auch die Umsetzung bestimmter Methoden, Abstimmungsgespräche, Strategie, konkrete Umsetzung, direkte Feedbackgespräche etc.

Worüber wird extern kommuniziert? Auch dies ist zu definieren. Das kann beispielsweise Kundenreklamationen oder Abstimmungen mit Lieferanten betreffen. Hier sind insbesondere die unter Normabschnitt 4 ermittelten Stakeholder (interessierte Parteien) zu berücksichtigen.

Es muss definiert werden, wer mit wem bei der internen und externen Kommunikation in Bezug auf das QMS kommuniziert. Wenn klar ist, worüber kommuniziert werden muss, kann die Frage beantwortet werden, wer mit wem kommuniziert. Welche Kommunikationsaufgaben übernimmt beispielsweise der Qualitätsmanager oder die Qualitätsmanagerin? Welche die Führung? Wer muss einbezogen werden? Wer hat die aktive Kommunikationsrolle? Gibt es beispielsweise eine eigene Kundenberatung? Wer kümmert sich um die Lieferanten?

Es muss definiert werden, wie bei der internen und externen Kommunikation in Bezug auf das QMS kommuniziert wird. Eher direkt (face-to-face) oder eher schriftlich? In Meetings mit persönlicher Anwesenheit, virtuell oder hybrid? Welche Regeln gelten bei der Kommunikation? Das sind nur einige Beispiele.

Unterstützende Werkzeuge (Auswahl)

- Kommunikationsmatrix
- Workshops
- Meetingformate zur Kommunikation
- Plakate, Infotafeln, Dashboards

Tabelle 7.11 fasst die wichtigen Aspekte zu diesem Normabschnitt zusammen.

Tabelle 7.11 Richtig kommunizieren – Normabschnitt 7.4 umsetzen

Leitfrage: Wer kommuniziert wann mit wem worüber und wie?
Ziel: Festlegen der internen und externen Kommunikation
Umsetzungshinweis Prüfen Sie kritisch, wie aufgrund Ihrer Organisationsgröße vernünftig kommuniziert werden sollte. Bedenken Sie dabei, dass Information einseitig und Kommunikation zweiseitig ist. ▪ Folgende Punkte müssen im Sinne der Norm festgelegt werden, z. B. im QM-Handbuch oder in einer Verfahrensanweisung: Worüber wird wann mit wem wie kommuniziert? Je nach Organisationsgröße sollten Besprechungen geeignet dokumentiert werden. Hierfür empfiehlt es sich, ein strukturiertes Formblatt mit To-do-Block zu verwenden. (Weghorn 2022)
Mögliche Auditnachweise ▪ Routinebesprechungen für Qualitätsprobleme bzw. Reklamationen ▪ Routinebesprechungen zur Koordination und Abstimmung innerhalb oder zwischen den Abteilungen und Prozessen ▪ Gruppenschulungen und andere Zusammenkünfte ▪ Eignung und Nutzung audiovisueller und elektronischer Medien ▪ Bekanntheit der Ansprechpartner für Expertenthemen ▪ Festlegungen zur Erreichbarkeit und von Reaktionszeiten ▪ E-Mail-Handhabungsregelungen ▪ Anschlagtafeln, unternehmensinterne Zeitschriften/Magazine ▪ Kommunikationswege zu interessierten Parteien, vor allem zu Behörden und Lieferanten ▪ Technische Voraussetzungen für verschiedene Kommunikationswege (Videokonferenz, Dateiformate, Mobiltelefon ...) ▪ Kundenkommunikation (siehe Normabschnitt 8.2.1) (Gietl/Lobinger 2022)

7.5 Dokumentierte Information sicherstellen

Dokumente und Aufzeichnungen bilden bei Managementsystemen die grundlegende Basis. In der ISO 9001 und IATF 16949 wird zusammenfassend von „dokumentierten Informationen“ gesprochen. Die Akzeptanz eines QMS steht und fällt mit den dokumentierten Informationen, die die Vorgaben, Zusammenhänge und Abläufe für die Mitarbeitenden eindeutig darstellen. Bild 7.8 fasst die Anforderungen zusammen.

Es stehen folgende Fragen im Zentrum:

- Was muss verpflichtend dokumentiert werden?
- Welche Dokumentation ist sinnvoll?
- Welches Format und Medium werden angewendet?
- Wie wird sichergestellt, dass diese Dokumentation aktuell bleibt und dass Änderungen berücksichtigt werden?
- Wie ist festgelegt, wer wann wie zugreifen darf?

Sie sollten Ihre Dokumentation so gestalten, dass kein Vorwissen erforderlich ist, um sie zu verstehen, und dass sie möglichst klar und eindeutig formuliert ist. Es muss auch jeder, der zur Wirksamkeit und Leistung des QMS beiträgt, Einblick in diese Dokumentation haben. Die Managementdokumentation beinhaltet Vorgabedokumente, die Mitarbeitende bei ihrer täglichen Arbeit unterstützen und den Rahmen des jeweiligen Managementsystems bilden.

Unternehmen, die ihren Mitarbeitenden klar strukturierte Vorgabedokumente zur Verfügung stellen und darauf achten, dass alle relevanten Aufzeichnungen geführt und archiviert werden, können zu jedem Zeitpunkt nachweisen, dass ihre Dokumente und Aufzeichnungen die gestellten Anforderungen erfüllt haben.

Die IATF 16949 erweitert die Anforderungen hinsichtlich:

- der Dokumentation des QMS (Abschnitt 7.5.1.1),
- der Aufbewahrung von Aufzeichnungen (Abschnitt 7.5.3.2.1),
- technischer Spezifikationen (Abschnitt 7.5.3.2.2).

Bild 7.8 Abschnitt 7.5 der ISO 9001 und IATF 16949 im Überblick

7.5.1 Grundsätzliches zu dokumentierten Informationen

Bis auf die Aspekte, die verpflichtend dokumentiert werden müssen, können Sie selbst entscheiden, welchen Umfang die dokumentierte Information haben muss.

Im Fokus dieses Abschnitts steht die Frage:

- Was muss die Dokumentation eines QMS enthalten?

Die ISO 9001 fordert an einigen Stellen, dass Sie einen schriftlichen Nachweis liefern müssen, und dieser Nachweis muss im QMS integriert werden.

Sie müssen für Ihr Unternehmen definieren, welche Dokumentation notwendig ist, damit die Effektivität (Wirksamkeit) des QMS sichergestellt ist. Der Umfang ist davon abhängig, wie groß Ihre Organisation ist, welche Produkte und/oder Dienstleistungen Sie anbieten, von der Art der Tätigkeiten, den Prozessen, von der Komplexität der

Prozesse und deren Wechselwirkung. Auch die Kompetenz der beteiligten Personen spielt eine Rolle.

Sie müssen hier berücksichtigen, ob es gesetzliche und/oder behördliche Anforderungen gibt. Es kann auch von Ihren Kunden (beispielsweise bei Qualitätssicherungsvereinbarungen) eine Pflicht zur Dokumentation definiert werden.

Die für Ihr Unternehmen als notwendig definierte dokumentierte Information muss im QMS integriert sein.

Unterstützende Werkzeuge (Auswahl)

- Verantwortungsmatrix
- Dokumentenmanagementsystem

7.5.1.1 Dokumentation des QMS (*X*)

In diesem Abschnitt wird das Qualitätsmanagementhandbuch (QMH) näher erläutert, welches nach wie vor von der IATF 16949 gefordert wird. Es wird jedoch darauf hingewiesen, dass das QMH auch aus einer Reihe einzelner Dokumente bestehen kann, dann muss jedoch eine Liste existieren, welche Dokumente zu dem QMH gehören. Die Mindestinhalte werden vorgegeben.

Die folgende Fragestellung steht im Zentrum dieses Abschnitts:

- Enthält die QM-Dokumentation ein Qualitätsmanagementhandbuch mit den Mindestanforderungen der IATF 16949?

Das QMH muss nicht an den Abschnitten der Norm ausgerichtet sein. In der Praxis hat es sich bewährt, eine Struktur zu wählen, die an das Unternehmen angepasst ist. Zudem schreibt die IATF 16949 nicht vor, wie die Dokumentation zu erfolgen hat. Daher kann das QMS sowohl in Papierform als auch elektronisch zur Verfügung gestellt werden.

Geben Sie Ihrem Managementhandbuch eine klare Struktur und berücksichtigen Sie folgende Aspekte: Anwendungsbereich des QMS, von der IATF geforderte Prozesse für das QMS, Prozesse, die Ihre Organisation für notwendig erachtet, Dokument, aus welchem hervorgeht, an welche Stelle des QMS die kundenspezifischen Anforderungen adressiert sind.

Für die Inhalte eines QMH gelten folgende Anforderungen der IATF 16949:

- Geltungsbereich inklusive Beschreibung der Ausschlüsse
- Alle dokumentierten Prozesse einschließlich Abfolge und Wechselwirkung, die für das QMS relevant sind, oder eine Referenz darauf, z. B. durch eine Prozesslandschaft

- Lenkung von ausgegliederten Prozessen
- Eine Matrix, Tabelle oder eine Liste, die darstellt, an welche Stelle im Unternehmen kundenspezifische Anforderungen adressiert werden

---

Sehr wichtig ist der Aspekt, dass die Adressierung der kundenspezifischen Anforderungen im QMS als Anlage dem QMH zugefügt wird. Dabei kann es sich um eine Tabelle, Liste oder Matrix handeln (SI-Nr. 5). In dem Dokument müssen alle direkten Kunden des Unternehmens berücksichtigt werden, dazu gehören alle 1st-Tier- und 2nd-Tier-Lieferanten (1st-Tier: liefert direkt an OEM, 2nd-Tier: liefert nicht direkt an OEM) sowie weitere Unterlieferanten.

Dokumentierte Information

Sie müssen ein Qualitätsmanagementhandbuch (QMH) erstellen, das mindestens die Anforderungen der IATF 16949 enthält. Die Norm weist darauf hin, dass das QMH auch aus einer Reihe einzelner Dokumente bestehen kann. In diesem Fall muss eine Liste existieren, welche Dokumente zu dem QMH gehören.

Unterstützende Werkzeuge (Auswahl)

- QMH
- IT-gestütztes Dokumentenmanagementsystem
- Übersicht über kundenspezifische Anforderungen (CSR)
- Prozessmanagement

7.5.2 Erstellen und aktualisieren dokumentierter Informationen

Die folgenden Fragestellungen stehen im Zentrum dieses Normabschnitts:

- Ist unsere dokumentierte Information angemessen gekennzeichnet?
- Liegt sie in einem praktikablen Format vor?
- Wird diese angemessen geprüft und genehmigt?

Die Dokumentation muss so erstellt sein, dass geplante Prozesse wie gewünscht umgesetzt werden können. Dazu gehört, dass die Dokumentation stets aktuell gehalten wird. Das bedeutet, dass das Unternehmen ein Dokumentenlenkungssystem einführen, dokumentieren und unterhalten muss.

Die Dokumentation muss bei der Erstellung und bei Aktualisierungen angemessen gekennzeichnet werden und für alle Beteiligten eindeutig identifizierbar sein. Sie muss sich eindeutig zuordnen lassen und beim Erstellen und Aktualisieren angemessen beschrieben werden. Dabei kann es sich beispielsweise um einen Titel, um Datumsangaben und Autorennennung der Referenznummern handeln. Wenn sich beispielsweise mehrere Personen um Aktualisierungen kümmern, sollte klar sein, wer was gemacht hat.

Für die dokumentierte Information muss ein angemessenes Format benutzt werden. Beispielsweise ist es wenig sinnvoll, wenn ein Textverarbeitungssystem benutzt wird, das nur der Ersteller installiert hat; oder der Text in einer Sprache verfasst wird, die nur ein Teil der Beteiligten versteht. Die dokumentierte Information ist ein „lebendes“ Dokument, das heißt, es wird immer wieder Veränderungen geben. Diese Veränderungen müssen eingepflegt werden können, je einfacher und leichter dies möglich ist, desto besser.

Für die dokumentierte Information muss ein angemessenes Medium benutzt werden. Liegt die dokumentierte Information als Printversion vor? Oder elektronisch? Ist Internetzugang erforderlich? Das sind nur einige Beispiele für die sich stellenden Fragen. In jedem Fall muss berücksichtigt werden, dass es sehr wahrscheinlich im Laufe der Zeit Änderungen der Dokumentation geben wird.

Es muss sichergestellt werden, dass die Eignung der dokumentierten Information überprüft wird. Ist die dokumentierte Information so, dass sie die Ziele unterstützt? Neben der Überprüfung der Eignung muss diese auch „genehmigt“ (freigegeben) werden. Es muss sichergestellt werden, dass die Angemessenheit der dokumentierten Information überprüft wird. Ist die dokumentierte Information so, dass sie zum Unternehmen und zum QMS passt? Neben der Überprüfung der Angemessenheit muss auch diese „genehmigt“ werden. Dazu ist es sinnvoll, entsprechende Verantwortlichkeiten zuzuweisen.

Wenn die Dokumentation nicht mehr geeignet und/oder angemessen sein sollte, müssen entsprechende Maßnahmen eingeleitet werden und es muss eine Aktualisierung erfolgen, wobei die Vorgängerversion archiviert werden muss.

Unterstützende Werkzeuge (Auswahl)

- Dokumentenmanagementsysteme (DMS)
- Office-Software mit Versionskontrolle
- Qualitätsmanagement-Software (QMS-Systeme)
- Standardisierte Vorlagen und Formulare
- Schulungen für die Erstellung und Aktualisierung dokumentierter Informationen

7.5.3 Lenkung dokumentierter Informationen

In diesem Abschnitt stehen folgende Fragen im Mittelpunkt:

- Wer ist bei der Erstellung beteiligt?
- Wer darf was prüfen?
- Wer darf welche Dokumente freigeben?
- Wer darf Änderungen einbringen?
- Wie werden die Dokumente archiviert?
- Wie wird mit Dokumenten externer Herkunft umgegangen?
- Wissen die Beteiligten, wo sie die dokumentierte Information finden, wenn sie sie brauchen?

Bei Abschnitt 7.5.3 Lenkung dokumentierter Information müssen Sie sich um „Verteilung, Zugriff, Auffindung und Verwendung; Ablage/Speicherung und Erhaltung, einschließlich Erhaltung der Lesbarkeit; Überwachung von Änderungen (z. B. Versionskontrolle); Aufbewahrung und Verfügung über den weiteren Verbleib" kümmern.

7.5.3.1 Sicherstellen der Lenkung

Die Verteilung der dokumentierten Information muss geregelt werden. Es muss sichergestellt werden, dass diejenigen, die von der dokumentierten Information betroffen sind, diese auch erhalten. Prozessdarstellungen müssen dort sein, wo sie gebraucht werden. Werden Formulare und Checklisten eingesetzt, dann müssen diese verfügbar sein etc. Das bedeutet, dass die Auffindbarkeit ebenso geregelt sein muss.

Es muss sichergestellt werden, dass die dokumentierte Information auch verwendet werden kann, wenn sie gebraucht wird. Wenn sie beispielsweise in der Cloud gespeichert sein sollte, dann ist Internetzugang nötig. Es muss dabei geregelt werden, welche Rechte mit dem Zugriff verbunden sind: Kann nur gelesen oder soll auch verändert werden?

Es muss sichergestellt werden, dass die dokumentierte Information ausreichend geschützt wird, beispielsweise vor Beschädigungen, Verlust der Integrität, Verlust der Vertraulichkeit etc. Wenn im Homeoffice gearbeitet wird, dann muss hier zusätzlich auf Datensicherheit geachtet werden. Die ISO 9001 weist zweimal darauf hin, dass eine dokumentierte Information vor unbeabsichtigten Änderungen geschützt werden muss, wenn sie als Konformitätsnachweis dient. Auf die Dokumente könnte beispielsweise ein Schreibschutz gelegt und regelmäßige Backups könnten gemacht werden.

7.5.3.2 Tätigkeiten für die Lenkung

Beim Umgang mit der dokumentierten Information müssen Aufbewahrungsfristen eingehalten werden. Die gesetzlichen Fristen liegen in Deutschland zumeist bei sechs (z. B. Geschäftsunterlagen) oder zehn (steuerrelevante Unterlagen) Jahren. Wenn Sie sich unsicher sind, dann halten Sie sich am besten an die zehn Jahre. Bei QM-Dokumenten können Sie die Aufbewahrungsdauer selbst festlegen, allerdings sollten diese mindestens drei Jahre aufbewahrt werden, was einem Zertifizierungszyklus entspricht. Es ist aber auch zu prüfen, ob Anforderungen von Kunden vorliegen, die eingehalten werden müssen.

Auch die Aufbewahrung der dokumentierten Information muss geregelt werden. Die Dokumente sollten so aufbewahrt werden, dass z. B. bei Änderungen der IT-Technik noch ein Zugriff möglich ist.

Änderungen bei der dokumentierten Information müssen überwacht werden. Ist nachvollziehbar, wer was wann gemacht hat und welche Version gerade aktuell ist?

Es muss sichergestellt werden, dass die Verwendung der dokumentierten Information auch erhalten bleibt (einschließlich Lesbarkeit). Gibt es beispielsweise Backups, falls die Dokumentation auf einem Server gespeichert sein sollte? Oder wird ein Programm zum Erstellen benutzt, das eventuell nur auf „alten“ Betriebssystemen läuft?

Laut ISO 9001 muss auch eine „Verfügung über den weiteren Verbleib“ der dokumentierten Information getroffen werden.

Wenn eine dokumentierte Information nicht vom Unternehmen selbst erstellt wird, sondern von extern zur Verfügung gestellt wird, dann muss diese angemessen gekennzeichnet werden. Ob eine externe dokumentierte Information notwendig ist, können Sie selbst entscheiden. Wichtig ist die Frage, brauchen wir diese externe dokumentierte Information, damit wir das QMS planen und umsetzen können? Auch bei einer extern erstellten dokumentierten Information muss klar sein, wer was wie macht und wie mit Aktualisierungen, Veränderungen etc. umgegangen wird.

Externe Dokumente, z. B. Dokumente von Kunden, die in das bestehende QMS aufgenommen werden, müssen ebenso entsprechend gelenkt werden.

Für die Lenkung dokumentierter Informationen sind die in Bild 7.9 dargestellten Schritte erforderlich.

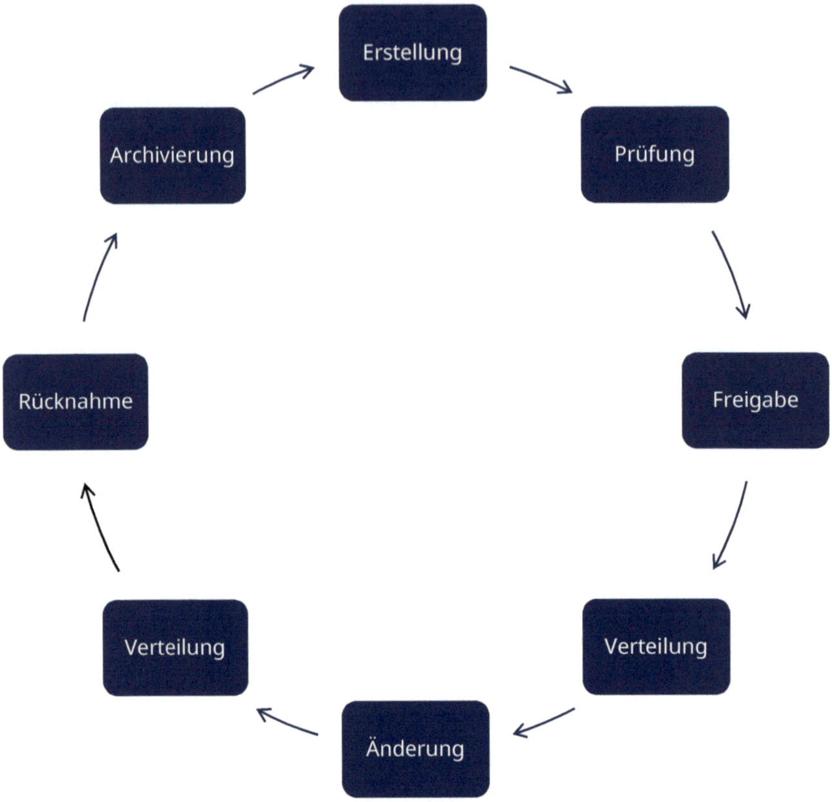

Bild 7.9 Schritte für die Lenkung dokumentierter Informationen

---

Unterstützende Werkzeuge (Auswahl)

- Manuelle und organisatorische Werkzeuge, wie z. B. standardisierte Vorlagen, Verteilungslisten, Archivierungspläne
- Softwarebasierte Werkzeuge, wie z. B. Dokumentenmanagementsysteme (DMS)/Elektronische Qualitätsmanagementsysteme (eQMS), Kollaborationsplattformen, Cloud- und Speicherlösungen

---

7.5.3.2.1 Aufbewahrung von Aufzeichnungen (✗)

Die IATF fordert als Ergänzung, dass die Vorgaben für die Aufbewahrung für Aufzeichnungen festgelegt und umgesetzt werden müssen.

Folgende Fragen stehen im Mittelpunkt dieses Abschnitts:

- Sind Grundsätze zur Archivierung von Aufzeichnungen festgelegt, dokumentiert und umgesetzt?

- Sind Aufbewahrungszeiten definiert, die u. a. den Produktionszeitraum berücksichtigen?

Bei der Lenkung von Aufzeichnungen müssen neben den eigenen Vorgaben und Normvorgaben weitere Aspekte berücksichtigt werden:

- eine Vorgabe, beispielsweise eines Prozesses für die Lenkung von Aufzeichnungen, der gesetzliche, behördliche, interne und Kundenvorgaben enthält, erstellen.
- einen Produktionszeitraum und weitere Anforderungen hinsichtlich der Ersatzteilversorgung plus ein Kalenderjahr in der Vorgabe beachten. In der Regel handelt es dabei um einen Zeitraum von 15 Jahren (Serienanlauf + ein Jahr).
- für Aufzeichnungen, die die Produkt- und Prozessfreigabe, Werkzeuge, Entwicklungen von Produkt und Prozess, Verträge und deren Änderungen betreffen, muss ein festgelegter Aufbewahrungszeitraum existieren: Dabei sind der Produktionszeitraum und weitere Anforderungen hinsichtlich der Ersatzteilversorgung plus ein Kalenderjahr zu berücksichtigen. (In der Regel handelt es dabei um einen Zeitraum von 15 Jahren.)

Definitionen des VDA-Band 1 Dokumentierte Information und Aufbewahrung, Abschnitt 3

Eine **Aufzeichnung** „... ist eine Dokumentation, die erreichte Ergebnisse festschreibt oder einen Nachweis ausgeführter Tätigkeiten bereitstellt. Beispiele für Aufzeichnungen sind Herstellnachweise, Prüfaufzeichnungen, (Mess-)Protokolle, Berichte, Gutachten usw."

Aufbewahrung (Archivierung) „... ist die langfristige, geordnete, geschützte und veränderungssichere Ablage oder das Speichern von Dokumentationen vom Erstellen bis zum Vernichten, um im Bedarfsfall auf erforderliche Informationen zugreifen zu können. Die Verfügbarkeit und Lesbarkeit der Dokumentationen muss über die Aufbewahrungsdauer gewährleistet sein."

Aufbewahrungsdauer „... ist die langfristige, geordnete, geschützte und veränderungssichere Ablage oder das Speichern von Dokumentationen vom Erstellen bis zum Vernichten, um im Bedarfsfall auf erforderliche Informationen zugreifen zu können. Die Verfügbarkeit und Lesbarkeit der Dokumentationen muss über die Aufbewahrungsdauer gewährleistet sein."

Diese Anforderungen sind sehr wichtig, um auf Nachweise zugreifen zu können für Produkte, die schon längst nicht mehr gefertigt werden, sondern für die nur noch Ersatzteile benötigt werden.

Dokumentierte Information

Grundsätze zur Aufbewahrung von Aufzeichnungen müssen dokumentiert sein.

Aufzeichnungen zu Produktionsprozess- und Produktfreigaben, Werkzeugen (einschließlich Wartung und Eigentumsangabe), Produkt- und Prozessentwicklungen, Bestellungen des Einkaufs, Verträgen und Vertragsänderungen müssen aufbewahrt werden. Dokumentierte Informationen zu Freigaben von Produktionsprozessen und Produkten inklusive Prüf- und Messergebnissen und verwendeten Prüfvorrichtungen können eingeschlossen werden, wenn zutreffend.

Unterstützende Werkzeuge (Auswahl)

- Vorgaben zur Aufbewahrung von Aufzeichnungen
- QM-Software (CAQ-Systeme)
- Dokumentenmanagementsysteme
- Dateibasierte Systeme

7.5.3.2.2 Technische Spezifikationen (✗)

In diesem Abschnitt fordert die IATF 16949 einen standardisierten Vorgang für die zeitnahe Bewertung, Verteilung und Umsetzung von technischen Spezifikationen und technischen Normen. Zeitnah werden innerhalb der IATF 16949 dafür zehn Arbeitstage nach Eingang der Änderungsmitteilung vorgegeben.

Im Fokus dieses Abschnitts stehen folgende Fragen:

- Verfügt das Unternehmen über einen dokumentierten Prozess?
- Ist sichergestellt, dass die Bewertung der technischen Spezifikationen innerhalb von zehn Arbeitstagen nach Eingang erfolgt?

Die Anforderungen bedeuten, dass alle relevanten Stellen über neue oder geänderte technische Spezifikationen der Kunden informiert werden und alle notwendigen Änderungen beispielsweise in Prozessen und Dokumenten rechtzeitig eingeleitet werden können.

Erstellen Sie dazu einen Prozess, der Vorgaben zur Identifizierung, Bewertung und Anwendung der technischen Spezifikationen enthält. Benennen Sie einen Verantwortlichen für den Prozess und bewahren Sie Nachweisdokumente auf.

Berücksichtigen Sie strikt die vorgegebene Frist von zehn Arbeitstagen, die die IATF für die Bewertung der technischen Spezifikationen vorgibt.

Identifizieren und bewerten Sie Auswirkungen der Änderungen gemäß Abschnitt 8.3.6 der ISO 9001. Notwendige Entwicklungsänderungen müssen dokumentiert werden und insgesamt muss sichergestellt werden, dass keine negativen Auswirkungen die Produktkonformität gefährden. Dazu muss klar sein, wie mit Änderungen umgegangen wird, wie sie ermittelt, gesteuert und überwacht werden. Jegliche Entwicklungsänderung muss dokumentiert sein.

Stellen Sie sicher, dass Änderungen am Produktionsprozess, die aufgrund neuer oder geänderter Spezifikationen erfolgen, gemäß Abschnitt 8.5.6.1 der IATF 16949 überwacht und dokumentiert werden. Richten Sie sich nach Ihrem dokumentierten Prozess zur Lenkung von Reaktionen auf Änderungen, der zum einen die Lenkung von Änderungen, die die Produktion beeinflussen, und zum anderen die Reaktionen darauf beinhaltet. Beachten Sie, dass es keine Rolle spielt, ob die Änderungen durch das eigene Unternehmen, einen Kunden oder einen Lieferanten veranlasst wurden.

Bei technischen Vorgaben handelt es sich um wichtige Dokumente mit Vorgabecharakter, wie z. B. Kundennormen, technische Spezifikationen, Kundenzeichnungen etc., d. h. um Anforderungen an Material oder Produkt.

Eine Normen- oder Spezifikationsänderung kann eine aktualisierte Produktionsprozess- und Produktfreigabe des Kunden erfordern, wenn diese Auswirkungen auf die Dokumente der Produktions- und Produktfreigabe (z. B. Zeichnungen, Produktionslenkungsplan, FMEA etc.) des Kunden hat.

Alle Änderungen, die in der Produktion vorgenommen werden, müssen dokumentiert werden und können eine aktualisierte Produktionsprozess- und Produktfreigabe des Kunden erfordern, wenn sie Auswirkungen auf die Dokumente der Produktions- und Produktfreigabe (z. B. Produktionslenkungsplan, FMEA etc.) des Kunden haben. Denken Sie auch daran, zu prüfen, ob neu bemusterte oder neue Produkt- und Prozessfreigaben erfolgen müssen.

Dokumentierte Information

Dokumentierter Prozess zur Bewertung, Verteilung und Umsetzung aller technischen Normen/Spezifikationen des Kunden muss erstellt und eingeführt sein.

Aufzeichnungen über das genaue Datum von Produktionsänderungen müssen aufbewahrt werden.

Unterstützende Werkzeuge (Auswahl)

- Prozessmanagement
- Formulare, Checklisten
- Machbarkeitsanalyse
- FMEA für die Risikoanalyse bei Änderungen
- PPAP für die formale Freigabe

Tabelle 7.12 fasst die wichtigen Aspekte zu diesem Normabschnitt zusammen.

Tabelle 7.12 Angemessen dokumentieren – Normabschnitt 7.5 der ISO 9001 und Normabschnitte 7.5.3.2.1 sowie 7.5.3.2.2 der IATF 16949 umsetzen

Leitfragen ▪ Was müssen wir verpflichtend dokumentieren? ▪ Welche Dokumentation ist für uns sinnvoll? ▪ Welches Format und Medium wählen wir? ▪ Wie stellen wir sicher, dass diese Dokumentation aktuell bleibt, dass Änderungen berücksichtigt werden? ▪ Wer darf wann wie zugreifen? ▪ Wie werden Aufzeichnungen aufbewahrt? ▪ Wie wird mit technischen Normen und Spezifikationen umgegangen?
Ziel: Sicherzustellen, dass die Organisation über die notwendigen und angemessenen dokumentierten Informationen verfügt
Umsetzungshinweis Bestimmen Sie die relevante Dokumentation Ihres QMS anhand zweier Kriterien: ▪ dokumentierte Information, die sich aus Normforderungen ergibt und ▪ dokumentierte Information, die von der Organisation selbst gefordert wird. Legen Sie den Umfang für die dokumentierte Information auf Basis folgender Punkte fest: ▪ Größe der Organisation und Art ihrer Tätigkeiten, Prozesse, Produkte und Dienstleistungen ▪ Komplexität ihrer Prozesse und deren Wechselwirkungen ▪ Kompetenz der Personen Legen Sie eine Regelung für die Erstellung und Aktualisierung dokumentierter Informationen fest, z. B. in Form einer Prozessbeschreibung. Prüfen Sie, ob folgende Kriterien in Ihrer Regelung enthalten sind: ▪ Kennzeichnung und Beschreibung (z. B. Titel, Datum, Autor, Seite X von Y) ▪ Format (z. B. Sprache, Grafiken) und Medium (z. B. Papier, elektronisch) ▪ Überprüfung und Genehmigung im Hinblick auf Eignung und Angemessenheit Legen Sie eine Regelung für die Lenkung dokumentierter Informationen fest, z. B. in Form einer Prozessbeschreibung Prüfen Sie, ob folgende Punkte in Ihrer Regelung berücksichtigt sind: ▪ Eignung der Dokumente für die jeweilige Verwendung ▪ Angemessener Schutz (Verfügbarkeit, Vertraulichkeit, Integrität) ▪ Verteilung, Zugriff, Auffindung und Verwendung (z. B. Schreib-/Leserechte) ▪ Ablage/Speicherung und Erhaltung, einschließlich Erhaltung der Lesbarkeit ▪ Überwachung von Änderungen (z. B. Versionskontrolle) ▪ Aufbewahrung und Verfügung über den weiteren Verbleib (was lagert wo wie lange?) ▪ Gegebenenfalls Fragen der Entsorgung

Dokumentierte Information externer Herkunft, die als notwendig für das QMS bestimmt wurde, muss angemessen gekennzeichnet und ebenfalls gelenkt werden.
(Weghorn 2022)
Kümmern Sie sich um die Aufbewahrung von Aufzeichnungen, indem Sie
- eine Vorgabe, beispielsweise eines Prozesses, für die Lenkung von Aufzeichnungen definieren und umsetzen, der alle internen, gesetzlichen, behördlichen und Kundenanforderungen enthält.
- sämtliche Aufzeichnungen, die mit allen Elementen der Produktion zu tun haben, aufbewahren.

Achten Sie bei der Bewertung von technischen Spezifikationen und technischen Normen auf folgende Aspekte:
- Führen Sie mindestens einen Prozess ein, der die zeitnahe Bewertung, Verteilung und Verwirklichung aller technischen Normen, Vorgaben sowie Änderungen des Kunden sicherstellt.
- Halten Sie eine Frist von zehn Arbeitstagen für die Bewertung der technischen Spezifikationen ein.
- Identifizieren und bewerten Sie Auswirkungen der Änderungen gemäß Abschnitt 8.3.6 der ISO 9001.
- Dokumentieren Sie notwendige Entwicklungsänderungen
- Stellen Sie sicher, dass Änderungen am Produktionsprozess, die aufgrund neuer oder geänderter Spezifikationen erfolgen, gemäß Abschnitt 8.5.6.1 der IATF 16949 überwacht und dokumentiert werden.

(Brückner 2019)

Mögliche Auditnachweise
- Änderungs- und Freigabeverfahren
- Berechtigungs- und Zugriffskonzept
- Regeln zu Umgang und Archivierung
- Datensicherungskonzept
- Codierungs- bzw. Nummernschlüssel
- Vorgaben zum Format
- Festlegung der Zuständigkeiten für Überprüfung und Genehmigung
- Liste(n) der gültigen Dokumente
- Verteilerschlüssel
- Liste(n) der notwendigen externen Dokumente
- Lenkung und Kennzeichnung von externen Dokumenten
- Dokumentierter Prozess für die Aufbewahrung von Aufzeichnungen inklusive Aufbewahrungsfristen
- Richtlinien für Archivierung und Zugriffsmöglichkeiten
- Formelles Verfahren oder Prozessbeschreibung über den gesamten Workflow für den Umgang mit technischen Spezifikationen
- System, das den Empfang neuer kundenspezifischer technischer Standards/Spezifikationen und deren Revisionen dokumentiert
- Protokolle, Formulare der Bewertung bzw. Überprüfung technischer Spezifikationen

(Gietl/Lobinger 2022; Brückner 2019)

8 Betrieb: Wertschöpfung umsetzen

Abschnitt 8.1 der ISO 9001 beschreibt die Grundlage für die operative Umsetzung des Qualitätsmanagementsystems (QMS). Er legt fest, wie Organisationen ihre betrieblichen Prozesse planen, um die Qualitätsziele zu erreichen und die Kundenanforderungen zu erfüllen. Bild 8.1 zeigt die Anforderungen im Überblick.

> Im Abschnitt „Betrieb" wird geplant, was alles notwendig ist, damit die zentralen Prozesse so umgesetzt werden können wie gewünscht und die Produkte und Dienstleistungen so sind, wie sie sein sollen. Dazu muss auch definiert werden, wie die Prozesse und Dienstleistungen sein sollen, welche Anforderungen erfüllt werden müssen, wann diese als erfüllt bewertet werden und wie mit Abweichungen (Nichtkonformitäten) umgegangen wird.

In diesem Abschnitt stehen folgende Fragen im Mittelpunkt:

- Wie können wir die Leistung erbringen, die wir erbringen wollen?
- Welche Prozesse sind nötig und wie können wir diese steuern?
- Welche Anforderungen gelten für unsere Produkte und Dienstleistungen?
- Wann gelten die Anforderungen an unsere Produkte und Dienstleistungen als erfüllt, wann geben wir diese frei? Wie überprüfen wir dies und wie gehen wir mit Abweichungen um?
- Wie kommunizieren wir mit unseren Kunden?
- Wie stellen wir sicher, dass wir dabei auch die Verbesserungsmöglichkeiten im Blick behalten?
- Wie stellen wir sicher, dass diese Aspekte laufend überwacht, überprüft und gegebenenfalls angepasst werden?

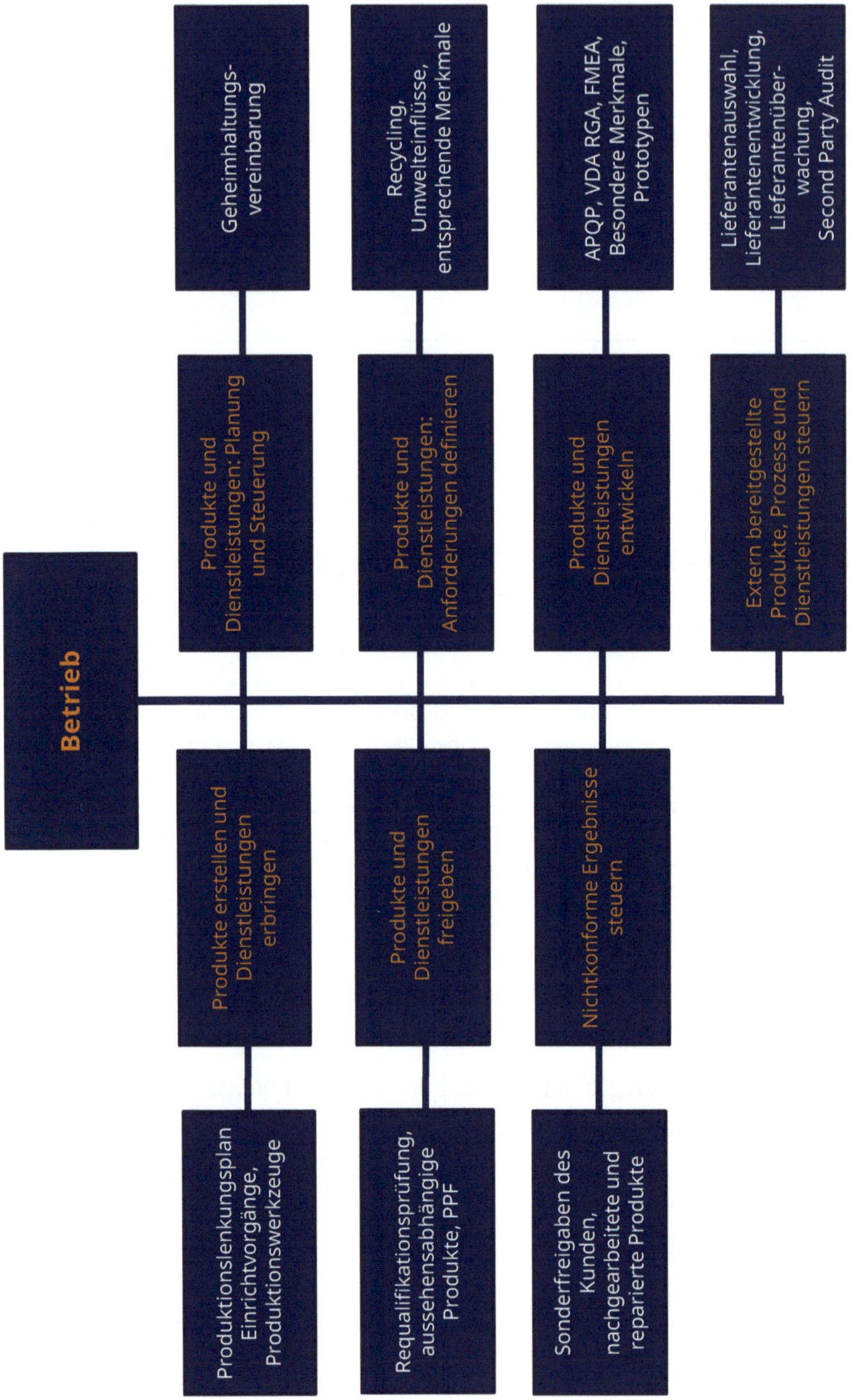

Bild 8.1 Normkapitel 8 Betrieb der ISO 9001 und IATF 16949 im Überblick

Bei einem Audit könnten folgende Fragen gestellt werden (Weghorn 2022):

- Welche notwendigen Prozesse sind für die betriebliche Planung und Steuerung festgelegt (Kernprozesse)?
- Wie ist die Kommunikation mit Kunden geregelt?
- Wie werden Anforderungen für Produkte und Dienstleistungen bestimmt?
- Wie werden die Anforderungen in Bezug auf Produkte und Dienstleistungen vor Eingehen einer Lieferverpflichtung überprüft?
- Welche Regelung gibt es hinsichtlich der Änderungen von Anforderungen?
- Wie ist der Entwicklungsprozess geregelt?
- Wie erfolgt die Entwicklungsplanung?
- Welche Eingaben für die Entwicklung gibt es?
- Wie erfolgt die Steuerung der Entwicklung?
- Welche Entwicklungsergebnisse gibt es?
- Wie erfolgt der Umgang mit Entwicklungsänderungen?
- Welche extern bereitgestellten Prozesse, Produkte und Dienstleistungen gibt es?
- Wie werden externe Anbieter bewertet?
- Wie und in welchem Umfang erfolgt eine Kontrolle von externen Bereitstellungen?
- Welche Informationen für externe Anbieter gibt es und wie werden diese bereitgestellt?
- Welche Bedingungen gibt es hinsichtlich der Steuerung der Produktion und der Dienstleistungserbringung einschließlich Liefertätigkeiten und Tätigkeiten nach der Lieferung?
- Wie ist der Status der Prozessergebnisse während der gesamten Produktion und Dienstleistungserbringung in Bezug auf Überwachungs- und Messanforderungen erkennbar (Kennzeichnung) und wo ist eine eindeutige Rückverfolgbarkeit gefordert bzw. ist diese gegeben?
- Welche Anforderungen an den sorgfältigen Umgang mit Kundeneigentum oder Eigentum externer Anbieter gibt es?
- Wie und wo wird eine Erhaltung von Produkten und Waren sichergestellt?
- Welche Tätigkeiten gibt es nach der Lieferung und wie sind diese geregelt?
- Wie werden Änderungen der Produktion oder Dienstleistungserbringung dokumentiert?

- Wie erfolgt die Freigabe von Produkten und Dienstleistungen gemäß geplanten Regelungen und in geeigneten Phasen?
- Wie erfolgt der Umgang mit nichtkonformen Prozessergebnissen, Produkten und Dienstleistungen?

Zusätzliche Auditfragen ergeben sich aus der IATF 16949 (Brückner 2019):

- Beinhaltet die Planung der Produktrealisierung die Mindestanforderungen der IATF 16949?
- Wie wird während der Produkt- und Projektentwicklung Geheimhaltung gewahrt?
- Wie ist der Umgang mit besonderen Merkmalen geregelt?
- Wie wird die Herstellbarkeit bewertet?
- Welche Methoden werden bei der Entwicklungsplanung angewendet?
- Wie ist die Vorgehensweise für die Qualitätssicherung für Produkte mit integrierter Software?
- Wie werden Eingaben für die Produkt- und Produktionsprozessentwicklung ermittelt, dokumentiert und bewertet?
- Wie werden Produkte und Prozesse freigegeben?
- Wie erfolgt die Lieferantenauswahl, -überwachung, -bewertung und -entwicklung?
- Welche relevanten Informationen werden an externe Anbieter weitergegeben?
- Welche Audits werden in das Lieferantenmanagement mit einbezogen?
- Für welche Phasen werden Produktionslenkungspläne erstellt?
- Wie werden den Mitarbeitenden Arbeitsanweisungen zur Verfügung gestellt?
- Welche Vorgehensweise wird bei Einrichtvorgängen angewendet?
- Welche Schritte werden nach einem Produktionsstillstand eingeleitet?
- Welche Aspekte enthält das TPM-System? (TPM = Total Productive Maintenance)
- Welche Ressourcen werden für Entwicklung, Herstellung und Verifizierung von Werkzeugen und Prüfmittel bereitgestellt?
- Was muss bei der Erhaltung von Produkten und Waren berücksichtigt werden?
- Wie wird mit der Überwachung von Änderungen bzw. zeitlich begrenzten Änderungen umgegangen?
- Wie und nach welchen Vorgaben erfolgt die Requalifikationsprüfung?
- Wie ist der Umgang mit fehlerverdächtigen, nachgearbeiteten und reparierten Produkten?

8.1 Betriebliche Planung und Steuerung

In diesem Abschnitt geht es um die Planung, Umsetzung und Steuerung der Prozesse sowie um die Bestimmung der für die Umsetzung erforderlichen Ressourcen, also um die operative Umsetzung der Strategie (Bild 8.2).

Zentrale Leitfragen dieses Abschnitts sind:

- Unter welchen Gesichtspunkten muss die Produktrealisierung geplant werden?
- Welche Prozesse und Ressourcen brauchen wir, damit die Produkte und Dienstleistungen so sind, wie sie sein sollen (Konformität; Normabschnitt 4)?
- Berücksichtigen wir dabei die definierten Risiken und Chancen sowie unsere Qualitätsziele (Normabschnitt 6)?
- Wie gehen wir mit Änderungen um? Welche Kriterien gelten, damit die Prozesse das leisten, was sie leisten sollen?
- Wie bewerten wir das?

Dazu zählen auch die ausgelagerten Prozesse, die für das QMS relevant sind (mit Lieferanten, Partnern etc.). Je komplexer ein Prozess, desto anspruchsvoller die Planung und Steuerung.

Ausgangsbasis bilden die unter Normabschnitt 4 „Kontext" erarbeiteten Themen und die Erwartungen (Anforderungen) der Stakeholder. Unter Berücksichtigung der Chancen und Risiken, die das eigene Geschäftsmodell mit sich bringen, muss die betriebliche Planung abgeleitet werden.

Das sich ergebende Wertschöpfungsmodell muss für das jeweilige Unternehmen „geeignet" sein. Das heißt, es muss zum Geschäftsmodell und zu den Betriebsabläufen passen. Ein Fünf-Personen-Betrieb mit drei Produkten, der nur in seiner Region unterwegs ist, braucht ein weniger komplexes Wertschöpfungsmodell bzw. eine einfachere Prozesslandschaft als ein global agierendes Unternehmen mit 400 Mitarbeitenden und einem umfassenden Produktportfolio. Sie können also Ihr Wertschöpfungsmodell so gestalten, wie es für Sie sinnvoll ist.

Die operativen Prozesse müssen von einer Organisation sorgfältig geplant und wirksam gesteuert werden, um die erforderlichen Produkte und Dienstleistungen zuverlässig her- und bereitzustellen.

Dies umfasst eine klare Festlegung, was wann zu tun ist, wie dies zu geschehen hat und welche Ressourcen (personell, technisch und organisatorisch) dafür zur Verfügung gestellt werden müssen.

Bild 8.2 Abschnitt 8.1 der ISO 9001 und IATF 16949 im Überblick

Bei der Prozessgestaltung müssen auch der Umgang mit sowie die Folgen von geplanten Änderungen berücksichtigt werden. Es bietet sich an, hierfür einen eigenen Prozess zu gestalten beispielsweise durch Zuweisen entsprechender Verantwortlichkeiten. Dabei müssen sämtliche relevanten Anforderungen berücksichtigt werden, z. B. Kundenspezifikationen, gesetzliche Vorgaben oder interne Standards. Dabei muss auch die Prozesssteuerung sichergestellt werden, beispielsweise durch Bestimmen von Verantwortlichen, Kontroll- und Prüfverfahren, einen Plan, wie bei Abweichungen (anhand Vergleich Soll-Ist-Werte) reagiert wird, etc.

Mögliche Risiken für die Produkt- oder Dienstleistungskonformität müssen ermittelt, analysiert und bewertet werden, um diese auszuschalten bzw. mindestens zu minimieren. Zudem darf die Nutzung etwaiger Chancen nicht außer Acht gelassen werden.

Die Umsetzung der operativen Prozesse muss unter kontrollierten Bedingungen erfolgen, beispielsweise durch Prozessbeschreibungen, Arbeitsanweisungen, Prüfpläne oder technische Spezifikationen.

Die Steuerung der Prozesse muss sichergestellt sein. Prozesse müssen kontrollierbar sein, das heißt, sie müssen sich steuern lassen, beispielsweise durch ein Kennzahlensystem, durch Überwachen, Kontrollen. Auch Prozesse mit Lieferanten, Partnern etc., die das QMS beeinflussen könnten, müssen gesteuert werden können. Hier helfen beispielsweise entsprechende Verantwortungszuweisungen oder Kontrollen.

Die Planung, die durchgeführten Maßnahmen und die erzielten Ergebnisse müssen so dokumentiert werden, dass sie jederzeit nachvollziehbar sind und die Wirksamkeit des Qualitätsmanagementsystems belegt werden kann.

Dokumentierte Information

Die Prozesse müssen in einem erforderlichen Maß dokumentiert vorliegen (Kosten-Nutzen-Betrachtung).

Unterstützende Werkzeuge (Auswahl)

- Projektmanagementtools
- Projektplanungssoftware
- Kennzahlen- und KPI-Tracking
- Lessons-Learned-Datenbank
- FMEA
- SWOT-Analyse
- Turtle-Diagramm
- Materialbedarfsplanung
- Ressourcenplanung
- Prozessbeschreibungen
- Arbeitsanweisungen

8.1.1 Betriebliche Planung und Steuerung – Ergänzung (X)

Ein Unternehmen muss seine Produkte und Prozesse entwickeln, bevor die eigentliche Umsetzung erfolgen kann.

Folgende Frage steht im Mittelpunkt:

- Sind alle Mindestanforderungen der IATF 16949 für die Planung der Produktrealisierung berücksichtigt?

Im Rahmen der IATF 16949 ergänzen die Vorgaben zur betrieblichen Planung und Steuerung der ISO 9001 die etablierten Anforderungen um klare automobilspezifische Schwerpunkte.

Eine zentrale Rolle spielen die **Kundenanforderungen**. Diese müssen vollständig erfasst, verstanden sowie in die gesamte Prozess- und Produktionsplanung integriert werden. Im Zuge dessen müssen technische Spezifikationen geprüft und umgesetzt werden, um sicherzustellen, dass das Produkt in allen funktionalen und qualitativen Aspekten den vereinbarten Vorgaben entspricht.

Ein weiterer Aspekt sind die **logistischen Anforderungen**, die von der Materialversorgung über die Lagerhaltung bis hin zu Verpackung und Versand reichen. Diese müssen ebenso geplant werden, um eine termingerechte Belieferung zu gewährleisten.

Ein weiterer Punkt ist **Herstellbarkeit.** Diese muss vor Projektbeginn geprüft werden, um sicherzustellen, dass ein Produkt mit den verfügbaren Technologien, Prozessen und Ressourcen wirtschaftlich und qualitativ zuverlässig produziert werden kann.

Auch muss an eine strukturierte **Projektplanung gedacht** werden. Diese muss alle relevanten Arbeitsschritte, Zuständigkeiten, Meilensteine und Prüfungspunkte enthalten. Nur so kann sichergestellt werden, dass ein Projekt zielgerichtet, effizient und im vorgesehenen Zeitrahmen umgesetzt werden kann.

Weiterhin wird gefordert, dass **Annahmekriterien** festgelegt werden müssen, die sicherstellen, dass objektiv entschieden werden kann, ob ein Produkt oder Prozess die geforderten Qualitäts- und Leistungsstandards erfüllt.

Die IATF spezifiziert die in Abschnitt 8.1 c der ISO 9001 genannten Ressourcen auf alle notwendigen Aktivitäten zur Verifizierung, Validierung, Überwachung, Messung, Inspektion und Prüfung des jeweiligen Produktes und seiner Annahmekriterien.

Unterstützende Werkzeuge (Auswahl)

- APQP
- PPAP
- FMEA
- SPC
- Prüfanweisungen
- Produktionslenkungsplan (Controlplan)

8.1.2 Geheimhaltung (*X*)

Die IATF 16949 fordert explizit, dass die Geheimhaltung sichergestellt werden muss, wenn im Kundenauftrag Produkte und Projekte entwickelt werden. Informationen über Produkte müssen ebenso berücksichtigt werden.

Folgende Frage steht im Zentrum:

- Ist bei Projekten im Kundenauftrag sichergestellt, dass keine sensiblen Daten nach außen dringen?

Erstellen Sie beispielsweise schriftliche Vereinbarungen mit Ihren Mitarbeitenden, die die Verpflichtung zur Geheimhaltung aller vertraulichen Informationen, einschließlich Kundeninformationen, technischer Daten und Produktinformationen, enthalten. Sensibilisieren Sie zusätzlich Ihre Mitarbeitenden. Führen Sie etwa ein Verfahren ein, das Vorgaben dazu enthält, wie mit Verstößen zur Geheimhaltungspflicht umgegangen wird.

Unterstützende Werkzeuge (Auswahl)

- Vertraulichkeitsvereinbarungen
- Zutrittsbeschränkungen
- Zugriffskontrollen
- Schulungen

Tabelle 8.1 fasst die wichtigen Aspekte zu diesem Normabschnitt zusammen.

Tabelle 8.1 Betriebliche Planung und Steuerung – Normabschnitt 8.1 der ISO 9001 und Normabschnitt 8.1.1, 8.1.2 der IATF 16949 umsetzen

Leitfragen

- Welche Prozesse und Ressourcen brauchen wir, damit die Produkte und Dienstleistungen so sind, wie sie sein sollen?
- Berücksichtigen wir dabei die definierten Risiken und Chancen sowie unsere Qualitätsziele?
- Wie gehen wir mit Änderungen um?
- Welche Kriterien gelten, damit die Prozesse das leisten, was sie leisten sollen? Wie bewerten wir das?
- Berücksichtigen wir alle Mindestanforderungen der IATF 16949 für die betriebliche Planung?
- Was tun wir, um bei der Entwicklung von Produkten und Prozessen im Kundenauftrag eine Geheimhaltung sicherzustellen?

Ziel: Festlegen der notwendigen operativen Prozesse, Planung der Produktrealisierung und Umgang mit der Geheimhaltung externer Daten

Umsetzungshinweis

Erstellen Sie für alle wertschöpfenden Prozesse Verfahrensanweisungen oder Prozessbeschreibungen. Eine Visualisierung – z. B. in Form von Flussdiagrammen – ist empfehlenswert.

Prüfen Sie, ob die folgenden notwendigen Kriterien in Ihren Beschreibungen berücksichtigt sind:

- Anforderungen an Produkte und Dienstleistungen
- Annahmekriterien von Produkten, Dienstleistungen und Prozessen
- Notwendige Ressourcen
- Lenkung der Prozesse
- Notwendige Dokumentation

Tabelle 8.1 Betriebliche Planung und Steuerung – Normabschnitt 8.1 der ISO 9001 und Normabschnitt 8.1.1, 8.1.2 der IATF 16949 umsetzen *(Fortsetzung)*

■ Umgang mit geplanten und ungeplanten Änderungen ■ Lenkung ausgegliederter Prozesse (Weghorn 2022) ■ Erfassung und Dokumentation aller kundenspezifischen Anforderungen ■ Planung von Lagerung, Transport, Lieferzeiten und Handhabungsspezifika ■ Systematische Prüfung von Entwurf, Materialien und Prozessen realistisch in Ihrer bestehenden Fertigungsumgebung auf Umsetzbarkeit ■ Durchführung einer systematischen Projektplanung mit Meilensteinen, Ressourcen, Verantwortlichkeiten und Risikobewertungen ■ Festlegung von klaren, messbaren Kriterien (z. B. Toleranzwerte, Prüfkriterien) zur objektiven Beurteilung ■ Integration der Aspekte in den Produktionslenkungsplan Für die Geheimhaltung während der Produkt- und Projektentwicklung sind folgende Aspekte wichtig: ■ Festlegung der vertraulichen Inhalte ■ Implementierung von technischen und physischen Schutzmaßnahmen ■ Festlegung zur Aufbewahrung und sicheren Löschung ■ Erstellung einer Geheimhaltungsrichtlinie oder von Arbeitsvertragsergänzungen ■ Einhaltung von Datenschutz-, Urheber- und sonstigen einschlägigen Rechtsnormen ■ Sensibilisierung der relevanten Mitarbeitenden (Brückner, 2019)
Mögliche Auditnachweise Neue Prozesse, Änderung von Prozessen: ■ Prozess „Projektmanagement" zum Umgang mit internen Projekten (Prozessänderungen, Umstrukturierungen, Einführung von IT-Systemen, neue Standorte, Verlagerungen ...) ■ Projektpläne zur Einführung neuer Prozesse bzw. Veränderung bestehender Prozesse ■ Besprechungsprotokolle der Projektsitzungen ■ Dokumentierte Pflichtenhefte ■ Abnahme, Erstmuster bzw. Vorserienproduktion zur Sicherstellung der Wirksamkeit der Prozesse ... ■ Änderungs- und Freigabeverfahren ■ Planungsworkshops ■ Leistungskennzahlen ■ Maßnahmenlisten etc. Planungstätigkeiten in bestehenden Prozessen: ■ Prozessbeschreibungen ■ Dienstpläne und Schichtpläne ■ Kapazitätspläne ■ Terminpläne ■ Arbeitspläne ■ Versandpläne (Gietl/Lobinger 2022)

- Produktionslenkungsplan
- FMEA
- APQP
- PPAP
- Nachweise über Verifikations-, Validierungs-, Inspektions- und Testaktivitäten
- Leistungskennzahlen
- Geheimhaltungsrichtlinien
- Clean-Desk Policy
- Kennzeichnung vertraulicher Dokumente
- Technische Schutzmaßnahmen (IT-Zugangs- und Zugriffskontrollen, Verschlüsselung)
- Schulungsnachweise
- Auditberichte

(Brückner, 2019)

8.2 Anforderungen an Produkte und Dienstleistungen

In diesem Normabschnitt geht es darum, die Anforderungen an Produkte und Dienstleistungen zu definieren, und zwar so zu definieren, dass auch Abweichungen festgestellt werden können (Bild 8.3).

Die zentralen Fragen, die auch Auditfragen sein können, lauten:

- Wie wird sichergestellt, dass eine effektive Kommunikation mit dem Kunden erfolgt?
- Welche Inhalte, Kommunikationskanäle und Verantwortlichkeiten für die Kundenkommunikation sind festgelegt?
- Wie wird sichergestellt, dass alle Kundenanforderungen (inklusive nicht angegebene Anforderungen) vollständig erfasst werden?
- Wie erfolgt die Prüfung der Kundenanforderungen vor Auftragsannahme?
- Wie erfolgt die Erfassung und Dokumentation von Änderungen der Kundenanforderungen?

Bei einem IATF-Audit kommen noch folgende Fragen hinzu:

- Wie wird sichergestellt, dass die Kommunikation mit dem Kunden in einer abgestimmten Sprache erfolgt?
- Wie wird sichergestellt, dass bei der Bestimmung von Anforderungen Aspekte wie beispielsweise Recycling, Umweltvorschriften, gesetzliche Anforderungen etc. beachtet werden?
- Wie erfolgt die Aufbewahrung der Abweichgenehmigungen vom Kunden?

- Wie wird mit besonderen Merkmalen, die vom Kunden festgelegt sind, umgegangen?
- Wie erfolgt die Herstellbarkeitsbewertung?

Dokumentierte Information

Die Ergebnisse der Überprüfung, ob die Anforderungen erfüllt werden, und neue Anforderungen müssen dokumentiert werden.

Bild 8.3 Abschnitt 8.2 der ISO 9001 und IATF 16949 im Überblick

8.2.2.1 Bestimmen von Anforderungen für Produkte und Dienstleistungen – Ergänzung (X)

Die IATF 16949 konkretisiert die Anforderungen der ISO 9001 durch eine Auflistung der mindestens zu berücksichtigenden behördlichen Aspekte, die Sicherheit oder Umwelt betreffen.

Dieser Abschnitt der Norm widmet sich schwerpunktmäßig folgender Frage:

- Sind alle Umwelt-, Sicherheits-, gesetzlichen und behördlichen Anforderungen für das Produkt identifiziert?

Es muss sichergestellt sein, dass alle behördlichen sicherheits- und umweltrelevanten Vorschriften beachtet werden, die mit Beschaffung, Lagerung, Handling, Recycling, Verschrottung und Entsorgung des Materials im Zusammenhang stehen, um die Umwelt zu schützen und die Sicherheit zu gewährleisten.

Überprüfen Sie vor Auftragsannahme, ob und welche behördlichen Anforderungen bei den benötigten Materialien zu beachten sind. Berücksichtigen Sie diesen Aspekt bei Ihren Beschaffungsprozessen und schulen Sie Ihr Einkaufspersonal entsprechend.

Identifizieren Sie alle gefährlichen Materialien in Ihrem Unternehmen und überprüfen Sie (immer wieder), ob eine ordnungsgemäße Lagerung von Gefahrstoffen und Chemikalien gegeben ist. Eignen sich beispielsweise die benutzten Behälter auch längerfristig oder reagieren bestimmte Stoffe, wenn sie sich zu nahe kommen? Stellen Sie sicher, dass die Vorgaben für die Zusammenlagerung von Stoffen nach TRGS 510 beachtet werden. Sorgen Sie dafür, dass sich die Mitarbeitenden an diese Vorschriften halten. Warnhinweise, entsprechende (regelmäßige) Schulungen und eine klare Zuweisung von Verantwortlichkeiten unterstützen dabei.

Achten Sie darauf, dass alle behördlichen sicherheits- und umweltrelevanten Vorschriften bei Recycling, Verschrottung oder Entsorgung des Materials beachtet werden. Diese Vorschriften (z. B. Kreislaufwirtschaftsgesetz, Gefahrstoffverordnung, Elektro- und Elektronikgesetz, Chemikaliengesetz) könnten anhand einer Checkliste abgefragt und mittels eines Freigabeverfahrens überprüft werden.

Unterstützende Werkzeuge (Auswahl)

- Umwelt- und Recyclinganalysen
- Produkt- und Prozessrisikoanalysen
- Automotive Core-Tools
- Multidisziplinäre Teams

Tabelle 8.3 fasst die wichtigen Aspekte diese Normabschnitts zusammen.

Tabelle 8.3 Anforderungen definieren – Normabschnitte 8.2.2 der ISO 9001 und 8.2.2.1 der IATF 16949 umsetzen

Leitfragen

- Wie sollen unsere Produkte und Dienstleistungen sein?
- Welche Anforderungen sollen sie erfüllen?
- Wie messen wir, ob die Anforderungen erfüllt werden?
- Haben wir alle Umwelt-, Sicherheits-, gesetzlichen und behördlichen Anforderungen für das Produkt identifiziert?
- Haben wir alle Anforderungen in den Entwicklungs- und Produktionsprozessen vollständig berücksichtigt und abgesichert?

Ziel: Bestimmung der Anforderungen für Produkte und Dienstleistungen

Umsetzungshinweis

Stellen Sie für alle wertschöpfenden Prozesse sicher, dass diese einen Prozessschritt enthalten, in dem Anforderungen an Produkte und Dienstleistungen für (potenzielle) Kunden gezielt ermittelt und festgelegt werden.
Prüfen Sie, ob hierbei folgende Punkte berücksichtigt sind:

- Festlegung der Anforderungen an das Produkt und die Dienstleistung
- Festlegung gesetzlicher und behördlicher Anforderungen/Rahmenbedingungen
- Festlegung eigener Rahmenbedingungen der Organisation

(Weghorn 2022)
Sie müssen sicherstellen, dass sämtliche umwelt-, sicherheits- und gesetzesrelevanten Anforderungen für Produkte/Dienstleistungen rechtzeitig ermittelt, erfasst, bewertet werden. Beachten Sie dazu im Minimum die Bereiche Beschaffung, Lagerung, Handling, Recycling, Verschrottung und Entsorgung.

- Prüfen Sie alle relevanten Quellen wie Kundenanforderungen, Gesetze und Normen.
- Führen Sie eine frühzeitige Abstimmung mit dem Kunden durch.
- Dokumentieren Sie alle Anforderungen für Sicherheit, Umwelt und Gesetze.
- Stellen Sie die Kommunikation der Ergebnisse an die relevanten Stellen sicher.
- Setzen Sie für die Ermittlung der Anforderungen zu Projektstart beispielsweise eine standardisierte Checkliste ein, die gewährleistet, dass alle sicherheits-, umwelt- und gesetzesrelevanten Anforderungen für ein Produkt vollständig identifiziert, bewertet, umgesetzt und nachgewiesen werden, und zwar von der Entwicklung bis zum Versand.
- Schulung der Mitarbeitenden in Bezug auf die geforderten Aspekte

(Brückner, 2019)

Mögliche Auditnachweise

- Kundendatenbank
- Installation von Kundenfokusgruppen
- Kundenbefragungen
- Marktforschung und Wettbewerbsanalysen
- Liste von Gesetzen und behördlichen Forderungen mit Aktualisierungsverantwortlichen
- Anforderungsberücksichtigung bei Prozessdarstellungen
- Stakeholderanalyse
- Kundenanforderungslisten (inklusive CSR) mit Kennzeichnung sicherheits-, umwelt- und gesetzesrelevanter Punkte

- Gesetzes- und Normenregister
- Produktionslenkungsplan
- APQP-Unterlagen
- FMEA
- Verantwortlichkeiten
- Checkliste (falls angewendet)
- Prüf- und Messnachweise
- Genehmigungen (intern, extern, falls vorhanden)
- Schulungsnachwiese

(Weghorn 2022; Brückner, 2019)

8.2.3 Überprüfung der Anforderungen für Produkte und Dienstleistungen

8.2.3.1 Anforderungen systematisch prüfen

Mit dieser Anforderung der ISO 9001 soll sichergestellt werden, dass alle Kundenanforderungen sowie relevante gesetzliche/behördliche Anforderungen und interne Anforderungen an ein Produkt oder eine Dienstleistung vollständig verstanden, geklärt und dokumentiert sind, bevor eine Lieferverpflichtung eingegangen wird.

Hier geht es insbesondere um folgende Fragen:

- Wird geprüft, ob alle festgelegten Anforderungen von der Organisation erfüllt werden können?
- Erfolgt die Prüfung im Vorfeld einer Vertragsannahme?
- Werden die Kundenanforderungen vor Vertragsannahme bestätigt?

Bei der „Überprüfung der Anforderungen für Produkte und Dienstleistungen" geht es darum, dass ein Unternehmen überprüft, ob die gemachten Versprechungen auch eingehalten werden, und zwar bevor der Kunde das Produkt oder die Dienstleistung erhält (Konformität). Wenn in einem Katalog beispielsweise beschrieben wird, dass der Aufkleber klebt, dann muss er auch kleben. Und sollte der Aufkleber nicht kleben, dann sollte dies nicht erst der Kunde feststellen.

Bevor eine Organisation eine Lieferverpflichtung von Produkten oder Dienstleistungen eingeht, muss sie alle relevanten Anforderungen sorgfältig überprüfen. Dazu gehören in erster Linie die vom Kunden definierten Anforderungen.

Solche Anforderungen, die der Kunde nicht ausdrücklich nennt, die aber für die vorgesehene Nutzung notwendig sind, müssen geprüft werden, beispielsweise muss ein Auto fahren können, die Türen müssen sich öffnen lassen, die Scheibenwischer müssen funktionieren etc.

Ebenso muss im Vorfeld überprüft werden, ob gesetzliche und behördliche Anforderungen erfüllt werden. Diese müssen konsequent erfüllt werden, denn eine Nichterfüllung kann juristische Konsequenzen nach sich ziehen. Sie machen sich unter Umständen strafbar, Garantieleistungen werden eventuell eingefordert, es könnte Regressansprüche geben etc. Werden beispielsweise in einem Restaurant Hygienevorschriften nicht eingehalten, werden die Kunden sehr schnell ausbleiben oder das Restaurant wird von den Behörden geschlossen.

Bevor ein Angebot an den Kunden geht, muss auch überprüft werden, ob die vom Unternehmen selbst definierten Anforderungen erfüllt werden. Individuell vereinbarte Anforderungen müssen ebenfalls in der Prüfung berücksichtigt werden. Es kann spezielle vertraglich vereinbarte oder auftragsspezifische Anforderungen geben, die von den sonstigen Anforderungen abweichen.

Abweichungen oder Unklarheiten zwischen Angebot und Vertrag müssen vor der Vertragsannahme geklärt werden. Die Ergebnisse dieser Überprüfung sollten dokumentiert werden. Sollte es während der Vertragsprüfung zu Änderungen der Anforderungen kommen, so ist eine erneute Prüfung vorzunehmen.

Dokumentierte Information

Falls zutreffend, müssen Sie die Ergebnisse der Überprüfung der Anforderungen dokumentieren. Bei der Dokumentation müssen Sie auch gesetzliche Forderungen wie beispielsweise Haftungsaspekte oder Aufbewahrungsdauer berücksichtigen.

Werden neue Anforderungen formuliert, dann müssen diese dokumentiert vorliegen.

(s. Normabschnitt 8.2.3.2 der ISO 9001)

Unterstützende Werkzeuge (Auswahl)

- Checkliste zur Angebots- bzw. Auftragsprüfung
- ERP/CRM-System
- Prozessbeschreibung
- Review-Meetings

8.2.3.1.1 Überprüfung der Anforderungen für Produkte und Dienstleistungen (*X*)

Es kann notwendig sein, von den spezifizierten Anforderungen abzuweichen. In diesen Fällen müssen Genehmigungen vom Kunden, sogenannte Abweichgenehmigungen, eingeholt und aufbewahrt werden.

Im Zentrum dieses Normabschnitts stehen folgende Fragen:

- Ist sichergestellt, dass eine Abweichgenehmigung vom Kunden vorliegt, wenn Anforderungen nicht erfüllt werden und dennoch weiter produziert werden soll?
- Werden die Abweichgenehmigungen aufbewahrt?

Abweichgenehmigungen sollten nur in begründeten Fällen erteilt werden. Die Sicherung der Qualität muss stets eingehalten werden.

Senden Sie in solchen Fällen dem Kunden beispielsweise ein Formular zur schriftlichen Genehmigung, welches Informationen über das Produkt (z. B. Teilenummer), Art der Abweichung (z. B. Abweichung von einer Spezifikation), Grund für die Abweichung (z. B. Materialzusammensetzung), Auswirkung der Abweichung auf das Produkt und eingeführte Maßnahmen zur Sicherstellung der Qualität enthält.

Richten Sie sich bei der Aufbewahrungsdauer nach gesetzlichen und regulatorischen Vorgaben (z. B. VDA Band1) und, wenn zutreffend, nach Kundenvorgaben.

Dokumentierte Information

Abweichgenehmigungen müssen aufbewahrt werden. Im Allgemeinen wird von einer Archivierungsdauer von mindestens 15 Jahren auf Grundlage der mittleren Fahrzeuglebensdauer ausgegangen.

Unterstützende Werkzeuge (Auswahl)

- Formular Abweichgenehmigung
- Prozessbeschreibung
- Workflow-Tools
- Automotive-Core-Tools

8.2.3.1.2 Vom Kunden festgelegte besondere Merkmale (✗)

Die Kennzeichnung der vom Kunden festgelegten besonderen Merkmale ist ein äußerst wichtiger Aspekt, der bei der Prüfung der Produkt- und Dienstleistungsanforderungen mitberücksichtigt werden muss. Es muss überprüft werden, wie die Kennzeichnung der besonderen Merkmale erfolgt.

Dazu müssen folgende Fragen berücksichtigt werden:

- Gibt der Kunde Symbole für die Kennzeichnung vor?
- Können wir unsere Kennzeichnung verwenden?

Legen Sie in Ihrem Unternehmen systematische Vorgaben für die Kennzeichnung, Dokumentation, Lenkung und Freigabe der besonderen Merkmale fest. Das kann beispielsweise durch eine Prozessbeschreibung geschehen. Sollten verschiedene Vorgaben von Kunden für die Verwendung von besonderen Merkmalen bestehen, dann kann eine sogenannte „Übersetzungstabelle“, idealerweise auf Basis des VDA-Bandes „Prozessbeschreibung Besondere Merkmale (BM)“, erstellt werden.

Unterstützende Werkzeuge (Auswahl)

- FMEA
- Produktionslenkungsplan
- Arbeits- und Prüfpläne
- Prüfmittel
- Schulungen

8.2.3.1.3 Bewertung der Herstellbarkeit (✗)

Die IATF 16949 fordert diese Bewertung als wichtigen Bestandteil des Produktfreigabeprozesses, um eine gleichbleibend hohe Qualität in der Produktion sicherzustellen.

In den meisten Fällen fordern die OEM von ihren Lieferanten die Durchführung der Herstellbarkeitsbewertung bereits in der Angebotsphase als Voraussetzung für die Auftragsvergabe. Das hat auch die IATF in diesem Abschnitt aufgegriffen, damit schon von Anfang an Sicherheit darüber besteht, dass die zu vergebenden Produkte tatsächlich auch nach den geforderten Spezifikationen dauerhaft hergestellt werden können.

Dieser Abschnitt widmet sich vorrangig der folgenden Fragestellung:

- Ist sichergestellt, dass ein multidisziplinärer Ansatz zur Bewertung der Herstellbarkeit für jede Art von Fertigungs- oder Produkttechnologie für jeden geänderten Produktionsprozess angewendet wird?

In der Praxis hat sich bewährt, in einem ersten Schritt eine Machbarkeitsanalyse zu machen, damit auch die wirtschaftlichen Aspekte bewertet werden. Die Ergebnisse fließen dann in die darauffolgende Herstellbarkeitsbewertung ein.

Die Bewertung der Herstellbarkeit muss in einem Team vorgenommen werden, in dem alle beteiligten Bereiche vertreten sind. Anhand eines Formulars kann beispielsweise die Herstellbarkeit bestätigt oder auch nicht bestätigt werden.

Das Verfahren der Bewertung der Herstellbarkeit kann frei gewählt werden. Das Ergebnis der Herstellbarkeitsbewertung kann z. B. in ein Formular „Machbarkeitsanalyse“ übernommen werden, welches auch die Ergebnisse der betriebswirtschaftlichen Machbarkeit enthält. Somit wird eine betriebswirtschaftliche und technische Betrachtung durchgeführt und dokumentiert.

In der Praxis hat sich bewährt, entweder ein Formular oder ein Workflow-Tool anzuwenden, mit dem durch die relevanten Entscheider des multidisziplinären Teams entweder eine Freigabe oder eine begründete Ablehnung erfolgt.

Die Herstellbarkeitsbewertung für jede Art von Fertigungs- oder Produkttechnologie sowie bei Änderungen des Produktionsprozesses oder Produktes kann beispielsweise Bestandteil einer Prozessbeschreibung sein, die Aspekte wie z. B. spezifische Anforderungen an Materialien, Toleranzen sowie Designmerkmale und -technologien, Reproduzierbarkeit oder Fehlerminimierung vorgibt.

Sie sollte systematisch und methodisch durchgeführt werden und beispielsweise Vorgaben zur Dokumentation der Änderung, zur Machbarkeits- und Risikoanalyse sowie zu Tests, zur Validierung und kontinuierlichen Verbesserung enthalten.

Die Herstellbarkeitsbewertung kann beispielsweise als fester Bestandteil im Umgang mit Produktänderungen formuliert und sollte systematisch durchgeführt werden sowie beispielsweise Vorgaben zur Analyse von Auswirkungen auf den Produktionsprozess, zur Durchführung von Qualitäts- und Risikobewertungen, zu Kosteneinschätzungen etc. enthalten.

Anhand von Produktionsläufen kann bewertet werden, ob das Unternehmen in der Lage ist, die Produkte spezifikationskonform in der vom Kunden geforderten Qualität, Stückzahl und Zeit dauerhaft herzustellen. Sie können hierbei Methoden wie Simulationen, FMEAs oder Prozessfähigkeitsanalysen anwenden. Definieren Sie am besten einen Prozess, in dem alle Aspekte der Herstellbarkeitsbewertung berücksichtigt werden. Die Herstellbarkeitsfähigkeit kann mit anderen Unternehmen der Branche mittels Benchmark-Daten verglichen werden.

Nach erfolgreich durchgeführter Herstellbarkeitsbewertung muss entschieden werden, ob die Lieferverpflichtung angenommen werden kann oder nicht.

Dokumentierte Information

Das Ergebnis der Herstellbarkeitsanalyse muss dokumentiert und dem Kunden zur Verfügung gestellt werden, wenn das Ergebnis zeigt, dass Anforderungen nicht erfüllt werden können oder Risiken bestehen, die den Serienanlauf oder die Produktkonformität gefährden könnten.

Unterstützende Werkzeuge (Auswahl)

- Bewertungsformulare
- Checklisten
- Workflow-Tools
- Validierungstools
- Team-Reviews
- Prozessfähigkeit
- Risiko- und Prozessanalyse-Methoden (z. B. FMEA, Risikomatrix etc.)

8.2.3.2 Aufbewahrung dokumentierter Informationen

Sämtliche dokumentierten Informationen im Zusammenhang mit der Überprüfung von Produkt- und Dienstleistungsanforderungen müssen aufbewahrt werden.

Im Zentrum steht die Frage:

- Sind alle Ergebnisse der Überprüfung der Anforderungen an Produkte und Dienstleistungen dokumentiert und archiviert?

Sämtliche dokumentierten Ergebnisse in Bezug zur Prüfung der Anforderungen (Kundenanforderungen sowie Anforderungen an Produkt oder Dienstleistung) müssen aufbewahrt werden. Damit wird sichergestellt, dass alle Anforderungen sowie deren Überprüfungen stets nachvollziehbar sind.

Tabelle 8.4 fasst die wichtigen Aspekte zu diesem Normabschnitt zusammen.

Tabelle 8.4 Erfolgreiche Umsetzung der Anforderungen überprüfen – Normabschnitt 8.2.3 der ISO 9001 und Abschnitte 8.2.3.1.1, 8.2.3.1.2, 8.2.3.1.3 der IATF 16949 umsetzen

Leitfragen ▪ Stellen wir sicher, dass wir alle Anforderungen überprüfen, bevor das Produkt an den Kunden geht bzw. die Dienstleistungserbringung erfolgt? ▪ Stellen wir sicher, dass eine Abweichgenehmigung vom Kunden vorliegt, wenn Anforderungen nicht erfüllt werden können? ▪ Kennzeichnen und dokumentieren wir besonderer Merkmale nach Kundenanforderung? ▪ Führen wir eine Herstellbarkeitsbewertung für jeden geänderten Produktionsprozess und Produktänderungen im multidisziplinären Team durch?
Ziel: Sicherstellen, dass die Erfüllung aller Anforderungen an Produkte und Dienstleistungen überprüft wird, bevor eine Lieferverpflichtung eingegangen wird
Umsetzungshinweis Stellen Sie für alle wertschöpfenden Prozesse sicher, dass in einem eigenen Prozessschritt die ermittelten Anforderungen an Produkte und Dienstleistungen von der Organisation erfüllt werden können (Vertragsprüfung). Prüfen Sie, ob hierbei folgende Punkte berücksichtigt sind: ▪ Prüfung, ob die vom Kunden festgelegten Anforderungen erfüllt werden können ▪ Prüfung, inwiefern Anforderungen an die Lieferung oder Tätigkeiten nach der Lieferung betroffen sind ▪ Prüfung, inwieweit nicht angegebene Anforderungen notwendig sind ▪ Prüfung, ob alle gesetzlichen und behördlichen Anforderungen erfüllbar sind ▪ Prüfung, ob alle Zusagen/Anforderungen der Organisation erfüllbar sind ▪ Prüfung ggf. anderer Anforderungen aus Vertrag oder Auftrag Legen Sie fest, auf welche Weise Aufträge bestätigt werden – auch wenn der Kunde keine dokumentierte Angabe über seine Anforderungen macht. Die Nachweise müssen Informationen über das Ergebnis der Prüfung sowie jegliche neuen Anforderungen an das Produkt/die Dienstleistung beinhalten. Außerdem sind die Nachweise für eine festgelegte Frist zu archivieren. (Weghorn 2022)

- Einholen von Abweichgenehmigungen vom Kunden, wenn Anforderungen nicht erfüllt werden können
- Sichere Aufbewahrung und Archivierung der Abweichgenehmigungen
- Sicherstellen, dass die Kennzeichnung von besonderen Merkmalen den Kundenforderungen entspricht
- Vorgaben für die Lenkung und Dokumentation der besonderen Merkmale festlegen, z. B. durch eine Prozessbeschreibung
- Wenden Sie einen multidisziplinären Ansatz zur Bewertung der Herstellbarkeit an; beispielsweise mit Mitarbeitenden aus Produktion, Qualität, Entwicklung, Einkauf, Logistik, ggf. Lieferanten.
- Führen Sie die Herstellbarkeitsbewertung für jede Art von Fertigungs- oder Produkttechnologie, für jeden geänderten Produktionsprozess und für jede Produktänderung durch.
- Vergleichen Sie Ihre Herstellbarkeitsfähigkeit mit anderen Unternehmen der Branche, z. B. mittels Benchmark-Daten.

(Brückner 2019)

Mögliche Auditnachweise

- Nachweisbare Machbarkeitsüberprüfung vor Eingehen von Lieferverpflichtungen
- Auftragsdokumentation
- Auftragsbestätigungen
- Prozessdarstellungen
- Verantwortlichkeitsmatrix
- Prüfprotokolle
- Abweichgenehmigungen vom Kunden (falls erforderlich)
- Kundenanforderungen bezüglich besonderer Merkmale
- Übersetzungstabelle besonderer Merkmale
- Dokumentierte Herstellbarkeitsbewertungen

8.2.4 Umgang mit geänderten Anforderungen

Ändern sich Anforderungen, dann müssen Sie wissen, wie Sie damit umgehen. Die betroffenen Mitarbeitenden müssen laut ISO 9001 informiert und Dokumente angepasst werden. Über diese Anforderung der Norm hinausgehend sollten Sie auch die Chancen und Risiken in Bezug auf die Änderungen betrachten und gegebenenfalls überprüfen, ob die Prozesse noch passen.

Hier steht folgende Frage im Zentrum:

- Sicherstellen, dass Änderungen an Anforderungen für Produkte und Dienstleistungen erfasst, bewertet, kommuniziert und umgesetzt werden.

Sind Mitarbeitende von einer Änderung der Anforderungen betroffen, dann müssen diese informiert werden. Es muss sichergestellt sein, dass alle die Information(en) bekommen, die sie brauchen. Das Ziel muss immer sein, dass die Produkte und Dienstleistungen so erstellt werden, wie sie sein sollen. Und das muss auch bei etwaigen Änderungen sichergestellt werden.

Dokumentationen dienen dazu, dass jemand, der eine bestimmte Information braucht, diese auch erhält und sich informieren kann. Und das kann nur erfolgreich durch eine aktuelle Dokumentation funktionieren. Änderungen, die sich auf die Dokumentation auswirken, müssen zeitnah berücksichtigt werden, damit Prozesse eingehalten und Ziele erreicht werden können.

Unterstützende Werkzeuge (Auswahl)

- Änderungsauftragsformular
- Checklisten zur Prüfung von Änderungen
- Dokumentenmanagementsystem
- Intranet zur Mitarbeiterinformation
- ERP-System-Änderungsmanagement
- Lessons-Learned-Datenbank

Tabelle 8.5 fasst die wichtigen Aspekte zu diesem Normabschnitt zusammen.

Tabelle 8.5 Mit Anforderungsänderungen erfolgreich umgehen – Normabschnitt 8.2.4 umsetzen

Leitfragen ▪ Haben wir die von den Änderungen betroffenen Mitarbeitenden informiert? ▪ Haben wir die Dokumente entsprechend angepasst?
Ziel: Regelung im Umgang mit Änderungen von Anforderungen
Umsetzungshinweis Stellen Sie für alle wertschöpfenden Prozesse sicher, dass Änderungen von Anforderungen an Produkte und Dienstleistungen nach einer klaren Regelung erfolgen. Prüfen Sie, ob folgende Punkte hierbei berücksichtigt sind: ▪ Anpassung der relevanten Dokumente ▪ Information der zuständigen Personen über die Änderungen (Weghorn 2022)
Mögliche Auditnachweise ▪ Machbarkeitsüberprüfung ▪ Auftragsdokumentation ▪ Auftragsbestätigungen ▪ Notfallpläne ▪ Prozessdarstellungen ▪ Dokumentenlenkung ▪ Risikobetrachtung

8.3 Entwicklung von Produkten und Dienstleistungen

In einem sich immer schneller ändernden Umfeld wird die dauerhafte Entwicklung von neuen Produkten und Dienstleistungen immer mehr zu einem zentralen Erfolgsfaktor. Auch wenn Sie heute vielleicht ein sehr erfolgreiches Geschäftsmodell haben sollten, kann sich das morgen schon rapide verändert haben. Bei der Entwicklung stehen folgende Fragen im Zentrum:

- Wird ein Entwicklungsprozess gebraucht (Situationen, Projekte etc.)?
- Wie muss der Entwicklungsprozess aufgebaut sein, damit später die Neuentwicklung realisiert werden kann? Wird die Prozessentwicklung berücksichtigt?
- Welcher Input ist nötig?
- Haben die Mitarbeitenden die notwendigen Kompetenzen?
- Werden die Produkte mit integrierter Software geliefert?
- Wie wird mit besonderen Merkmalen umgegangen?
- Wie lässt sich der Entwicklungsprozess steuern und wie gehen wir mit Änderungen um?

Dokumentierte Information

Sie müssen einen Nachweis erbringen, dass die Anforderungen an die Entwicklung erfüllt werden. Ebenso müssen Sie den Entwicklungsprozess, die Steuerungsmaßnahmen für die Entwicklung, die Entwicklungsergebnisse sowie die Maßnahmen bei Entwicklungsänderungen dokumentieren.

Damit die Produkt- und Prozessentwicklung bei jedem neuen Produkt oder Prozess nach derselben Art und Weise gehandhabt wird, muss die Vorgehensweise mit genauen Vorgaben beschrieben sein. Weiterhin ist es sehr empfehlenswert, wenn für neue Produkte und Prozesse eine standardisierte Ablagestruktur in den Systemen, aber auch in der Papierablage geschaffen wird. Die beste Möglichkeit für eine systematische Abarbeitung ist ein Projektplan, der alle Phasen der Produkt- und Prozessentwicklung enthält. Bild 8.4 zeigt die Anforderungen dieses Abschnitts im Überblick.

Dieser Normabschnitt bezieht sich auf die Produktentwicklung, wenn etwas neu konzipiert oder entwickelt wird, wenn es also etwas mit Innovation zu tun hat. Ein Schulungskonzept beispielsweise, das zwar neue Lerninhalte berücksichtigt, aber die Schulung an sich nicht verändert, ist im Sinne der Norm keine Entwicklung. Auch ein neuer Tisch eines Schreiners ist keine Entwicklung. Wenn allerdings die Schulung noch nie da gewesene didaktische Elemente enthält oder im Tisch eine KI integriert ist, die mit der Lampe kommuniziert und entsprechend der Stimmung der am Tisch sitzenden Menschen die Helligkeit regelt, dann handelt es sich um Entwicklungen.

Bild 8.4 Abschnitt 8.3 der ISO 9001 und IATF 16949 im Überblick

In einem Audit nach ISO 9001 können folgende Auditfragen gestellt werden:

- Wie wird der Entwicklungsprozess definiert, umgesetzt und aufrechterhalten, um die Produktion und Dienstleistungserbringung sicherzustellen?
- Wie werden die Phasen der Entwicklungsplanung bestimmt und Steuerungsmaßnahmen definiert?
- Wie erfolgt die Festlegung der Anforderungen, die für die Produkt- oder Dienstleistungsart von wesentlicher Bedeutung sind?
- Welche Steuerungsmaßnahmen für die Entwicklung werden angewendet?
- Wie wird sichergestellt, dass die Entwicklungsergebnisse konform mit allen Anforderungen sind?
- Wie wird sichergestellt, dass Entwicklungsänderungen ermittelt, überprüft und gesteuert werden?

In einem Audit nach IATF 16949 können folgende Auditfragen hinzukommen:

- Wie wird mit dem Entwicklungsprozess für die Produktionsprozessentwicklung umgegangen?
- Wie erfolgt die Einbindung relevanter Interessensvertreter in die Entwicklungsplanung?
- Wie wird sichergestellt, dass alle Mitarbeitenden, die Verantwortung im Entwicklungsprozess tragen, über die notwendige Kompetenz verfügen?
- Wie wird die Qualitätssicherung bei Produkten mit integrierter, intern entwickelter Software durchgeführt?
- Wie wird sichergestellt, dass alle Anforderungen in die Produkt- und Produktprozessentwicklung mit einfließen?
- Wie erfolgt der Umgang mit besonderen Merkmalen?
- Welche Kenngrößen werden für die Überwachung der vorgegebenen Entwicklungsstufen angewendet?
- Wie wird die Entwicklungsvalidierung durchgeführt?
- Wie erfolgt die Durchführung eines Prototypenprogramms mit eigenem PLP (falls zutreffend)?
- Welcher Produkt- und Produktionsfreigabeprozess wurde implementiert?
- Wie wird mit Ergebnissen der Produktionsprozessentwicklung umgegangen?
- Wie erfolgt die Bewertung von Entwicklungsänderungen nach der ersten Produktionsfreigabe?

8.3.1 Allgemeines

Produkte und Dienstleistungen müssen immer wieder verbessert, verändert, den sich ändernden Bedingungen angepasst werden; neue Angebote kommen hinzu, alte Angebote fallen weg. Wird neu konzipiert, gestaltet, so verändert, dass neue Ressourcen oder Kompetenzen erforderlich sind, dann ist ein Entwicklungsprozess notwendig, mit dem die neue oder geänderte Dienstleistung oder das Produkt realisiert werden kann. Beim Entwicklungsprozess müssen immer das Sicherstellen der Konformität und die Erhöhung der Kundenzufriedenheit im Blick behalten werden.

Folgende Frage steht im Mittelpunkt:

- Wie wird sichergestellt, dass die Entwicklung geplant und gesteuert wird?

Wenn Sie keinen Entwicklungsprozess haben und auch keinen umsetzen wollen, dann müssen Sie dies begründen und entsprechend dokumentieren. Sie müssen in diesem Fall nachweisen, dass Ihre Produkte und Dienstleistungen durch den fehlenden Entwicklungsprozess trotzdem die gewünschten Anforderungen erfüllen (Konformität erreichen) und eine Steigerung der Kundenzufriedenheit unterstützt wird. Nur dann können Sie diesen Punkt als „nicht zutreffend“ deklarieren.

Unterstützende Werkzeuge (Auswahl)

- Masterprojektplan
- Gantt-Diagramm

8.3.1.1 Entwicklung von Produkten und Dienstleistungen – Ergänzung (*X*)

Auch Produktionsprozesse müssen entwickelt werden, daher muss darauf dasselbe Augenmerk wie auf die Produktentwicklung gelegt werden.

Dieser Abschnitt der Norm behandelt schwerpunktmäßig folgende Frage:

- Bildet der Entwicklungsprozess, der umgesetzt und aufbewahrt werden muss, sowohl die Produkt- als auch die Prozessentwicklung mit dem Fokus auf Fehlervermeidung systematisch ab?

Das bedeutet, dass alle Anforderungen des Abschnittes 8.3.1 der ISO 9001 für die IATF sowohl für die Produktentwicklung als auch für die Produktionsprozessentwicklung Gültigkeit haben.

Damit sind Organisationen verpflichtet, einen dokumentierten Prozess für die Produkt- und Dienstleistungsentwicklung vorweisen zu können. Dieser Prozess muss Vorgaben enthalten, dass Fehler bereits in der Entwicklung verhindert werden.

Dokumentierte Information

Der Prozess für die Produktentwicklung muss dokumentiert sein.

Unterstützenden Werkzeuge (Auswahl)

- Phasenmodell (z. B. APQP) nutzen.
- Risikoanalyse
- Kundenanforderungen
- Lessons Learned

Tabelle 8.6 fasst die wichtigen Aspekte zu diesen beiden Normabschnitten zusammen.

Tabelle 8.6 Entwicklungsprozess definieren – Normabschnitt 8.3.1der ISO 9001 und 8.3.1.1 der IATF 16949 umsetzen

Leitfragen ▪ Haben wir einen systematischen Entwicklungsprozess eingerichtet, der die Entwicklung von Produkten und Dienstleistungen plant, steuert und überwacht? ▪ Wird der Prozess von uns aufrechterhalten?
Ziel: Regelung des Entwicklungsprozesses
Umsetzungshinweis Legen Sie in Form einer eigenen Verfahrensanweisung (VA), eines Prozesses oder in einem Abschnitt im QM-Handbuch dar, wie der Entwicklungsprozess geregelt, umgesetzt und aufrechterhalten wird. Es sollte die Eignung in Bezug auf die anschließende Produktion und Dienstleistungserbringung dargestellt werden. Wenn keine Entwicklung im Sinne der ISO 9001 bzw. keine Produktentwicklung bei Anwendung der IATF 16949 vorliegt, dann erklären Sie schriftlich oder in einem entsprechenden Abschnitt des QM-Handbuchs diesen Normpunkt als nicht anwendbar. (Weghorn 2022) Bei der IATF 16949 kann die Produktionsprozessentwicklung nicht ausgeschlossen werden. ▪ Dokumentieren Sie Ihren Entwicklungsprozess für die Produkt- und Produktionsprozessentwicklung. ▪ Wenden Sie den Prozess für alle ihre Entwicklungsprojekte sowie für Produkte und Produktionsprozesse an. ▪ Geben Sie die Anwendung von Methoden, wie z. B. FMEA, Design Reviews, Simulations- oder Prüfverfahren, vor, um der Fehlervermeidung entgegenzuwirken. (Brückner 2019)
Mögliche Auditnachweise ▪ Prozessbeschreibung „Entwicklung" oder ein Projektmanagementhandbuch ▪ Liste der aktuellen Entwicklungsprojekte ▪ Nachweisbare Entwicklungspläne, die ständig aktualisiert werden ▪ FMEA-Dokumente ▪ Design-Reviews ▪ Lessons Learned

8.3.2 Entwicklungsplanung

In diesem Normabschnitt wird eine systematische und durchdachte Planung der Entwicklungsprozesse gefordert, damit sichergestellt wird, dass Produkte oder Dienstleistungen mit hoher Qualität entstehen und zuverlässig geliefert werden können.

Im Zentrum des Normabschnitts „Entwicklungsplanung" stehen die Fragen:

- Was muss alles bei der Planung der Entwicklung berücksichtigt werden?
- Wie muss diese durchgeführt werden?
- Welche Fähigkeiten benötigen die relevanten Mitarbeitenden?

Ein Bäcker mit einer Bäckerei, der auch Sojabrot anbieten will, muss anders planen als ein global agierender Autohersteller, der ein neues, smartes E-Auto entwickeln will.

Das Beispiel zeigt, dass sich der Umfang der Beschreibung Ihres gesamten Produkt- und Produktionsentwicklungsprozesses nach Produkt oder Dienstleistung richtet. Sie müssen festlegen, welche Entwicklungsphasen (z. B. Konzept, Design, Prüfung, Tests) in Ihrem Prozess berücksichtigt werden müssen und wie die Steuerung erfolgt. Dabei müssen Sie die notwendigen Aktivitäten zur Verifizierung und Validierung des Produkts bzw. der Dienstleistung berücksichtigen.

Verifizierung bedeutet, dass überprüft wird, ob das Produkt bzw. die Dienstleistung den festgelegten Anforderungen entspricht. Validierung bedeutet, dass überprüft wird, ob das Produkt bzw. die Dienstleistung so eingesetzt werden kann wie geplant und ob es gebrauchtstauglich ist. Produkte bzw. Dienstleistungen müssen im Ergebnis valide und verifiziert sein.

Bei der Entwicklungsplanung müssen die Prozessverantwortlichen definiert und die entsprechenden Verantwortlichkeiten zugewiesen werden. Nur wenn die Verantwortlichkeiten klar sind, können Ziele erreicht werden. Die Beteiligten müssen wissen, wer für was verantwortlich ist. Auch die Prozessbefugnisse müssen definiert und zugewiesen werden.

Ganz wichtig ist auch, dass die benötigten Ressourcen, wie Personal, Know-how, Infrastruktur und Werkzeuge, die für die Entwicklung notwendig sind, zur Verfügung gestellt werden. Eine weitere Aufgabe, die auf Sie zukommt, ist die Steuerung der Schnittstellen zwischen den Beteiligten. Dazu muss Zusammenarbeit zwischen internen Abteilungen oder externen Partnern koordiniert werden.

Bei der Entwicklungsplanung müssen Kunden oder Anwender in den Entwicklungsprozess eingebunden werden. Der Kunde ist zentral! Und je früher Kunden oder Anwender eingebunden werden, desto wahrscheinlicher ist, dass nicht am Kunden vorbeientwickelt wird.

Stellen Sie bei der Planung auch sicher, dass das Endprodukt die festgelegten Anforderungen, beispielsweise Kundenanforderungen, gesetzliche Vorgaben etc., erfüllt.

Dokumentierte Information

Die Erfüllung der Anforderungen an die Entwicklung muss als dokumentierte Information bestätigt werden, beispielsweise anhand eines Pflichtenhefts, einer Checkliste, eines Maßnahmenkatalogs etc.

Bei der Entwicklungsplanung müssen die Anforderungen an die anschließende Produktion oder Dienstleistungserbringung definiert werden. Nur dann kann überprüft werden, ob die Anforderungen überhaupt erfüllt werden können.

Es muss auch die aus Stakeholder-Sicht notwendige Steuerungsebene berücksichtigt werden. Die ISO bezieht sich hier auf die Erwartungen der Stakeholder, im Speziellen die Erwartungen der Kunden, wobei es auch unabhängig von den Anforderungen der Stakeholder möglich sein muss, den Entwicklungsprozess zu steuern.

Unterstützende Werkzeuge (Auswahl)

- Prozessmanagement
- Scrum; Projektmanagement
- Checklisten
- Pflichtenheft
- Design Thinking
- Design for Six Sigma

8.3.2.1 Entwicklungsplanung – Ergänzung (*X*)

In diesen Zusatzanforderungen der IATF wird ausgeführt, wer in die Entwicklungsplanung involviert werden muss, und Beispiele werden angegeben, wann ein multidisziplinärer Ansatz angewendet werden kann.

Ein multidisziplinärer Ansatz umfasst nach Auffassung der IATF 16949 Mitarbeitende aus den Bereichen Entwicklung, Produktionsplanung, Produktion, Wartung und Instandhaltung, Beschaffung, Lieferanten und Bereiche, die das Unternehmen für relevant erachtet.

Im Fokus dieses Abschnitts steht die folgende Frage:

- Ist sichergestellt, dass alle betroffenen Interessenvertreter innerhalb des Unternehmens und, falls relevant, der Lieferkette in die Entwicklungsplanung innerhalb eines multidisziplinären Teams mit eingebunden sind?

Prüfen Sie, welche Bereiche in Ihrem Unternehmen für die Entwicklungsplanung relevant sind. Der multidisziplinäre Ansatz sollte immer dort angewendet werden, wo komplexe Entscheidungen, technologische Einschätzungen oder produktionstechnische Bewertungen gefragt sind.

Beispielsweise:

- Projektmanagement (z. B. APQP, VDA-RGA)
- Tätigkeiten zu Produkt- und Produktionsprozessentwicklung (z. B. Design for Manufacture (DFM), Design for Assembly (DFA))

- Produkt- und prozessbezogene Risikoanalysen (z. B. FMEA, Produktionslenkungspläne)

Die Anforderungen des Abschnitts stehen in engem Zusammenhang mit dem APQP-Ansatz (Advanced Product Quality Planning). APQP dient in der Automobilindustrie als Rahmenwerk für Entwicklungsprozesse und als gemeinsamer Standard zwischen Organisationen und Kunden. Damit wird eine strukturierte Planungs- und Dokumentationsgrundlage erreicht.

Unterstützende Werkzeuge (Auswahl)

- APQP
- Gantt-Diagramm
- FMEA
- DFM
- DFA
- Kundenspezifische Anforderungen
- Kommunikationstools
- Plattformen für die Zusammenarbeit

8.3.2.2 Fähigkeiten der Produktentwicklung (*x*)

Es reicht nicht nur, dass Mitarbeitende die Verantwortung für die Produktentwicklung tragen, sondern auch über die Kompetenzen verfügen, die notwendig sind, um Entwicklungswerkzeuge und Methoden zu beherrschen, die innerhalb einer Organisation angewendet werden.

Im Mittelpunkt dieses Normabschnitts steht die Frage:

- Welche Fähigkeiten müssen die verantwortlichen Mitarbeitenden bei der Produktentwicklung vorweisen, damit alle Anforderungen an die Entwicklung von Produkten erfüllt werden können?

Ein Beispiel für Fähigkeiten in der Produktentwicklung ist der sichere Umgang mit digitalen, mathematischen Daten.

Unterstützende Werkzeuge (Auswahl)

- Kompetenz- und Fähigkeitsprofile
- Inventar von Tools und Methoden
- Schulungsplan
- Prozesse zur Anwendung der Tools

8.3.2.3 Entwicklung von Produkten mit integrierter Software (*x*)

Wenn eine Organisation für die interne Entwicklung von Produkten mit integrierter Software verantwortlich ist, muss dafür ein Prozess zur Qualitätssicherung definiert werden.

Folgende Fragen stehen im Zentrum:

- Ist ein Prozess zur Sicherung der Qualität für Produkte mit intern entwickelter, integrierter Software festgelegt und umgesetzt?
- Welche Methode wird zur Bewertung der Softwareentwicklung angewendet?

Gefordert werden ein Prozess zur Qualitätssicherung, wenn das Unternehmen für die Softwareentwicklung verantwortlich ist, sowie Self-Assessments für die Bewertung der Ergebnisse. Eine Integration der Softwareentwicklung in das interne Auditprogramm ist erforderlich.

Im Allgemeinen unterscheiden sich die Phasen der Entwicklung von Software nicht wesentlich von denen der Produktentwicklung. Daher können alle Anforderungen der Produktentwicklung auch auf die Softwareentwicklung angewendet werden. Allerdings müssen andere Bewertungskriterien herangezogen werden, die in dem IATF-Normenwerk nicht enthalten sind. Für die Selbstbewertung kann z. B. Automotive SPICE (Software Process Improvement and Capability Determination) herangezogen werden. Eine weitere Möglichkeit der Selbstbewertung ist CMMI (Capability Maturity Model Integration). SPICE und CMMI liefern Kennzahlen über den Qualitätsstatus einer Software.

Kunden können selbstverständlich auch eigene Assessment-Ansätze vorgeben, die z. B. eine Selbsteinschätzung des Lieferanten oder ein Kundenaudit beinhalten können.

Priorisierung von Risiken und Auswirkungen auf Kunden müssen beachtet werden. Ebenso muss das Auditprogramm gewährleisten, dass auch diese Prozesse regelmäßig auditiert werden.

Dokumentierte Information

Die Nachweise von Selbstbewertungen müssen aufbewahrt werden. Die Änderungsstände der Software und Hardware von Produkten mit integrierter Software müssen in dokumentierten Informationen zur Änderung festgehalten werden (Abschnitt 8.3.6.1).

Unterstützende Werkzeuge (Auswahl)

- Automotive Spice
- CMMI
- Vom Kunden vorgegebene Methode zur Selbstbewertung

Tabelle 8.7 fasst die wichtigen Aspekte zu diesen Normabschnitten zusammen.

Tabelle 8.7 Entwicklung planen – Normabschnitt 8.3.2 der ISO 9001 und Normabschnitte 8.3.2.1, 8.3.2.2, 8.3.2.3 der IATF 16949 umsetzen

Leitfrage: Haben wir alles bei der Planung der Entwicklung berücksichtigt?
Ziel: Regelung der Entwicklungsplanung
Umsetzungshinweis Legen Sie ein Instrument fest, mit dem Entwicklungsstufen (Meilensteine, Quality Gates, Phasen) sowie zugehörige Lenkungsmaßnahmen festgelegt und dargestellt werden können (z. B. Projektmanagementprogramm). Prüfen Sie, ob Ihr Instrument folgende Anforderungen der Norm berücksichtigt: ▪ Art, Dauer und Umfang der Entwicklungstätigkeiten ▪ Erforderliche Prozessstufen einschließlich notwendiger Prüfungen ▪ Entwicklungsverifizierung (Prüfung gegen vorgegebene Forderungen) und Entwicklungsvalidierung (Prüfung auf den Anwendungszweck) ▪ Verantwortungen und Befugnisse ▪ Internen und externen Ressourcenbedarf ▪ Steuerung von Schnittstellen zwischen verschiedenen beteiligten Parteien ▪ Einbindung von Kunden, Anwendern oder Nutzergruppen ▪ Anforderungen an die anschließende Produktion und Dienstleistungserbringung ▪ Steuerungsebene, die von allen interessierten Parteien erwartet wird ▪ Dokumentierte Informationen, um zu bestätigen, dass die Anforderungen an die Entwicklung erfüllt wurden ▪ Legen Sie für alle Ihre Produkte einen Entwicklungsplan an. (Weghorn 2022) Denken Sie an die Einbeziehung aller Interessensvertreter. ▪ Beziehen Sie ein multidisziplinäres Team aus Funktionen wie Design, Fertigung, Qualität, Einkauf oder Lieferanten muss mit ein. Um einen ganzheitlichen Planungsansatz sicherzustellen, ▪ entwickeln Sie Ihre Produkt- und Produktionsprozesse mit vorausschauenden Risikoanalysen (z. B. FMEA) und ▪ verwenden Sie beispielsweise ein APQP-Planungstool, um Zeitpunkte, Verantwortliche, Aktivitäten (z. B. Review, Verifikation), Meilensteine sowie Plananpassungen zu dokumentieren. Auch die Kompetenz Ihrer Mitarbeitenden ist für eine effektive Entwicklungsplanung wichtig. ▪ Erweitern Sie Ihren Schulungsplan um Entwicklungswerkzeuge und -methoden, wie beispielsweise digitale Tools und mathematische Daten, um bei Ihren relevanten Mitarbeitenden die notwendige Kompetenz aufzubauen. Die nachfolgenden Punkte müssen Sie beachten, wenn Sie Produkte mit integrierter Software entwickeln. ▪ Sorgen Sie bei Ihrem Qualitätsprozess für die Entwicklung von Produkten in eingebetteter Software dafür, dass z. B. funktionale, Sicherheits- und Stabilitätsaspekte abgedeckt sind.

- Nutzen Sie Modelle zur Bewertung der Reife Ihres Softwareentwicklungsprozesses, z. B. CMMI oder Automotive SPICE, um Schwachstellen zu erkennen und zu dokumentieren.
- Dokumentieren Sie die Ergebnisse der durchgeführten Selbstbewertungen und integrieren Sie Softwareentwicklungsaktivitäten in Ihr internes Auditprogramm.

(Brückner 2019)

Mögliche Auditnachweise

- Multidisziplinäre Zusammensetzung der Projektgruppen (idealerweise mit Vertretern des/der Kunden)
- Verantwortlichkeitsmatrix
- Entwicklungspläne
- Meilensteinplanung
- Anwendung von Methoden wie Scrum, Design Thinking etc.
- Ressourcenmanagement
- Prozessschnittstellen
- Verifizierung
- Validierung
- Meilensteinprotokolle
- APQP-Protokolle
- Kommunikationsmatrizen
- Schulungspläne
- Qualifikationsnachweise für Mitarbeitende im Entwicklungsprozess
- Dokumentierter Prozess für die Qualitätssicherung für Produkte mit integrierter Software
- Selbstbewertungsberichte
- Test- und Validierungsdokumente
- Versions- und Konfigurationsmanagement

8.3.3 Entwicklungseingaben

Bei dem Aspekt „Entwicklungseingaben“ geht es um die wesentlichen Anforderungen, die das zu entwickelnde Produkt, der zu entwickelnde Produktionsprozess oder die zu entwickelnde Dienstleistung erfüllen muss. Sie müssen erst mal wissen, wie das Ergebnis aussehen und welche Eigenschaften die Lösung haben sollte.

Dieser Abschnitt konzentriert sich auf folgende zentrale Fragen:

- Sind alle relevanten Anforderungen ermittelt und dokumentiert?
- Sind die Eingaben für die Entwicklung eindeutig, vollständig und für den Entwicklungsprozess geeignet?
- Wurden widersprüchliche oder unvollständige Anforderungen bereinigt?

Im Rahmen der Entwicklung von Produkten und Dienstleistungen muss die Organisation sicherstellen, dass alle notwendigen Eingaben definiert und berücksichtigt werden. Dazu gehören sowohl die funktionalen und leistungsbezogenen Anforderungen als auch gesetzliche und behördliche Vorschriften, Normen und Standards, die für das jeweilige Produkt oder die Dienstleistung gelten. Verlangt der Auftraggeber beispielsweise die Umsetzung der ISO 9001, dann muss dies auch gleich bei der Neuentwicklung eingeplant werden. Ein weiteres Beispiel ist die IATF 16949, deren Umsetzung sehr häufig die Automobilhersteller von ihren Zulieferern verlangen. Neben den Normen kann es weitere Standards geben (beispielsweise Hygienestandards), die Sie bei der Neuentwicklung berücksichtigen müssen. Wenn Sie für Ihr Unternehmen selbst Standards entwickelt haben, dann müssen Sie diese bei der Neuentwicklung berücksichtigen.

Ebenso müssen explizite und implizite Kundenanforderungen erfasst werden.

Es müssen auch bisherige Erfahrungen aus früheren, ähnlichen Entwicklungen, Kundenrückmeldungen oder Reklamationen sowie aus Risikoanalysen genutzt werden. Der Zugriff auf bisherige Erfahrungen kann beispielsweise durch die Implementierung von Teams, Wissensdatenbanken, Lessons Learned erfolgen.

Die Entwicklungseingaben müssen zum Entwicklungszweck passen. Die Eingaben müssen angemessen sein, also zu dem passen, was Sie mit der Neuentwicklung erreichen wollen. Zudem müssen alle Eingaben vollständig, eindeutig und widerspruchsfrei sein. Mögliche Widersprüche sind vorzugsweise vor Beginn der eigentlichen Entwicklungsarbeit zu klären. Zielkonflikte erfordern eine besondere Aufmerksamkeit und Widersprüche müssen aufgelöst werden

Es ist ebenfalls zu prüfen, welche rechtlichen und branchenspezifischen Regelungen zu beachten sind, etwa im Hinblick auf Sicherheit, Umwelt- oder Arbeitsschutz.

Dokumentierte Information

Sämtliche Entwicklungseingaben müssen in geeigneter Form dokumentiert und gelenkt werden, beispielsweise in Form von Lasten- oder Pflichtenheften, technischen Spezifikationen oder Anforderungstabellen.

Unterstützende Werkzeuge (Auswahl)

- Tools zur Anforderungsverwaltung
- Checklisten
- Lasten- und Pflichtenheft
- Review-Workshops
- Lessons-Learned-Datenbanken
- FMEA
- Rechtskataster

8.3.3.1 Eingaben für die Produktentwicklung (✗)

Die Ermittlung der Anforderungen an das Produkt ist von größter Bedeutung für den Entwicklungsprozess. Daher gibt die IATF 16949 an dieser Stelle genau vor, welche Eingaben mindestens gemacht werden müssen, und bringt wieder „Leassons Learned" ins Spiel, um Erfahrungen aus früheren Entwicklungen, Benchmarkings, Lieferantenrückmeldungen, internen Eingaben und Felddaten mit in den Entwicklungsprozess einfließen zu lassen.

Folgende Fragen stehen im Zentrum:

- Sind die Ergebnisse der Vertragsprüfung dokumentiert und bewertet?
- Werden bei den Eingaben für die Produktentwicklung alle Mindestanforderungen berücksichtigt?

Die Ermittlung der Eingaben muss systematisch und standardisiert mittels eines Prozesses erfolgen. Erstellen Sie beispielsweise eine Tabelle, um die Produktanforderungen, die sich aus der Vertragsprüfung ergeben haben, strukturiert aufzubereiten. Nehmen Sie diesen Aspekt auch in Ihre Entwicklungsprozesse auf.

In der APQP-Logik (Advanced Product Quality Planning) wird die Produktentwicklung im Wesentlichen durch die Phasen 1 und 2 abgedeckt.

- Phase 1: Eingaben für die Produktentwicklung
- Phase 2: Produktdesign

Sie müssen sicherstellen, dass Produktspezifikationen einschließlich besonderer Merkmale berücksichtigt werden. Dies kann beispielsweise durch Prüfung der Vertragsunterlagen oder eines Lastenheftes geschehen.

Grenzen Sie das Produkt genau ab, indem Sie festlegen, was zum Produkt gehört und was nicht; nur so erhalten Sie genaue Systemgrenzen. Legen Sie die Schnittstellen genau fest, beispielsweise wer wann welche Informationen braucht.

Stellen Sie sicher, dass bei der Kennzeichnung gesetzliche und Kundenanforderungen berücksichtigt werden. Hier steht die Frage im Raum: Was muss wie gekennzeichnet werden? Vergeben Sie zur Sicherstellung der Rückverfolgbarkeit beispielsweise eindeutige Chargen- oder Teilenummern.

Überlegen Sie im Team, welche Möglichkeiten Sie haben, das Produkt zu entwickeln. Bewerten Sie die Alternativen beispielsweise mit einer Entscheidungsmatrix oder mit Abhängigkeitskurven und wählen Sie die beste Alternative aus. Stellen Sie auf jeden Fall sicher, dass eine Risikoanalyse für die Eingaben zur Produktentwicklung durchgeführt wird, beispielsweise mit einer Design-FMEA, FTA (Fault Tree Analysis) oder einer Risikomatrix.

Sie sollten sicherstellen, dass wenigstens die Mindestanforderungen der IATF 16949 für die Produktentwicklung sowie die Ziele festgelegt werden. Wenden Sie dazu beispielsweise die SMART-Methode an, um Ziele zu formulieren, die spezifisch, messbar, anspruchsvoll, realistisch und terminiert sind.

Wenn Ihr Kunde Ihnen die gesetzlichen und behördlichen Anforderungen des Bestimmungslandes für das Produkt genannt hat, dann müssen Sie sicherstellen, dass die speziellen Anforderungen erfüllt werden. Recherchieren Sie dazu beispielsweise über offizielle Internetseiten von Behörden und Ministerien des Bestimmungslandes oder von Branchenverbänden oder nehmen Sie Angebote von darauf spezialisierten Beratungsunternehmen an.

Falls es relevant ist, denken Sie auch an die Anforderungen an Produkte mit integrierter Software.

Ein weiterer wichtiger Punkt, der in den Fokus in diesem Abschnitt rückt, ist die Anforderung nach Berücksichtigung von Entwicklungsalternativen. Dazu wird in diesem Abschnitt auf Erstellung von Abhängigkeitskurven (engl.: trade-off curves) hingewiesen. Neben diesem wichtigen Aspekt werden Eingaben zu Gesundheit, Sicherheit und Umwelt verlangt. Mit diesem Punkt kommen die interessierten Parteien ins Spiel, und zwar der Endanwender (Sicherheit), die Behörden und Gesellschaft (Umwelt), und der Aspekt Gesundheit kann jede interessierte Partei betreffen.

Dokumentierte Information

Die Eingaben für die Produktentwicklung müssen dokumentiert werden.

Unterstützende Werkzeuge (Auswahl)

- APQP
- Lasten-/Pflichtenhefte
- PLP
- Anforderungsmanagementtools
- Kunden-Spezifikations-Checklisten
- Herstellbarkeitsanalysen
- FMEA
- Leassons-Learned-Datenbanken
- Gesetzes-Datenbanken

8.3.3.2 Eingaben für die Produktionsprozessentwicklung (*X*)

Bei den Anforderungen der IATF 16949 an die Produktionsprozessentwicklung stehen folgende Fragen im Mittelpunkt:

- Wird bei den Eingaben für die Prozessentwicklung auf Vollständigkeit, Verständlichkeit und Konsensfindung über die Anforderungen geachtet?
- Werden alle Eingaben (Mindesteingaben und andere) auf Machbarkeit, Risiken, Norm- und Kundenkonformität überprüft und dokumentiert?

Durch die Mindestanforderungen an die Eingaben für die Produktionsprozessentwicklung soll sichergestellt werden, dass robuste Produktionsprozesse entwickelt, dokumentiert und bewertet werden. Damit soll das Ziel verfolgt werden, Fehler zu vermeiden, hochwertige Produkte zu liefern und die Kundenanforderungen vollständig zu erfüllen.

Die APQP-Phasen 3 und 4 decken den Abschnitt der Norm ab.

- Phase 3: Prozessentwicklung
- Phase 4: Produkt- und Prozessvalidierung

Hierbei spielen PFMEA, PLP und PPAP die Schlüsselrolle.

Berücksichtigen Sie die Ergebnisse der Produktentwicklung inklusive besonderer Merkmale und wenden Sie Methoden wie Design Review und Prozess-FMEA (PFMEA) an, um beispielsweise erkannte Risiken aus der Produktentwicklung bei der Produktionsprozessentwicklung zu berücksichtigen. Legen Sie Ziele für Produktivität, Prozessfähigkeit, Produktionszeiten und-kosten fest. Verwenden Sie für die Zieleformulierung beispielsweise die SMART-Methode, um Ziele zu formulieren, die spezifisch, messbar, anspruchsvoll, realistisch und terminiert sind.

Ein wichtiger Aspekt ist analog zur Produktentwicklung, dass bei der Planung verschiedene Fertigungsmethoden in Betracht gezogen werden. Dazu müssen im multidisziplinären Team die wirtschaftliche und technische Machbarkeit betrachtet, Vor- und Nachteile sowie Risiken und Chancen bewertet werden, bevor die beste Alternative ausgewählt werden kann.

Damit Sie sicherstellen, dass alle Kundenanforderungen berücksichtigt werden, können Sie sich an den Ergebnissen der Vertragsprüfung und an einem Lastenheft, falls vorhanden, orientieren.

Sie können sich viel Arbeit ersparen, wenn Sie Erfahrungen aus früheren Entwicklungen nutzen, die beispielsweise in einer Datenbank hinterlegt sind. Dazu zählen unter anderem positive Aspekte, Fehler und Probleme, bewährte Vorgehensweisen, Informationen aus Reklamationen und Auditergebnisse.

Neue Materialien bzw. Werkstoffe haben großen Einfluss auf die Entwicklung von Produktionsprozessen, daher muss sichergestellt sein, dass deren Eigenschaften analysiert werden, um die Auswirkungen bewerten zu können. Nur so können später die geeignete Ausrüstung und die richtigen Prüfmethoden ausgewählt werden.

Stellen Sie sicher, dass alle Prozessschritte, die den Umgang mit Produkten betreffen, betrachtet werden wie beispielsweise Transport, Montage, Kommissionierung oder Verpackung sowie die notwendige Ausgestaltung von Arbeitsplätzen und Arbeitsabläufen.

Die Produktionsprozessentwicklung muss produktionsgerecht durchgeführt werden. Das bedeutet, dass Konzepte wie beispielsweise Poka Yoke zum Einsatz kommen, um die Montage zu optimieren, oder Methoden wie Design for Manufacturing (DFM) und Design for Assembly (DFA) zum Einsatz kommen, um einzelne Teile und Komponenten produktionsgerecht zu gestalten.

Achten Sie darauf, dass verschiedene Methoden zur Fehlervermeidung eingesetzt werden; beispielsweise Fault Tree Analysis (FTA) zur Identifizierung von Fehlerquellen und deren Auswirkungen, Poka Yoke zur Vermeidung von menschlichen Fehlern oder Six Sigma zur Fehlerreduzierung und Prozessoptimierung mit statistischen Methoden.

Dokumentierte Information

Dokumentierte Eingaben für die Produktionsprozessentwicklung

Unterstützende Werkzeuge (Auswahl)

- APQP
- Wertstromanalyse
- Prozessablaufdiagramme
- Prozess-FMEA
- PLP

8.3.3.3 Besondere Merkmale (*X*)

Merkmale mit besonderer Nachweisführung, funktionswichtige Merkmale und prozesswichtige Merkmale müssen besonders beachtet werden. Sie werden in der IATF als „Besondere Merkmale" bezeichnet und wie folgt definiert:

„Produktmerkmale oder Produktionsprozessparameter, die Auswirkungen auf die Sicherheit oder Einhaltung behördlicher Vorschriften, die Passform, die Funktion, die Leistung oder die weitere Verarbeitung des Produkts haben können". (IATF 16949, Abschnitt 3.1)

Mit diesen Merkmalen fordert die IATF einen besonderen Umgang in der Weise, dass sie gekennzeichnet, gelenkt und mit den Kundenanforderungen abgestimmt werden. Das muss in einem dokumentierten Prozess festgelegt sein.

Folgende Fragestellungen bilden den Kern dieses Abschnitts:

- Wie werden besondere Merkmale identifiziert, dokumentiert, und zwar sowohl nach Kunden- als auch internen Vorgaben?
- Wie wird sichergestellt, dass besondere Merkmale in allen relevanten Prozessen überwacht und eingehalten werden?

Der VDA teilt in seinem Blauband „Prozessbeschreibung – Besondere Merkmale“ in drei Hauptkategorien ein:

- BM S – Sicherheitsrelevante Merkmale (Produktsicherheit)
- BM F – Funktionale Merkmale (z. B. Form, Funktion, Passform)
- BM Z – Zulassungsrelevante Merkmale (gesetzlich, bzw. regulatorisch)

Im VDA-Blauband „Besondere Merkmale“ sind keine eindeutigen, zwingenden Symbole vorgeschrieben. Es wird jedoch empfohlen, eine einheitliche Kennzeichnung zu verwenden. Ansonsten gelten die Anforderungen des Kunden an die Kennzeichnung. Wenn jedoch intern bereits Kennzeichnungen definiert sind, kann eine sogenannte Umwandlungstabelle verwendet werden, die dem Kunden auf Verlangen zur Verfügung gestellt wird. Diese Umwandlungstabelle hat sich ebenso bewährt, wenn bei mehreren Kunden verschiedene Vorgaben für die Kennzeichnung besonderer Merkmale bestehen.

Mit SI-Nr. 6 wurde klargestellt, wie die Dokumentation und die Kennzeichnung von besonderen Merkmalen in den Zeichnungen bzw. Dokumenten zu Produkten und/oder Prozessen zu erfolgen haben.

Sie müssen konsequent dafür sorgen, dass die besonderen Merkmale in den Produkt- und/oder Produktionsdokumenten, Risikoanalysen (beispielsweise FMEA), in den Produktionslenkungsplänen (PLP), in den Arbeitsanweisungen und anderen relevanten Unterlagen mit entsprechenden Symbolen gekennzeichnet werden. SI-Nr. 16 erläutert weiter, dass besondere Merkmale mit speziellen Symbolen gekennzeichnet und in den Herstellungsdokumenten festgehalten werden müssen. Diese Dokumente sollen deutlich machen, wie die besonderen Merkmale ermittelt und eingeführt wurden oder welche Lenkungsmaßnahmen dafür gelten.

Bei elektronischen Dokumenten hat es sich in Praxis bewährt, eine Legende der verwendeten Symbole am jeweiligen Dokumentende oder eine Matrix in der Qualitätsmanagementdokumentation zu führen.

Besondere Merkmale von Produkten und Produktionsprozessen müssen auch gelenkt werden. Dazu müssen geeignete Maßnahmen eingeführt werden, beispielsweise durch integrierte automatische 100 %-Prüfungen oder statistische Prozesslenkung (SPC) oder bei Produktionsprozessen beispielsweise durch Poka Yoke und Error-Proofing-Methoden. Die Wirksamkeit der eingeführten Lenkungsmaßnahmen kann durch interne Audits erfolgen.

Ein Kunde kann eine Freigabe der besonderen Merkmale fordern. Dazu müssen Sie sicherstellen, dass die Kundenanforderungen für die Freigabe von besonderen Merkmalen erfüllt werden. Wie die Kundenfreigabe erfolgt, wird im Regelfall im Vorfeld vereinbart.

Dokumentierte Information

Es wird ein dokumentierter Prozess zur Ermittlung der besonderen Merkmale gefordert, der die vom Kunden festgelegten besonderen Merkmale und die, die von der Organisation ermittelt werden, enthält.

Dokumentation der besonderen Merkmale im PLP sowie in weiteren Dokumenten, die zur Lenkung des Produktionsprozesses notwendig sind.

Unterstützende Werkzeuge (Auswahl)

- DFMEA
- PFMEA
- PLP
- Risikomatrix
- Tabelle mit Symbolen und Legende
- Matrix für besondere Merkmale
- SPC
- Poka Yoke
- E-Learnings

Tabelle 8.8 fasst die wichtigen Aspekte zu diesen Normabschnitten zusammen.

Tabelle 8.8 Eingaben in den Entwicklungsprozess – Normabschnitt 8.3.3 der ISO 9001 und Normabschnitte 8.3.3.1, 8.3.3.2, 8.3.3.3 der IATF 16949 umsetzen

Leitfragen ▪ Haben wir die wesentlichen Anforderungen definiert, die das zu entwickelnde Produkt oder die zu entwickelnde Dienstleistung erfüllen muss? ▪ Wissen wir, wie das Ergebnis aussehen sollte, welche Eigenschaften die Lösung haben sollte?
Ziel: Ziel ist es, eine solide und eindeutige Grundlage zu schaffen, auf der die Entwicklung effektiv, normkonform und im Sinne der Kundenerwartungen umgesetzt werden kann.
Umsetzungshinweis Legen Sie für jedes Produkt ein Lastenheft an und listen Sie hier die Eingaben (Input) für Ihr jeweiliges Produkt aus Kundensicht auf (WAS). Auf Basis des Lastenhefts erstellen Sie ein Pflichtenheft, in dem Sie darlegen, wie Sie die Anforderungen an das Produkt umsetzen möchten (WIE). Prüfen Sie, ob Ihre Lasten- und Pflichtenhefte folgende Anforderungen an Entwicklungseingaben berücksichtigen: ▪ Funktions- und Leistungsanforderungen ▪ Gewonnene Information aus vorangegangenen Entwicklungstätigkeiten

- Gesetzliche und behördliche Anforderungen (Rechtsregister)
- Normen, Standards oder Verfahrensregeln, zu deren Umsetzung sich die Organisation verpflichtet hat Mögliche Konsequenzen aus Fehlern (Risikoanalyse)
- Keine Widersprüchlichkeiten

Eingaben müssen angemessen, vollständig und eindeutig sein.
Bewahren Sie die Nachweise hierzu auf.
(Weghorn 2022)

Sammeln und bewerten Sie alle notwendigen Informationen und Anforderungen für die Produktentwicklung.

- Beachten Sie alle Kundenanforderungen, gesetzliche/regulatorische Vorgaben, Lessons Learned und Benchmark-Daten.
- Dokumentieren Sie Ihre gesammelten Daten z. B. in einem freigegebenen Lasten-/Pflichtenheft oder sonstigem Auftragserfassungsdokument.
- Erstellen Sie eine DFMEA, um risikobehaftete Anforderungen zu identifizieren.
- Legen Sie klare Verantwortlichkeiten und formale Freigaben der Eingaben fest.

Erfassen Sie alle Anforderungen für die Produktionsprozessentwicklung.

- Beachten Sie die technischen Produktanforderungen, wie z. B. Toleranzen, Materialeigenschaften.
- Erstellen Sie ein PFMEA zur Identifikation potenzieller Risiken und Fehlerquellen.
- Planen Sie alle notwendigen Ressourcen, wie Maschinen, Werkzeuge, Prüfmittel, Layout, und legen Sie die Personalqualifikation fest.
- Stellen Sie sicher, dass alle relevanten Dokumente wie z. B. Arbeitsanweisungen und Prüfpläne, PLP etc. auf den Eingaben basieren.

Gehen Sie systematisch vor, um Kennzeichnung, Dokumentation und Steuerung besonderer Merkmale festzulegen.

- Ermitteln Sie im multidisziplinären Ansatz besondere Merkmale aus z. B. Kundenanforderungen, FMEA, gesetzlichen Vorgaben.
- Verwenden Sie eine einheitliche Symbolik in Zeichnungen, FMEA, Control Plan und Arbeitsanweisungen etc.; gegebenenfalls mittels einer Umwandlungstabelle.
- Entwickeln Sie Maßnahmen zur Lenkung und Überwachung von besonderen Merkmalen, wie beispielsweise SPC, Poka-Yoke- oder 100 %-Prüfung
- Überprüfen Sie regelmäßig die Wirksamkeit der Maßnahmen.

(Brückner 2019)

Mögliche Auditnachweise

- Lastenheft
- Pflichtenheft
- Risikomanagement
- Lessons-Learned-Bericht
- DFMA
- PFMEA
- PLP
- Liste oder Matrix aller identifizierten besonderen Merkmale
- Umwandlungstabelle, wenn relevant

8.3.4 Steuerungsmaßnahmen für die Entwicklung

Beim Abschnitt „Steuerungsmaßnahmen für die Entwicklung“ geht es darum, dass sich die Entwicklung bewusst lenken lässt und die gewünschten Ergebnisse erreicht werden. Die ISO verlangt, dass die Entwicklungsergebnisse definiert, bewertet, verifiziert und validiert werden. Dazu müssen die gewünschten Ergebnisse definiert und das Erreichen dieser Ergebnisse überprüft werden.

Folgende zentrale Frage wird in diesem Abschnitt der Norm behandelt:

- Welche Steuerungsmaßnahmen werden für den Entwicklungsprozess eingeführt?

Es muss klar sein, was mit dem Entwicklungsprozess erreicht werden soll und wie das Erreichen der Ergebnisse bewertet wird. Nur so können Abweichungen beispielsweise anhand eines Pflichtenhefts erfasst werden.

Die notwendige Überprüfung der Entwicklung sowie die geforderte Verifizierung und Validierung unterscheiden sich voneinander. Die ISO schreibt nicht vor, ob diese gemeinsam oder in einer bestimmten Reihenfolge durchzuführen sind. Sie können die Umsetzung also so gestalten, wie sie am besten für Ihr Unternehmen passt.

Verifizierung bedeutet, dass geprüft wird, ob ein Produkt so hergestellt wurde, wie es in den Spezifikationen steht. Wurde das Produkt richtig gebaut?

Verifizierung überprüft und bestätigt, ob das gewünschte Material, die gewünschten Verfahren, die gewünschten Inhalte etc. eingesetzt werden.

Validierung bedeutet, dass sichergestellt wird, dass beispielsweise ein ABS-Steuergerät im Fahrzeug unter allen vorgesehenen Einsatzbedingungen korrekt funktioniert, d. h., dass das richtige Produkt gebaut wurde und unter allen realen Bedingungen sicher bremst.

Validierung ist der Test auf Gebrauchstauglichkeit, der nachweist, dass ein Produkt in der Praxis seinen Zweck erfüllt. Wurde das richtige Produkt gebaut?

Werden bei der Überprüfung, der Verifizierung oder der Validierung der Neuentwicklung Probleme erkannt, so müssen Maßnahmen eingeleitet werden, wie mit diesen Problemen umgegangen wird.

Dokumentierte Information

Die Steuerungsmaßnahmen (Verifizierung, Validierung) für die Entwicklung müssen als dokumentierte Information vorliegen. Die ISO fordert zwar nicht, dass Sie Ihre Entscheidungen begründen, allerdings hilft Ihnen dies bei der Begründung der gewählten Maßnahmen.

Unterstützende Werkzeugt (Auswahl)

- Pflichtenheft
- Prozessmanagement
- Projektmanagement; Scrum
- Regelmäßige Reviews
- Mess- und Prüfpläne

8.3.4.1 Überwachung (*X*)

Die Einhaltung der geplanten Dauer der Entwicklungsstufen für die Produkt- und Produktionsprozessentwicklung ist von großer Wichtigkeit, um die geplanten Ressourcen optimal einsetzen zu können. Aus diesem Grund legt die IATF in diesem Abschnitt besonderen Wert auf die Überwachung des Entwicklungsprozesses durch Kenngrößen.

Folgende Frage steht im Zentrum:

- Welche Messgrößen werden in definierten Phasen der Produkt- und Prozessentwicklung verwendet?

Um die einzelnen Entwicklungsstufen mittels Kennzahlen zu überwachen, ist es erforderlich, dass Sie aussagekräftige Kennzahlen, beispielsweise Qualitätsrisiken, Kosten, Termineinhaltung, kritische Pfade etc., am besten nach der SMART-Methode festlegen. Sorgen Sie dafür, dass diese von den Verantwortlichen regelmäßig und systematisch erhoben und analysiert werden, um gegebenenfalls mit Maßnahmen gegensteuern zu können.

Damit auch diese Überwachungsergebnisse von der obersten Leitung bewertet werden können, müssen sie in die Managementbewertung einfließen. Nur so kann auch die Entwicklung von Produkten und Produktionsprozessen kontinuierlich verbessert werden.

Wenn der Kunde es fordert, so müssen Sie die Ergebnisse der Kennzahlenüberwachung zur Verfügung stellen. Treffen Sie in diesem Fall mit dem Kunden eine Vereinbarung, welche Kennzahlen seinen Anforderungen entsprechen und wie ihm diese bereitgestellt werden sollen.

Dokumentierte Information

Dokumentieren Sie nachvollziehbar Validierungs- und Freigabeentscheidungen.

Unterstützende Werkzeuge (Auswahl)

- KPI-Dashboards
- Problembearbeitungstools
- APQP-Phasenplan
- Projektpläne

8.3.4.2 Entwicklungsvalidierung (*X*)

Mit den Anforderungen in diesem Abschnitt soll sichergestellt werden, dass die entwickelten Produkte und Produktionsprozesse die Kundenanforderungen und zudem alle relevanten Normen und offiziellen Regularien erfüllen.

Dieser Abschnitt der Norm behandelt schwerpunktmäßig folgende Frage:

- Was wird getan, um sicherzustellen, dass die Entwicklungsvalidierung mit den Kundenanforderungen übereinstimmt und alle relevanten Normen und offiziellen Regularien berücksichtigt?

Sie müssen im Rahmen der Produktentwicklung sicherstellen, dass das Endprodukt tatsächlich die Kundenanforderungen erfüllt und zugleich den relevanten Normen und regulatorischen Vorgaben entspricht. Der Zeitpunkt der Validierung erfolgt nicht willkürlich, sondern im Zeitrahmen, wie ihn der Kunde definiert oder vertraglich festgelegt hat. Das steigert die Kundenzufriedenheit und das Vertrauen in den Entwicklungsprozess.

Falls vertraglich mit dem Kunden vereinbart, müssen Sie bei der Validierung auch prüfen, wie das Produkt einschließlich integrierter Software im Zusammenspiel mit dem Kundensystem funktioniert. Auf diese Weise wird sichergestellt, dass das Produkt nicht nur isoliert, sondern auch im konkreten Anwendungsumfeld den Anforderungen genügt.

Diese Anforderungen sollen gewährleisten, dass ein Produkt nicht nur intern geprüft wird, sondern auch in der Praxis funktioniert. Die Berücksichtigung aller Regularien, die von staatlichen Aufsichtsbehörden veröffentlicht wurden, hat zur Folge, dass Compliance sichergestellt und Risiken (z. B. Haftung, Rückrufe) verringert werden.

Unterstützende Werkzeuge (Auswahl)

- APQP-Phasenplan
- Projektmanagementsoftware
- DVP&R (Design Verification Plan and Report)

8.3.4.3 Prototypenprogramm (*X*)

In diesem Abschnitt der IATF wird explizit auf die Einrichtung eines Programms für Prototypen eingegangen. Das hat seinen Grund, denn durch ein solches Programm können beispielsweise frühzeitig Fehler erkannt und damit das Risiko von Fehlern in der Serienproduktion verringert, die Entwicklungszeiten verkürzt und die Entwicklungskosten gesenkt werden.

Folgende Fragen stehen im Mittelpunkt dieses Abschnitts:

- Was wird getan, wenn der Kunde ein Prototypenprogramm verlangt?
- Wird der zugehörige PLP erstellt?
- Wie wird sichergestellt, dass reale Bedingungen angewendet werden?

Sie müssen ein Prototypenprogramm hinsichtlich Anzahl und Ausführung inklusive PLP nachweisen, wenn dies vom Kunden verlangt wird. Dabei müssen Sie, wo immer dies möglich ist, dieselben Lieferanten, Werkzeuge und Herstellungsprozesse wie in der Produktion einsetzen. Alle Produkterprobungen müssen im Hinblick auf termingerechte Beendigung und Erfüllung der Forderungen überwacht werden.

Die entsprechenden Dienstleistungen können an Zulieferanten vergeben werden; Ihre Organisation muss aber die Verantwortung tragen und die technische Federführung ausüben. Die Art und der Umfang der Lenkung muss in Ihr QMS aufgenommen werden.

Dokumentierte Information

Erstellen Sie einen Prototyp – PLP und verknüpfen Sie diesen mit Ihrer FMEA und Ihrem Prozessablaufdiagramm.

Unterstützende Werkzeuge (Auswahl)

- APQP-Formblatt
- DVP&R (Design Verification Plan and Report)
- FMEA
- Gate-Review-Checkliste

8.3.4.4 Produktionsprozess- und Produktfreigabe (*X*)

Bei der Produktionsprozess- und Produktfreigabe geht es darum, dem Kunden nachzuweisen, dass sowohl das Produkt als auch der Herstellungsprozess den Kundenanforderungen entsprechen, also um das, was der Kunde beauftragt hat. Diese sogenannte Erstmusterprüfung oder Erstbemusterung wird vor Beginn der Serienproduktion durchgeführt.

Diese Frage steht im Fokus des Abschnitts:

- Wie wurde ein Prozess für die Produktions- und Produktionsprozessfreigabe eingeführt und umgesetzt, der den Anforderungen des Kunden entspricht, und wird dieser aufrechterhalten?

Führen Sie einen Prozess für die Produkt- und Produktionsfreigabe ein. Stellen Sie sicher, dass der Prozess umgesetzt und in den relevanten Bereichen kommuniziert wird. Der Umgang mit den Kundenanforderungen muss im Prozess integriert sein.

Vergeben Sie Verantwortlichkeiten, damit Sie gewährleisten können, dass der Prozess stets aktuell ist.

Sie können die Freigabe nach verschiedenen Standards durchführen, die in der Regel in der Vorserienphase zum Einsatz kommen. Sie müssen sich allerdings nach den Anforderungen Ihrer Kunden richten. Im Allgemeinen werden zwei Verfahren angeboten, die eine gewisse Vereinheitlichung bei der Durchführung der Bemusterung ermöglichen und die Zusammenarbeit zwischen Ihnen und Ihrem Kunden fördern.

- PPAP (Production Part Approval Process) und
- PPF (Produktionsprozess- und Produktfreigabe)

PPF erfolgt auf Grundlage des VDA-Bandes 2 (Sicherung der Qualität von Lieferungen, Produktionsprozess und Produktfreigabe (PPF)) und PPAP basiert auf dem Referenzhandbuch der QS-9000 (AIAG-Referenzhandbuch, PPAP – Production Part Approval Process).

Das PPAP- sowie das PPF-Verfahren haben das Ziel, dass es in der Serienproduktion durch Mängel am Produkt durch Prozess- oder Materialfehler nicht zu Ausfällen und deren folgenschweren Konsequenzen kommt.

Sorgen Sie dafür, dass die Produkte und Dienstleistungen externer Anbieter exakt gegen die Kundenanforderungen geprüft werden. Das kann ebenfalls durch Anwendung des PPF- oder PPAP-Verfahrens geschehen.

Entspricht der Produktionsprozess oder das Produkt den Kundenanforderungen, dann wird das vom Kunden bestätigt und das Produkt und der Prozess sind vom Kunden zur Serienproduktion und -belieferung freigegeben.

Beachten Sie, dass alle Änderungen am Produkt oder Produktionsprozess (auch bei Zulieferern) neu bewertet werden müssen; unter Umständen mit erneuter Bemusterung oder Kundenfreigabe.

Wenn der Kunde keine Vorgaben macht, dann kann das Unternehmen auswählen, welches Verfahren es anwenden möchte.

Dokumentierte Information

- Auch wenn die Norm nicht explizit das Wort „dokumentierter Prozess" verwendet, so kann man doch davon ausgehen, dass die Formulierung einführen, umsetzen und aufrechterhalten impliziert, dass ein dokumentierter Freigabeprozess im QMS erforderlich ist.

- Die Freigabeentscheidung des Unternehmens sollte dokumentiert werden. Sorgen Sie dafür, dass die schriftliche Freigabe des Kunden vor Serienstart vorliegt.

Unterstützende Werkzeuge (Auswahl)

- PPAP (Production Part Approval Process) und
- PPF (Produktionsprozess- und Produktfreigabe)

Tabelle 8.9 fasst die wichtigen Aspekte zu diesen Normabschnitten zusammen.

Tabelle 8.9 Entwicklungsprozess steuern – Normabschnitt 8.3.4 der ISO 9001 und Normabschnitte 8.3.4.1, 8.3.4.2, 8.3.4.2, 8.3.4.4 der IATF 16949 umsetzen

Leitfragen

- Lenken wir die Entwicklung bewusst?
- Haben wir die gewünschten Ergebnisse definiert und lassen sich diese erreichen?
- Überprüfen wir, ob wir die gewünschten Ergebnisse erreicht haben?
- Setzen wir Kennzahlen zur Überwachung der Entwicklungsphasen ein?
- Wie gewährleisten wir eine Entwicklungsvalidierung in Übereinstimmung mit den Kunden- und behördlichen Anforderungen?
- Wie müssen wir ein Prototypenprogramm umsetzen?
- Wie erfolgt unsere Produkt- und Produktionsfreigabe?

Ziel: Sicherstellen, dass die Entwicklung gesteuert wird

Umsetzungshinweis

Beschreiben Sie in Ihrer Verfahrensanweisung Entwicklung oder im QM-Handbuch in einem eigenen Abschnitt, wie die Lenkung der Entwicklung erfolgt. Der Normtext spricht von „Steuerungsmaßnahmen für den Entwicklungsprozess". Es geht um die Darstellung von Maßnahmen, die eine erfolgreiche Entwicklung sicherstellen sollen.

Prüfen Sie, ob die Beschreibung Ihrer Maßnahmen folgende Punkte vorsieht:

- Klare Definition der zu erzielenden Ergebnisse
- Planmäßige Entwicklungsprüfungen (Meilensteinprüfungen)
- Verifizierung (Prüfung gegen die Entwicklungseingaben)
- Validierung (Prüfung auf den beabsichtigen Gebrauch)
- Einleitung von Maßnahmen bei Problemen aus Verifizierung und Validierung

Dokumentieren Sie für Ihre Entwicklungsprodukte die obigen Punkte in geeigneter Form gemäß Ihrem Verfahren und bewahren Sie diese Nachweise auf.

(Weghorn 2022)

Sie müssen sicherstellen, dass alle Phasen des Entwicklungsprozesses überwacht werden.

- Erfassen Sie zu den Phasen geeignete Kennzahlen, z. B.: Termin- und Budgeterreichung, APQP-Status, oder gemäß Anmerkung der IATF: Qualitätsrisiken, Kosten, Vorlaufzeiten, kritische Pfade.

Tabelle 8.9 Entwicklungsprozess steuern – Normabschnitt 8.3.4 der ISO 9001 und Normabschnitte 8.3.4.1, 8.3.4.2, 8.3.4.2, 8.3.4.4 der IATF 16949 umsetzen *(Fortsetzung)*

- Führen Sie Meilensteinbesprechungen im multidisziplinären Team durch, um den Status der Kennzahlen zu überwachen.
- Erstellen Sie einen Bericht der Ergebnisse pro Meilenstein. Lassen Sie die Berichte in die Managementbewertung einfließen.

Achten Sie darauf, dass die Entwicklungsvalidierung in Abstimmung mit dem Kunden sowie relevanten Branchen- und behördlichen Vorgaben durchgeführt wird.

- Legen Sie den Validierungs- und Testumfang fest.
- Nehmen Sie eine frühzeitige Abstimmung mit dem Kunden vor.
- Erstellen Sie interne Anweisungen für die Validierung.
- Falls der Kunden es fordert, muss die Validierung mit dem Endprodukt des Kunden bewertet werden.
- Dokumentieren Sie zu Ihrer Absicherung nachvollziehbar die Validierungsentscheidungen.

Wenn der Kunde es von Ihnen fordert, so müssen Sie ein Prototypenprogramm mit zugehörigem PLP erstellen.

- Nehmen Sie das Prototypenprogramm in Ihren Entwicklungsplan auf.
- Erstellen Sie einen PLP für das Prototypenprogramm.
- Achten Sie auf reale Bedingungen (Lieferanten, Produktion, Werkzeuge).
- Überwachen Sie alle Tests termingerecht und dokumentieren Sie die Ergebnisse.
- Falls relevant, müssen externe Dienstleistungen in Ihrer Organisation gesteuert und die Aktivitäten in Ihr QMS aufgenommen werden.

Führen Sie einen Produktions- und Produktfreigabeprozess in Abstimmung mit den Kundenanforderungen durch.

- Implementieren Sie den Freigabeprozess entweder nach PPAP oder PPF (je nach Anforderung).
- Geben Sie von externen Anbietern bereitgestellte Produkte und Dienstleistungen frei, bevor die Teile dem Kunden zur Freigabe übermittelt werden.
- Achten Sie auf Änderungen und bemustern Sie gegebenenfalls neu.

(Brückner 2019)

Mögliche Auditnachweise

- Meilensteinplanung
- Validierung als Test auf Gebrauchstauglichkeit
- Verifizierung (Vergleich zwischen Pflichtenheft und jeweiligen Entwicklungsergebnissen)
- Meilensteinprotokolle mit Ampelfunktion und Maßnahmenlisten
- Anwendung von Methoden wie Scrum
- Leistungsindikatoren für die einzelnen Entwicklungsphasen
- PLP
- Prototypenprogramm-Pläne
- Management-Review-Berichte
- DVP&R
- Prozess zur Produkt- und Produktionsfreigabe
- PPAP- bzw. PPF-Dokumentation
- Kundenfreigaben

8.3.5 Entwicklungsergebnisse

Ein Entwicklungsergebnis beschreibt, welche Anforderungen mit der Neuentwicklung erfüllt werden sollen. Dazu gehört, dass die definierten Anforderungen umgesetzt werden können.

In diesem Abschnitt werden insbesondere folgende Fragestellungen thematisiert:

- Erfüllen die Ergebnisse alle festgelegten Anforderungen?
- Sind sie für die Produktionsprozesse geeignet?
- Sind die Entwicklungsergebnisse dokumentiert?

Es muss klar sein, was benötigt wird, damit die gewünschten Ergebnisse erreicht werden können (Ressourcen). Ein Pflichtenheft oder eine Beschreibung einer Dienstleistung sind Beispiele für Entwicklungsergebnisse.

Die Ergebnisse müssen die in den Entwicklungseingaben definierten Anforderungen erfüllen und überprüfbar sein. Dabei geht es vor allem um die Funktionalität und Leistungsfähigkeit sowie die Einhaltung der gesetzlichen Vorschriften, Standards etc. Die Ergebnisse müssen auch so sein, dass sich die Entwicklung umsetzen lässt. Die Prozesse müssen passen.

Wenn zutreffend, müssen die Entwicklungsergebnisse die Anforderungen an die Überwachung berücksichtigen. Die Bewertungskriterien müssen aussagekräftig sein und dem Zweck dienen. Dabei kann es sich beispielsweise um Toleranz- oder Mindestwerte handeln, deren Einhaltung überwacht werden muss.

Sie müssen auch berücksichtigen, dass die Entwicklungsergebnisse die Anforderungen an die Messung erfüllen, falls dies zutreffend ist. Die Messmittel müssen passen.

Sie müssen auch die Annahmekriterien für die Entwicklung definieren. Also ab wann passt die Entwicklung? Diese Annahmekriterien können direkt bei den Entwicklungsergebnissen enthalten sein, aber es kann auch darauf verwiesen werden.

Dokumentierte Information

Entwicklungsergebnisse müssen dokumentiert und aufbewahrt werden.

Unterstützende Werkzeuge (Auswahl)

- Checkliste Entwicklungsergebnisse
- Freigabeprotokolle
- Pflichtenheft

8.3.5.1 Ergebnisse der Produktentwicklung – Ergänzung (*X*)

In diesem Abschnitt konkretisiert die IATF 16949 die Anforderungen der ISO 9001 in der Hinsicht, dass die Ergebnisse der Produktentwicklung so ausgearbeitet sein müssen, dass eine Verifizierung und Validierung mit den Eingaben aus der Produktentwicklung möglich sind.

Folgende Frage steht im Mittelpunkt:

- Wie ist die Aufbereitung der Produktentwicklungsergebnisse erfolgt?

In dem Abschnitt sind auch Aspekte aufgeführt, die mindestens in den Produktentwicklungsergebnissen enthalten sein müssen. Diese Mindestanforderungen können jederzeit um Aspekte ergänzt werden, die Sie für notwendig und wichtig erachten.

Zu den Mindestanforderungen gehören:

- die FMEA, um potenzielle Risiken und Fehlerquellen im Produktentwicklungsprozess zu identifizieren, bewerten und gegebenenfalls frühzeitig Maßnahmen ergreifen zu können.
- Informationen darüber, welche besonderen Merkmale identifiziert und wie diese verifiziert und validiert wurden müssen, sie sollten in dem Bericht enthalten sein.
- der Bezug zu durchgeführten Zuverlässigkeitsuntersuchungen und die aus den Untersuchungen abgeleiteten Risiken und potenziellen Fehlerquellen. Sie müssen beschrieben werden, inklusive der Maßnahmen zur Minimierung bzw. Ausschaltung der Risiken.
- Untersuchungen zur Fehlervermeidung, beispielsweise um Design for Six Sigma (DFSS), Design for Manufacture and Assembly (DFMA) oder Fault Tree Analysis (FTA). Der Ergebnisbericht muss Schlussfolgerungen im Hinblick auf die Ergebnisse enthalten.
- die Berücksichtigung der Bewertung der Produktentwicklung im Entwicklungsprozess und welche Maßnahmen zur Risikominimierung und Problembeseitigung geplant und umgesetzt wurden.
- Verweis auf Dokumente mit Produktfestlegungen, beispielsweise Lasten- und Pflichtenhefte, 3D-Modelle und technische Datensätze und/oder 2D- Zeichnungen, Form- und Lagetoleranzen (engl. GD&T), oder eine Zusammenfassung der Produktfestlegungen einschließlich Merkmalen, Funktionen und Leistungsparametern. Ebenso müssen alle 2D-Zeichnungen, in denen Form- und Lagetoleranzen definiert sind, aufgeführt werden.
- die relevanten Anweisungen für Diagnoseleitfäden, Reparaturanweisungen sowie Werkstattanweisungen mit Verweis auf Normen und sonstige Regelungen.
- Vorgaben für Ersatzteile. Im Produktentwicklungsergebnisbericht muss an den relevanten Stellen klar ersichtlich sein, welche Vorgabe für Ersatzteile mit welchem Punkt der Produktentwicklung korrespondiert.

- Vorgaben zur Verpackung und zum Versand müssen dokumentiert werden. Dabei handelt es sich beispielsweise um Art, Kennzeichnung und/oder Material der Verpackung, Art des Versandes oder Lieferzeiten.

Es wird in dem Abschnitt in einer Anmerkung darauf hingewiesen, dass vorläufige Entwicklungsergebnisse auch die Entwicklungsprobleme einschließen, die durch einen Austauschbeziehungsprozess (engl.: Tradeoff Process) gelöst wurden. Das bedeutet, dass verschiedene Lösungsalternativen für jedes Problem und die Auswirkungen für jede Möglichkeit betrachtet wurden.

Dokumentierte Information

Dokumentieren Sie Ihre Ergebnisse in einem Produktentwicklungsbericht.

Unterstützende Werkzeuge (Auswahl)

- Lasten-/Pflichtenheft
- Spezifikationen für Materialien, Bauteile, Werkzeuge
- Kennzeichnung der besonderen Merkmale
- FMEA
- Verpackungsvorschriften
- Versandvorschriften
- Handhabungsanweisungen
- PLP

8.3.5.2 Ergebnisse der Produktionsprozessentwicklung (*X*)

Die IATF fordert in diesem Abschnitt vollständig dokumentierte und verifizierbare Entwicklungsergebnisse für Produktionsprozesse.

Folgende Frage steht im Zentrum:

- Wie wird sichergestellt, dass nicht nur das Produkt an sich, sondern der gesamte Prozessablauf innerhalb der Entwicklung berücksichtigt, dokumentiert und beherrscht wird?

Die Ergebnisse der Produktionsprozessentwicklung müssen so ausgearbeitet sein, dass eine Verifizierung und Validierung mit den Eingaben aus der Produktentwicklung möglich sind. Zudem sind die Aspekte, die mindestens in den Produktentwicklungsergebnissen aufgeführt sein müssen, von der Norm vorgegeben.

Um festzustellen, ob der Produktionsprozess geeignet ist, um die Bauteile bzw. das Produkt spezifikationsgerecht und nach den Kundenanforderungen herzustellen, können die Produktionsprozess- und Produktfreigabeverfahren PPAP (Production Part Approval Proces) oder PPF (Produkt und Prozessfreigabe) angewendet werden.

Durch Anwendung einer der beiden Methoden sind in jedem Fall alle Mindestanforderungen dieses Abschnitts erfüllt.

Die von der Norm festgelegten Mindestanforderungen können jederzeit um Aspekte ergänzt werden, die Sie für notwendig und wichtig erachten.

Zu den Mindestanforderungen im Ergebnisbericht der Produktionsprozessentwicklung gehören folgende Aspekte:

- Informationen, welche Spezifikationen und Zeichnungen von Bedeutung sind. Dabei handelt es sich beispielsweise um technische Spezifikationen, Normen und Richtlinien sowie um Kunden- und eigene Zeichnungen.
- Dokumentierte besondere Merkmale und deren Kennzeichnung für das Produkt und den Produktionsprozess. Aus dem Bericht muss beispielsweise hervorgehen, mit welcher Methode die besonderen Merkmale entwickelt, welche Prüf- und Messmethoden für die besonderen Merkmale festgelegt sowie welche Maßnahmen bei Abweichungen ergriffen wurden.
- Ergebnisse der Ermittlung der relevanten Prozessparameter sowie deren Zusammenhang mit den Produktmerkmalen. Das sollte beispielsweise durch Diagramme dargelegt werden.
- Alle relevanten Informationen zu den Werkzeugen und Anlagen sowie den jeweiligen Fähigkeitsuntersuchungen. Werkzeuge und Anlagen können beispielsweise mittels einer vollständigen Liste dargestellt werden. Maschinen- und Prozessfähigkeiten werden durch SPC, welches eine Methode der statistischen Prozessregelung ist, vor Beginn der Serienfertigung und bei Qualitätsabweichungen während der laufenden Produktion durchgeführt. Diese Ergebnisse müssen in den Bericht zur Produktionsprozessentwicklung einfließen.
- Einzelne Schritte des Produktionsprozesses in chronologischer Reihenfolge beispielweise mittels Flussdiagrammen. Dabei müssen die einzelnen Arbeitsgänge, Maschinen, Anlagen und Werkzeuge sowie Prozessparameter, beispielsweise Temperatur, Drehzahl, elektrische Spannung oder Druck, benannt sein. Kritische Kontrollpunkte (CCP) und die Stellen müssen aufgeführt sein, an denen Prüfungen und Messungen stattfinden. Das Layout muss den Produktionsbereich visuell in Form eines Plans darstellen und der Materialfluss muss hierbei genau erkennbar sein.
- Planung der Kapazitäten, beispielsweise Maschinen und Personal, Durchlaufzeiten oder Maschinenbelegung
- Der Bezug zur Prozess-FMEA muss hergestellt sein. Es muss zum Ausdruck kommen, wie die Ergebnisse der Prozess-FMEA in die Entwicklung des Produktionsprozesses eingeflossen sind und welche Maßnahmen daraus generiert wurden.

- Verweis auf die relevanten Wartungsanweisungen und -pläne. Dies kann z. B. durch eine Verlinkung oder Referenzieren im Bericht auf die relevanten Dokumente oder Dokumentnummern und -bezeichnungen geschehen.
- Verweis auf den Produktionslenkungsplan Vorserie. Zunächst muss sichergestellt sein, dass die Inhalte des Ergebnisberichts der Produktionsprozessentwicklung, beispielsweise Prozessmerkmale und Prüfmethoden, mit denen im Produktionslenkungsplan Vorserie übereinstimmen. Dann muss auch sichergestellt sein, dass eine eindeutige Zuweisung des Produktionslenkungsplans zum Ergebnisbericht erfolgt, beispielsweise durch Referenzieren oder Verlinkung.
- Die relevanten Arbeitsanweisungen bzw. die festgelegte Abfolge von Arbeitsschritten müssen benannt sein.
- Die Annahmekriterien für die Prozessfreigabe müssen festgelegt sein. Dazu müssen alle relevanten Annahmekriterien für die Prozessfreigabe aufgeführt werden. Das bedeutet, dass sowohl Informationen über die durchgeführte Prozessentwicklung und -validierung als auch die verwendeten Methoden und Werkzeuge sowie die Ergebnisse der Prozessfähigkeitsuntersuchungen enthalten sein müssen.
- Daten zu Qualität, Zuverlässigkeit, Instandhaltung und Messbarkeit müssen enthalten sein. Bei Qualitätsdaten handelt es sich beispielsweise um Fehlerquoten, Ausschussraten. Bei Zuverlässigkeit können es Daten sein wie z. B. Fehlerwahrscheinlichkeiten oder Ausfallraten. Instandhaltbarkeit kann beispielsweise mit Daten wie Wartungsintervallen oder Störhäufigkeit untermauert werden und die Messbarkeit kann z. B. mit Messmethoden dargestellt werden.
- Informationen zu Ergebnissen der Ermittlung und Verifizierung von Fehlervermeidungsmaßnahmen müssen aufgeführt sein. Das bedeutet, dass die Fehlerquellen, die während der Prozessentwicklung identifiziert wurde, und die dazu entwickelten Maßnahmen zur Fehlervermeidung sowie die Ergebnisse, die sich nach der Verifizierung ergeben haben, aufgeführt werden. Ebenso sollten die gemachten Schlussfolgerungen erwähnt werden.
- Methoden zur schnellen Ermittlung, Rückmeldung und Korrektur von Fehlern müssen aufgeführt sein. Dazu muss sichergestellt werden, dass die Methoden, die im Ergebnisbericht aufgeführt sind, auch im Unternehmen angewendet werden können und dass das notwendige Know-how zur Verfügung steht. Bei den Methoden handelt es sich beispielsweise um FMEA, TRIZ, Poka Yoke oder SPC.

Dokumentierte Information

Dokumentieren Sie Ihre Ergebnisse in einem Produktionsprozessentwicklungsbericht.

Unterstützende Werkzeuge (Auswahl)

- APQP
- Prozessflussdiagramm
- P-FMEA
- PLP
- Statistische Methoden
- Produktionsprobeläufe
- PPAP, PPF
- Schulungen

Tabelle 8.10 fasst die wichtigsten Aspekte zu diesem Normabschnitt zusammen.

Tabelle 8.10 Kriterien für Entwicklungsergebnisse bestimmen – Normabschnitt 8.3.5 der ISO 9001 und Normabschnitte 8.3.5.1 und 8.3.5.2 der IATF 16949 umsetzen

Leitfragen ■ Haben wir die gewünschten Ergebnisse definiert? ■ Können die definierten Anforderungen umgesetzt werden? ■ Wissen wir, was wir dazu brauchen?
Ziel: Beschreibung der Entwicklungsergebnisse
Umsetzungshinweis Beschreiben Sie in Ihrer Prozessbeschreibung Entwicklung oder im QM-Handbuch in einem eigenen Abschnitt, welche Anforderungen an Entwicklungsergebnisse geregelt sind. Prüfen Sie, ob folgende Punkte bei Ihrer Regelung berücksichtigt sind. Entwicklungsergebnisse müssen ■ die Anforderungen an die Entwicklungseingaben erfüllen, ■ sich für anschließende Prozesse eignen, ■ die Anforderungen an die Überwachung und Messung sowie ggf. Annahmekriterien enthalten oder auf sie verweisen, ■ die Eigenschaften von Produkten und Dienstleistungen festlegen, die für den vorgesehenen Zweck sowie für deren sichere und ordnungsgemäße Bereitstellung von wesentlicher Bedeutung sind. Bewahren Sie die produktspezifischen Nachweise hierzu auf. (Weghorn 2022) Die Ergebnisse der Produkt- und Prozessentwicklung müssen nachweisen, dass sowohl das Produkt als auch die Produktionsprozesse die Kundenanforderungen erfüllen. Nur so kann eine stabile, serienreife Fertigung mit beherrschten Abläufen sichergestellt werden. ■ Dokumentieren Sie in den Ergebnisberichten für die Produkt- und Produktionsprozessentwicklung mindestens die von der Norm geforderten Mindesteingaben. ■ Erweitern Sie diese um Aspekte, die speziell für Sie wichtig sind. ■ Vergessen Sie nicht, bei der Durchführung auch auf Erfahrungswerte aus früheren Entwicklungen zurückzugreifen. (Brückner 2019)

Mögliche Auditnachweise

- Prüfberichte
- Tauglichkeitsprüfung/Prototypentests
- DFMEA
- Zeichnungen, Stücklisten, Spezifikationen
- Verifizierungs- und Validierungsnachweise
- Besondere Merkmale (Dokumentation und Lenkung)
- Lessons Learned
- Prozessflussdiagramm
- PFMEA
- PLP
- MSA und SPC
- Arbeitsanweisungen
- Prüfpläne
- Produktionsprobeläufe
- PPAP/PPF

8.3.6 Entwicklungsänderungen

Gibt es Änderungen bei oder nach der Entwicklung, dann müssen Sie sicherstellen, dass auch weiterhin die Konformität sichergestellt wird, also dass das Ergebnis so ist, wie es sein soll.

Folgende Frage steht im Zentrum:

- Ist klar geregelt, wie mit Änderungen umgegangen wird, wie sie ermittelt, gesteuert und überwacht werden?

Änderungen an den Anforderungen oder an den Prozessen können sich in vielerlei Hinsicht auswirken. Sie müssen sich hier also auch um den berüchtigten Rattenschwanz kümmern. Dieser Rattenschwanz wird gerne bei Änderungen, die noch nach der Entwicklung entstehen, vernachlässigt und benötigt daher besondere Aufmerksamkeit.

Es muss ein Prozess definiert werden, wie Sie notwendige Entwicklungsänderungen ermitteln. Sie sollten beispielsweise immer wissen, wie die Marktsituation aussieht, ob neue technologische Entwicklungen zu erwarten sind etc. Änderungen können sich auch aus Feedbackschleifen mit Kunden ergeben (z. B. durch Reklamationen).

Wenn Entwicklungsänderungen notwendig werden, muss klar sein, wie Sie mit den Änderungen umgehen. Wer ist für was verantwortlich? Welche Auswirkungen hat das Ganze? Braucht es Ressourcen? Das ist eine Auswahl der Fragen, die sich stellen können.

Die Konformität muss auch bei Entwicklungsänderungen sichergestellt sein und alle Anforderungen müssen erfüllt werden.

Dokumentierte Information

Es muss ein Prozess definiert werden, wie Sie notwendige Entwicklungsänderungen ermitteln. Sie sollten beispielsweise immer wissen, wie die Marktsituation aussieht, ob neue technologische Entwicklungen zu erwarten sind etc. Änderungen können sich auch aus Feedbackschleifen mit Kunden ergeben (z. B. durch Reklamationen).

Wenn Entwicklungsänderungen notwendig werden, muss klar sein, wie Sie mit den Änderungen umgehen. Sie sollten vorab klären: Wer ist für was verantwortlich? Welche Auswirkungen hat das Ganze? Braucht es Ressourcen?

Die Konformität muss auch bei Entwicklungsänderungen sichergestellt sein und alle Anforderungen müssen erfüllt werden.

Unterstützende Werkzeuge (Auswahl)

- Prozessmanagement
- Dokumentenmanagement
- Änderungsmanagement

8.3.6.1 Entwicklungsänderungen – Ergänzung (X)

Die IATF konkretisiert die Anforderungen, indem sie beschreibt, was nach der ersten Produktfreigabe getan werden muss, wenn es zu Entwicklungsänderungen kommt.

Folgende Frage steht im Mittelpunkt dieses Normabschnitts:

- Ist ein umfassendes Änderungsmanagement eingeführt, das Änderung durch das Unternehmen selbst, einen Lieferanten oder den Kunden enthält?

Nach der ersten Freigabe müssen alle Entwicklungsänderungen gegen die Kundenanforderungen validiert werden, indem ein internes Freigabeverfahren durchgeführt wird, bevor die Freigabe für das Produkt und den Produktionsprozess vom Kunden eingeholt wird.

Fordert der Kunde eine dokumentierte Freigabe für die Umsetzung einer Entwicklungsänderung, so muss diese eingeholt werden. Sie müssen sicherstellen, dass der Kunde über jede geplante Änderung informiert wird. Dazu müssen alle Anträge auf Änderungen sowie die Kundenentscheidungen dokumentiert und aufbewahrt werden.

Wenn Entwicklungsänderungen an Produkten mit integrierter Software geplant sind, dann müssen die Versionsstände von Soft- und Hardware in den dokumentierten Änderungsinformationen enthalten sein. Sie müssen dafür sorgen, dass eine Identifikation über die Verwendung von Versionsnummer, Datumsangaben etc. möglich ist.

Dokumentierte Information

Dokumentierte Freigabe, Sonder- oder Abweichgenehmigung vom Kunden (falls zutreffend)

Unterstützende Werkzeuge (Auswahl)

- FMEA
- PLP
- PPAP
- MSA
- SPC
- Änderungsformular

Tabelle 8.11 fasst die wichtigsten Aspekte zu diesem Normabschnitt zusammen.

Tabelle 8.11 Mit Entwicklungsänderungen umgehen – Normabschnitt 8.3.6 der ISO 9001 und 8.3.6.1 der IATF 16949 umsetzen

Leitfragen

- Ist weiterhin die Konformität sichergestellt?
- Haben wir definiert, wie mit Änderungen umgegangen wird, wie sie ermittelt, gesteuert und überwacht werden?

Ziel: Regelung des Umgangs mit Entwicklungsänderungen

Umsetzungshinweis

Beschreiben Sie in Ihrer Verfahrensanweisung Entwicklung oder im QM-Handbuch in einem eigenen Abschnitt, wie mit Entwicklungsänderungen verfahren werden soll. Die Organisation muss Änderungen im notwendigen Umfang ermitteln, prüfen und so lenken, dass die geforderte Konformität mit den Anforderungen gewährleistet werden kann.
Führen Sie ein Instrument zur Dokumentation von Entwicklungsänderungen ein (z. B. in Form eines speziellen Formblattes) und berücksichtigen Sie folgende Punkte:

- Entwicklungsänderung
- Ergebnisse von Überprüfungen
- Autorisierung der Änderungen
- Eingeleitete Maßnahmen zur Vorbeugung

Bewahren Sie die zugehörigen Nachweise auf.
(Weghorn 2022)
Beachten Sie den Umgang mit Entwicklungsänderungen nach der ersten Produktionsfreigabe.

- Nach der ersten Produktionsfreigabe müssen Sie alle Entwicklungsänderungen gegen die Kundenanforderungen validieren (Passform, Funktion, Leistung, Weiterverarbeitung, Haltbarkeit).
- Holen Sie vom Kunden eine dokumentierte Freigabe ein, wenn er dies fordert.
- Sie müssen die Versionsstande von Soft- und Hardware bei Entwicklungsänderungen an Produkten mit integrierter Software in der Änderungsdokumentation festhalten.

(Brückner 2019)

Tabelle 8.11 Mit Entwicklungsänderungen umgehen – Normabschnitt 8.3.6 der ISO 9001 und 8.3.6.1 der IATF 16949 umsetzen *(Fortsetzung)*

Mögliche Auditnachweise
▪ Change-Request-Dokumentation für Änderungen ▪ Prozessdarstellung des Umgangs mit Änderungen ▪ Änderungsanträge ▪ Änderungsfreigaben ▪ Kundenfreigaben ▪ Risikobewertungen ▪ Machbarkeitsanalysen ▪ Prüfberichte ▪ Konfigurationsmanagement

8.4 Steuerung von extern bereitgestellten Prozessen, Produkten und Dienstleistungen

Alles, was von externen Partnern, Lieferanten, Dienstleistern etc. benötigt wird, muss das QMS unterstützen. Es muss gesteuert, überwacht und auf Abweichungen reagiert werden. Diese Aspekte werden in diesem Abschnitt behandelt (Bild 8.5).

Dabei stehen folgende Fragen im Zentrum:

- Welche Risiken (und Chancen) sind mit dem Einbinden externer Anbieter verbunden?
- Wie können wir sicherstellen, dass von externen Anbietern bereitgestellte Produkte, Dienstleistungen oder Prozesse so sind, dass sie die Konformität unserer Produkte und Dienstleistungen nicht gefährden?
- Wie gehen wir mit Abweichungen um?
- Welche Informationen müssen wir zur Verfügung stellen?

Dokumentierte Information

Dokumentiert werden müssen bei diesem Normabschnitt die Auswahl- und Bewertungskriterien, der Lieferantenauswahlprozess sowie die Konsequenzen aus dieser Bewertung, beispielsweise bei Lieferanten, ausgegliederte Prozesse sowie die Lenkung gesetzlicher und behördlicher Anforderungen.

Bild 8.5 Abschnitt 8.4 der ISO 9001 und IATF 16949 im Überblick

8.4.1 Allgemeines

Die ISO sieht drei Fälle und die IATF zwei weitere Fälle vor, in denen Sie steuernd aktiv sein müssen:

- wenn Sie extern bereitgestellte Produkte oder Dienstleistungen in Ihre eigenen Produkte oder Dienstleitungen integrieren, z. B. Zulieferteile,
- wenn ein externer Anbieter in Ihrem Auftrag handelt und Ihre Produkte und Dienstleistungen direkt dem Kunden anbietet (zumeist direkte Kundenaufträge, die ausgelagert werden),
- wenn ein Prozess oder Teile eines Prozesses von einem externen Anbieter übernommen werden (Outsourcing),

- wenn Sie Lieferanten auswählen oder
- wenn der Kunde Bezugsquellen vorgibt.

Diese fünf Fälle können sich überschneiden und lassen sich nicht immer klar voneinander abgrenzen. In allen Fällen, ob überschneidend oder nicht, müssen Sie Kriterien definieren, wie Sie die externen Anbieter beurteilen, auch neu beurteilen, auswählen und die Leistung überwachen. Das Ziel dabei ist, dass die Produkte und Dienstleistungen so sind, wie sie sein sollen, also den Anforderungen entsprechen (Konformität).

Sie müssen nachvollziehbare Auswahlkriterien für Ihre Lieferanten bzw. externen Anbieter formulieren, beispielsweise Preise, räumliche Nähe, Sortiment, Konditionen, Lieferfähigkeit etc. Sie müssen Ihre externen Anbieter regelmäßig weiterentwickeln, überwachen und bewerten, beispielsweise anhand von Qualitätskriterien, Güte der Zusammenarbeit etc. Wie oft Sie eine Bewertung vornehmen, schreibt weder die ISO 9001 noch die IATF 16949 vor. Es bietet sich an, diese mindestens einmal jährlich vorzunehmen.

Es muss definiert werden, was und welche Unterstützung Sie von externen Anbietern benötigen. Beispielsweise ist es für Nicht-Softwareentwickler zumeist sinnvoller, etwaige Softwareentwicklung auszulagern bzw. fertige Komponenten zuzukaufen, als selbst zu entwickeln. Dieser Aspekt ist auch eine strategische Entscheidung. Sie müssen sich also klar darüber werden, was Sie selbst erbringen können und was Sie extern erbringen lassen, und dabei mögliche Konsequenzen mitdenken. Der Begriff „externe Anbieter" schließt Lieferanten oder externe Projektunterstützung mit ein.

Die ISO verlangt, dass auch die extern bereitgestellten Prozesse die definierten Anforderungen erfüllen. Dazu muss klar sein, welche Anforderungen das sind. Es könnte sich hierbei beispielsweise darum handeln, dass Lieferanten die ISO 9001 umsetzen müssen oder dass die externen Prozesse auf Nachhaltigkeit setzen.

Die im Vorfeld definierten Anforderungen müssen auch von extern bereitgestellten Produkten oder Dienstleistungen erfüllt werden. Bei den Produkten kann es sich beispielsweise um physikalische oder technische Eigenschaften, die das Produkt erfüllen muss, handeln. Diese Eigenschaften könnten beispielsweise in einem Lastenheft festgehalten werden. Bei einer Dienstleistung könnte es sich hierbei beispielsweise um einen 24-Stunden-Service handeln, der sich um Kundenprobleme kümmert, und bei dem dann genau definiert wird, wie mit Anfragen umgegangen werden soll. Bei einem Schulungsunternehmen könnte es sich beispielsweise um Richtlinien für die Unterrichtsgestaltung handeln.

Sie müssen Kriterien für die Auswahl, Bewertung, Überwachung sowie Neubeurteilung der externen Anbieter definieren. Dazu gehört auch, dass es Maßnahmen (Konsequenzen) bei Abweichungen geben muss.

Dokumentierte Information

Es muss dokumentiert werden, wie Sie Ihre externen Anbieter bewerten und was aus der Bewertung folgt (Konsequenzen).

Unterstützende Werkzeuge (Auswahl)

- Lastenheft
- Lieferantenbewertung
- Lieferantenfreigabe
- Kennzahlen
- Checklisten
- KVP-Workshops
- Lieferantenaudits

8.4.1.1 Allgemeines – Ergänzung (*X*)

Die Anforderungen der IATF konkretisieren die Anforderungen der ISO 9001 und stellen folgende Frage in den Mittelpunkt:

- Sind alle externen Anbieter, die für die Erfüllung der Kundenanforderungen relevant sind, in den Geltungsbereich mit aufgenommen worden?

Das bedeutet, dass alle Prozesse, Produkte und Dienstleistungen, die von Lieferanten bereitgestellt werden und Einfluss auf die Erfüllung der Anforderungen der Kunden haben, in den Geltungsbereich mit einbezogen werden müssen. Dabei kann es sich beispielsweise um externe Anbieter für die Bereiche Vormontage, Sequenzierung, Nacharbeit oder Kalibrierdienstleistungen handeln.

Dokumentierte Information

Dokumentierter Geltungs- bzw. Anwendungsbereich

8.4.1.2 Lieferantenauswahlprozess (*X*)

Unternehmen reduzieren immer mehr ihre Fertigungstiefe und steigern dadurch die Zusammenarbeit mit ihren Lieferanten. Somit wird die Auswahl von guten und zuverlässigen Lieferanten immer wichtiger. Das hat zur Folge, dass bereits bei der Lieferantenauswahl vor Auftragsvergabe potenzielle Lieferanten über ein qualitätsorientiertes Bewertungssystem beurteilt werden müssen, um schon im Vorfeld mögliche Risiken einzugrenzen.

Im Zentrum dieses Normabschnitts steht die nachfolgende Fragestellung:

- Wie wird der Prozess zur Auswahl von Lieferanten festgelegt und dokumentiert?

Die IATF schreibt vor, welche Kriterien bei der Auswahl von Lieferanten berücksichtigt werden müssen.

Der Lieferantenauswahlprozess ist in erster Linie anzuwenden, wenn ein neuer Lieferant auszuwählen ist, denn bei bestehenden Lieferanten liegen die von der Norm geforderten Informationen in der Regel bereits vor. Er kommt auch zum Tragen, wenn neue Produkte bei bereits bestehenden Lieferanten beschafft oder wenn Lieferalternativen für ein Produkt oder eine Dienstleistung geschaffen werden sollen.

Dokumentieren Sie einen Lieferantenauswahlprozess im Sinn der IATF 16949 und erweitern Sie diesen um spezifische Anforderungen, die für Ihr Unternehmen wichtig sind.

Sorgen Sie dafür, dass die relevanten Risiken, wie z. B. Lieferperformance, Qualität der Produkte, finanzielle Stabilität des Lieferanten und technisches Know-how, analysiert und bei allen infrage kommenden Lieferanten bewertet werden.

Holen Sie Informationen über die Qualitäts- und Lieferperformance des Lieferanten ein. Das ist eventuell über andere Unternehmen möglich, die der Lieferant bereits beliefert. Von Verbänden können Sie häufig auch sehr gute Informationen erhalten.

Stellen Sie beispielsweise durch ein Lieferantenaudit sicher, dass der Lieferant mindestens über ein QMS nach ISO 9001 verfügt und dass eine Konformität zur IATF 16949 besteht.

Das multidisziplinäre Team für eine Lieferantenauswahl sollte sich mindestens aus Experten aus den Bereichen Qualitätsmanagement, Produktion, Qualitätssicherung, Einkauf, Entwicklung und Logistik zusammensetzen und der Komplexität des Auswahlprojektes angepasst sein.

Sollte eine Lieferant Software entwickeln, dann müssen sie sich z. B. durch ein Lieferantenaudit davon überzeugen, dass der Lieferant die notwendige Kompetenz zur Softwareentwicklung bereitstellen kann und dass er über dokumentierte Prozesse und die notwendigen Werkzeuge und Infrastruktur zur Softwareentwicklung verfügt. Zudem sollte er über ein Qualitätssicherungssystem, das speziell auf die Softwareentwicklung ausgerichtet ist, verfügen.

Für eine Lieferantenbewertung kann sehr gut der VDA-Band 6.3 herangezogen werden, der neben der Prozessauditierung auch zur Bewertung von Lieferanten herangezogen werden kann. Man erhält für die Auswahl seiner Lieferanten dadurch ein vollständig vergleichbares Bild.

Die IATF legt besonderes Augenmerk auf die Betrachtung der relevanten Qualitäts- und Lieferperformance, auf das QMS von Lieferanten sowie auf eine Bewertung der Lieferanten hinsichtlich ihrer Fähigkeit, Software zu entwickeln – wenn dies für das jeweilige Produkt zum Tragen kommt. Zudem werden noch weitere Kriterien angefügt, die bei der Lieferantenauswahl berücksichtigt werden sollten. Dabei handelt es sich um Geschäftszahlen und Stabilität, Ressourcen und Technologie sowie Entwicklungs- und Fertigungskompetenzen. Ergänzend fließen organisatorische Aspekte wie Änderungsmanagement, Kontinuitätsplanung, Logistik und Kundenbetreuung ein.

Dokumentierte Information

Es muss ein dokumentierter Prozess mit Vorgaben zur Auswahl von Lieferanten vorliegen.

Unterstützende Werkzeuge (Auswahl)

- KPIs
- Finanzkennzahlen
- VDA-Selbstauskunft
- Lieferantenaudit nach VDA 6.3
- Potenzialanalyse nach VDA 6.3
- Analysen

8.4.1.3 Vom Kunden vorgegebene Bezugsquellen (✗)

Falls ein oder mehrere Kunden bestimmte Lieferanten vorgeben, bei denen die notwendigen Teile bezogen werden müssen (Setzteile bzw. engl.: directed buy), entfällt der beschriebene Auswahlprozess.

Folgende Frage steht im Zentrum:

- Wie werden vom Kunden vorgegebene externe Quellen berücksichtigt?

Wenn zutreffend, muss die Bestellung von Produkten, Dienstleistungen und Materialien bei den Quellen erfolgen, die der Kunde vorgegeben hat. Ist dies der Fall, entfällt zwar der Lieferantenauswahlprozess gemäß Abschnitt 8.4.1.2, aber alle sonstigen Anforderungen des Abschnitts 8.4 müssen bei der Lenkung berücksichtigt werden, wenn keine anderen Vereinbarungen mit dem Kunden bestehen.

Tabelle 8.12 fasst die wichtigen Aspekte zu diesem Normabschnitt zusammen.

Tabelle 8.12 Extern bereitgestellte Materialen, Prozesse und Dienstleistungen steuern – Normabschnitt 8.4.1 der ISO 9001 und Normabschnitte 8.4.11, 8.4.1.2 und 8.4.1.4 der IATF 16949 umsetzen

Leitfrage: Haben wir Kriterien definiert, wie wir die externen Anbieter (z. B. Lieferanten) beurteilen, auch neu beurteilen, auswählen und die Leistung überwachen?
Ziel: Regelung des Umgangs mit extern bereitgestellten Prozessen, Produkten und Dienstleistungen
Umsetzungshinweis Beschreiben Sie (gegebenenfalls in einem eigenen Abschnitt im QM-Handbuch) kurz, wie in der Organisation der Umgang mit extern bereitgestellten Prozessen, Produkten und Dienstleistungen erfolgt. Lenkungsmaßnahmen sind hier erforderlich, wenn: ▪ Produkte und Dienstleistungen externer Anbieter in eigene Produkte und Dienstleistungen integriert werden, ▪ Produkte und Dienstleistungen durch externe Anbieter direkt dem Kunden bereitgestellt werden, ▪ Prozesse, Teilprozesse oder Funktionen von einem externen Anbieter bereitgestellt werden. Legen Sie eine Liste für diese Lieferanten und Dienstleister an. Legen Sie Kriterien für die Beurteilung fest, z. B. Qualität, Preis, Service etc. Benoten Sie die Lieferanten nach einem einfachen Schulnotensystem oder nach objektiven Kenngrößen wie Liefertreue, Lieferfehler oder Ähnlichem. Bewahren Sie Nachweise zur Lieferantenbeurteilung und zu Lieferantengesprächen auf. (Weghorn 2022) Extern bereitgestellte Produkte und Dienstleistungen mit Einfluss auf Ihr QMS müssen in den Geltungsbereich mit aufgenommen werden. Wie Sie bei der Auswahl von Lieferanten vorgehen, müssen Sie als Prozess dokumentieren. Die detaillierten Vorgaben der IATF 16949 müssen in dem Prozess enthalten sein. Der Lieferantenauswahlprozess entfällt, wenn der Kunde Quellen für die Beschaffung von Produkten, Materialien oder Dienstleistungen festgelegt hat. Alle anderen Anforderungen des Abschnitts 8.4 müssen jedoch umgesetzt werden. (Brückner 2019)
Mögliche Auditnachweise ▪ Beschriebener Beschaffungsprozess ▪ Lieferantenbewertung in Form eines Bepunktungssystems ▪ Lieferantenaudits als Werkzeug zur Lieferantenauswahl ▪ Dokumentierter Lieferantenauswahlprozess ▪ Kriterien für die Lieferantenauswahl ▪ Auditberichte ▪ Selbstauskünfte der Lieferanten

8.4.2 Art und Umfang der Steuerung

Das Ziel ist, dass die Produkte und Dienstleistungen so sind, wie sie sein sollen, also dass die Anforderungen erfüllt werden und Konformität erreicht wird.

Folgende Fragestellungen bilden den inhaltlichen Schwerpunkt dieses Abschnitts:

- Wie wird sichergestellt, dass extern Bereitgestelltes die Konformität von Produkten und Dienstleistungen nicht verändert?

Sie müssen die möglichen Auswirkungen beachten, also „risikobasiert“ denken. Sie stehen als Auftraggeber in der entsprechenden Verantwortung. Sie müssen festlegen, wie Sie Ihre externen Anbieter steuern, z. B. durch Lieferantenaudits oder sonstige Bewertungen. Sie müssen auch festlegen, wie Sie sicherstellen, dass das extern Bereitgestellte so ist, wie es sein soll, beispielsweise durch Wareneingangskontrollen.

Werden Prozesse ausgelagert, d. h. nach extern vergeben, dann müssen diese im QMS integriert sein und sich in der eigenen Prozesslandschaft widerspiegeln. Extern bereitgestellte Prozesse, Produkte und Dienstleistungen müssen regelmäßig überprüft werden, ob sie die definierten Anforderungen erfüllen, beispielsweise durch Kontrollen, anhand einer Checkliste etc.

Die Steuerungsmaßnahmen für externe Anbieter können sich direkt auf den Lieferanten beziehen (z. B. Einbindung in die Produktentwicklung) oder auf die Ergebnisse seiner Leistung (z. B. Wareneingangsprüfung, Qualitätskontrollen etc.).

Der Umfang der notwendigen Maßnahmen hängt davon ab, wie stark das externe Produkt oder die Dienstleistung die Konformität beeinflusst. Je größer der Einfluss, desto wichtiger die Steuerung. Dabei müssen auch mögliche Auswirkungen auf Kundenanforderungen, Gesetze und Vorschriften berücksichtigt werden.

Sie müssen auch überprüfen, ob die definierten Maßnahmen zur Steuerung der externen Anbieter wirklich steuernd wirken, beispielsweise anhand von Stichprobenkontrollen, Befragungen etc.

Wie Sie das genau umsetzen, schreibt die ISO 9001 nicht vor. Die IATF 16949 hingegen wird in vielen Anforderungen wesentlich konkreter.

Unterstützende Werkzeuge (Auswahl)

- Prozessmanagement
- Checklisten
- Stichproben
- Überprüfungen
- Audits

8.4.2.1 Art und Umfang der Steuerung – Ergänzung (✗)

In diesem Abschnitt wird explizit auf den Umgang mit ausgegliederten Prozessen eingegangen.

Im Fokus dieses Abschnitts stehen die folgenden Fragen:

- Wie wird sichergestellt, dass die festgelegte Art und der Umfang der Steuerung der ausgegliederten Prozesse den Produkt- und Prozessanforderungen sowie den Risiken entsprechen?
- Welche Kriterien und Methoden werden angewendet?

Bei ausgelagerten Prozessen handelt es sich um die Prozesse, bei denen Produkte oder Dienstleistungen von einem anderen Unternehmen hergestellt oder durchgeführt und möglicherweise direkt zum Kunden ausgeliefert werden.

Klassische ausgelagerte Prozesse sind z. B.:

- Dienstleistungen der Logistik
- Entwicklungstätigkeiten
- Vertriebstätigkeiten
- Personalverwaltung
- Personalentwicklung
- Prozesse der Veredelung

SI-Nr. 7 stellt klar, dass in Fällen, in denen Produkte oder Materialien direkt vom externen Anbieter an den Kunden geleitet werden, Ihre Organisation sicherstellen muss, dass geeignete Lenkungsmaßnahmen beim externen Anbieter existieren.

Stellen Sie sicher, dass ein Prozess dokumentiert wird, in dem die Prozessverantwortung festgelegt ist. Dabei müssen die benötigten Nachweise sowie Schnittstellen zu anderen Prozessen des QMS definiert werden. Auch die Prozessziele für den ausgelagerten Prozess müssen festgelegt werden. Die Grundlage dafür bilden klare vertragliche Regelungen zwischen den Partnern. Damit der ausgelagerte Prozess auch überwacht werden kann, müssen Soll-Werte für die Messgrößen fixiert werden. Dazu kann neben dem eigentlichen Vertrag eine Qualitätssicherungsvereinbarung (QSV) sinnvoll sein. Die ausgewählten Methoden und Werkzeuge müssen dabei gewährleisten, dass die ausgelagerten Prozesse mit den internen Anforderungen und den Kundenanforderungen übereinstimmen. Dazu muss festgehalten werden, welche Leistung der externe Prozess zu erfüllen hat. In der Praxis wird deshalb über Vertragsvereinbarungen mit dem externen Partner genau festgeschrieben, welcher Prozessoutput erbracht werden muss.

Für die Überwachung und Messung sollten die Leistungsparameter des ausgelagerten Prozesses ausgewählt bzw. definiert werden. Die Hauptleistungsparameter für einen ausgelagerten Prozess sind Termintreue, Prozessqualität und Prozesskosten. Die Bewertungen können periodisch, z. B. monatlich, oder laufend durchgeführt werden. Je kürzer die Messintervalle sind, desto schneller können Abweichungen erkannt und entsprechend reagiert werden.

Bei Abweichungen von den festgelegten Zielgrößen sollten Sie Ursachen für die Zielabweichung ermitteln, Maßnahmenvorschläge erarbeiten und umsetzen sowie eine Wirksamkeitskontrolle durchführen. Zusätzlich ist es sinnvoll, Qualitätsaudits in festgelegten Intervallen bei Ihren externen Partnern durchzuführen.

Die Prozessauslagerung erfolgt in den meisten Fällen aus technischen, wirtschaftlichen oder strategischen Gründen. Dabei bleibt die Gesamtverantwortung für das auszuliefernde Produkt bzw. die zu erbringende Dienstleistung im Unternehmen verankert. Das Unternehmen bleibt damit gegenüber seinen Kunden für die Konformität der Produkte oder Dienstleistungen verantwortlich. Alle Normforderungen bleiben bestehen, auch wenn bestimmte Prozesse nicht im eigenen Haus durchgeführt werden.

Keine Bedeutung für eine direkte Überwachung hat beispielsweise die Auslagerung des Gebäudemanagements, der Reinigungsservice oder die Bewirtung inklusive Catering.

Dokumentierte Information

Es muss ein dokumentierter Prozess für die Ermittlung der ausgegliederten Prozesse mit Vorgaben für die einzusetzenden Werkzeuge und Methoden vorliegen, um die Einhaltung der Kundenanforderungen sicherzustellen.

Unterstützende Werkzeuge (Auswahl)

- Lieferantenfreigabe
- Produkt- und Prozessfreigabe (PPAP/PPF)
- FMEA
- KPI-Reports
- Audits
- 8D-Reporte

8.4.2.2 Gesetzliche und behördliche Anforderungen (✗)

Mit den Anforderungen der IATF 16949 in diesem Abschnitt werden die Unternehmen selbst in die Pflicht genommen. Dazu steht folgende Frage im Zentrum:

- Verfügt die Organisation über einen dokumentierten Prozess, der sicherstellt, dass alle Produkte und Dienstleistungen von Vorlieferanten alle gesetzlichen und behördlichen Auflagen, die im Ausfuhrland, im Einfuhrland und im Bestimmungsland des Kunden gelten, erfüllt werden?

Das bedeutet, dass Sie in Ihre Entwicklungs- und Lieferantenprozesse Vorgehensweisen integrieren, um von Ihren Lieferanten Bestätigungen und Nachweise zu erhalten, dass deren Produkte und Leistungen die jeweils geltenden gesetzlichen und behördlichen Anforderungen erfüllen – sowohl im Herstellungsland des Lieferanten, im Nutzungsland der Organisation als auch im Zielland des Endprodukts, sofern die relevanten Informationen vom Kunden bereitgestellt werden. Sie müssen die vom Lieferanten erbrachten Nachweise überprüfen. Das beinhaltet zum einen die Überprüfung der Informationen hinsichtlich der Rückverfolgbarkeit und zum anderen die Überwachung hinsichtlich der geforderten gesetzlichen und behördlichen Auflagen. Dieser Abschnitt steht in engem Zusammenhang zu den Abschnitten 8.6.5 und 8.4.2.2 der IATF 16949 sowie zu den Abschnitten 8.3.3.1 g und 8.3.4.2.

Sie müssen weiterhin beachten, dass Sie spezielle Kundenanforderungen an Überwachungsmethoden anwenden müssen, wenn dies gefordert ist. Das gilt auch bei Lieferanten.

Dokumentierte Information

Es muss ein dokumentierter Prozess vorliegen, der Vorgaben dazu enthält, dass alle gesetzlichen und behördlichen Anforderungen des Ausfuhrlandes, des Einfuhrlandes und des vom Kunden genannten Bestimmungslandes eingehalten werden.

Unterstützende Werkzeuge (Auswahl)

- Lieferantenportale
- SRM-Systeme (Supplier-Relationship-Management-Systeme)
- Rechtskataster, -datenbanken
- Lieferantenerklärungen
- Verträge/QSV

Tabelle 8.13 fasst die wichtigen Aspekte zu diesen Normabschnitten zusammen.

Tabelle 8.13 Extern Bereitgestelltes steuern – Normabschnitt 8.4.2 der ISO 9001 und Abschnitt 8.4.2.1 und 8.4.2.2 der IATF 16949 umsetzen

Leitfragen

- Ist sichergestellt, dass extern Bereitgestelltes das Erreichen der Konformität nicht „nachteilig beeinflusst"?
- Haben wir die Art und den Umfang einer entsprechenden Steuerung geregelt?
- Haben wir einen Prozess für den Umgang mit ausgelagerten Prozessen dokumentiert, der Kriterien für die Überwachung dieser Prozesse enthält?
- Können wir sicherstellen, dass ausgelagerte Prozesse, Produkte und Dienstleistungen alle gesetzlichen und behördlichen Auflagen, die im Ausfuhrland, im Einfuhrland und im Bestimmungsland des Kunden gelten, erfüllen?
- Wenden wir– falls zutreffend – die Überwachungsmethoden an, die vom Kunden gefordert werden?

Ziel: Bestimmen der Art und des Umfangs der Steuerung von extern Bereitgestelltem

Umsetzungshinweis

Beschreiben Sie (gegebenenfalls in einem eigenen Abschnitt im QM-Handbuch) kurz, wie sichergestellt wird, dass extern bereitgestellte Prozesse, Produkte und Dienstleistungen die Fähigkeit, konforme Produkte und Dienstleistungen zu liefern, nicht nachteilig beeinflussen. Prüfen Sie, ob in Ihrer Beschreibung folgende Punkte berücksichtigt werden:

- Lenkung der extern bereitgestellten Prozesse durch das QMS
- Maßnahmen zur Lenkung externer Anbieter
- Auswirkungen auf die eigene Fähigkeit, Kundenanforderungen sowie gesetzliche und behördliche Anforderungen zu erfüllen
- Wirksamkeit der angewendeten Lenkungsmaßnahmen des externen Anbieters
- Verifizierung und andere Tätigkeiten, die das Erfüllen der Anforderungen an extern bereitgestellte Prozesse, Produkte und Dienstleistungen sicherstellen (Wareneingangsprüfung)

Setzen Sie die Regelungen in Abhängigkeit von den betrachteten, extern bereitgestellten Prozessen, Produkten und Dienstleistungen in die Praxis um und sammeln Sie hierfür geeignete Nachweise.

(Weghorn 2022)

Identifizieren Sie alle ausgelagerten Prozesse und beachten Sie folgende Aspekte:

- Dokumentieren Sie diesen Prozess.
- Achten Sie darauf, dass Kriterien zur Überwachung enthalten sind.
- Berücksichtigen Sie, dass bei dem Prozess für den Umgang mit ausgelagerten Prozessen Maßnahmen definiert werden, wie mit etwaigen Abweichungen umgegangen wird.

Sorgen Sie dafür, dass alle Produkte und Dienstleistungen von Vorlieferanten alle gesetzlichen und behördlichen Auflagen, die im Ausfuhrland, im Einfuhrland und im Bestimmungsland des Kunden gelten, erfüllen.

- Dokumentieren Sie einen Prozess.
- Berücksichtigen Sie – wenn vom Kunden gefordert – spezielle Überwachungsmethoden.
- Beachten Sie gesetzliche und behördliche Anforderungen, die vom Unternehmen selbst angewendet und an Lieferanten weitergegeben werden müssen.

(Brückner 2019)

Mögliche Auditnachweise

- Prüfplanung
- Definierte Bewertungskriterien (z. B. Reklamationen, ppm-Statistiken)
- Qualitätsvereinbarungen
- Lastenhefte
- Wareneingangsprüfung
- Kommunikationsnachweise mit den externen Anbietern
- Anforderungsübersichten
- Dokumentierte Prozesse
- KPI für die Überwachung der ausgegliederten Prozesse
- Kennzahlenauswertungen
- Maßnahmenpläne
- Liste relevanter gesetzlicher/behördlicher Anforderungen
- Verpflichtungserklärungen/Konformitätserklärungen von Lieferanten

8.4.2.3 Entwicklung des QMS von Lieferanten (*X*)

Dieser Abschnitt beschäftigt sich damit, dass ein Unternehmen seine Zulieferer auffordern sollte, ein QMS aufzubauen und zu verbessern, um eine Zertifizierung nach IATF 16949 zu erreichen.

Die zentrale Leitfrage dieses Abschnitts ist:

- Wie werden Lieferanten dazu aufgefordert, ein zertifiziertes QMS nach IOS 9001 zu entwickeln und zu verbessern?

Nach den sanktionierten Interpretationen wurden durch SI-Nr. 8 Änderungen in diesem Abschnitt vorgenommen und Unternehmen müssen für ihre Lieferanten mittels eines Risikobewertungsmodells eine Mindestentwicklungsstufe sowie eine Zielentwicklungsstufe für deren QMS festlegen. Die zulässige Mindestentwicklungsstufe ist ein zertifiziertes QMS nach ISO 9001 und die Zielentwicklungsstufe eine Zertifizierung nach IATF 16949.

> Wenn der Kunde damit einverstanden ist, dann kann das zulässige akzeptable Minimum der QMS-Entwicklung, die Konformität mit der ISO 9001, mittels eines 2nd-Party-Audits (Lieferantenaudit) nachgewiesen werden.

Je nachdem, wie die Leistung des Lieferanten aussieht, ist die Zielvorgabe der Norm, dass eine Reihenfolge eingehalten werden soll, in der das QMS zu entwickeln ist. Diese sollte zumindest für alle Schlüssellieferanten durchgeführt werden. Zu empfehlen ist die Einholung einer Genehmigung des oder der Kunden für direkte Zulieferer, die sich nicht in Richtung IATF-16949-Zertifizierung entwickeln lassen möchten. Eventuell ist der Kunde auch mit einem Lieferantenaudit zufrieden, welches die Anforderungen der IATF 16949 abdeckt.

Die Norm schlägt für die Entwicklung des QMS eines Lieferanten folgende Reihenfolge vor:

1. Bewertung der Konformität des Lieferanten mit der ISO 9001durch Second-Party-Audits (Lieferantenaudits)
2. Lieferanten müssen nachweisen, dass ihr QMS nach ISO 9001 durch ein Third-Party-Audit, also durch eine Zertifizierungsgesellschaft, zertifiziert ist.
3. Der Lieferant muss nach ISO 9001 zertifiziert sein und eine Konformität mit den jeweiligen Kundenanforderungen nachweisen. Dabei handelt es sich um Anforderungen an das QMS von Lieferanten. Der Nachweis kann z. B. durch den MAQMSR-Standard erfolgen (Minimum Automotive Quality Management System Requirements for Sub-Tier Suppliers). MAQMSR ist eine Art Zwischenschritt für Lieferanten, die noch nicht nach IATF 16949 zertifiziert sind. Der Nachweis muss durch ein 2nd-Party-Audit erbracht werden.

4. Nachweis einer Zertifizierung des Lieferanten nach ISO 9001 und Durchführung von Second-Party-Audits (Lieferantenaudits) hinsichtlich der Konformität zur IATF 16949
5. Nachweis einer Zertifizierung des Lieferanten nach IATF 16949

Unterstützende Werkzeuge (Auswahl)

- Lieferantenbewertung
- Lieferantenselbstauskunft
- Lieferantenworkshops
- Lieferanten-Coaching
- Lieferantenportale/SRM-Systeme (Supplier Relationship Management)

8.4.2.3.1 Automobilspezifische, produktbezogene Software oder Produkte für die Auditmobilindustrie mit integrierter Software (*x*)

Dieser Abschnitt der IATF 16949 widmet sich der Qualitätssicherung von Produkten mit integrierter Software.

Im Mittelpunkt der folgenden Ausführungen steht diese Leitfrage:

- Wie werden Lieferanten von automobilspezifischer, produktbezogener Software oder von Produkten mit integrierter Software dazu verpflichtet, dass sie einen systematischen Qualitätssicherungsprozess für ihre Software umsetzen?

Dabei müssen Sie sicherstellen, dass Ihre Lieferanten Methoden zur Bewertung der Softwareentwicklung einsetzen werden. Ergebnisse von Selbstbewertungen zu den Fähigkeiten in der Softwareentwicklung müssen dokumentiert werden. Dabei muss eine Priorisierung nach Risiken und potenziellen Auswirkungen für den Kunden erfolgen.

Sie können beispielsweise durch vertragliche Regelungen sicherstellen, dass die Lieferanten für die Bewertung der Reife von Softwareentwicklungsprozessen anerkannte Methoden auswählen wie z. B. Automotive SPICE (Software Process Improvement and Capability Determination), Capability Maturity Model Integration (CMMI) oder ISO/IEC 15504.

Sie müssen Ihre Lieferanten ebenso dazu verpflichten, die Nachweise der Ergebnisse der Softwareentwicklungsprozesse von automobilspezifischer, produktbezogener Software oder von Produkten mit integrierter Software aufzubewahren. Auch diese kann durch Verträge geregelt werden.

Dokumentierte Information

Der Softwareentwicklungsprozess der Zulieferer muss von den Zulieferern mit dafür geeigneten Methoden bewertet werden. Die Ergebnisse der Bewertung müssen als dokumentierte Information vorliegen.

Nachweise der Ergebnisse des Softwareentwicklungsprozesses müssen aufbewahrt werden.

Unterstützende Werkzeuge (Auswahl)

- VDA ISA/TISAX (Informationssicherheitsprüfung für SW-Lieferanten)
- Lieferantenverträge
- Requirements-Managementtools
- Lieferantenportale
- Automotive Spice
- CMMI

Tabelle 8.14 fasst die Aspekte dieser Normabschnitte zusammen.

Tabelle 8.14 QMS von Lieferanten entwickeln – Normabschnitte 8.4.2.3 und 8.4.2.3.1 der IATF 16949 umsetzen

Leitfragen ▪ Wie erfolgt unsere Aufforderung an unsere Zulieferer, ein QMS aufzubauen und zu verbessern, um eine Zertifizierung nach IATF 16949 zu erreichen? ▪ Wie stellen wir sicher, dass Zulieferer, die automobilspezifische, produktbezogene Software oder Produkte mit integrierter Software liefern, einen systematischen Qualitätssicherungsprozess vorweisen können?
Ziel: Entwicklung der QMS der Lieferanten in Richtung IATF 16949 und die Umsetzung von Verpflichtungen für Lieferanten von automobilspezifischer produktbezogener Software
Umsetzungshinweis ▪ Fordern Sie Ihre Lieferanten gemäß den Entwicklungsstufen der IATF auf, ihr QMS in Richtung IATF 16949 zu entwickeln. ▪ Unterstützen Sie Ihre Lieferanten durch Workshops, Coaching und/oder Lieferantenaudits. ▪ Verpflichten Sie Ihre Lieferanten für automobilspezifische, produktbezogene Software oder Produkte mit integrierter Software, dass diese den Softwareentwicklungsprozess mit dafür geeigneten Methoden bewerten und die Nachweise dazu aufbewahren. Untermauern Sie die Verpflichtung in beispielsweise Verträgen oder QSV. ▪ Beachten Sie, dass die Nachweise der Ergebnisse der Softwareentwicklungsprozesse von automobilspezifischer, produktbezogener Software oder von Produkten mit integrierter Software durch den Lieferanten aufbewahrt werden müssen. (Brückner 2019)

Mögliche Auditnachweise
- Prozessbeschreibung Lieferantenentwicklung
- Lieferantenhandbuch
- Lieferantenqualifizierungskriterien
- Lieferanten-Auditberichte
- Aktionspläne von Lieferanten zur Weiterentwicklung ihres QMS
- Übersicht Lieferantenstatus inklusive Zertifizierungen
- Lieferantenbewertungssystem
- Anforderungskatalog für Softwarelieferanten
- LSA
- Risikobewertung
- Maßnahmenpläne
- Self-Assessment-Berichte

8.4.2.4 Lieferantenüberwachung (*X*)

Sie müssen einen Prozess und Kriterien für die Lieferantenbewertung festlegen und dokumentieren, um die Konformität der gelieferten Produkte zu allen Anforderungen (Kunde, eigene) sicherzustellen.

Folgende Frage steht bei diesem Abschnitt im Mittelpunkt:

- Mit welchen Kriterien werden die Lieferanten beurteilt?

Es geht um die Bewertung unterschiedlicher Kriterien, die als Mindestanforderungen vorgegeben sind und die jederzeit um eigene Kriterien ergänzt werden können.

Sorgen Sie dafür, dass die Konformität überwacht wird, beispielsweise durch die Bewertung der fehlerhaft angelieferten Produkte, die in der Regel in der Automobilbranche als ppm-Wert (past per million) gemessen werden, durch die Reklamationsquote oder durch Ergebnisse aus Lieferantenaudits.

Berücksichtigen Sie bei der Lieferantenbewertung, dass Störungen im belieferten Werk des Kunden auftreten können, und schließen Sie Auslieferungsstopps mit ein. Die Bewertung von Störungen kann beispielsweise durch die Auswertung von Kundenreklamationen und Feldausfällen sowie über die Auswertung der Kundenzufriedenheit erfolgen.

Stellen Sie sicher, dass auch die Liefertreue bzw. die Einhaltung von Lieferplänen in einer Lieferantenbewertung berücksichtigt wird. Das Kriterium Liefertreue spielt eine zentrale Rolle, da es sowohl die Termintreue als auch die Mengentreue umfasst. Werden vereinbarte Liefertermine nicht eingehalten oder unzureichende Mengen geliefert, entsteht schnell eine Kettenreaktion: Fehlendes oder verspätetes Material verhindert die fristgerechte Produktion von Bauteilen, wodurch wiederum die Auslieferung an den Kunden verzögert wird. Dies kann Reklamationen nach sich ziehen und zusätzliche Kosten verursachen.

Die Bewertung der Liefertreue kann beispielsweise anhand folgender Kennzahlen erfolgen: Anteil pünktlicher Lieferungen an allen Lieferungen sowie Anteil korrekt gelieferter Mengen an allen Lieferungen.

Wenn Mitteilungen von Kunden hinsichtlich der Lieferanteneinstufung (Kundenstatus) aufgrund von Qualitäts- oder Lieferproblemen bereitgestellt werden, dann müssen Sie diese mit in die Lieferantenbewertung einbeziehen. Diese Informationen sind häufig in den Kundenportalen hinterlegt oder sie werden per Mail oder Brief in der Regel einmal pro Jahr zugestellt.

Wenn zutreffend, dann müssen, Gewährleistungsfälle, Rückläufe von Händlern, Aktionen im Feld, z. B. Rückrufaktionen, Austauschaktionen, Reparaturen etc., in die Lieferantenbewertung mit einfließen.

Bei den Mindestanforderungen an die Leistungsindikatoren wurde nach den sanktionierten Interpretationen SI-Nr. 19 der Punkt d) Zusatzfrachtkosten des Abschnitts 8.4.2.4 der IATF 16949 gestrichen, weil die Überwachung der Zusatzfrachtkosten bereits in den in Normabschnitt 9.1.2.1 definierten Anforderungen an die Bewertung der Kundenzufriedenheit berücksichtigt wird. Die Erfassung der vom Lieferanten verursachten Vorfälle mit Zusatzfrachtkosten fällt nicht in den Geltungsbereich des QMS einer Organisation. Es handelt sich um eine Kennzahl, die ein Lieferant intern erhebt.

Je nach Beschaffungsobjekt sollten auch die unterschiedlichen Bedeutungen der Haupt- und eventuell der Teilkriterien berücksichtigt werden. Für einen bestimmten Artikel kann die Einhaltung der Liefertermine wichtiger sein als ein Einkaufspreis, der beispielsweise innerhalb einer kalkulierten Spanne variieren darf. Für einen anderen Artikel ist eine sehr hohe Anlieferqualität wichtiger als der Liefertermin. Aufgrund dieser Tatsache können die festgelegten Kriterien gewichtet werden, indem man mit Gewichtungsfaktoren oder Prozentsätzen arbeitet.

Es wird ein dynamischer Prozess verlangt, der die Intensität der Steuerung in Abhängigkeit von der jeweiligen Leistung der Lieferanten berücksichtigt.

Externe Anbieter, die ausgelagerte Prozesse durchführen, müssen in die Lieferantenbewertung einbezogen werden.

Bewertet werden müssen vor allem strategisch wichtige Lieferanten und solche mit hohem Optimierungspotenzial. Dies wird in aller Regel standardisiert und systematisch über ein Noten- oder Punktesystem durchgeführt. Den besten Überblick über die Leistung der Lieferanten erhält man, wenn die Bewertung kontinuierlich durchgeführt wird. Die Bewertung sollte jedoch mindestens einmal jährlich erfolgen und die Ergebnisse sollten dem Lieferanten mitgeteilt werden.

Die Ergebnisse der Lieferantenbewertung fließen in die Managementbewertung ein, die von der Unternehmensleitung analysiert wird. Diese muss entscheiden, ob eine Zielanpassung und weitere Konzepte notwendig sind, um die Qualitätsfähigkeit der Lieferanten zu verbessern. Eine genaue Analyse der Lieferantenbewertung ist wichtig, um Probleme bei Lieferanten, vor allem bei Engpasslieferanten, zu erkennen und um eine gemeinsame Lösung herbeizuführen.

Dokumentierte Information

Die Überwachung von Lieferanten erfolgt aufgrund eines dokumentierten Prozesses und festgelegter Kriterien sowie über dokumentierte Bewertungsergebnisse und gegebenenfalls Maßnahmen.

Unterstützende Werkzeuge (Auswahl)

- Internetplattformen
- Informationsaustausch
- Lieferantenschulungen

8.4.2.4.1 2nd-Party-Audits (Lieferantenaudits) (✗)

Lieferantenaudits ziehen sich durch das gesamte Lieferantenmanagement und stellen einen weiteren Baustein der Lieferantenüberwachung dar. Sie sind eine sehr wirksame Maßnahme, um Lieferanten auszuwählen, zu entwickeln und Probleme zu lösen.

Folgende Fragen stehen im Zentrum:

- Werden Lieferantenaudits mit in den Lieferantenmanagementprozess einbezogen?
- Richten sich die Art und Häufigkeit von Lieferantenaudits nach Ergebnissen von Risikoanalysen und (gegebenenfalls behördlichen) Anforderungen an die Produktsicherheit, nach der Leistung des Lieferanten oder nach der Zertifizierungsstufe des QMS?
- Ist sichergestellt, dass die Auditberichte aufbewahrt werden?

Wenn ein Audit beim Lieferanten geplant wird, dann muss es prozessorientiert durchgeführt werden; und sollte nach VDA 6.3 durchgeführt werden, was in den meisten Fällen auch eine kundenspezifische Anforderung ist.

Für die Durchführung wird zum einen auf die ISO 19011 und zum anderen auf den IATF-Auditor-Leitfaden verwiesen. In diesen Leitfäden erhält man wertvolle Hinweise hinsichtlich:

- grundlegender Kompetenzkriterien zur Auditdurchführung wie z. B. den prozessorientierten Ansatz einschließlich des risikobasierten Denkens, zum Umgang mit kundenspezifischen Anforderungen etc. sowie
- allgemeiner Kompetenzkriterien zur Auditdurchführung wie z. B. Durchführung, Fragetechniken, Zeitmanagement, Konfliktmanagement etc.

Lieferantenaudits können für unterschiedliche Zwecke angewendet werden:

- Beurteilung des Risikos von Lieferanten
- Überwachung von Lieferanten
- Weiterentwicklung bzw. Bewertung des QMS eines Lieferanten unter Berücksichtigung des prozessorientierten Ansatzes
- Produktaudits
- Prozessaudits

Stellen Sie sicher, dass Lieferantenaudits beispielsweise bei der Lieferantenauswahl und -entwicklung sowie bei Nichtkonformitäten und Problemen angewendet werden, um damit Ziele wie beispielsweise die Bewertung des Risikos von Lieferanten, die Überwachung und die Entwicklung von Lieferanten sowie die Durchführung von Prozess- und Produktaudits verfolgen zu können.

Unterstützen können Sie Auflistungen Ihrer Lieferanten beispielsweise, in denen diese nach ihrem Risikoprofil unter Beachtung von Kriterien, wie beispielsweise Qualitätsschwankungen bei Lieferanten oder Lieferverzögerungen, Erfüllung von gesetzlichen, behördlichen und sonstigen Regularien, gelistet sind. Je größer das Risiko und die möglichen Folgen, desto häufiger und umfangreicher sollten Lieferantenaudits durchgeführt werden.

Wichtig ist auch, dass Sie bei der Art und Häufigkeit von Lieferantenaudits die Zertifizierungsstufe der Lieferanten im Auge behalten. Lieferanten mit einer niedrigeren Zertifizierungsstufe (z. B. ISO 9001 im Vergleich zu spezifischeren oder strengeren Standards wie IATF 16949) weisen möglicherweise ein höheres Risiko für Qualitätsmängel auf. Zudem können durch die Berücksichtigung der Auditfrequenz nach der Zertifizierungsstufe schneller Defizite erkannt und gezielt Verbesserungsmaßnahmen eingeführt werden.

Dokumentierte Information

Sämtliche Auditberichte müssen aufbewahrt werden.

Unterstützende Werkzeuge (Auswahl)

- VDA-Bände zur Auditierung von Produkten und Prozessen
- Lieferantenbewertungen
- Risikoanalysen
- ISO 19011
- ISO 9001
- IATF 16949

8.4.2.5 Lieferantenentwicklung (*X*)

Dieser Abschnitt fordert, dass Maßnahmen für die Lieferantenentwicklung durch Setzung von Prioritäten ausgelöst werden müssen.

Folgende Frage steht im Zentrum:

- Sind Festlegungen getroffen, wann Lieferanten-Entwicklungsmaßnahmen eingeleitet werden?

Lieferantenentwicklung ist ein wichtiges Thema, denn zu Kunden und Lieferanten besteht eine hochwertige Partnerschaft. Und es ist wichtig zu betonen, dass sich ein vertrauensvolles Verhältnis zu Lieferanten nicht von selbst ergibt, sondern erst geschaffen werden muss. Nachfolgend werden einige Punkte aufgeführt, die den Weg zu einem vertrauensvollen Verhältnis unterstützen:

- Benennung fester Ansprechpartner, welche für die Zusammenarbeit uneingeschränkt zur Verfügung stehen
- regelmäßige (gegenseitige) Besuche
- gemeinsame Teilnahme an Veranstaltungen, die über bloße Geschäftsbeziehungen hinausgehen
- Miteinbeziehung der Lieferanten in Entwicklungen („Simultaneous Engineering")

Der Zeitpunkt für die Einleitung notwendiger Maßnahmen kann frei gewählt werden, sollte sich jedoch an der Bedeutung des Lieferanten ausrichten. Wichtig ist, dass Maßnahmen und Verbesserungsmöglichkeiten eingeleitet werden und die Durchführung verfolgt wird.

Als Auslöser für Entwicklungsmaßnahmen nennt die Norm mindestens:

- Nichteinhaltung der Lieferleistung
- Feststellungen aus Lieferantenaudits (Second-Party-Audits)
- Zertifizierungsstatus
- Ergebnisse von Risikoanalysen

Ein Lieferant wird nur gute Ergebnisse erzielen, wenn die Kundenanforderungen präzise an ihn gestellt werden. Es ist daher Aufgabe des Lieferantenmanagements, diese klar zu formulieren und den Lieferanten auf seinem Weg zur Erreichung dieser Vorgaben zu unterstützen.

Entwicklungsfähig sind vor allem Lieferanten, die sich durch besondere partielle Leistungsfähigkeit auszeichnen, sodass es sich lohnt, Defizite in anderen Bereichen zu beseitigen. Voraussetzung dafür ist aber die Bereitschaft der Lieferanten, diesen Entwicklungs- und Qualifizierungsprozess mitzutragen und innerbetriebliche Prozesse und Strukturen transparent zu machen.

Unterstützende Werkzeuge (Auswahl)

- Leitfäden
- Informationsmaterial
- Internetplattformen
- Informationsaustausch
- Lieferantenschulungen
- gemeinsame Teilnahme an Fachkonferenzen etc.

Tabelle 8.15 fasst wichtige Aspekte dieser Normabschnitte zusammen.

Tabelle 8.15 Lieferanten überwachen und entwickeln – Normabschnitte 8.4.2.4, 8.4.2.4.1und 8.4.2.5 der IATF 16949 umsetzen

Leitfragen ▪ Haben wir einen Prozess zur Lieferantenbewertung dokumentiert und Kriterien festgelegt? ▪ Beziehen wir Lieferantenaudits in unseren Lieferantenmanagementprozess mit ein? ▪ Werden bei Problemen und Nichtkonformitäten bei Lieferanten Maßnahmen ergriffen? ▪ Was tun wir, um unsere Lieferanten weiterzuentwickeln?
Ziel: Überwachung und Entwicklung von Lieferanten, um konforme Ergebnisse zu erlangen
Umsetzungshinweis Bewerten Sie Ihre Lieferanten regelmäßig. Dies wird in aller Regel standardisiert und systematisch durchgeführt und kann z. B. über ein Noten- oder Punktesystem erfolgen: ▪ Dokumentieren Sie einen Prozess zur Bewertung von Lieferanten und legen Sie Mindestkriterien fest. ▪ Ergänzen Sie die Kriterien um eigene wichtige Aspekte. ▪ Beziehen Sie Mitteilungen vom Kunden im Hinblick auf Ihre Lieferanten mit ein. ▪ Führen Sie eine Risikobewertung Ihrer Lieferanten durch, beispielsweise mit einer ABC- oder Ampelklassifizierung. ▪ Beachten Sie auch den Audit- und Zertifizierungsstatus (z. B. ISO 9001, IATF 16949) bei der Bewertung.

- Kommunizieren Sie die Ergebnisse Ihrer Bewertung regelmäßig an Ihre Lieferanten und definieren Sie auch Eskalationsprozesse, die bei Nichterfüllung der Anforderungen zum Tragen kommen.

Lieferantenaudits sind äußerst wichtig, um die Konformität Ihrer Produkte und Dienstleistungen zu gewährleisten:

- Beachten Sie in erster Linie strategisch wichtige Lieferanten, Lieferanten, die ein Risiko für Qualität oder Lieferfähigkeit darstellen, sowie deren Zertifizierungsstatus.
- Verwenden Sie standardisierte Auditierungsmethoden, z. B. nach VDA 6.3.
- Dokumentieren Sie die Auditergebnisse.
- Legen Sie gegebenenfalls mit dem Lieferanten Maßnahmen fest.

Stärken Sie Ihre Lieferanten, um Leistung, Prozessfähigkeit und Qualitätsstandards kontinuierlich zu verbessern:

- Führen Sie gezielte gezielter Verbesserungsprogramme durch (z. B. Schulungen, Workshops, Prozessanalysen, Unterstützung bei den Core-Tools).
- Initiieren Sie gemeinsame Projekte zur Steigerung von Qualität, Liefertreue und Prozessfähigkeit.
- Überprüfen Sie Verbesserungen anhand messbarer Kennzahlen.
- Geben Sie Ihren Lieferanten ein Feedback im Rahmen der Lieferantenbewertung.

(Brückner 2019)

Mögliche Auditnachweise

- Prozessbeschreibung Lieferantenmanagement
- Lieferantenbewertung
- Dokumentierte Kriterien und Methoden zur Lieferantenüberwachung
- Berichte über Meetings, Workshops oder -gespräche
- Maßnahmenpläne
- Risikobewertungen zu Lieferanten
- Auditpläne
- Auditberichte
- Nachweise zur Auditorenqualifikation
- Maßnahmenpläne
- Strategien oder Programme zur Lieferantenentwicklung
- Nachweise über durchgeführte Workshops, Schulungen, Coachings
- Protokolle gemeinsamer Verbesserungsprojekte
- Verbesserte Kennzahlen bei der Lieferantenbewertung

8.4.3 Informationen für externe Anbieter

Externe Anbieter müssen so informiert werden, dass sie die Anforderungen erfüllen können. Sie müssen daher genau wissen, wie die Anforderungen an den Prozess, das Produkt, die Dienstleistung lauten. Es muss auch klar sein, ob die Anforderungen wie gewünscht erfüllt werden, ob die Produkte, Dienstleistungen, Prozesse, die benutzten Methoden oder die verwendete Ausrüstung so genehmigt bzw. freigegeben werden. Diese Informationen müssen „angemessen“ sein.

Folgende Frage steht im Zentrum:

- Bekommt ein externer Anbieter alle Informationen, die benötigt werden, um den Prozess wie gewünscht zu gestalten und um das Produkt/die Dienstleistung wie gewünscht bereitzustellen?

Die Informationen, die der externe Anbieter bekommt, müssen vorher auf Angemessenheit überprüft werden, beispielsweise anhand des Vieraugenprinzips.

Das Unternehmen muss demnach folgende Informationen an einen externen Anbieter weitergeben:

- zu liefernde Produkte, Dienstleistungen und Prozesse
  - d. h. alle Informationen, die benötigt werden, um den Prozess wie gewünscht zu gestalten und um das Produkt/die Dienstleistung wie gewünscht bereitzustellen
- Freigaben für Produkte, Dienstleistungen, Methoden, Prozesse und Ausrüstungen
  - d. h., dass das Produkt/die Dienstleistung wie geplant umgesetzt werden kann und dass die verwendeten Methoden passen und die verwendete Ausrüstung den Anforderungen entspricht
- geforderte Kompetenz und Qualifikation der Mitarbeitenden
  - zu der benötigten Kompetenz gehört auch die erforderliche Qualifikation.
- wie die Zusammenarbeit mit dem Unternehmen zu erfolgen hat und wie die Steuerung und Überwachung erfolgt
  - Der externe Anbieter muss wissen, welche Bedeutung sein Beitrag hat. Der externe Anbieter muss über die Maßnahmen, mit denen er gesteuert und seine Leistung überwacht wird, informiert werden.
- Vorgabe für die Verifizierung und Validierung
  - Dabei handelt es sich um die Maßnahmen, mit denen die Verifizierung und die Validierung erfolgen sollen.

8.4.3.1 Informationen für Anbieter – Ergänzung (*X*)

Unternehmen müssen ihren externen Anbietern alle relevanten Informationen zur Verfügung stellen, die für sie erforderlich sind, um die Anforderungen des Unternehmens und deren Kunden exakt erfüllen können.

Folgende zentrale Frage wird in diesem Abschnitt der Norm behandelt:

- Werden alle relevanten Informationen (Gesetze, produkt- und prozessbezogene Merkmale) an den externen Anbieter weitergegeben?

Kunden müssen ihre Lieferanten als hochwertige Partner akzeptieren und damit die Grundlage für eine effektive Zusammenarbeit schaffen. Unterstützt wird die partnerschaftliche Zusammenarbeit durch einen guten Informationsfluss. Dazu müssen die

Kommunikationswege vom Kunden zum Lieferanten und auch vom Lieferanten zum Kunden optimal konzipiert sein. Relevante Informationen können beispielsweise durch Leitfäden, QSV, Verträge, Internetplattformen, Informationsaustausch und Lieferantenschulungen zur Verfügung gestellt werden.

Ihre Lieferanten benötigen alle gesetzlichen und behördlichen Anforderungen, die für die Produkte und Dienstleistungen relevant sind. Diese müssen den Lieferanten mitgeteilt bzw. zur Verfügung gestellt werden. Dabei kann es sich um länderspezifische Anforderungen, branchenspezifische Vorschriften und nationale und internationale Normen und Spezifikationen handeln.

Von großer Bedeutung ist, dass Sie Ihren Lieferanten alle Eigenschaften und Spezifikationen des Produkts wie beispielsweise Zeichnungen, Kundenspezifikationen oder Materialanforderungen sowie alle Parameter und Steuergrößen des Produktionsprozesses (z. B. Prüfmethoden, Werkzeugeinstellungen oder Prozessparameter) zur Verfügung stellen

Verankern Sie die Anforderung, dass Ihr Lieferant alle kundenspezifischen Anforderungen in der Lieferkette weitergeben muss, am besten in QSV und Verträgen, und stellen Sie Ihrem Lieferanten diese Kundenanforderungen zur Verfügung. In aller Regel wird Ihr Lieferant keinen Zugriff auf Kundenportale haben.

Unterstützende Werkzeuge (Auswahl)

- Kommunikation
- Lastenheft
- Vertrag

Tabelle 8.16 fasst die wichtigen Aspekte zu diesem Normabschnitt zusammen.

Tabelle 8.16 Externe Anbieter richtig informieren – Normabschnitt 8.4.3 der ISO 9001 und 8.4.3.1 der IATF 16949 umsetzen

Leitfragen

- Haben wir sichergestellt, dass die externen Anbieter so informiert werden, dass sie die Anforderungen erfüllen können?
- Werden die Anforderungen wie gewünscht erfüllt?
- Sind die Produkte, Dienstleistungen, Prozesse, die benutzten Methoden oder die verwendete Ausrüstung genehmigt bzw. freigegeben?
- Sind diese Informationen „angemessen"?
- Haben wir alle gesetzlichen und behördlichen sowie alle Anforderungen an Produkte und Prozesse an unsere Lieferanten weitergegeben?

Ziel: Definition und Bereitstellung der Informationen für externe Anbieter

Umsetzungshinweis

Beschreiben Sie (gegebenenfalls in einem eigenen Abschnitt im QM-Handbuch) kurz, wie die Kommunikation hinsichtlich der Anforderungen mit externen Anbietern grundsätzlich erfolgt. Die Organisation muss dabei die Angemessenheit der Anforderungen vor deren Bekanntgabe gegenüber externen Anbietern sicherstellen.

Prüfen Sie, ob in Ihrer Beschreibung folgende Punkte berücksichtigt werden:

- Bereitzustellende Prozesse, Produkte und Dienstleistungen
- Genehmigung oder Freigabe von Produkten, Dienstleistungen, Methoden, Prozessen oder Ausrüstungen
- Kompetenz/Qualifikation des Personals
- Zusammenwirken des Anbieters mit der Organisation
- Steuerung und Überwachung der Leistung von externen Anbietern
- Verifizierungs- und Validierungstätigkeiten, die die Organisation oder deren Kunde beabsichtigt, beim externen Anbieter durchzuführen

(Weghorn 2022)

Berücksichtigen Sie auch die zusätzlichen Informationen im Hinblick auf Gesetze und Produkte und Prozesse.

- Stellen Sie sicher, dass Sie die relevanten gesetzlichen und behördlichen Anforderungen Ihren Lieferanten mitteilen.
- Geben Sie alle Anforderungen an Produkte und Prozesse weiter.
- Beachten Sie unbedingt, dass Ihr Lieferant alle relevanten Informationen in der Lieferkette weitergibt.

(Brückner 2019)

Mögliche Auditnachweise

- Anforderungsübersichten
- Interne Bewertungsprotokolle über die Angemessenheit von Anforderungen
- Geplante Lieferantenaudits
- Gesprächsprotokolle mit Lieferanten
- Vereinbarungen mit Lieferanten
- Verträge
- QSV

8.5 Produktion und Dienstleistungserbringung

Dieser Normabschnitt konzentriert sich auf die konkrete Umsetzung der Produktion und die Dienstleistungserbringung (Bild 8.6). Es muss klar sein, wie die Produktion (Planung, Durchführung und Ergebnisse der Fertigung einschließlich Zeitplanung) oder die Dienstleistung (Einsatzplanung der Personen, Zeitplanung etc.) realisiert wird, wobei es erhebliche Unterschiede zwischen den Bereichen Produktion und Dienstleistung in der Praxis geben kann. In diesem Normabschnitt stehen folgende Fragen im Zentrum:

- Wie lässt sich die Produktion steuern?
- Wie lässt sich die Dienstleistung steuern?
- Wie müssen die Bedingungen sein, damit das Ganze beherrschbar ist und beherrschbar bleibt?
- Wie kann während der Produktion und Dienstleistungserbringung sichergestellt werden, dass die gewünschten Anforderungen erfüllt werden?

Dokumentierte Information

Die Merkmale der Produkte, Dienstleistungen oder Tätigkeiten sowie die zu erzielenden Ergebnisse müssen dokumentiert werden. Ein Produktionslenkungsplan sowie Arbeitsanweisungen müssen erstellt werden. Die Verifizierung von Einrichtvorgängen muss als Nachweis vorliegen. Ist eine Rückverfolgbarkeit notwendig, dann muss dies auch als dokumentierte Information vorliegen. Wird das Eigentum eines Kunden oder eines externen Anbieters, das dem Unternehmen überlassen wurde, als unbrauchbar eingeschätzt, dann muss auch dies dokumentiert werden. Falls eine Änderung notwendig ist, müssen folgende Aspekte dokumentiert werden: Ergebnisse der Überprüfung der Änderungen, „die Personen, die die Änderung autorisiert haben, sowie jegliche notwendige Tätigkeiten, die sich aus der Überprüfung ergeben".

Bild 8.6 Abschnitt 8.5 der ISO 9001 und IATF 16949 im Überblick

8.5.1 Steuerung der Produktion und Dienstleistungserbringung

Bei diesem Abschnitt geht es um die Steuerung der Produktion und der Dienstleistungserbringung. Die Norm bezeichnet dies als das „Herstellen beherrschter Bedingungen“. Alle Anforderungen der ISO 9001 dieses Abschnitts stehen unter der Überschrift „falls zutreffend“. Allerdings dürften diese Anforderungen in den allermeisten Fällen auch zutreffend sein.

Folgende Frage steht im Mittelpunkt:

- Führen wir unsere Produktion oder Dienstleistung unter beherrschten Bedingungen durch?

Auch wenn die ISO 9001 hier nicht explizit eine Prozessdarstellung fordert, so ist sie dennoch sehr sinnvoll. Nur wenn Sie wissen, wie ein Prozess ausschaut, welche Wechselwirkungen, Verzweigungen etc. vorhanden sind, können Sie den Prozess beherrschen. In der Produktion kommen bei der Prozesssteuerung zumeist statistische Verfahren wie z. B. SPC (Statistical Process Control) zum Einsatz. In der Dienstleistungserbringung werden beispielsweise Indikatoren wie Reklamationsquoten, Kundentreue, Mitarbeiterfluktuation oder auch Befragungen eingesetzt. Erstellen Sie hierfür einen Prüfplan.

Falls zutreffend:

- müssen die Produkt- bzw. Dienstleistungsmerkmale dokumentiert und gegebenenfalls mit den Funktionsbeschreibungen kombiniert werden (z. B. Spezifikationen, Komponentenlisten, Arbeitsanweisungen, Projektbeschreibungen).
- müssen die durchzuführenden Tätigkeiten bei der Produktrealisierung oder Dienstleistungserbringung dokumentiert werden (z. B. Ablauf- oder Prozessdarstellungen).
- müssen die gewünschten Ergebnisse (z. B. Anforderungskatalog) vorliegen.
- müssen Ressourcen für Überwachung und Messung vorhanden sein und eingesetzt werden (z. B. durch Kontrollen, Rückfragen, Verantwortungszuweisung, automatisierte Alarmsysteme, Prüfpläne etc.).
- muss nach wesentlichen Prozessschritten bzw. Meilensteinen überprüft werden, ob Kriterien (z. B. Messungen, ob die Seitenränder im Toleranzbereich sind, ob die Farben passen, ob die gewünschte Festigkeit erreicht wird etc.) und Annahmebedingungen erfüllt sind (Soll-Ist-Abgleich).
- muss eine geeignete Infrastruktur und Arbeitsumgebung bereitgestellt werden (z. B. IT, Ausstattung, räumliche Bedingungen).
- müssen kompetente Personen mit den erforderlichen Qualifikationen eingesetzt werden (z. B. Führerschein, Studium, didaktische Fähigkeiten).
- müssen Ergebnisse validiert werden, wenn keine Prozessüberwachung möglich ist (z. B. nach vollständiger Leistungserbringung).
- müssen Maßnahmen zur Fehlervermeidung umgesetzt werden (z. B. Schulungen, Checklisten, Fehlerkataloge).
- müssen Freigabeprozesse gesteuert werden (z. B. durch Verantwortungszuweisung).
- müssen Liefertätigkeiten und Tätigkeiten nach der Lieferung berücksichtigt werden (z. B. bei Einhaltung von Wartungsverträgen).

Unterstützende Werkzeuge (Auswahl)

- Prozessmanagement
- Kennzahlensystem
- Mess- und Prüfpläne
- SPC

Tabelle 8.17 fasst die wichtigen Aspekte der Normabschnitte zusammen.

Tabelle 8.17 Produktion und Dienstleistungserbringung steuern – Normabschnitt 8.5.1 der ISO 9001 umsetzen

Leitfrage: Haben wir (falls zutreffend) sichergestellt, dass wir die Produktion/die Dienstleistungserbringung steuern können?
Ziel: Definition beherrschter Bedingungen in Bezug auf die Steuerung der Produktion und Dienstleistungserbringung
Umsetzungshinweis Beschreiben Sie (gegebenenfalls in einem eigenen Abschnitt im QM-Handbuch) kurz, wie in der Organisation sichergestellt wird, dass die Produktion und die Dienstleistungserbringung unter beherrschten Bedingungen erfolgen. Prüfen Sie, ob die folgenden grundsätzlichen Aussagen enthalten sind, die den Begriff „beherrschte Bedingungen" näher charakterisieren. Beherrschte Bedingungen enthalten: ▪ Dokumentierte Informationen über die Merkmale von Produkten/Dienstleistungen ▪ Dokumentierte Informationen über durchzuführende Tätigkeiten und Ergebnisse ▪ Überwachungs- und Messtätigkeiten sowie Annahmekriterien für Produkte und Dienstleistungen ▪ Nutzung einer geeigneten Infrastruktur und Prozessumgebung ▪ Benennung kompetenter Personen einschließlich deren Qualifikation ▪ Validierung/Neuvalidierung der Fähigkeit von Prozessen, wenn das resultierende Ergebnis nicht durch anschließende Überwachung oder Messung verifiziert werden kann ▪ Umsetzung von Maßnahmen zur Verhinderung menschlicher Fehler ▪ Freigabe von Produkten und Dienstleistungen, Liefertätigkeiten und Tätigkeiten nach der Lieferung (Weghorn 2022)
Mögliche Auditnachweise ▪ Festlegung von Prozessen in Form von Prozessbeschreibungen, Arbeitsanweisungen, Formularen, Prüfanweisungen, EDV-Workflow, Checklisten ▪ Etablierte Genehmigungsverfahren bei Änderungen und Einführung neuer Prozesse für Werkzeuge, Maschinen, erforderliche Mitarbeiterqualifikation, Einstellparameter, Prüfmittel etc. ▪ Schriftliche Kundenfreigaben ▪ Ergebnisse von internen Q-Kontrollen ▪ Prüf- und Messergebnisse ▪ Ergebnisse aus internen Audits (Gietl/Lobinger 2022)

8.5.1.1 Produktionslenkungsplan (PLP) (*X*)

Der Produktionslenkungsplan (PLP), auch Control Plan oder QM-Plan genannt, beschreibt im Wesentlichen die Maßnahmen, die zu jeder Phase eines Produktionsprozesses umgesetzt werden.

Folgende Frage steht im Zentrum:

- Wird ein PLP für Vorserie, Serie erstellt?

Eingeschlossen sind dabei alle Forderungen zur Überwachung von Produkten und Prozessen vom Wareneingang bis hin zum Warenausgang. Der PLP muss während des gesamten Produktlebenszyklus gepflegt und eingesetzt werden. Das bedeutet, dass PLPs für Prototypen, Vorserie und Serie erstellt werden müssen.

Halten Sie sich bei der Erstellung eines PLP an den Anhang A2 der IATF 16949. Dort sind alle geforderten Elemente aufgeführt.

Der PLP unterstützt die Herstellung von Qualitätsprodukten gemäß den Kundenanforderungen, um stabile und beherrschte Prozesse zu erreichen. Dies wird durch einen strukturierten Ansatz zur Entwicklung, Auswahl und Implementierung wertsteigernder Überwachungsmethoden für das gesamte System erreicht. In einem PLP werden die eingesetzten Überwachungssysteme zusammengefasst, die die Prozess- und Produktstreuung minimieren.

Der in einem interdisziplinären Team erstellte PLP ist ein wichtiges Dokument für das sich anschließende Produkt- und Produktionsprozess-Freigabeverfahren. Wird ein PLP verwendet, vermindert sich im Regelfall der Ausschuss und die Produktqualität verbessert sich. Produkte und Prozesse werden systematisch bewertet. Weiterhin werden Prozessmerkmale und mögliche Streuungen in den Produktmerkmalen identifiziert. Die Kundenzufriedenheit wird gesteigert, da mithilfe eines PLP die Mittel auf Produkte und Prozesse konzentriert werden, die für den Kunden bedeutsam sind. Zudem dient er, richtig angewendet, der Kommunikation, indem durch einen solchen Plan Änderungen an Produkt- und Prozessmerkmalen sowie an Überwachungsmethoden und charakteristischen Abmessungen identifiziert und vermittelt werden.

Der Kunde kann fordern, dass ihm die Konformitätsdaten und Messergebnisse aus der PLP-Vorserie und Serie zur Verfügung gestellt werden.

Wenn die Kundenanforderung besteht, muss nach einer Überprüfung oder Aktualisierung des Produktionslenkungsplans eine erneute Freigabe des Kunden eingeholt werden.

Ein Produktionslenkungsplan (PLP) ist ein „lebendes“ Dokument und muss bei produkt- und prozessrelevanten Änderungen aktualisiert werden. Gibt es Änderungen am Produkt, beispielsweise aufgrund fehlerhaft ausgelieferter Produkte, aufgrund von Reklamationen, Änderungen bei Lieferanten oder sonstiger Korrekturmaßnahmen, oder am Prozess, z. B. Änderungen der Messgrößen, Konsequenzen aus der

FMEA, Änderungen der Produktionsmenge, Änderungen bei Vorlieferanten, bei der Logistik oder sonstiger Korrekturmaßnahmen, dann muss der PLP alle Änderungen berücksichtigen. Legen Sie hierfür ein Verfahren für die Aktualisierung des PLP fest, dass Vorgehensweise und Verantwortlichkeiten inklusive der Freigabe des aktualisierten PLP enthält.

Dokumentierte Information

PLP für Prototypenprogramm, Vorserie und Serie

Unterstützende Werkzeuge (Auswahl)

- Automotive Core-Tool-Handbücher
- Anhang A.1 der IATF 16949 Phasen des PLP
- Anhang A.2 der IATF 16949 Elemente des PLP

8.5.1.2 Festgelegte Arbeitsschritte (Arbeitsanweisungen; engl.: Standardized Work) (*X*)

Arbeitsanweisungen müssen für alle Mitarbeitenden am Arbeitsplatz zugänglich sein. Die IATF 16949 versteht darunter Dokumente, in denen den Mitarbeitenden Abfolgen von Arbeitsschritten, die innerhalb der Taktzeit auszuführen sind, erläutert werden. Das bedeutet, es betrifft die Mitarbeitenden in der Produktion.

Dieser Normabschnitt befasst sich insbesondere mit folgender Fragestellung:

- Ist sichergestellt, dass alle Arbeitsanweisungen aktuell an den relevanten Arbeitsplätzen zur Verfügung stehen?

Sie müssen in erster Linie dafür sorgen, dass jeder Ihrer Mitarbeitenden Zugriff auf die Arbeitsanweisungen hat, die seine Tätigkeit betreffen. Das kann durch Aushänge geschehen. Es bietet sich auch an, die Dokumente über ein Dokumentenmanagementsystem digital zur Verfügung zu stellen. Das gewährleistet, dass die Mitarbeitenden immer Zugriff auf das aktuelle Dokument haben. In der Produktion kann dies über Terminals geschehen.

Weiterhin müssen die Arbeitsanweisungen so aufgebaut sein, dass sie von allen Mitarbeitenden verstanden werden und dass sie lesbar sind. Das bedeutet, dass ein Unternehmen entweder nur Mitarbeitende einstellt, die z. B. der deutschen Sprache mächtig sind, ihre Arbeitsanweisungen in mehreren Sprachen zur Verfügung stellt oder hauptsächlich mit Fotos und Bildern arbeitet. Zudem sollten sie nach der Abfolge der Arbeitsschritte strukturiert sein.

Ganz wichtig ist auch, dass Sie dafür sorgen, dass bei der Beschreibung der Arbeitsschritte dort, wo es notwendig ist, sicherheitsrelevante Verhaltensweise integriert werden (Arbeitssicherheit). Dazu können Warnhinweise und die aktuellen Piktogramme verwendet werden.

Dokumentierte Information

Alle relevanten Arbeitsanweisungen müssen dokumentiert werden.

Unterstützende Werkzeuge (Auswahl)

- Dokumentenmanagementsystem (DMS)
- Workshops
- Bilder
- Piktogramme
- Videos

8.5.1.3 Verifizierung von Einrichtvorgängen (*X*)

In diesem Abschnitt steht folgende Frage im Mittelpunkt:

- Wie werden Einrichtvorgänge vor Aufnahme der Produktion überprüft?

Korrekt geplante und durchgeführte Einrichtvorgänge sind wichtig, um sogenannte Einrichtverluste zu vermeiden. Unter Einrichtverlusten sind Stillstandzeiten oder nicht produktiv genutzte Maschinenzeiten zu verstehen, die durch Werkzeugwechsel, Austausch von Formen, Einricht- und Nachjustierarbeiten entstehen.

Studien über die Gesamtanlageneffektivität (OEE) haben gezeigt, dass Rüsten und Einrichten bis zu 50 % der gesamten Produktionszeiten in Anspruch nehmen können. Aus diesem Grund werden sie im Rahmen von TPM (Total Productive Maintenance) als eine der bedeutendsten Verlustquellen angesehen. Eine Reduzierung der Rüst- und Einrichtzeiten kann über das Aufstellen von „Rüst- und Einrichtstandards" erfolgen, wobei diese „Standards" vordefinierte, optimierte Rüst- und Einrichtvorgänge darstellen. Im Rahmen eines SMED-Workshops (S = Single, M = Minute, E = Exchange, D = of Die) lassen sich Möglichkeiten erarbeiten, wie Rüstzeiten optimiert werden können. SMED ist ein Begriff für das Umrüsten einer Maschine in weniger als zehn Minuten. Das Intervall dauert vom letzten guten Teil einer Serie bis zum ersten guten Teil einer neuen Serie. Ebenso wird neben der Zeit für den Werkzeugwechsel auch die Zeit für die Bereitstellung neuen Materials gemessen. SMED gehört zu den Verfahren des Quick Change Over (schnelles Rüsten) und wurde zunächst bei Toyota eingeführt.

Stellen Sie sicher, dass die Einrichtvorgänge durch Fachpersonal durchgeführt werden. Es muss eine Erststückprüfung durchgeführt und lückenlos dokumentiert werden. Diese Vorgaben können beispielsweise in einer Arbeitsanweisung oder Prozessbeschreibung vorgegeben werden. Wichtig ist auch der Erst-/Letztteilvergleich. Sorgen Sie dafür, dass der Vergleich durchgeführt wird und dass die geprüften Teile des Einrichtvorgangs (Letztteile) aufbewahrt werden, beispielsweise in einer festgelegten Anzahl während der Produktion des jeweiligen Fertigungsauftrags an der Maschine verbleiben.

Auch die Dokumentation dürfen Sie nicht außer Acht lassen. Das bedeutet, dass es für jede Maschine oder Anlage spezielle Einrichtprotokolle gibt, die die zu verwendenden Werkzeuge und einzustellenden und zu prüfenden Prozessparameter enthalten. Zudem muss sichergestellt werden, dass die Ergebnisse des Einrichtvorgangs sowie die Bewertung des Erst-Letztteilvergleichs in einem Protokoll dokumentiert werden.

Dokumentierte Information

Nachweise über den Erst- und Letztteilvergleich müssen aufbewahrt werden.

Unterstützende Werkzeuge (Auswahl)

- Vorgaben für das Einrichten
- SMED-Workshops
- Schulungen

8.5.1.4 Verifizierung nach Produktionsstillstand (✗)

Im Fall von geplanten und ungeplanten Stillständen müssen Vorgehensweisen und Maßnahmen festgelegt sein, die sicherstellen, dass die Produkte nach einem Wiederanlauf der Maschine oder Anlage alle Anforderungen wieder erfüllen.

Folgende Frage steht im Fokus:

- Sind die notwendigen Maßnahmen definiert, die für die Verifizierung nach einem Produktionsstillstand greifen?

Stellen Sie sicher, dass nach ungeplanten Stillständen, beispielsweise nach der Behebung von Störungen und bei geplanten Stillständen nach Wartungen oder Stillstand am Wochenende, die Einrichtvorgänge erneut überprüft werden. Diese Ereignisse müssen in den Vorgabedokumenten für Maschineneinrichter enthalten sein.

8.5.1.5 Total Productive Maintenance (TPM) (✗)

Ein hoher Automatisierungsgrad verlangt, dass die Maschinen konstant gewartet und auch vorbeugende und vorausschauende Tätigkeiten durchgeführt werden, um durch eine hohe Anlagenverfügbarkeit jederzeit zuverlässig die Anforderungen der Kunden erfüllen zu können.

In diesem Abschnitt steht die Frage im Zentrum:

- Wie wird ein dokumentiertes TPM-System definiert, umgesetzt und aufrechterhalten?

Mit den Anforderungen dieses Abschnitts der IATF 16949 wird zwar kein vollständiges TPM-System gefordert, aber es werden Mindestvorgaben für ein Wartungs- und Instandhaltungssystem vorgegeben.

Eine zentrale Aufgabe besteht darin, alle Maschinen, Anlagen, Werkzeuge und Hilfsmittel, die für die Produktion genutzt werden, regelmäßig vorbeugend zu warten. Dadurch wird sichergestellt, dass sie jederzeit einsatzbereit sind und gleichbleibend gute Qualität liefern. Die Erfassung der notwendigen Ausrüstungen kann entweder einfach über Listen oder mithilfe von Instandhaltungssoftware erfolgen. Dabei sollten besonders die Maschinen und Anlagen hervorgehoben werden, deren Ausfall die Produktion am stärksten beeinträchtigen würde.

Stellen Sie sicher, dass für alle Fertigungsanlagen die erforderlichen Ersatz- und Verschleißteile ebenso erfasst werden. Halten Sie den notwendigen Mindestbestand dieser Teile im Lager vor. Sobald der Mindestbestand erreicht ist, muss automatisch eine Nachbestellung ausgelöst werden. Am einfachsten sorgen Sie dafür, dass alle notwendigen Ressourcen (Personal, finanzielle Mittel, Werkzeuge, Ersatzteile und Verbrauchsmaterialien) in ausreichendem Maß zur Verfügung stehen. Achten Sie darauf, dass Anzahl und Qualifikation Ihres Wartungs- und Instandhaltungspersonals den notwendigen Tätigkeiten entsprechen.

Das Wartungs- und Instandhaltungssystem muss ebenso alle Prüf- und Messgeräte, Verpackungen und Werkzeuge enthalten, die für die Wartung und Instandhaltung notwendig sind.

Es muss dafür gesorgt werden, dass bei der Einrichtung alle kundenspezifischen Anforderungen berücksichtigt werden. Dabei helfen Checklisten, um keine Punkte zu vergessen, sowie die klare Zuweisung von Verantwortlichkeiten, damit jeder weiß, wofür er zuständig ist.

Überwachen Sie die dokumentierten Ziele mit Leistungsindikatoren wie beispielsweise OEE (Overall Equipment Effectiveness), MTBF (Mean Time Between Failure) oder MTTR (Mean Time To Repair). Diese Leistungsindikatoren müssen dabei regelmäßig überprüft und ausgewertet werden. Die Ergebnisse der Kennzahlen müssen in die Managementbewertung einfließen.

Sie müssen Methoden zur vorausschauenden und vorbeugenden Instandhaltung einsetzen. Das bedeutet, Sie müssen analysieren, welche Teile kritisch sind und welche vorbeugend gepflegt werden müssen. Weiterhin können Sie vorausschauend mit Sensorik und IoT (Internet of Things) inklusive Vernetzung mit Ihrem ERP-System arbeiten. Echtzeitsensoren überprüfen dabei konstant z. B. Temperatur, Druck, Stromaufnahme, Feuchtigkeit. Auch Big Data und KI-gestützte Analysen zur Mustererkennung und Prognose für die Restlebensdauer von Komponenten sind heutzutage sehr hilfreich.

Das Wartungs- und Instandhaltungssystem wird von Ihrer Organisation regelmäßig überprüft und bei Änderungen sofort angepasst – zum Beispiel, wenn sich Produkte oder Produktionsprozesse ändern oder wenn neue bzw. geänderte Maschinen und Anlagen eingesetzt werden.

Dokumentierte Information

Die Wartungs- und Instandhaltungsziele müssen dokumentiert werden.

Unterstützende Werkzeuge (Auswahl)

- TPM-System
- Instandhaltungssystem
- Wartungspläne
- Checklisten
- Störungsprotokolle
- Big Data
- KI-Analysen
- IoT (Internet of Things)

8.5.1.6 Produktionswerkzeuge sowie Prüf-, Mess- und Fertigungseinrichtungen managen (*X*)

Produktionswerkzeuge sowie Prüf- und Messvorrichtungen müssen ebenso wie Maschinen und Anlagen in einem System geplant und überwacht werden, damit die Aufrechterhaltung der Prozessumgebung gegeben ist.

Folgende Frage steht im Fokus des Normabschnitts:

- Wie werden Ressourcen für die Entwicklung, Herstellung und Verifizierung von Werkzeugen und Prüfmittel bereitgestellt?

Die Einführung und Aufrechterhaltung eines Werkzeugmanagementsystems betreffen eigene und vom Kunden bereitgestellte Werkzeuge.

Führen Sie ein Werkzeugmanagementsystem ein. In erster Linie bedeutet das, dass Sie dafür verantwortlich sind, dass die notwendigen Ressourcen auch zur Verfügung stehen, beispielsweise durch Qualifikationen, Personalpläne, Prüfmittelpläne oder Materialeinsatzpläne. Überwachen Sie externe Anbieter, wenn Arbeiten, die das Werkzeugmanagement betreffen, ausgelagert werden.

Das Ziel eines Werkzeugmanagementsystems besteht darin, dass es in einem funktionsfähigen Zustand gehalten wird und kompetentes Personal zur Verfügung steht. Dies kann beispielsweise sichergestellt werden, wenn die Wartung und Instandhaltung von Werkzeugen und Prüfmitteln in das Wartungs- und Instandhaltungssystem integriert und Kompetenzmatrizen sowie Personaleinsatzpläne verwendet werden.

Achten Sie darauf, dass es klare Regeln für die Inventarisierung und Kategorisierung, die Lagerort- und Bestandsverwaltung, die Kennzeichnung sowie für die jeweiligen Verantwortlichkeiten gibt.

Stellen Sie sicher, dass es Vorgaben z. B. für Inventarisierung und Kategorisierung, Lagerortverwaltung, Bestandsverwaltung, Kennzeichnung und Verantwortlichkeiten sowie detaillierte Anweisungen für die Aufbereitung gibt.

Das Werkzeugmanagementsystem muss ein Werkzeugwechselprogramm für Verschleißwerkzeuge enthalten. Das bedeutet, dass Verschleißteile rechtzeitig ausgetauscht werden und dass diese auch zum benötigten Zeitpunkt vorliegen. Unterstützen können hierbei Prüf- und Wartungspläne.

In dem Werkzeugmanagementsystem muss das Einrichten von Werkzeugen enthalten sein. Das können Sie gewährleisten, indem Einrichtanweisungen erstellt werden, die detailliert beschreiben, wie ein Werkzeug korrekt installiert, eingestellt und in Betrieb genommen wird.

Wenn sich Änderungen an der Werkzeugspezifikation bei Werkzeugänderungen ergeben, dann müssen hierfür dokumentierte Nachweise vorliegen. Dazu können Sie z. B. einen Prozess einschließlich Zuweisung von Verantwortlichkeiten sowie Befugnissen für den Umgang mit Änderungen umsetzen. Zeichnungen, schriftlich vorliegende Spezifikationen oder dergleichen müssen aufbewahrt werden.

Jede Änderung, die den technischen Zustand des Produkts aufgrund von Werkzeugänderungen beeinflusst, muss dokumentiert nachweisbar sein, um die Rückverfolgbarkeit und die Einhaltung der Qualitäts- und Sicherheitsstandards zu gewährleisten. Die Vorgabe könnte beispielsweise in einer Anweisung für den Umgang mit Werkzeugänderungen enthalten sein.

Von elementarer Bedeutung ist die Kennzeichnung der Werkzeuge, damit keine Verwechslungen in der Produktion entstehen. Die Kennzeichnung kann beispielsweise mit einer Inventarnummer oder einem Code erfolgen, der zu jeder Zeit gut lesbar und sichtbar ist. Dazu müssen eindeutige Vorgaben erstellt werden. Ebenso muss der aktuelle Status des Werkzeugs gekennzeichnet werden, wie z. B. durch eine grüne Markierung für „verwendbar“ und eine rote Markierung für „nicht verwendbar“.

Werkzeuge, Prüf-, Mess- und Fertigungseinrichtungen, die Eigentum des Kunden sind, müssen an einer sichtbaren Stelle dauerhaft gekennzeichnet werden, beispielsweise durch Metallschilder.

Dokumentierte Information

- Verzeichnis aller Produktionswerkzeuge/Hilfsmittel
- Kennzeichnung des Eigentumsstatus
- Kennzeichnung des Werkzeugstatus
- Änderungs- und Reparaturnachweise
- Werkzeuglebenslauf

Unterstützende Werkzeuge (Auswahl)

- ERP-Systeme mit Modul Werkzeugverwaltung
- CMMS (Computerized Maintenance Management System)
- Barcode-/RFID-Tracking
- Digitale Lebenslaufkarte für Werkzeuge

8.5.1.7 Produktionsplanung (✗)

Die Produktionsplanung ist verantwortlich dafür, dass die Mengen, Kapazitäten und Termine der Kundenaufträge so geplant werden, dass diese wie gewünscht ausgeführt werden können.

Folgende Frage steht im Zentrum:

- Erfolgt die Produktionsplanung mit Unterstützung eines Informationssystems, sodass alle Kundenbestellungen und Lieferabrufe nach den bestätigten Terminen erfüllt werden können?

Die Produktion muss optimal geplant werden, damit Lieferabrufe wie z. B. Just-in-Time-Belieferungen und alle Bestellungen der Kunden optimal abgewickelt werden. Das kann beispielsweise mit einem detailliert ausgefertigten Produktionsplan erfolgen, der die Reihenfolge der Aufträge, die Arbeitsgänge, die Ressourcen (Material, Personal, Maschinen) und die Zeitpläne festlegt und auch die vorbeugende Instandhaltung der Maschinen und Anlagen sowie die Kalibrierungen der Prüf- und Messmittel berücksichtigt.

Laut IATF ist dazu unterstützend ein Informationssystem einzusetzen. Verwenden Sie dazu ein Produktionsplanungs- und -steuerungssystem (PPS) oder Enterprise-Resource-Planning-Systeme (ERP-Systeme) mit integriertem PPS-System.

Ein PPS-System deckt folgende Teilbereiche ab:

1. Produktionsplanung
   - Produktionsprogrammplanung
   - Mengenplanung
   - Termin- und Kapazitätsplanung
2. Produktionssteuerung
   - Auftragsfreigabe
   - Auftragsüberwachung

Unterstützende Werkzeuge (Auswahl)

- Produktionsplanungs- und -steuerungssystem (PPS)
- Enterprise-Resource-Planning-Systeme (ERP-Systeme) mit integriertem PPS-System

Tabelle 8.18 fasst die wichtigen Aspekte der Normabschnitte zusammen.

Tabelle 8.18 Produktion und Dienstleistungserbringung steuern – Normabschnitte 8.5.1.1, 8.5.1.2, 8.5.1.3, 8.5.1.4, 8.5.1.5, 8.5.1.6, 8.5.1.7 der IATF 16949 umsetzen

Leitfragen:

- Haben wir einen Produktionslenkungsplan nach Vorgaben der IATF 16949 erstellt?
- Haben wir Arbeitsanweisungen an allen relevanten Arbeitsplätzen aktuell zur Verfügung gestellt?
- Verifizieren wir unsere Einrichtvorgänge?
- Entspricht unser Wartungs- und Instandhaltungssystem den Anforderungen der IATF 16949?
- Stellen wir unsere Werkzeuge jederzeit gekennzeichnet und gewartet zur Verfügung?
- Haben wir unsere Produktion so geplant, dass wir unsere Lieferungen stets korrekt durchführen können?

Ziel: Steuerung einer prozesssicheren, standardisierten und IATF-16949-konformen Produktion zur Erfüllung von Kundenanforderungen und termingerechter Lieferung

Umsetzungshinweis

Erstellen Sie einen Produktionslenkungsplan (PLP) für Prototypen, Vorserie und Serie.

- Erstellen wir unseren Produktionslenkungsplan auf allen Ebenen (System, Subsystem, Bauteil, Material)?
  - Umfasst er alle Phasen: Prototyp, Vorserie und Serie?
  - Enthält er die Angaben nach Anhang A2 der IATF 16949?
  - Wird er aktualisiert, wenn es Änderungen am Produkt, am Prozess oder basierend auf Ergebnissen aus Risikoanalysen gibt?
- Holen wir bei einer Überprüfung oder Aktualisierung eine Kundenfreigabe ein, sofern der Kunde dies fordert?

Sorgen Sie dafür, dass Ihre Mitarbeitenden stets auf die aktuellen Arbeitsanweisungen zugreifen und diese auch verstehen und lesen können.

- Verwenden Sie ein Dokumentenmanagementsystem, um die Dokumentation stets aktuell zu halten.
- Stellen Sie die Arbeitsanweisungen beispielsweise durch Aushänge, oder im System zur Verfügung (in der Produktion z. B. über Terminals).
- Schulen Sie neue oder geänderte Arbeitsanweisungen.
- Berücksichtigen Sie alle Arbeitsschritte und Hinweise zu Arbeitssicherheit dort, wo es relevant ist.

Führen Sie eine Verifizierung nach Einrichtvorgängen oder nach einem Produktionsstillstand (z. B. Schichtwechsel, Wochenende, Wartung, Maschinenausfall) durch.

- Legen Sie den Prüfumfang der ersten Teile nach dem PLP und Kundenanforderungen fest.
- Legen Sie Verantwortlichkeiten für die Durchführung fest.
- Machen Sie Vorgaben dafür, dass die Ergebnisse stets geprüft werden.
- Sorgen Sie dafür, dass erst nach Freigabe produziert werden darf.

Tabelle 8.18 Produktion und Dienstleistungserbringung steuern – Normabschnitte 8.5.1.1, 8.5.1.2, 8.5.1.3, 8.5.1.4, 8.5.1.5, 8.5.1.6, 8.5.1.7 der IATF 16949 umsetzen *(Fortsezung)*

Führen Sie ein dokumentiertes System für Total Productive Maintenance (TPM) ein.

- Legen Sie Verantwortlichkeiten fest (z. B. Produktionsmitarbeitende für tägliche Wartung, Instandhaltung für präventive und übergeordnete Wartung).
- Legen Sie Wartungsintervalle fest.
- Legen Sie mindestens die Kennzahlen OEE (Overall Equipment Effectiveness) als zentrale Kennzahl (Verfügbarkeit × Leistung × Qualität), MTBF (Mean Time Between Failures) und MTTR (Mean Time to Repair) für kritische Maschinen fest.
- Dokumentieren Sie alle Wartungs- und Störungsereignisse.
- Sorgen Sie für die Identifizierung und Dokumentation aller kritischen Ersatzteile und stellen Sie Bestände oder Lieferzeiten für diese Teile sicher.

Führen Sie ein Managementsystem für Produktionswerkzeuge und Prüfmittel ein, um deren Eignung, Verfügbarkeit und Rückverfolgbarkeit sicherzustellen.

- Führen Sie ein Verzeichnis aller Werkzeuge, Prüf-, Mess- und Fertigungseinrichtungen.
- Stellen Sie eine klare Kennzeichnung sicher, z. B. durch Nummer, Standort, Serien- bzw. Kundencode.
- Führen Sie auch hier ein Instandhaltungssystem ein, um alle Wartungen und Reparaturen nachweisen zu können.
- Sorgen Sie für geeignete Lagerbedingungen.
- Dokumentieren Sie jede Werkzeugänderung.
- Nehmen Sie eine klare Kennzeichnung bei Kundeneigentum (z. B. Schilder, Gravur) vor.
- Führen Sie Nachweise über Rückgabe an den Kunden oder Entsorgung bzw. Verschrottung.

Dokumentieren Sie einen Produktionsplanungsprozess, der sicherstellt, dass Produktionsprozesse stabil, robust und beherrscht laufen, bevor mit der Serienfertigung begonnen werden kann.

- Nutzen Sie APQP als Standard für die Produktionsplanung, um einen strukturierten Planungsprozess vorzuhalten.
- Stellen Sie alle notwendigen Ressourcen sicher (z. B. Maschinen, Personal, Prüfmittel).
- Unterstützen Sie die Planung mit einem Informationssystem, beispielsweise APQP-, CAQ-Software.
- Wenn möglich, kombinieren Sie Schnittstellen zwischen ERP-, CAQ und PM-System, damit Sie über alle relevanten Planungsdaten verfügen können.
- Nutzen Sie Erfahrungen aus früheren Planungsprojekten (Lessons Learned).
- Stellen Sie sicher, dass die Verbindung zwischen den Bereichen Projektmanagement, Qualität, Produktion und Logistik hergestellt ist.

(Brückner 2019)

Mögliche Auditnachweise

- PLP
- APQP-Berichtswesen
- aktuelle und verständliche Arbeitsanweisungen an jedem Arbeitsplatz
- Einrichtungsprotokolle
- Erst-/Letztstückvergleiche
- TPM-Strategie
- Wartungspläne
- Wartungsprotokolle
- Risikobasierte Anpassung der Wartungsstrategie
- Werkzeuglebensläufe
- Werkzeugkennzeichnungen
- Kennzeichnung von Kundeneigentum
- Checklisten und (digitale) Prüfungen vor Produktionsfreigabe
- Kennzahlenauswertungen
- Maßnahmenpläne
- Ermittelte kritische Anlagen und Ersatzteile

8.5.2 Kennzeichnung und Rückverfolgbarkeit

Prozessergebnisse müssen aus Sicht der Norm gekennzeichnet werden, um die Konformität der Produkte und Dienstleistungen sicherzustellen und korrekt überwachen und messen zu können (z. B. bei fehlerhafter Ware).

Dieser Normabschnitt fokussiert folgende Frage:

- Was tut die Organisation, um sicherzustellen, dass Produkte und Dienstleistungen während der Produktion und Bereitstellung eindeutig gekennzeichnet sind, um Verwechslungen zu vermeiden?

Wenn Rückverfolgbarkeit notwendig ist, beispielsweise aufgrund gesetzlicher oder behördlicher Vorgaben, Vereinbarungen mit Kunden, Personalplänen etc., dann müssen die Prozessergebnisse entsprechend gekennzeichnet, gesteuert (steuerbarer Prozess) und dokumentiert werden. Bei Reklamationen, Notfällen oder dergleichen kann so die Leistungserbringung rückverfolgt werden. Vor allem in sensiblen Bereichen ist eine lückenlose Rückverfolgbarkeit sehr zu empfehlen.

Zur Kennzeichnung und eindeutigen Identifikation bieten sich beispielsweise an:

- Eindeutige Nummerierung (Artikelnummer, Bestellnummer, Auftragsnummer, Gerätenummer, Versuchsnummer, Typnummer, Seriennummer, Prüfmittelnummer, Rechnungsnummer etc.)
- Benennung des Verantwortlichen (Bestellung, Auftrag, Bearbeitung, Kunde etc.)
- Beschreibung (Zeichnungen, Flussdiagramm etc.)
- Datierung (Bestellung, Freigaben etc.)

Eine klare Kennzeichnung der Produkte ist außerordentlich wichtig, damit die Produkte jederzeit identifizierbar, der Prüfstatus erkennbar und eine lückenlose Rückverfolgbarkeit möglich sind. Dies dient der nachträglichen Klärung zur Eingrenzung fehlerhafter Produkte und der Schadensbegrenzung im Fehlerfall. Ebenso werden Verwechslungen vermieden und eine eindeutige Zuordnung von Produkten zu den technischen Unterlagen ist jederzeit möglich.

Dokumentierte Information

Ist eine Rückverfolgbarkeit notwendig, dann muss diese als dokumentierte Information vorliegen, beispielsweise anhand von Abschlussberichten, Liefervereinbarungen, Leistungsbeschreibungen, Protokollen etc.

8.5.2.1 Kennzeichnung und Rückverfolgbarkeit - Ergänzung (*X*)

Die Kennzeichnung von Produkten muss während des gesamten Produktionsablaufs gewährleistet sein; ausgehend vom Lieferanten bis zum Eintreffen beim Kunden.

Dieser Abschnitt der Norm behandelt schwerpunktmäßig folgende Frage:

- Wie stellt eine Organisation sicher, dass Materialien, Teile und Baugruppen etc. während des gesamten Fertigungsprozesses eindeutig identifizierbar sind, um eine lückenlose Produktkennzeichnung und wirksame Rückverfolgbarkeit zu gewährleisten?

Die IATF konkretisiert in diesem Abschnitt die Anforderungen der ISO 9001, indem Pläne verlangt werden, in denen die relevanten Rückverfolgbarkeitssysteme sowie Methoden und Prozesse festgelegt sind. Diese müssen für die jeweiligen Produkte, Prozesse und Fertigungsstandorte Gültigkeit haben.

Hilfreich für die Nachweisführung ist ein ERP-System (Enterprise-Resource-Planning), wie es heute in den meisten Fällen eingesetzt wird. In den Vorgabedokumenten müssen die Verantwortlichkeiten für die Erstellung produktionsbegleitender Papiere sowie für die Verifizierung der Einträge und die Kennzeichnung der Produkte klar geregelt sein.

Sie müssen sicherstellen, dass ein Prozess dokumentiert ist, der Vorgaben für die Identifizierung von fehlerhaften und fehlerverdächtigen Produkten enthält und der festlegt, dass fehlerhafte Produkte sofort separiert und gekennzeichnet werden müssen, damit diese nicht mit fehlerfreien Produkten verwechselt werden und zum Kunden gelangen können.

Wenn Kunden oder Aufsichtsbehörden Fristen in Bezug auf die Kennzeichnung und Rückverfolgbarkeit vorgeben, dann müssen diese eingehalten werden. Dabei ist wichtig, dass diese Fristen auch allen Beteiligten bekannt sind. Implementieren Sie Vorgehensweisen, die es ermöglichen, dass vorgegebene Fristen eingehalten werden können. Überprüfen Sie regelmäßig, ob sich an den Vorgaben etwas geändert hat.

Berücksichtigen Sie bei der Art der Aufbewahrung der dokumentierten Informationen, dass die geforderten Fristen eingehalten werden können.

Alle relevanten Informationen für die Mitarbeitenden, die diese benötigen, müssen leicht zugänglich sein. Das kann beispielsweise mithilfe von Dokumentenmanagementsystemen erreicht werden.

Wird eine serienmäßige Kennzeichnung einzelner Produkte gefordert, dann muss diese Kennzeichnung umgesetzt werden. Diese Kennzeichnung kann gesetzlich vorgeschrieben sein, es kann sich aber auch um eine Kundenanforderung handeln. Dabei kann es sich beispielsweise bei der EU-Verordnung um die Kennzeichnung von Textilien oder die Gefahrstoffverordnung handeln und beim Kunden um Kennzeichnungsart, -inhalt, Herstelldatum, Anbringung am Produkt.

Sorgen Sie dafür, dass die Anforderungen an die Kennzeichnung auch bei Produkten von externen Anbietern, die sicherheits- oder zulassungsrelevante Merkmale besitzen, gelten. Dabei kann es sich beispielsweise um Bremsen oder Airbags, aber auch um elektronische Steuergeräte handeln. Hier muss besonders darauf geachtet werden, dass die Kennzeichnung eindeutig ist und dauerhaft hält, um z. B. bei möglichen Produkthaftungsfällen aussagekräftig zu sein. Es muss klar erkennbar sein, wer was wie wann und warum freigegeben hat.

Dokumentierte Information

Der Prozess zur Kennzeichnung und Rückverfolgbarkeit (einschließlich Rückverfolgbarkeitsplänen) muss als dokumentierte Information vorliegen. Dieser muss Festlegungen enthalten, dass je Produkt, Auftrag, Artikel, Version, Serie, Charge entsprechend gestaltete Begleitpapiere erstellt werden, aus denen sich die Zuordnung von Produktionsunterlagen, Produktionsmitteln und -verfahren zu den Produkten bzw. zu der Dienstleistung entnehmen lässt. Der Produktstatus muss dabei klar erkennbar sein.

Unterstützende Werkzeuge (Auswahl)

- RFID-Systeme
- Barcode/QR-Codesysteme
- Visuelle Kennzeichnungen (Gravuren, Etiketten, Farbcodierung)
- ERP-Systeme
- Matrix für die Rückverfolgung
- Sperrkennzeichnungen

Tabelle 8.19 fasst die wichtigen Aspekte zu diesem Normabschnitt zusammen.

Tabelle 8.19 Ergebnisse von Prozessen dokumentieren – Normabschnitte 8.5.2 der ISO 9001 und 8.5.2.1 der IATF 16949 umsetzen

Leitfragen

- Wie stellen wir sicher, dass Produkte, Materialien und Teile über die gesamte Lieferkette hinweg gekennzeichnet werden?
- Was tun wir, um die Rückverfolgbarkeit (falls gefordert), zu steuern und zu dokumentieren?
- Wie setzen wir die dokumentierten Prozesse zur Kennzeichnung und Rückverfolgbarkeit um?
- Haben wir Rückverfolgbarkeitssysteme für Produkte, Prozesse und Produktionsstandorte?

Ziel: Kennzeichnung der Prozessergebnisse, ggf. mit Rückverfolgbarkeit

Umsetzungshinweis

- Legen Sie für Ihre (wertschöpfenden) Prozesse fest, an welchen Stellen Ergebnisse von Prozessen wie gekennzeichnet werden müssen (z. B. Aufkleber, Anhänger).
- Stellen Sie sicher, dass der (Bearbeitungs-)Status von Vorgängen jederzeit erkennbar ist. Dies ist insbesondere wichtig, wenn erkennbar sein muss, ob Überwachungs- und Messanforderungen erfüllt sind (Statuskennzeichnung).
- An den Stellen, wo eine Rückverfolgbarkeit gefordert ist (gesetzlich oder vom Kunden), muss eine eindeutige Kennzeichnung eingeführt werden (LOT- oder Seriennummern), und diese Nummern müssen rückverfolgbar dokumentiert werden, damit im Notfall ein Rückruf eingeleitet werden könnte.

(Weghorn 2022)

- Stellen Sie durch die Einführung von Chargen- und Teilenummern eine durchgängige Rückverfolgbarkeit sicher. Achten Sie darauf, dass die Rückverfolgbarkeit bis zum Lieferanten der Rohstoffe und bis zum Kundenlieferlos möglich sein muss.
- Berücksichtigen Sie etwaige spezielle Kunden- und gesetzliche Anforderungen an die Rückverfolgung und halten Sie diese im PLP fest.
- Dokumentieren, validieren und überwachen Sie Ihre Kennzeichnungsprozesse, um jederzeit vor Verwechslung, Verlust oder fehlerhafter Etikettierung zu schützen. Bewahren Sie die dokumentierten Informationen auf.
- Beachten Sie, dass Sie bei Umverpackung oder Umbelabelung eine neue Kennzeichnung gemäß Vorgabe vergeben müssen, um die Rückverfolgbarkeit nicht zu gefährden.
- Sie müssen unbedingt sicherstellen, dass Sie im Fall einer Reklamation oder eines Rückrufs schnellstmöglich nachweisen können:
  - Welche Chargen betroffen sind,
  - an welchen Kunden geliefert wurde,
  - welche Bauteile und Materialien verwendet wurden.
- Schulen Sie Ihre Mitarbeitenden in relevanten Bereichen wie Produktion, Lager und Versand regelmäßig zur richtigen Kennzeichnung und Rückverfolgbarkeit.

(Brückner 2019)

Mögliche Auditnachweise
- Arbeitsanweisungen zur Kennzeichnung und Rückverfolgbarkeit
- Begleitpapiere, z. B. Laufzettel
- Fertigungspläne
- Aktualisierung von Projektplänen
- Versandverfolgung
- EDV-Aufzeichnungen
- Status von Prüfungen durch Definition von Lagerplätzen
- Kennzeichnungen am Produkt
- Prüfnachweise
- Sperrzettel
- Freigaben
- Prozessbeschreibung zur Rückverfolgbarkeit von Teilen, Chargen, Baugruppen, Materialien
- Verknüpfung von Los-/Seriennummern mit Produktionsdaten
- Nachweis der Rückverfolgbarkeit vom Endprodukt zurück zur Charge, zum Rohmaterial, Lieferanten
- ERP/MES-System mit nachvollziehbarer Erfassung von Produktions- und Prüfdaten je Seriennummer oder Charge (Stichprobe)
- Vorgaben für die Archivierung von Rückverfolgbarkeitsdaten (im Automobilbereich in der Regel 15 Jahre)
- Schulungsnachweise

(Gietl/Lobinger 2022; Brückner 2019)

8.5.3 Eigentum des Kunden

Beim Eigentum des Kunden oder der externen Anbieter kann es sich um „Materialien, Bauteile, Werkzeuge und Ausrüstungen, Betriebsstätten, geistiges Eigentum und personenbezogene Daten“ handeln.

Folgende Frage steht im Zentrum:

- Wie wird mit dem Eigentum vom Kunden oder sonstigen Externen umgegangen?

Wenn sich in Ihrem Unternehmen Eigentum eines Kunden oder eines externen Anbieters befindet oder von Ihnen verwendet wird, dann müssen Sie sorgfältig damit umgehen.

Überlassenes Eigentum eines Kunden oder eines externen Anbieters (z. B. Bauteile, Patente, Pläne) muss …

- … als solches erkennbar sein und dementsprechend gekennzeichnet werden.
- … verifiziert werden.
- … geschützt werden.
- … gesichert werden, z. B. durch eine zusätzliche Datensicherung.

Wenn das Eigentum des Kunden oder des externen Anbieters verloren geht, beschädigt oder sonst als unbrauchbar eingeschätzt wird, dann muss dies dem Kunden oder dem externen Anbieter mitgeteilt werden. Und es muss dokumentiert werden, was genau passiert ist.

Dokumentierte Information

Geht das Eigentum des Kunden oder eines externen Anbieters verloren oder wird es beschädigt oder als unbrauchbar eingeschätzt, dann muss dokumentiert werden, was genau passiert ist.

Unterstützende Werkzeuge (Auswahl)

- Verzeichnis oder Datenbank für Kunden- bzw. Lieferanteneigentum
- Kennzeichnungen
- Wartungs- und Inspektionspläne

Tabelle 8.20 fasst die wichtigen Aspekte zu diesem Normabschnitt zusammen.

Tabelle 8.20 Mit externem Eigentum umgehen – Normabschnitt 8.5.3 der ISO 9001 umsetzen

Leitfrage: ▪ Haben wir sichergestellt, dass wir mit dem Eigentum eines Kunden oder eines externen Anbieters sorgfältig umgehen?
Ziel: Definition der Anforderungen im Umgang mit Kundeneigentum oder mit dem Eigentum externer Anbieter
Umsetzungshinweis Beschreiben Sie (gegebenenfalls im QM-Handbuch in einem eigenen Abschnitt), an welchen Stellen Sie mit Kundeneigentum in Berührung kommen (z. B. Beistellprodukte, überlassene Messmittel, Reparaturware, Daten, geistiges Eigentum, vergessene Ware). Legen Sie fest, wie Sie in der Praxis mit dem fremden Eigentum umgehen, um Ihrer Sorgfaltspflicht nachzukommen (Kennzeichnung, Verifizierung, Schutz und Sicherung). Sollte Kundeneigentum beschädigt oder unbrauchbar werden oder komplett verloren gehen, so muss hier eine geeignete Kommunikation mit dem Kunden stattfinden und ein schriftlicher Nachweis über den Sachverhalt archiviert werden. (Weghorn 2022)

Mögliche Auditnachweise

- Werkzeuge, Pendelverpackungen, Patente, Produktionsmuster, beigestellte Produkte in Form von Rohmaterial, Halbfertigwaren
- Schutz geistigen Eigentums durch Verschwiegenheitsverpflichtungen, Zugangskontrollen, Schutz vor Hackerangriffen etc.
- Arbeitsanweisung zum Umgang mit Kundeneigentum
- Bestandsliste über Kundeneigentum
- Kennzeichnung (Etiketten, Gravuren, Inventarisierung etc.)
- Regelungen für Konsignationslager
- Korrespondenz mit den Kunden
- Protokolle über Verifizierung und durchgeführte Instandhaltung
- Eingangsprüfungen
- Projektpläne zur Einführung neuer Prozesse bzw. Veränderung bestehender Prozesse

(Gietl/Lobinger 2022)

8.5.4 Erhaltung

„Erhaltung" bezieht sich darauf, dass Produkte während der Produktion nicht beeinträchtigt (beschädigt, verdorben o. Ä.) werden und Dienstleistungen wie gewünscht umgesetzt werden können.

Folgende Frage steht im Zentrum:

- Wie wird mit den Produkten umgegangen, um stets die Konformität sicherzustellen?

Dieser Normabschnitt schließt folgende Aspekte mit ein: „Kennzeichnung, Handhabung, Schutz vor Verunreinigung, Verpackung, Lagerung, die Übertragung oder den Transport und den Schutz". Dazu gehören beispielsweise auch Diebstahlsicherung, Hygienemaßnahmen, keine Unterbrechung der Kühlkette, Schutz vor Nässe, Kälte, Schädlingen etc.

Legen Sie einen Informationsfluss zum Kunden fest, um diesen bei Beschädigungen, Verlust des Kundeneigentums zu informieren oder den Umgang mit nicht mehr verwendbarem Kundeneigentum mit ihm zu klären.

Bei Verpackungen, wie z. B. KLT, GLT oder sonstigen Transportverpackungen, müssen Sie klären, wer für die Reinigung, die Bestandsführung und den Umgang bei Beschädigungen zuständig ist.

Halten Sie die Vereinbarungen mit dem Kunden schriftlich als Vertragsbestandteil fest.

Sehr oft wird in diesem Zusammenhang das geistige Eigentum des Kunden vernachlässigt. Dabei handelt es sich z. B. um Kundenzeichnungen, Software, Konzepte, personenbezogene Daten etc. Sie müssen Vorkehrungen treffen, um die Vertraulichkeit sicherzustellen. Dies erfolgt in der Regel über Vertraulichkeitsvereinbarungen in den Arbeitsverträgen der Mitarbeitenden. Viele Lieferanten lassen sich heute nach ISO 27001 zertifizieren. Diese Norm betrifft speziell die Informationssicherheit im Unternehmen. Vielfach verlangen Kunden auch eine Abnahme bestimmter Prozesse durch eine Wirtschaftsprüfungsgesellschaft.

8.5.4.1 Produkterhaltung – Ergänzung (✗)

Die IATF 16949 hat für die Produkterhaltung weitere Anforderungen, die über diejenigen der ISO 9001 hinausgehen. Im Zentrum steht die Frage:

- Wie wird sichergestellt, dass die Konformität von Produkten und Teilprodukten nicht beeinträchtigt wird?

Dafür müssen Sie einige Festlegungen treffen, denn innerhalb eines Lagers muss dafür gesorgt werden, dass die Produktkonformität bei Verarbeitung und Auslieferung erhalten bleibt unter Berücksichtigung der Kennzeichnung, Handhabung, Verpackung, Lagerung und des Schutzes für Vormaterial, Halbfertigprodukte und Fertigprodukte.

Die Anforderungen müssen innerhalb aller Schritte und für alle Komponenten des Produktionsprozesses umgesetzt werden. Sie enden in der Regel durch die Übergabe an den Kunden, außer wenn davon abweichende vertragliche Regelungen festgelegt wurden. Dabei ist es unerheblich, ob die Tätigkeiten vom Unternehmen selbst oder von Unterauftragnehmern durchgeführt werden.

Vorgaben hinsichtlich der Handhabung sollten in Arbeitsanweisungen und Prozessen beschrieben werden, und zwar vom Wareneingang bis zum Versand. Dabei müssen Sie die Kennzeichnung der Produkte, die zu verwendenden Transportmittel, Behälter und Schutzvorkehrungen berücksichtigen. Produkte, die nur bedingt gelagert werden dürfen, z. B. solche, die mit Mindesthaltbarkeitsdaten versehen sind, müssen gesondert betrachtet und geeignete Überwachungsmechanismen für die Einhaltung eingeführt werden. Etwaige Kundenanforderungen müssen umgesetzt werden.

Alle zutreffenden behördlichen und gesetzlichen Anforderungen an die Handhabung, Lagerung, Lieferung und gegebenenfalls Installation von Produkten müssen erfüllt werden.

Sie müssen den Zustand der gelagerten Produkte sowie des Lagers (Lagerbedingung) in regelmäßigen Abständen überprüfen. Das bedeutet, dass Sie dafür zu sorgen haben, dass ausreichend Lagerplätze zur Verfügung stehen, die so ausgestattet sind, dass die Konformität der Vormaterialien, Halbfertigprodukte und Produkte nicht negativ beeinflusst wird. Für Ihre zu lagernden Produkte, Teilprodukte und Materialien bedeutet das, dass Sie beispielsweise prüfen, ob die Verpackung noch in Ordnung ist, ob Alterungserscheinungen beim Material oder sonstige Veränderungen ersichtlich sind, die die Konformität beeinflussen können.

Sie müssen gewährleisten, dass veraltete Produkte, beispielsweise Produkte, die geändert wurden, oder solche, die die Mindesthaltbarkeit überschritten haben, wie fehlerhafte Produkte behandelt werden. Diese können etwa durch regelmäßige Lagerprüfungen identifiziert werden. Wenn sich solche Produkte im Lagerbereich befinden, dann müssen sie gesperrt und in einem gesonderten Lagerbereich, wie z. B. in einem Sperrlager, untergebracht werden. Danach muss über die Verwendung entschieden werden. Durch spezielle Lageraudits sollte z. B. der Zustand der Materialien und der Lagerplätze inklusive Sauberkeit und Ordnung überwacht werden.

Stellen Sie sicher, dass ein Verfahren wie FIFO (First In – First Out) umgesetzt und auch stringent eingehalten wird, um eine korrekte Ein- und Auslagerung zu gewährleisten.

Verpackungsvorschriften, die der Kunde fordert, müssen strikt eingehalten werden.

Formulieren Sie alle relevanten Vorgaben dazu z. B. in Arbeitsanweisungen und schulen Sie Ihre Mitarbeitenden entsprechend.

Unterstützende Werkzeuge (Auswahl)

- Audits
- FMEA
- PLP
- Prüf- und Messmittel
- Produktschutzkonzept

Tabelle 8.21 fasst die wichtigen Aspekte zu diesem Normabschnitt zusammen.

Tabelle 8.21 Produkte konformsicher lagern – Normabschnitt 8.5.4 der ISO 9001 und Abschnitt 8.5.4.1 der IATF 16949 umsetzen

Leitfrage: Haben wir sichergestellt, dass Produkte während der Produktion nicht beeinträchtigt (beschädigt, verdorben oder Ähnliches) werden und Dienstleistungen wie gewünscht umgesetzt werden können?
Ziel: Sicherstellung der Erhaltung von Produkten und Dienstleistungen
Umsetzungshinweis Stellen Sie fest, wo Sie in Ihrer Organisation eine Erhaltung von Produkten und Prozessergebnissen sicherstellen müssen (Beschreibung). ▪ Eine Erhaltung schließt die Kennzeichnung, die Handhabung, den Schutz vor Verunreinigung, die Verpackung, die Lagerung, die Übertragung oder den Transport und den Schutz mit ein. ▪ Legen Sie für die verschiedenen Erhaltungsanforderungen geeignete Maßnahmen fest, wie die Erhaltung sichergestellt werden kann. ▪ Bei Vorgaben hinsichtlich begrenzter Haltbarkeit oder Vorgabe einer Lagertemperatur kann beispielsweise mithilfe einer Lagerprüfliste in angemessenen Abständen eine Lagerprüfung dokumentiert werden. Ein Akku, der gelagert wird und regelmäßig aufgeladen werden muss, sollte mit dem nächsten Ladedatum gekennzeichnet werden etc. (Weghorn 2022) Achten Sie darauf, dass bei der Produkterhaltung Kennzeichnung, Umgang, Sauberkeit, Verpackung, Lagerung, Versand und Transport berücksichtigt werden. ▪ Stellen Sie eine eindeutige Identifikation sicher (z. B. Produktnummer, Los-/Chargennummer, Verfallsdatum, Prüfzertifikate). ▪ Beachten Sie Verpackungsvorschriften und sonstige Anforderungen vom Kunden. ▪ Führen Sie Schutzmaßnahmen ein, um z. B. mechanische Schäden, Verschmutzung oder Korrosion an Produkten zu verhindern. ▪ Definieren Sie die notwendigen Arbeitsanweisungen, Verpackungsvorschriften und Verladeanweisungen. ▪ Beachten Sie Anforderungen an technische Sauberkeit aus Kunden- oder Normvorgaben. ▪ Richten Sie gegebenenfalls Sauberkeitszonen ein; beispielsweise Reinraum- oder Sauberraumbedingungen. ▪ Wählen Sie die Verpackung so, dass Verschmutzungen während Lagerung/Transport ausgeschlossen sind. ▪ Legen Sie geeignete Lagerbedingungen fest, wie z. B. Temperatur, Luftfeuchtigkeit, Schutz vor Staub oder Feuchtigkeit. ▪ Halten Sie unbedingt das FIFO-Prinzip (First In – First Out) bzw. das FEFO-Prinzip (First Expired – First Out) ein. ▪ Führen Sie eine (digitale) Bestandsführung ein, um regelmäßig Inventuren durchzuführen. ▪ Sorgen Sie für geeignete Transportbedingungen (z. B. gesicherte Ladung, Schutz vor Nässe, Vibration, Temperatur etc.). In der Praxis wird mehr und mehr ein Produktschutzkonzept (Product Preservation Plan) eingeführt, das die oben genannten Punkte in einem Dokument enthält. (Brückner 2019)

Mögliche Auditnachweise
- Lagerungsvorschriften
- Reinigungspläne
- Konservierungsvorschriften
- Versandregelungen
- Lagerbelegungs- und Entnahmepläne
- Lagerfristen und ggf. Getrennthaltung
- Versandetikettierung
- Verfallsdatenüberwachung
- Arbeitsanweisungen
- Verpackungsvorschriften
- Anweisungen zum innerbetrieblichen Transport
- Lagergrundsätze
- Produktschutzkonzept
- Auditberichte
- FIFO-Regeln
- Kundenvorgaben
- Lagerplatzkennzeichnungen
- Instandhaltungspläne
- Schulungsnachweise

(Gietl/Lobinger 2022; Brückner 2019)

8.5.5 Tätigkeiten nach der Lieferung

Tätigkeiten sind nach Ausführung der Lieferung sehr eng mit Dienstleistungen verbunden. Die notwendigen Anforderungen an diese Tätigkeiten beziehen sich auf Aufgaben, die anfallen können, wenn sich ein Produkt in der Nutzungsphase befindet, d. h., wenn es ausgeliefert wurde.

In diesem Abschnitt werden insbesondere folgende Fragestellungen thematisiert:

- Werden alle Anforderungen (intern, gesetzlich oder vom Kunden) bei den Aktivitäten, die nach der Lieferung notwendig sind, erfüllt?

Bei Tätigkeiten nach der Lieferung kann es sich um Tätigkeiten handeln, die „aufgrund von Gewährleistungsbestimmungen, vertraglichen Pflichten, wie Instandhaltung, und ergänzende Dienstleistungen wie Wiederverwertung oder Entsorgung" anfallen. Dazu gehören beispielsweise auch technischer Support, Installationsarbeiten, Wartungen oder Schulungsmaßnahmen; also alles, was den Gebrauch des Produkts oder die Ergebnisse der Dienstleistung einschließt.

Darüber hinaus fordert die Norm, dass die gesetzlichen und behördlichen Anforderungen, potenzielle negative Folgen im Zusammenhang mit den Produkten und den Dienstleistungen, Art, Nutzung und voraussichtliche Lebensdauer der Produkte und

Dienstleistungen, Kundeanforderungen und Rückmeldungen der Kunden dabei berücksichtigt werden sollen.

Die Beachtung negativer Folgen fokussiert auch an dieser Stelle auf die Risikobetrachtung. Das heißt, dass man sich Gedanken machen muss, welche Risiken und Chancen nach der Auslieferung auftreten können.

Die Kundenanforderungen sind zentral und müssen bei der Definition der Anforderungen, die nach der Auslieferung des Produkts bzw. nach der Dienstleistungserbringung erfolgen, berücksichtigt werden, beispielsweise durch das Einrichten einer 24-Stunden-Hotline. Auch die Rückmeldungen von Kunden müssen hier berücksichtigt werden, da auf diese Informationen besonders großer Wert gelegt wird. Sie fließen in Bereiche wie Produktion, Konstruktion und Entwicklung ein, um aufgetretene Fehler beseitigen zu können.

Wichtig für den Kundendienstprozess sind die unterschiedlichen Leistungen, die bereits in Lieferverträgen beinhaltet sein oder außerhalb der Garantieleistung als gesondertes Produkt verkauft werden können. Dabei handelt es sich um:

- Basisleistungen, wie z. B.:
  - Unterstützung bei der Inbetriebnahme und Installation eines Produktes,
  - Unterstützung bei der Montage,
  - Durchführung von Inspektion und Wartung,
- Zusatzleistungen, wie z. B.:
  - Schulungen für Produkte oder Programme,
  - Festlegung von Serviceverträgen, z. B. für Instandhaltungen,
  - Planungshilfen,
  - Umrüstunterstützung bei Maschinen und Werkzeugen,
  - Unterstützung bei der Kompetenzermittlung des Personals,
- Differenzierungsleistungen, wie z. B.:
  - eine Hotline oder einen Helpdesk, den der Kunde bei Problemen anrufen kann,
  - Anbieten eines 24-h-Services zur Problembehebung,
  - Remote- oder Update Service für eingesetzte Software.

Differenzierungsleistungen sind sehr nützlich, um sich vom Wettbewerb abzugrenzen. Diese können für einen gewissen Zeitraum auch kostenlos angeboten werden.

Unterstützende Werkzeuge (Auswahl)

- Prozessmanagement
- Maßnahmenplanung
- Ressourcenplanung

8.5.5.1 Rückmeldungen aus dem Kundendienst (✗)

Die Anforderungen an diese Tätigkeiten beziehen sich auf Aufgaben, die anfallen können, wenn sich ein Produkt in der Nutzungsphase befindet, d. h., wenn es ausgeliefert wurde. Dabei handelt es sich um Tätigkeiten, die nach dem Verkauf eines Produkts zum Tragen kommen.

Folgende Frage steht im Zentrum:

- Existiert ein systematischer Prozess für die Kommunikation von Problemen aus dem Kundendienst (Feldbeanstandungen)?

Gestalten Sie dazu einen Prozess für die Kommunikation von Problemen aus dem Kundendienst, inklusive der Ergebnisse aus Schadteilanalysen. Dieser Prozess muss gewährleisten, dass die relevanten Informationen auch dort ankommen, wo sie ankommen sollen. Bereiche wie Produktion, Konstruktion und Entwicklung beispielsweise brauchen diese Informationen, um aufgetretene Fehler zu beseitigen und zukünftig vermeiden zu können.

Unterstützende Werkzeuge (Auswahl)

- Prozessbeschreibung
- Checklisten für die Vertragsprüfung
- CRM-Systeme
- FAQ-Datenbanken
- Reklamationsdatenbanken
- Schadteilanalyse

8.5.5.2 Kundendienstvereinbarungen mit dem Kunden (✗)

Im Zentrum dieses Normabschnitts steht folgende Frage:

- Wie werden die Kundendienstvereinbarungen, die mit dem Kunden getroffen wurden, eingehalten?

Der Kundendienst einer Organisation kann unterschiedliche Ausprägungen haben. Dazu gehört z. B. eine vertraglich vereinbarte Wartung, die beim Kunden an dem gelieferten Produkt durchgeführt wird. Werden innerhalb des Kundendienstes z. B. vorbeugende oder korrektive Wartungen bzw. Instandhaltungen durchgeführt, dann muss eine Organisation die entsprechenden Arbeits- und Prüfanweisungen für ihre Mitarbeitenden vorhalten. Zudem müssen Anweisungen für die Erstellung von Protokollen bestehen.

Sobald Sie Kundendienstzentren einsetzen, müssen Sie beispielsweise durch Audits prüfen, ob alle Vorgaben eingehalten werden und ob die Mitarbeitenden ausreichend qualifiziert sind. Setzen Sie für die Schulungen Trainer ein, die Erfahrung aus dem Kundendienst in der Automobilindustrie mitbringen, und dokumentieren Sie die Schulungen.

Die Überwachung sollte zudem mittels eines Kennzahlensystems und über Kundenfeedback erfolgen. Bei der Abweichung von Zielen müssen Korrekturmaßnahmen vereinbart und umgesetzt werden.

Überprüfen Sie mit Tauglichkeitsprüfungen verwendete Spezialmessmittel und Sonderwerkzeuge, die eine Funktionsprüfung umfassen. Zudem müssen die Kalibrierung und Wartung sichergestellt sein. Dabei handelt es sich um Prüfungen, mit denen festgestellt wird, ob Spezialmessmittel und Sonderwerkzeuge geeignet sind, eine bestimmte Aufgabe zuverlässig zu erfüllen. Beispielsweise muss bei einem Drehmomentschlüssel nachgewiesen werden, dass er in der Lage ist, das Sollmoment mit der erforderlichen Genauigkeit und Wiederholbarkeit einzustellen.

Unterstützende Werkzeuge (Auswahl)

- Service-Level-Agreements (SLA)
- Audits
- Feedback-Tools
- Kennzahlensysteme
- Schulungen
- Tauglichkeitsprüfungen

Tabelle 8.22 fasst die wichtigen Aspekte zu diesen Normabschnitten zusammen.

Tabelle 8.22 Tätigkeiten nach der Lieferung regeln – Normabschnitt 8.5.5 der ISO 9001 und 8.5.5.1, 8.5.5.2 der IATF 16949 umsetzen

Leitfrage: ▪ Haben wir die Tätigkeiten, die „aufgrund von Gewährleistungsbestimmungen, vertraglichen Pflichten, wie Instandhaltung, und ergänzenden Dienstleistungen wie Wiederverwertung oder Entsorgung“ anfallen, geregelt? ▪ Haben wir einen Prozess für die Kommunikation von Problemen aus dem Kundendienst? ▪ Überprüfen wir die Erfüllung der Kundendienstvereinbarungen mit dem Kunden?
Ziel: Regelung der Tätigkeiten nach der Lieferung
Umsetzungshinweis Ermitteln Sie, welche Tätigkeiten es gibt, die nach einer Lieferung von Produkten oder Dienstleistungserbringung erledigt werden müssen (grundsätzliche Beschreibung). Tätigkeiten nach der Lieferung entstehen z. B. aus Gewährleistungen, vertraglichen Pflichten (z. B. Instandhaltung) oder ergänzenden Dienstleistungen wie Wiederverwertung oder Entsorgung. Prüfen Sie, ob folgende Punkte in Ihrem Verfahren sichergestellt sind: ▪ Gesetzliche und behördliche Anforderungen ▪ Mögliche unerwünschte Folgen ▪ Art, Nutzung und beabsichtigte Lebensdauer der Produkte und Dienstleistungen ▪ Kundenanforderungen ▪ Rückmeldungen von Kunden

Tragen Sie prozessspezifische Regelungen in die entsprechende Verfahrensanweisung für Ihre Kernprozesse ein.
(Weghorn 2022)
Wenn Sie mit Kundendienstzentren zusammenarbeiten, dann müssen Sie Folgendes tun:
- Gestalten Sie dafür einen Prozess mit Verantwortlichkeiten, der sicherstellt, dass die Informationen dort ankommen, wo sie benötigt werden.
- Berücksichtigen Sie bei den Kommunikationswegen Bereiche wie Produktion, Konstruktion, Logistik, Transport und Entwicklung, damit aufgetretene Fehler beseitigt und zukünftig vermieden werden können.
- Beziehen Sie Ergebnisse aus einer Schadteilanalyse mit ein.

Wenn eine Kundendienstvereinbarung besteht, dann müssen Sie
- überprüfen, ob die eingesetzten Kundendienstzentren alle Vorgaben befolgen,
- sicherstellen, dass Tauglichkeitsprüfungen für Spezialmessmittel und Sonderwerkzeuge durchgeführt werden,
- sicherstellen, dass Schulungen mit adäquaten Schulungsunterlagen im Schulungsplan aufgenommen sind und regelmäßig durchgeführt werden.

(Brückner 2019)

Mögliche Auditnachweise
- Gewährleistungsbestimmungen
- Entsorgungspflichten
- Wartungs- und Inspektionsprozesse
- Serviceprozesse
- Verpflichtungen zur Marktbeobachtung

(Gietl/Lobinger 2022)
- Nachweise zu Servicefällen
- Kundendienstberichte
- Problemlösungsprotokolle
- Verträge
- Auditberichte
- Interne Anweisungen

(Brückner 2019)

8.5.6 Überwachung von Änderungen

Dieser Teil der Norm setzt sich mit der folgenden zentralen Frage auseinander:

- Wie werden geplante und ungeplante Änderungen überprüft, bewertet und gesteuert?

Egal was passiert, die ISO 9001 verlangt stets, dass die Konformität der Produkte und Dienstleistungen erfüllt wird, dass die Produkte und Dienstleistungen so sind, wie sie sein sollen, und die definierten Anforderungen erfüllen. Ebenso müssen auch die Anforderungen der Norm und des QMS erfüllt werden. Es kann beispielsweise eine Maschine aufgrund eines technischen Defekts oder ein Schulungsangebot aufgrund von Krankheit ausfallen. Es kann zu Lieferschwierigkeiten kommen oder es können sich auch Marktbedingungen ändern, die eine schnelle Reaktion erfordern. Hierzu müssen Maßnahmen definiert, umgesetzt und gesteuert werden.

Dokumentierte Information

- Ergebnisse der Überprüfung von Änderungen
- Nachweis, wer die Änderung veranlasst hat
- Beschriebene Tätigkeiten, die sich aus der Überprüfung ergeben, wie z. B. Beantragung der Änderung, Risikobewertungen, Genehmigungen, Kommunikationswege, Umsetzung und Überwachung von Änderungen, Dokumentation und Aufbewahrung

---

Unterstützende Werkzeuge (Auswahl)

- Change-Request-Formulare
- Dokumentenmanagementsystem (DMS)
- Workflow-Managementtools
- Kommunikationstools
- Ablauf von der Planung und Durchführung von Änderungen

8.5.6.1 Überwachung von Änderungen – Ergänzung (✗)

Ein systematischer Umgang mit Änderungen hat zur Folge, dass es aufgrund von Änderungen im Produktionsprozess nie zu Problemen bei der Auslieferung von Produkten kommt.

Im Fokus des Normabschnitts stehen die folgenden Fragen:

- Wie wird mit der Lenkung und von Reaktion auf Änderungen umgegangen?
- Wie werden die Wirksamkeit und mögliche Auswirkungen von eingeführten Änderungen überwacht?
- Wie werden die Anforderungen in Bezug zu Änderungen umgesetzt?

Änderungen müssen überwacht werden. Dazu wird ein dokumentierter Prozess zur Lenkung von Reaktionen auf Änderungen gefordert, der zum einen die Lenkung von Änderungen, die die Produktion beeinflussen, und zum anderen die Reaktionen darauf beinhaltet. Es spielt keine Rolle, ob die Änderungen durch Ihre Organisation, einen Kunden oder einen Lieferanten veranlasst wurden.

Führen Sie Maßnahmen zur Validierung der Änderungen ein, die gewährleisten, dass die Kundenanforderungen auch künftig erfüllt werden. Dazu können Validierungsmaßnahmen wie z. B. Tests, Probeläufe oder Simulationen festgelegt werden. Auch

Verifizierungsmaßnahmen werden gefordert, dazu können Sie beispielsweise Audits oder Reviews anwenden. Von großer Bedeutung ist auch, dass Sie die Auswirkung jeder Änderung bewerten. Bilden Sie ein interdisziplinäres Team und beachten Sie auch mögliche Wechselwirkungen. Stellen Sie sicher, dass die Risiken jeder Änderung anhand ihrer potenziellen Auswirkungen auf die Qualität, Sicherheit und Kundenzufriedenheit bewertet werden. Das kann beispielsweise mit der FMEA durchgeführt werden.

Bewerten Sie die Auswirkung der Änderung auf den Produktionsprozess (bei Standortverlagerungen oder Änderungen des Produktionsprozesses an sich) z. B. mittels eines Probelaufs.

Wenn Ihr Kunde bzw. Ihre Kunden bestimmte Anforderungen an Änderungen haben, dann müssen Sie diese umsetzen. Sie müssen unter Umständen den Kunden über jede Änderung am Produktionsprozess informieren, die nach der letzten Freigabe entstanden ist. Der Kunde kann auch von Ihnen verlangen, dass Sie zunächst eine schriftliche Freigabe einholen, bevor Sie die Änderung umsetzen. Das bedeutet, dass Sie unter Umständen neu bemustern müssen und erst nach schriftlicher Freigabe des Kunden die Änderung umsetzen dürfen.

Wenn vom Kunden gefordert, dann müssen Sie vor der Umsetzung der Änderung alle Maßnahmen zur Erfüllung zusätzlicher Anforderungen zu Verifizierung, Kennzeichnung, Probeläufen der Produktion oder eine erneute Validierung der Produkte abgeschlossen haben. Soll beispielsweise ein anderer Lack eingesetzt werden, so muss durch Tests, Simulationen etc. nachgewiesen werden, dass der neue Lack dem vorherigen Lack entspricht.

Dokumentierte Information

Ein Prozess zur Lenkung von Reaktionen auf Änderungen muss als dokumentierte Information vorliegen.

Aufzeichnungen zu Validierung und Verifizierung müssen aufbewahrt werden.

Unterstützende Werkzeuge (Auswahl)

- Formular oder Tool zu Beantragung von Änderungen
- Dokumentenmanagementsystem
- FMEA
- Risikomatrix
- PLP
- PPAP/PPF
- Kundenfreigaben

Tabelle 8.23 fasst die wichtigen Aspekte zu diesem Normabschnitt zusammen.

Tabelle 8.23 Änderungen systematisch überprüfen und dokumentieren – Normabschnitt 8.5.6 der ISO 9001 und 8.5.6.1 der IATF 16949 umsetzen

Leitfrage: Ist die Konformität trotz der Änderungen weiterhin sichergestellt?
Ziel: Dokumentation und Steuerung von Änderungen
Umsetzungshinweis Legen Sie eine grundsätzliche Regelung für Änderungen in der Produktion oder der Dienstleistungserbringung im QM-Handbuch oder als dokumentierte Information fest. Die Regelung muss folgende Aussagen enthalten: ▪ Änderungen werden auf ihre Notwendigkeit geprüft. ▪ Änderungen werden nur in dem Umfang umgesetzt, dass die Konformität mit den Anforderungen sichergestellt ist. Legen Sie für in der Praxis stattfindende Änderungen ein Instrument (z. B. Formblatt) fest, in dem folgende Punkte dokumentiert werden können: ▪ Ergebnisse der Überprüfung der Änderung ▪ die Personen, die die Änderung angewiesen haben ▪ Beschreibung der notwendigen Maßnahmen (Weghorn 2022) Definieren, dokumentieren und setzen Sie einen Prozess zur Lenkung von Reaktion auf Änderungen um und bewerten Sie die Auswirkungen. Sie müssen ▪ bei Änderungen Maßnahmen zur Validierung und Verifizierung festlegen, durchführen und bewerten, ▪ sicherstellen, dass geänderte Prozesse oder Produkte die Kundenanforderungen erfüllen, ▪ Risikoanalysen durchführen und dokumentieren, ▪ die Auswirkung der Änderung auf den Produktionsprozess mittels eines Probelaufs bewerten. Falls vom Kunden gefordert, müssen Sie ▪ diesen über jede geplante Änderung rechtzeitig informieren, ▪ vor der Umsetzung der Änderung eine schriftliche Freigabe einholen, ▪ vor der Umsetzung der Änderung sicherstellen, dass alle Maßnahmen zur Erfüllung zusätzlicher Kundenanforderungen zu Verifizierung, Kennzeichnung, Probeläufen der Produktion oder eine erneute Validierung der Produkte abgeschlossen sind. (Brückner 2019)
Mögliche Auditnachweise ▪ Arbeitsanweisung Freigabe/Änderungsmanagement ▪ Nachweise über Änderungen an Prozessen mit Verfolgung ▪ Verantwortungsregelungen in Form von Stellenbeschreibungen oder Eskalationsmodellen (Gietl/Lobinger 2022) ▪ Prozessbeschreibung ▪ Änderungsanträge ▪ Risikobewertung z. B. FMEA ▪ Kundenbenachrichtigungen ▪ Erstmusterprüfberichte ▪ Prozessfähigkeitsnachweise (Brückner 2019)

8.5.6.1.1 Zeitlich begrenzte Änderungen in der Produktionsprozesslenkung (*x*)

Das Ziel einer Prozesslenkung besteht darin, dass alle Prozesse beherrscht ablaufen. Das bedeutet, dass bei Prozessänderungen Steuerungsmaßnahmen eingeführt werden, die nach ihrer Einleitung auf ihre Wirksamkeit überprüft werden müssen.

Zentral sind in diesem Normabschnitt folgende Fragen:

- Wie wird eine Liste für zeitlich begrenzte, vom ursprünglichen Produktionsprozess abweichende Aktivitäten erstellt und gepflegt?
- Gibt es einen dokumentierten Prozess für die Beantragung, Genehmigung, Umsetzung und Rücknahme von zeitlich begrenzten Änderungen?
- Wie wird eine Risikobewertung durchgeführt, bevor eine temporäre Änderung umgesetzt wird?
- Wie wird der Kunde informiert bzw. in den Änderungsprozess mit einbezogen, wenn seine Freigabe erforderlich ist?
- Werden entsprechende Arbeitsanweisungen für jede Änderung eingeführt?

Stellen Sie zunächst sicher, dass die eingesetzten Lenkungsmaßnahmen für den jeweiligen Produktionsprozess, alle verwendeten Prüf- und Messmittel und alle freigegebenen Alternativmethoden in einer Liste, die kontinuierlich gepflegt wird, enthalten sind. Diese Liste sollte eine mitgeltende Unterlage zu dem Prozess sein, der für den Einsatz alternativer Steuerungs- und Überwachungsmethoden dokumentiert ist, sowie zum PLP. Das bedeutet auch, dass die alternativen Steuerungs- und Überwachungsmethoden getestet sind sowie dass alternative Prüf- und Messmittel kalibriert vorliegen und deren Fähigkeiten nachgewiesen sind. Falls der Kund es fordert, muss eine Freigabe eingeholt werden.

„Die Liste der Produktionsprozesslenkungsmaßnahmen muss die ursprünglich geplanten Methoden zur Prozesslenkung als auch die freigegebenen ‚Backup'- oder Alternativmethoden beinhalten, sofern ‚Backup'- oder alternative Methoden existieren." (SI-Nr. 11)

Bei zeitlich begrenzten Änderungen in der Produktionsprozesslenkung müssen Sie entsprechende Arbeitsanweisungen für alle alternativen Produktionslenkungsmaßnahmen erstellen und die Mitarbeitenden entsprechend schulen.

Bei zeitlich begrenzten Änderungen in der Produktionsprozesslenkung muss der Einsatz der Alternativmaßnahmen täglich überprüft werden mit dem Ziel, dass alle notwendigen Anweisungen auch tatsächlich umgesetzt werden. Die Überprüfungen können beispielsweise durch tägliche Qualitätsaudits *(Layered Process Audits)*, tägliche Besprechungen auf Leitungsebene, arbeitsplatzbezogene Audits oder Beobachtungen durchgeführt werden.

Wenn nach einer zeitlich begrenzten Änderung in der Produktionsprozesslenkung der ursprüngliche Prozess wieder eingeführt wurde, müssen entsprechende Überprüfungen innerhalb eines festgelegten Zeitraums durchgeführt und dokumentiert werden. Sie müssen überprüfen, dass alle Funktionen und Eigenschaften der ursprünglichen Prüf- und Messmittel sowie der ursprünglichen Prüfprozesse wirksam funktionieren.

Sorgen Sie dafür, dass während des Alternativprozesses Erst- und Letztteile jeder Schicht aufbewahrt werden, um die Rückverfolgbarkeit aller produzierten Produkte sicherzustellen.

Dokumentierte Information

Der Prozess zum Einsatz alternativer Steuerungs- und Überwachungsmethoden muss als dokumentierte Information vorliegen.

Erst- und Letztteilaufzeichnungen jeder Schicht müssen aufbewahrt werden.

Unterstützende Werkzeuge (Auswahl)

- Formular oder System mit Auflistung der Änderungen
- System zur Nachverfolgung von Änderungen
- FMEA
- PLP
- Kommunikationsmatrix
- (Layered-Prozess-)Audit-Berichte

Tabelle 8.24 fasst die wichtigen Aspekte zu diesem Normabschnitt zusammen.

Tabelle 8.24 Temporäre Änderungen systematisch überprüfen und dokumentieren – Normabschnitt 8.5.6.1.1 der IATF 16949 umsetzen

Leitfrage: Ist die Konformität trotz der temporären Änderungen weiterhin sichergestellt?
Ziel: Sicherstellung, dass Produktqualität und -konformität während der Durchführung von temporären Änderungen nicht beeinträchtigt werden
Umsetzungshinweis Die IATF 16949 fordert, dass temporäre Änderungen nur unter klar geregelten Bedingungen erfolgen dürfen. Sie müssen vorab genehmigt werden, typischerweise durch eine dafür autorisierte Stelle innerhalb des Unternehmens und, wenn gefordert, auch durch den Kunden. Sie müssen sicherstellen, dass ▪ jede zeitlich begrenzte Änderung an Prozesslenkung und Überwachung schriftlich durch autorisierte Personen freigeben wird, ▪ jede Änderung zu dokumentieren ist (Art der Änderung, Zeitraum, Verantwortliche), ▪ vor Umsetzung die Zustimmung des Kunden vorliegen muss, wenn vereinbart oder gefordert,

- die Rückverfolgbarkeit gewährleistet sein muss, d. h., Beginn, Dauer und Ende der Änderung müssen klar definiert und nachvollziehbar sein,
- relevante Mitarbeitende über die temporäre Änderung zu informieren sind,
- gewährleistet und damit überwacht werden muss, dass die geänderte Lenkung das gewünschte Ergebnis liefert,
- nach Ablauf der temporären Änderung die ursprüngliche Prozesslenkung wiederherzustellen ist,
- alle Nachweise über Freigabe, Durchführung und Rücknahme archiviert werden müssen.

(Brückner 2019)

Mögliche Auditnachweise

- Liste der Änderungsmaßnahmen zur Prozesslenkung
- Freigegebene Änderungsdokumente (mit Zeitbegrenzung und Verantwortlichem)
- Risikobewertung (z. B. FMEA)
- Prüfergebnisse
- SPC-Daten
- Sonderfreigaben
- Schulungsnachweise
- Genehmigungen von Kunden
- Dokumente für die Rückkehr zum Ursprung

(Brückner 2019)

8.6 Freigabe von Produkten und Dienstleistungen

Sie müssen nachweisen, welchen Freigabeprozess Ihre Produkte oder Dienstleistungen durchlaufen und welche Annahmekriterien Sie definiert haben. Bild 8.7 zeigt die Anforderungen im Überblick.

Die zentralen Fragen dieses Normabschnitts lauten:

- Wann werden Produkte und Dienstleistungen freigegeben?
- Wann erfüllen sie die definierten Anforderungen?

Werden die Anforderungen erfüllt, dann erfolgt ein Konformitätsnachweis. Dieser Nachweis kann auch von externen Stellen wie vom Kunden selbst, einer Zertifizierungsstelle etc. erfolgen. Ist diese externe Abnahme nicht vorgesehen, dann können Sie sich diesen Konformitätsnachweis selbst ausstellen. Wichtig ist, dass alle definierten Anforderungen auch wirklich umgesetzt werden und kein Produkt oder keine Dienstleistungserbringung „fehlerhaft“ an den Kunden geht.

Es geht also darum, dass Sie Qualitätskontrollen während und/oder zum Abschluss der Produktion bzw. Dienstleistungserbringung durchführen. Erstellen Sie hierfür beispielsweise einen Prüfplan und bewahren Sie alle Prüf- oder Messprotokolle, Freigaben etc. auf.

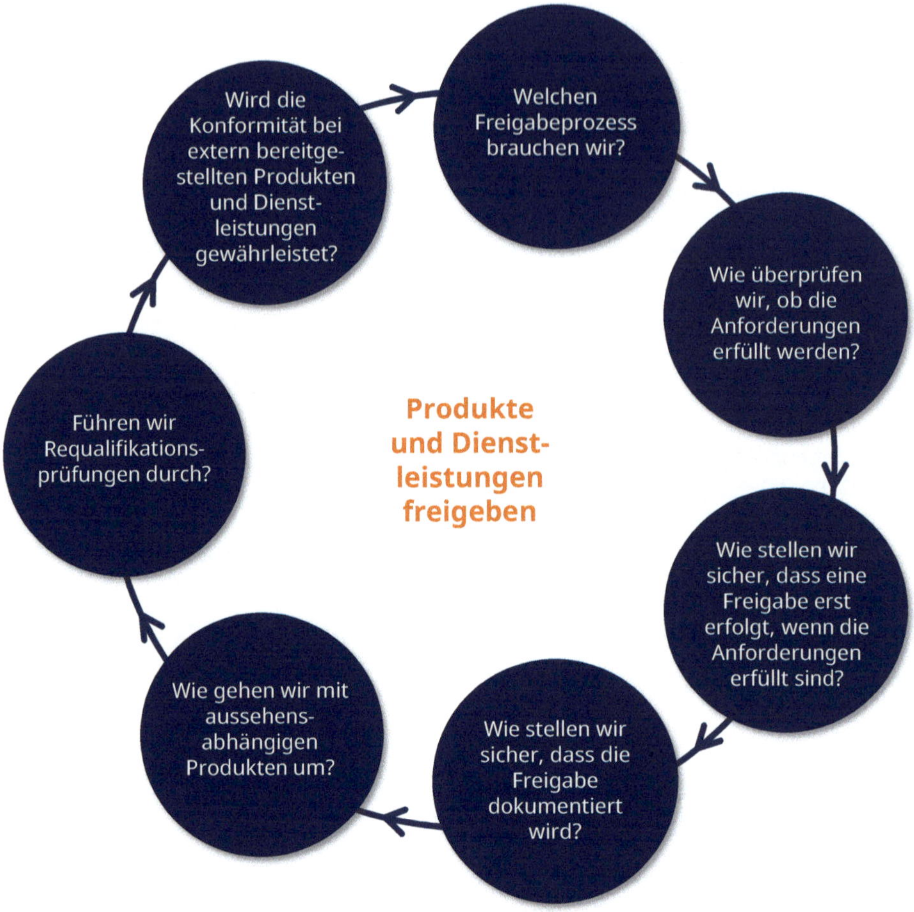

Bild 8.7 Abschnitt 8.6 der ISO 9001 und IATF 16949 im Überblick

Die ISO verlangt eine Überprüfung, ob die Produkte oder die Dienstleistung die definierten Anforderungen erfüllen, nach „geeigneten Phasen". Je komplexer Ihre Produkte, desto sinnvoller ist es, nicht nur das Endprodukt zu überprüfen, sondern die Verifizierung nach wichtigen Prozessschritten vorzunehmen. Zu dem Punkt gehören alle klassischen Qualitätssicherungsverfahren. Bei Produktionslinien ist es beispielsweise häufig so, dass jedes Produkt nach jedem Schritt automatisiert überprüft wird. Bei einem Projekt könnte beispielsweise diese Überprüfung nach jedem erreichten Meilenstein erfolgen.

Bevor Produkte an den Kunden gehen oder eine Dienstleistung erbracht wird, muss sichergestellt sein, dass die Anforderungen erfüllt werden. Die ISO schreibt, „erst nach zufriedenstellender Umsetzung der geplanten Vorkehrungen" dürfen Produkte ausgeliefert oder Dienstleistungen erbracht werden. Produkte, die nicht die Anforderungen erfüllen, könnten beispielsweise sofort aussortiert und gesondert gekennzeichnet werden. Bei der Dienstleistung können etwa Checklisten, Probeläufe, Tests mit Versuchspersonen, Gutachten etc. unterstützen.

Eine Ausnahme ist, wenn Sie dies anders vereinbart haben. Die Genehmigung könnte beispielsweise direkt durch den Kunden erfolgen oder von einer anderen Stelle wie z. B. einer Zertifizierungsstelle.

Dokumentierte Information

Wichtig ist bei der Dokumentation der Rückverfolgbarkeit der Nachweis darüber, wer die Freigabe genehmigt hat, sowie der Nachweis, dass alle Annahmekriterien erfüllt werden.

Sie müssen die Konformität mit den Annahmekriterien mittels einer dokumentierten Information nachweisen können, z. B. anhand der Prüfergebnisse.

Die IATF ergänzt die Anforderungen der ISO 9001 um weitergehende Anforderungen.

8.6.1 Freigabe von Produkten und Dienstleistungen – Ergänzung (✗)

Im Mittelpunkt dieses Abschnitts stehen folgende Fragen:

- Wie wird sichergestellt, dass Produkte und Dienstleistungen nur nach erfolgreicher Erfüllung aller definierten Kundenanforderungen, einschließlich spezieller Freigabeverfahren, ausgeliefert werden?
- Welche dokumentierten Nachweise und Verantwortlichkeiten sind vorhanden, um die Einhaltung der kundenspezifischen Freigabebedingungen vor der Auslieferung eindeutig nachzuweisen?

Für die Freigabe der Produktionsteile gibt es zwei mögliche Verfahren: einmal das Referenzhandbuch Production Part Approval Process (PPAP) der ehemaligen QS-9000 sowie das Verfahren zur Produktionsprozess- und Produktfreigabe (PPF) gemäß VDA-Band 2, Sicherung der Qualität von Lieferungen. Durch die Freigabe der Teile für die Serie wird sichergestellt, dass materielle Produkte die Kundenanforderungen erfüllen. Die Ergebnisse müssen, wenn der Kunde es verlangt, diesem zur Freigabe vorgelegt werden.

Wenn der Kunde kein bestimmtes Verfahren fordert, kann das Unternehmen entscheiden, wie die Produktfreigabe erfolgen soll.

Durch die Anwendung der Freigabeverfahren wird gewährleistet, dass solche Produkte, die mit beherrschten und fähigen Prozessen hergestellt wurden, den festgelegten Erfordernissen entsprechen. Ziel dieser Methode ist es, dem Lieferanten zu ermöglichen, seinem Kunden eine verbindliche Erklärung des erfolgreichen Abschlusses des Serienteil-Freigabeverfahrens zu übermitteln.

Die Maßnahmen zur Überprüfung der Konformität der Produkte und Dienstleistungen mit den Anforderungen müssen so festgelegt und dokumentiert werden, wie es der Produktionslenkungsplan (PLP) vorsieht, und vor Serienstart der Produktion erfolgt sein.

Wenn vom Kunden verlangt, müssen die Ergebnisse der Freigaben der Produkte und Dienstleistungen zur Freigabe vorgelegt werden.

Dokumentierte Information

Geplante Maßnahmen zur Überprüfung der Anforderungen an Produkte und Dienstleistungen

Unterstützende Werkzeuge (Auswahl)

- PPAP/PPF
- PLP

Tabelle 8.25 fasst wichtige Aspekte der Normabschnitte zusammen.

Tabelle 8.25 Produkte und Dienstleistungen freigeben – Normabschnitte 8.6 der ISO 9001 und 8.6.1 der IATF 16949 umsetzen

Leitfragen ▪ Wann werden Produkte und Dienstleistungen freigegeben? ▪ Wann erfüllen sie die definierten Anforderungen?
Ziel: Definition der Freigabeprozesse
Umsetzungshinweis ▪ Legen Sie für Ihre (wertschöpfenden) Prozesse fest, an welchen Stellen eine Freigabe für den weiteren Fortgang erfolgen muss. ▪ Diese Freigabeschritte grenzen wichtige Phasen voneinander ab. Tragen Sie diese Freigaben/Phasenabschlüsse in Ihre Prozessbeschreibungen der Kernprozesse ein. ▪ Eine grundsätzliche Regelung kann im QM-Handbuch erfolgen (z. B., dass Sonderfreigaben ausschließlich durch die Geschäftsführung erfolgen dürfen). ▪ Eine Freigabe gegenüber dem Kunden darf erst nach zufriedenstellender Vollendung der festgelegten Tätigkeiten zur Verifizierung der Konformität erfolgen. ▪ Eine Ausnahme hiervon wäre, wenn die Freigabe von einer zuständigen Stelle und ggf. durch den Kunden erfolgt (Sonderfreigabe). Bewahren Sie dokumentierte Informationen hierzu auf, die einen Nachweis der Konformität sowie eine Rückführung auf die freigebenden Personen zulassen. (Weghorn 2022)

- Sie müssen sicherstellen, dass Maßnahmen zur Überprüfung der Konformität der Produkte und Dienstleistungen mit den Anforderungen gemäß dem PLP durchgeführt und dokumentiert werden.
- Vor Serienstart der Produktion bzw. erstmaliger Erbringung einer Dienstleistung muss eine Freigabe erfolgen. Dasselbe müssen Sie beachten, wenn Änderungen nach einer Erstfreigabe erfolgen.

(Brückner 2019)

Mögliche Auditnachweise

- Freigabenachweise der Endkontrolle
- Freigabenachweise nach allen Zwischenkontrollen
- Dokumentierte Sonderfreigaben durch Kunden
- Dokumentierte Sonderfreigaben durch autorisierte Stellen

(Gietl/Lobinger 2022)

8.6.2 Requalifikationsprüfung (*X*)

Bei der Requalifikationsprüfung werden alle Merkmale des Erstmusterprüfberichts einer vollständigen Maß- und Funktionsprüfung unterzogen.

Zentral ist dabei folgende Frage:

- Wie wird gewährleistet, dass Requalifikationsprüfungen regelmäßig, umfassend und wirksam durchgeführt werden?

Diese Prüfung hat das Ziel, festzustellen, ob die Qualität der spezifizierten Maße und Funktionen eines Teils (Teilenummer) mindestens noch dem Stand des Erstmusterprüfberichts (nach PPF bzw. PPAP) entspricht.

Die Häufigkeit der Requalifikationsprüfungen legt in der Regel der Kunde fest. Wenn keine Festlegungen existieren, dann sollte man firmenintern ein Intervall von einmal pro Jahr auswählen.

An Unterauftragnehmer muss die Forderung nach einer Requalifikationsprüfung weitergegeben werden.

Oft erfolgt eine Verwechslung zwischen Produktaudit und Requalifikationsprüfung. Der signifikanteste Unterschied ist, dass beim Produktaudit im Regelfall die gängigen Produktmerkmale aus dem Serienprüfplan kontinuierlich überprüft werden oder dem Anlass entsprechende ausgewählte Produktmerkmale. Das Ziel der Requalifikationsprüfung besteht darin, dass alle Merkmale überprüft werden und damit eine vollständige Funktions- und Maßprüfung durchgeführt wird, um unbemerkte Veränderungen zu verhindern.

Sie müssen sicherstellen, dass die Frequenz für die Requalifikationsprüfungen im Produktionslenkungsplan hinterlegt ist oder auf ein Referenzdokument verwiesen wird. Das festgelegte Intervall sollte sich an besonderen Einflüssen wie z. B. Maschinenauslastung, Mitarbeiterqualifikation, Rohmaterialien, Prüfungsmethoden etc. orientieren.

Wenn der Kunde es verlangt, dann müssen Sie ihm alle Aufzeichnungen der Requalifikationsprüfungen zur Verfügung stellen.

Dokumentierte Information

Ergebnisse der Requalifikationsprüfung

Unterstützende Werkzeuge (Auswahl)

- PLP
- Prüfpläne
- MSA
- CAQ-Systeme
- SPC-Tools
- Kundenanforderungen

8.6.3 Aussehensabhängige Produkte (✗)

An aussehensabhängige Produkte werden in diesem Abschnitt gesonderte Anforderungen gestellt.

Folgende Frage steht im Zentrum:

- Wie wird sichergestellt, dass bei Produkten mit optischen Anforderungen spezielle Kontrollen und Freigaben durchgeführt werden?

Bei solchen Produkten handelt es sich z. B. um lackierte Sichtteile wie z. B. die Türen eines Pkw. Allgemein werden solche Produkte gegen ein Referenzmuster optisch geprüft.

Die Referenzmuster müssen einer entsprechenden Kennzeichnung, Pflege und Instandhaltung unterliegen und regelmäßig überprüft und gelenkt werden.

Die Anwendung von Referenzmustern erfolgt meistens bei schwer messbaren Kriterien. Die Kennzeichnung von i.O.- und n.i.O.-Zuständen erfolgt in der Regel direkt auf dem zu prüfenden Teil, entweder durch Beschriftung oder Abkleben.

Stellen Sie sicher, dass Prüfplätze mit ausreichender Beleuchtung sowie qualifiziertes Personal eingesetzt werden. Für die Prüfungen müssen Prüfplätze zur Verfügung stehen, die mit einer ausreichenden Beleuchtung ausgestattet sind.

Für die Lenkung von Referenzmustern sollten Sie ein Verfahren umsetzen und Verantwortlichkeiten vergeben.

Unterstützende Werkzeuge (Auswahl)

- Spektralphotometer für Farbgenauigkeit
- Referenzmuster
- Farbmusterkarten
- Lacktafeln
- normgerechte Beleuchtung
- objektive Messgeräte

8.6.4 Konformität extern bereitgestellter Produkte und Dienstleistungen (✗)

Für die Beurteilung der Konformität von extern bereitgestellten Produkten oder Dienstleistungen müssen die von der IATF 16949 festgelegten Methoden verwendet werden, wenn der Kunde keine Methoden vorgibt. Gibt der Kunde eine oder mehrere Methoden vor, so müssen diese angewendet werden.

Folgende Frage steht im Mittelpunkt:

- Ist ein Prozess vorhanden, um die Konformität extern bereitgestellter Produkte oder Dienstleistungen sicherzustellen?

Nach den Anforderungen dieses Abschnitts können eine oder mehrere der nachfolgend aufgeführten Methoden angewendet werden:

- Auswertung statistischer Daten
- Ergebnisse von Wareneingangsprüfungen
- 2nd- oder 3rd-Party-Bewertungen
- Teilebeurteilung durch ein festgelegtes Prüflabor sowie
- Methoden, die mit dem Kunden vereinbart sind

Sie müssen also sicherstellen, dass eine oder mehrere der genannten Methoden in einem systematischen Prozess angewendet werden. Bei Nichtkonformitäten müssen Korrekturmaßnahmen eingeleitet werden.

Die Ergebnisse der Beurteilung der Konformität von extern bereitgestellten Produkten oder Dienstleistungen müssen als dokumentierte Information vorliegen.

Unterstützende Werkzeuge (Auswahl)

- Lieferantenaudits
- Supplier Scorecards
- Wareneingangskontrollen
- Teileprüfungen

8.6.5 Erfüllung gesetzlicher und behördlicher Vorschriften (✗)

Dieser Abschnitt geht noch einmal explizit darauf ein, dass extern bereitgestellte Produkte, die ein Unternehmen für seine Produktion verwendet, unbedingt alle gesetzlichen, behördlichen und sonstigen Anforderungen des Herstellerlandes, aber auch die des Bestimmungslandes erfüllen müssen, wenn der Kunde dies benannt hat, bevor eine Freigabe erfolgen kann.

Folgende Frage steht im Zentrum:

- Wird extern Bereitgestelltes (Produkte und Dienstleistungen) erst für die eigene Produktion freigegeben, wenn die Konformität mit gesetzlichen und behördlichen Anforderungen sichergestellt ist?

Wenn ein Unternehmen Produkte von externen Anbietern für seine Produktion beschafft, dann müssen diese nachweislich neben Kundenanforderungen die gesetzlichen und behördlichen Anforderungen des Landes des Herstellers und des vom Kunden genannten Bestimmungslandes erfüllen, bevor sie freigegeben werden können. Sie müssen dafür sorgen, dass der Lieferant die Anforderungen befolgt und Nachweise dazu liefern kann. Dies kann das Unternehmen auch durch Lieferantenaudits prüfen.

Unterstützende Werkzeuge (Auswahl)

- QSV
- Verträge
- Lieferantenaudits

8.6.6 Annahmekriterien (X)

Es ist äußerst wichtig, dass nur fehlerfreie und unbeschädigte Produkte in die Produktion gelangen. Die IATF 16949 fordert in diesem Abschnitt mit Hinweis auf den Abschnitt 9.1.1.1 Überwachung und Messung von Produktionsprozesse, dass für attributive Stichprobenprüfungen das Annahmekriterium null Fehler sein muss. Aus diesem Grund wird die AQL-Prüfung (Acceptable Quality Level) in der Praxis häufig angewendet.

Folgende Frage steht dabei im Mittelpunkt

- Welche Kriterien werden für die Annahme und Prüfung der Produkte und Materialien festgelegt? (Dabei muss für eine attributive Stichprobe das Kriterium null Fehler sein.)

Stellen Sie sicher, dass Annahmekriterien festgelegt sind. Für die Festlegung kann beispielsweise das AQL-Verfahren angewendet werden. Dies ist eine mögliche Wareneingangsprüfung. Dabei wird der maximale Anteil fehlerhafter Einheiten innerhalb einer Stichprobe einer Losprüfung in Prozent bestimmt. Je nachdem, wie die Ergebnisse der Stichprobenprüfung ausfallen, kann die Prüfung verschärft oder gelockert werden. Falls die Anforderung besteht, müssen Sie diese vom Kunden freigeben lassen.

Unterstützende Werkzeuge (Auswahl)

- AQL-Verfahren
- Kundenanforderungen

Tabelle 8.26 fasst wichtige Aspekte dieser Normabschnitte zusammen.

Tabelle 8.26 Ergänzungen zur Freigabe von Produkten und Dienstleistungen – Normabschnitte 8.6.2, 8.6.3, 8.6.4, 8.6.5, 8.6.6 der IATF 16949 umsetzen

Leitfragen

- Unterziehen wir alle Produkte einer vollständigen Funktions- und Maßprüfung gemäß PLP?
- Wie stellen wir die Überwachung aussehensabhängiger Produkte sicher?
- Wie gewährleisten wir die Konformität extern bereitgestellter Prozesse, Produkte und Dienstleistungen?
- Erfüllen unsere extern bereitgestellten Prozesse, Produkte und Dienstleistungen alle gesetzlichen und behördlichen Anforderungen?
- Haben wir angemessene Annahmekriterien festgelegt?

Ziel: Produkte und Dienstleistungen müssen vor der Auslieferung durch definierte Prüfungen, Freigaben und Dokumentationen, Kundenanforderungen sowie gesetzliche und behördliche Vorgaben die Konformität erfüllen.

Tabelle 8.26 Ergänzungen zur Freigabe von Produkten und Dienstleistungen – Normabschnitte 8.6.2, 8.6.3, 8.6.4, 8.6.5, 8.6.6 der IATF 16949 umsetzen *(Fortsetzung)*

Umsetzungshinweis ▪ Sie müssen sicherstellen, dass die Requalifikationsprüfung eine vollständige Funktions- und Maßprüfung beinhaltet. Dabei müssen die Anforderungen der Kunden an Material und Funktion berücksichtigt werden. Alle Ergebnisse müssen dokumentiert werden. ▪ Stellen Sie für die Prüfung aussehensabhängiger Produkte angemessene Ressourcen zur Verfügung. ▪ Wenn Referenzmuster verwendet werden, so müssen Sie diese lenken. ▪ Sorgen Sie für die notwendige Qualifikation Ihres prüfenden Personals. ▪ Sorgen Sie dafür, dass die Konformität extern bereitgestellter Produkte, Prozesse und Dienstleistungen mindestens anhand der von der IATF und vom Kunden vorgegebenen Methoden beurteilt wird. ▪ Sie müssen gewährleisten, dass für den Wareneingang Annahmekriterien festgelegt sind. ▪ Diese müssen Sie gegebenenfalls vom Kunden genehmigen lassen. ▪ Beachten Sie, dass das Annahmekriterium für attributive Stichproben null Fehler sein muss.
Mögliche Auditnachweise ▪ Ergebnisse der Requalifikationsprüfungen ▪ Kundenanforderungen ▪ Verzeichnis und Status von Referenzmustern ▪ Schulungsnachweise ▪ Ergebnisse von Konformitätsnachweisen für extern Bereitgestelltes ▪ Rechtskataster ▪ QSV ▪ Auditberichte ▪ Vorgaben für Wareneingangsprüfungen ▪ Ergebnisse der Wareneingangsprüfungen ▪ Maßnahmenpläne

8.7 Nichtkonformes steuern

8.7.1 Kennzeichnung und Maßnahmen

Was tun, wenn die Konformität nicht erreicht wird? Darum geht es in diesem Normabschnitt (Bild 8.8).

Es stehen folgende Fragen im Zentrum:

- Wie können wir verhindern, dass fehlerhafte Produkte oder Dienstleistungen ausgeliefert werden (in Gebrauch kommen) bzw. erbracht werden?
- Wie beheben wir auftretende Fehler?

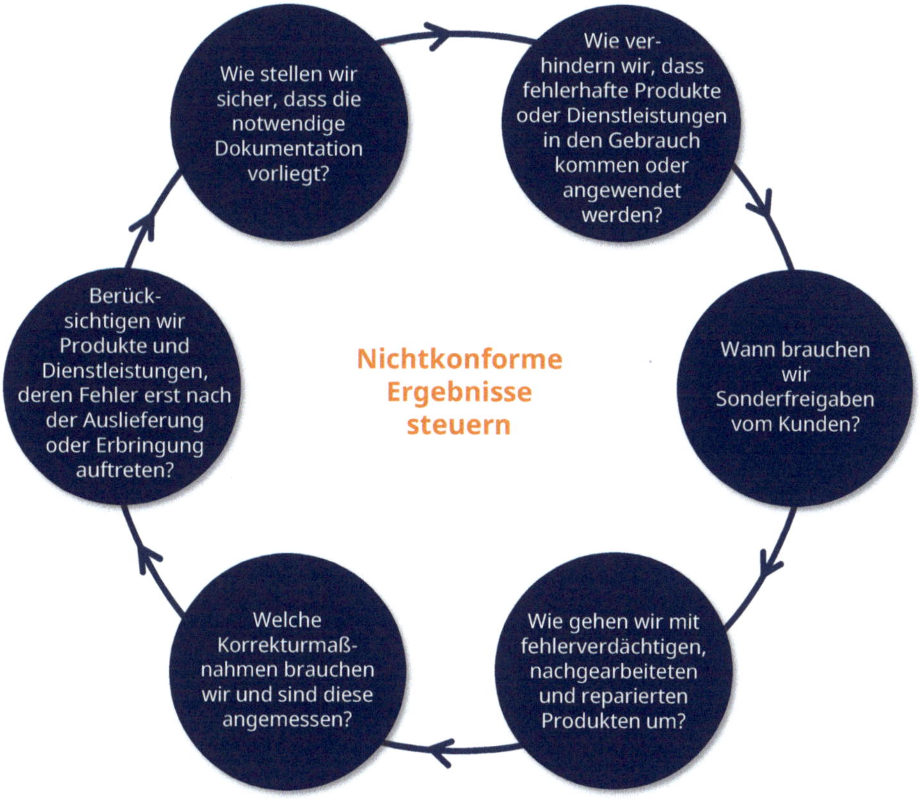

Bild 8.8 Abschnitt 8.7 der ISO 9001 und IATF 16949 im Überblick

Fehler sollten gegebenenfalls auch im Managementreview (Abschnitt 9.3) und bei fortlaufendem Verbesserungsprozess (Kapitel 10) thematisiert werden.

Nichtkonforme Ergebnisse (Fehler) müssen gekennzeichnet werden. Damit soll verhindert werden, dass Fehlerhaftes an den Kunden ausgeliefert wird, in die Anwendung kommt oder weiterverarbeitet wird, beispielsweise durch die Kennzeichnung mit roten Aufklebern.

Der Umgang mit Fehlern muss gesteuert werden, also kontrolliert erfolgen. Es muss klar sein, wer was warum macht und was passiert, wenn etwas nicht gemacht werden würde.

Sie müssen Maßnahmen definieren, wie Sie mit Fehlern umgehen wollen. Diese sind von der Art der Abweichung abhängig und davon, wie sie sich auf die Konformität der Produkte oder Dienstleistungen auswirken. Je größer die Auswirkung, desto wichtiger die Maßnahmen! Sie müssen auch Maßnahmen für Nichtkonformität definieren, wenn die Produkte bereits ausgeliefert oder die Dienstleistung bereits erbracht wurde oder gerade durchgeführt wird. Zu den Maßnahmen gehören im Sinne der ISO 9001 „Korrektur; Aussonderung, Sperrung, Rückgabe oder Aussetzung der Bereitstellung von Produkten und Dienstleistungen; Benachrichtigen des Kunden; Einholen der Autorisierung zur Annahme mit Sonderfreigabe.“ Bei den Maßnahmen könnte es sich beispielsweise um sofortigen Ersatz, Rückerstattung, Einsatz von Notfallplänen handeln.

Mit der Fehlerkorrektur muss sichergestellt sein, dass der Fehler behoben ist. Das Ziel einer Korrektur der Nichtkonformität muss das Erreichen der Konformität sein. Und diesen Anspruch müssen Sie mit einer Korrektur erfüllen.

Dokumentierte Information

Es müssen eine Beschreibung der Nichtkonformität, der getroffenen Korrekturmaßnahmen und alle damit verbundenen Sonderfreigaben sowie ein Nachweis, wer die getroffenen Korrekturmaßnahmen genehmigt hat, dokumentiert vorliegen.

8.7.1.1 Sonderfreigaben des Kunden (✗)

Selbst wenn die Produktion gut geplant, alle Vorgaben erfüllt, die Mitarbeitenden gut geschult und alle Abläufe im QMS festgelegt sind, können Fehler auftreten, weil nicht alle Risikofaktoren ausgeschaltet werden können. Dies kann beim Wareneingang, innerhalb der Produktion, aber auch aufgrund von Reklamationen und Rücklieferungen geschehen.

Folgende Frage steht im Mittelpunkt dieses Abschnitts:

- Wie wird mit Abweichungen von einem Produkt, das bereits freigegeben ist, umgegangen?

Daher fordert die IATF 16949 in diesem Abschnitt, dass für bestimmte Vorkommnisse Sonderfreigaben vom Kunden eingeholt werden müssen.

Lassen Sie sich die Sonderfreigabe immer und in allen Fällen schriftlich geben und bewahren Sie diese auf. Stellen Sie sicher, dass die Sondergenehmigung Ablaufdatum und Menge enthält.

Nachdem die Frist für eine erteilte Sonderfreigabe abgelaufen ist, muss sichergestellt werden, dass ursprüngliche oder auch neue Spezifikationen und Anforderungen erfüllt werden.

Wenn Abweichungen bei einem Produkt oder Produktionsprozess auftreten, die bereits freigegeben sind, muss eine Sonderfreigabe vom Kunden eingeholt werden. Bei einer beabsichtigten Wiederverwendung von Subkomponenten im Produktionsprozess müssen Sie dies in einer Sonderfreigabe oder Abweichgenehmigung klar formulieren.

Erst nach Zustimmung des Kunden darf die Produktion fortgesetzt werden.

Bevor ein nicht spezifikationskonformes Produkt weiterverarbeitet oder repariert wird (SI-Nr. 9), muss die Genehmigung vom Kunden eingeholt werden.

Sorgen Sie dafür, dass Ladungsträger deutlich mit einem Hinweis gekennzeichnet sind, die Lieferungen mit Sonderfreigaben oder Abweichgenehmigungen enthalten; beispielsweise durch Etiketten mit dem Hinweis auf Art, Datum und Gültigkeitsdauer der Sonderfreigabe/Abweichgenehmigung. Diese Vorgaben gelten auch für Produkte von externen Anbietern.

Bevor eine Genehmigungsanfrage vom Lieferanten hinsichtlich einer Sonderfreigabe an den Kunden weitergegeben wird, müssen Sie selbst zustimmen.

Dokumentierte Information

Sorgen Sie für dokumentierte Sonder- und Abweichgenehmigungen mit Ablaufdatum oder Menge.

Unterstützende Werkzeuge (Auswahl)

- Formular Sonderfreigabe
- Formular Abweichungsgenehmigung
- 8D-Report
- FMEA
- Kennzeichnungssysteme
- Dokumentenmanagementsysteme

Tabelle 8.27 fasst wichtige Aspekte der Abschnitte zusammen.

Tabelle 8.27 Mit Abweichungen (Nichtkonformitäten) umgehen – Normabschnitt 8.7 der ISO 9001 und 8.7.1.1 der IATF 16949 umsetzen

Leitfragen

- Was tun, wenn die Konformität nicht erreicht wird?
- Wie können wir verhindern, dass fehlerhafte Produkte oder Dienstleistungen ausgeliefert (in Gebrauch kommen) bzw. erbracht werden?
- Wie beheben wir auftretende Fehler?
- Wird eine Genehmigung vom Kunden eingeholt, wenn ein Produkt oder Prozess vom freigegebenen abweicht?

Ziel: Regelung des Umgangs mit nichtkonformen Prozessergebnissen, Produkten und Dienstleistungen

Tabelle 8.27 Mit Abweichungen (Nichtkonformitäten) umgehen – Normabschnitt 8.7 der ISO 9001 und 8.7.1.1 der IATF 16949 umsetzen *(Fortsetzung)*

Umsetzungshinweis Legen Sie in Form einer Verfahrensanweisung oder in einem Abschnitt im QM-Handbuch fest, wie mit fehlerhaften Produkten/Dienstleistungen umgegangen werden muss. Prüfen Sie Ihre Beschreibung auf folgende Punkte, die in Ihrer Regelung enthalten sein müssen: ▪ Kennzeichnung fehlerhafter Produkte oder Prozessergebnisse ▪ Lenkung fehlerhafter Produkte, sodass ein unbeabsichtigter Gebrauch oder eine Auslieferung verhindert wird ▪ Festlegung von Sofortmaßnahmen (Korrektur) ▪ Festlegung von Korrekturmaßnahmen (Ursachenbeseitigung), auch wenn Fehler erst nach der Lieferung oder während der Dienstleistungserbringung erkannt werden ▪ Aussonderung, Zurückhaltung/Sperrung („Sperrlager"), Rückgabe, Aussetzung der Bereitstellung von Produkten oder Dienstleistungen ▪ Benachrichtigen der Kunden ▪ Einholen der Autorisierung zur Verwendung im aktuellen Zustand oder zur erneuten Bereitstellung (Sonderfreigabe) ▪ Verifizierung der Konformität nach einer Korrekturmaßnahme Legen Sie fest, über welche Instrumente die diesbezügliche Dokumentation erfolgt. Folgende Punkte sind in jedem Fall gefordert: ▪ Beschreibung der Nichtkonformität (was, wann, wer, wie viel, womit, wie) ▪ Eingeleitete und durchgeführte Maßnahmen ▪ Sonderfreigaben ▪ Verantwortliche Personen (Weghorn 2022) Stellen Sie sicher, dass korrekt mit Sonderfreigaben umgegangen wird. Das bedeutet: ▪ Einholung von Sonderfreigaben oder Abweichgenehmigungen, wenn Abweichungen in einem Produkt oder Prozess auftreten, die bereits freigegeben sind ▪ Eine beabsichtigte Wiederverwendung von Subkomponenten im Produktionsprozess bedingt eine Sonderfreigabe vom Kunden. ▪ Fortsetzung der Produktion, Nacharbeit und Reparatur erst nach Genehmigung des Kunden ▪ Kennzeichnung aller Ladungsträger, die Lieferungen mit Sonderfreigabe oder Abweichgenehmigung enthalten ▪ Erteilung einer internen Freigabe, bevor eine Genehmigungsanfrage vom Lieferanten hinsichtlich einer Sonderfreigabe an den Kunden weitergegeben wird (Brückner 2019)
Mögliche Auditnachweise ▪ Prozessbeschreibung zum Fehlermanagement ▪ Abteilungsweise Arbeitsanweisungen zur Fehlerhandhabung ▪ Sperren fehlerhafter Produkte mittels Sperrbändern, Sperrlager, Kennzeichnung im EDV-System ▪ Sperrverweise ▪ Fehlermeldungsformulare

- Befugnisregelungen zur Sperrung und Freigabe
- Informationspflichten bei erkannten Fehlern
- Fehlerartendefinition
- Erste Schritte des 8D-Reports
- Sofortmaßnahmen zu internen Fehlern
- Reklamationsbearbeitungsnachweise

(Gietl/Lobinger 2022)

- Sonderfreigaben/Abweichgenehmigungen mit Menge oder Ablaufdatum
- Kennzeichnungen
- Auswertungen von Sonderfreigaben
- Ursachenanalysen

(Brückner 2019)

8.7.1.2 Lenkung fehlerhafter Produkte – Vorgaben vom Kunden (*x*)

Im Unternehmen muss sichergestellt werden, dass Produkte und Dienstleistungen, bei denen Fehler festgestellt werden, entsprechend gekennzeichnet und gesteuert werden, damit sie nicht zum Kunden gelangen können. Dementsprechend müssen für interne und nach Auslieferung aufgetretene Fehler geeignete Maßnahmen ergriffen und umgesetzt werden, um die Nichtkonformität zu beheben. Vorgaben des Kunden (wenn zutreffend) müssen dabei berücksichtigt werden.

Folgende Frage steht im Zentrum:

- Werden Vorgaben des Kunden für den Umgang mit fehlerhaften Produkten berücksichtigt?

Stellen Sie sicher, dass die Vorgaben des Kunden in den Vorgaben für den Umgang mit fehlerhaften Produkten in Ihre Dokumentation integriert werden. In dem Prozess kann beispielsweise auf das Kundendokument als mitgeltende Unterlage verwiesen werden.

8.7.1.3 Lenkung von fehlerverdächtigen Produkten (*x*)

Diese Anforderungen sind äußerst wichtig, damit nicht Produkte ohne Kennzeichnung weiterverarbeitet oder gar ausgeliefert werden.

Im Mittelpunkt stehen folgende Fragen:

- Werden nicht gekennzeichnete oder fehlerverdächtige Produkte wie fehlerhafte Produkte behandelt?
- Werden die Mitarbeitenden im Umgang mit fehlerverdächtigen Produkten geschult?

Um eine Separierung von nicht gekennzeichneten, fehlerhaften oder fehlerverdächtigen Produkten vornehmen zu können, müssen in der Produktion spezielle Sperrlager oder Klärflächen eingerichtet werden, auf denen fehlerhafte Produkte gelagert werden. Fehlerhafte Teile kennzeichnet man am besten mit roten Anhängern, die Sperrdatum, Sperrgrund und Name der Person, die die Sperrung vorgenommen hat, vermerken.

In der Norm beziehen sich die Begriffe „Fehler" und „fehlerhaft" auf die Nichterfüllung einer Anforderung. Sie stellen die Analogie zu den in der Norm verwendeten Begriffen „Konformität" und „konform" dar.

Unterstützende Werkzeuge (Auswahl)

- Sperrlager
- Klärflächen
- Sperrzettel

8.7.1.4 Lenkung nachgearbeiteter Produkte (X)

Es kommt vor, dass Produkte nachgearbeitet werden müssen. Dabei handelt es sich um Produkte, die zunächst Fehler oder Mängel aufweisen und nach Überarbeitung wieder an den Kunden ausgeliefert werden können.

Schwerpunktmäßig geht es um folgende Fragen:

- Wird eine Risikoanalyse durchgeführt, bevor ein Produkt nachgearbeitet wird?
- Wird vom Kunden eine Freigabe für die Nachbearbeitung eines Produktes eingeholt, wenn er dies fordert?
- Existiert ein dokumentierter Prozess für die Lenkung nachgearbeiteter Produkte?
- Gibt es Arbeitsanweisungen für die Nacharbeitung von Produkten?
- Werden Nachweise für die Weiterverwendung nachgearbeiteter Produkte aufbewahrt?

Bevor Sie eine Entscheidung treffen, ob ein Produkt nachgearbeitet werden soll, muss eine Risikoanalyse (FMEA) durchgeführt werden, um zu bewerten, ob sich durch die Nacharbeit Risiken ergeben.

Wenn der Kunde es fordert, müssen Sie vom Kunden eine Freigabe einholen, bevor mit der Nacharbeit eines Produktes begonnen wird.

Sie müssen einen dokumentierten Prozess für die Lenkung nachgearbeiteter Produkte nachweisen, der mit dem PLP und sonstigen dokumentierten Informationen übereinstimmt, die Informationen müssen eine Verifizierung der Konformität mit den ursprünglichen Spezifikationen enthalten. Zudem müssen Arbeitsanweisungen an den relevanten Stellen vorhanden sein, die die Nacharbeit regeln.

Sie müssen sämtliche Nachweise hinsichtlich der Weiterverwendung nachgearbeiteter Produkte aufbewahren. Bei den Nachweisen kann es sich beispielsweise um Prüfberichte handeln. In jedem Fall müssen die Informationen die Art der Nachbearbeitung und die Menge der nachgearbeiteten Produkte enthalten. Diese Informationen sollten eindeutig gekennzeichnet werden.

Dokumentierte Information

Der Prozess zur Lenkung nachgearbeiteter Produkte muss als dokumentierte Information vorliegen.

Nachweise über die Weiterverwendung nachgearbeiteter Produkte müssen aufbewahrt werden.

Unterstützende Werkzeuge (Auswahl)

- Prozessmanagement
- Dokumentenmanagementsysteme
- Schulungsdatenbanken
- FMEA

8.7.1.5 Lenkung reparierter Teile (*X*)

Bei Produkten, die repariert werden, handelt es sich um Teile, die entweder fehlerhaft aus der Produktion kommen oder bereits gebraucht waren und aufgrund von eingetretenen Problemen vor, in oder nach einer Gewährleistung vom Hersteller aufbereitet und in einen gebrauchsfähigen Zustand versetzt werden.

Folgende Fragen stehen im Zentrum:

- Wird eine Risikoanalyse durchgeführt, bevor über eine Reparatur entschieden wird?
- Wird vom Kunden eine Sonderfreigabe für die Reparatur eines Produktes eingeholt?
- Gibt es für die Vorgehensweise bei einer Reparatur von Produkten Arbeitsanweisungen?
- Werden Nachweise für die Weiterverwendung reparierter Produkte aufbewahrt?

Der Unterschied zwischen Nacharbeit und Reparatur: Nacharbeit findet bei Produkten statt, die sich noch im Produktionsprozess befinden. Reparatur hingegen wird bei Produkten durchgeführt, die bereits fertiggestellt und möglicherweise schon in Gebrauch genommen wurden.

Dokumentieren Sie einen Prozess für die Reparatur von Produkten. Stellen Sie Arbeitsanweisungen für die Durchführung bereit. Diese Arbeitsanweisungen, z. B. eine

Schritt-für-Schritt-Anleitung, müssen allen relevanten Mitarbeitenden zur Verfügung stehen.

Stellen Sie sicher, dass eine Risikoanalyse, beispielsweise eine FMEA, durchgeführt wird, um zu bewerten, ob sich durch die Reparatur Risiken ergeben. Denken Sie daran, eine Freigabe vom Kunden einzuholen, bevor Sie mit der Reparatur beginnen.

Bewahren Sie die Nachweise hinsichtlich der Weiterverwendung reparierter Teile auf. Bei den Nachweisen kann es sich beispielsweise um Prüfberichte handeln. In jedem Fall müssen Informationen die Art der Reparatur und die Menge der nachgearbeiteten Produkte enthalten. Diese Informationen können durch eine eindeutige Kennzeichnung sichergestellt werden.

Dokumentierte Information

Der Prozess zur Lenkung reparierter Teile muss als dokumentierte Information vorliegen.

Nachweise über die Weiterverwendung reparierter Produkte müssen aufbewahrt werden.

Unterstützende Werkzeuge (Auswahl)

- Prozessmanagement
- Dokumentenmanagementsysteme
- Schulungsdatenbanken
- FMEA

8.7.1.6 Benachrichtigungen an den Kunden (✗)

Das Kunden-Lieferanten-Verhältnis lebt von einer guten und sofortigen Kommunikation.

Im Mittelpunkt des Abschnitts steht folgende Frage:

- Wird der Kunde unverzüglich benachrichtigt, wenn fehlerhafte Produkte ausgeliefert wurden?

Für fehlerhafte Produkte, die erst nach Auslieferung und/oder in der Gebrauchsphase entdeckt wurden, müssen weitreichendere Lenkungsmaßnahmen geplant und umgesetzt werden, die gegebenenfalls mit dem Kunden abgestimmt werden müssen. Dabei kann es sich um den Einsatz von Notfallplänen handeln und schlimmstenfalls um Rückrufaktionen. Für solche Fälle sollte eine Produkthaftungsversicherung vorliegen.

Bei der Auslieferung fehlerhafter Produkte müssen der Produktionslenkungsplan und die FMEA aktualisiert werden.

Führen Sie einen Eskalationsprozess ein, der eine sofortige Benachrichtigung an den Kunden vorsieht, wenn fehlerhafte Teile ausgeliefert wurden. Die Benachrichtigung muss eine detaillierte Beschreibung enthalten. In der Praxis wird dazu beispielsweise der 8D-Report verwendet, da in diesem Report alle Vorgaben für eine korrekte Berichterstattung enthalten sind und dieser für die Maßnahmenergreifung und -überwachung weitergeführt werden kann. Dieser Bericht wird in der Regel sowieso vom Kunden gefordert.

Dokumentierte Information

Detaillierte Beschreibung der fehlerhaften Produkte mit Maßnahmen

Unterstützende Werkzeuge (Auswahl)

- 8D-Report
- PLP
- FMEA

8.7.1.7 Weitere Verwendung fehlerhafter Teile (*x*)

Unter Umständen werden fehlerhafte Teile nicht nachgearbeitet oder repariert.

Die Aufmerksamkeit richtet sich auf folgende Fragen:

- Existiert ein dokumentierter Prozess über die Weiterverwendung fehlerhafter Teile?
- Wie wird mit der Weiterverwendung fehlerhafter Teile umgegangen?

Bei fehlerhaften Teilen müssen Sie entscheiden, ob eine Weiterverwendung möglich ist oder ob die Teile entsorgt, beispielsweise verschrottet, werden müssen. Stellen Sie sicher, dass fehlerhafte Produkte unbrauchbar gemacht werden, wenn sie die Anforderungen nicht erfüllen. Für die Entscheidung müssen im Unternehmen detaillierte Prüfungen, Messungen und Analysen durchgeführt werden.

Führen Sie einen dokumentierten Prozess ein, der detaillierte Vorgaben zur Bewertung und Entscheidung über die Weiterverwendung fehlerhafter Teile enthält.

Beachten Sie, dass fehlerhafte Teile erst weiterverwendet werden dürfen, wenn der Kunde seine Genehmigung erteilt hat.

Stellen Sie sicher, dass eine schriftliche Genehmigung vom Kunden eingeholt wird, bevor fehlerhafte Teile beispielsweise im Kundendienst oder als zweite Wahl (wo zutreffend) verwendet werden.

Dokumentierte Information

Es muss ein dokumentierter Prozess für die weitere Verwendung fehlerhafter Produkte vorliegen.

Unterstützende Werkzeuge (Auswahl)

- Kundenanforderungen
- Prozessmanagement
- Dokumentenmanagementsystem

Tabelle 8.28 fasst wichtige Aspekte der Normabschnitte zusammen.

Tabelle 8.28 Besondere Lenkungsmaßnahmen – Normabschnitte 8.7.1.2, 8.7.1.3, 8.7.1.4, 8.7.1.5, 8.7.1.6, 8.7.1.7 der IATF 16949 umsetzen

Leitfragen ▪ Was tun wir, wenn Produkte fehlerhaft oder fehlerverdächtig sind, nachgearbeitet, repariert oder einer weiteren Verwendung zugeführt werden müssen?
Ziel: Umsetzung besonderer Lenkungsmaßnahmen, um die Kundenanforderungen zu erfüllen
Umsetzungshinweis ▪ Gehen Sie mit fehlerverdächtigen Produkten ebenso wie mit fehlerhaften Produkten um, damit Ihr Kunde nur einwandfreie Produkte gemäß seinen Anforderungen erhält. ▪ Stellen Sie sicher, dass eine Risikoanalyse, beispielsweise eine FMEA, durchgeführt wird, um zu bewerten, ob sich durch Nacharbeit oder Reparatur Risiken ergeben. ▪ Dokumentieren Sie einen Prozess für den Umgang mit nachgearbeiteten und reparierten Produkten sowie für die weitere Verwendung fehlerhafter Produkte, der mit dem PLP korrespondiert. ▪ Halten Sie an den Arbeitsplätzen Arbeitsanweisungen für Vorgehensweisen in Bezug zu nachgearbeiteten und reparierten Produkten vor. ▪ Holen Sie immer die Genehmigung Ihres Kunden ein, bevor Sie Aktivitäten starten. ▪ Schulen Sie Ihre Mitarbeitenden. ▪ Bewahren Sie alle relevanten Nachweise auf.
Mögliche Auditnachweise ▪ Prozessbeschreibung zum Umgang mit Nacharbeit, Reparatur und Weiterverwendung ▪ Arbeitsanweisungen ▪ FMEA ▪ PLP ▪ Kundengenehmigungen ▪ Schulungsnachweise ▪ Nachweise über Reparatur, Nacharbeit und Weiterverwendung (Brückner 2019)

8.7.2 Steuerung nichtkonformer Produkte

In diesem Abschnitt der ISO 9001 wird noch einmal explizit darauf hingewiesen, dass alle dokumentierten Informationen aufbewahrt werden müssen,

- die eine Nichtkonformität jeglicher Art, die zugehörenden Maßnahmen sowie die verantwortliche Stelle beschreiben,
- die Sonderfreigaben beschreiben.

9 Bewertung der Leistung: Ergebnisse bewerten und Konsequenzen daraus ziehen

In diesem Normabschnitt geht es um die Bewertung der eigenen Leistung (Bild 9.1). Bei der Leistung handelt es sich um messbare Ergebnisse, die sich auf Produkte, Dienstleistungen, Prozesse, Tätigkeiten sowie Systeme beziehen und sich aus dem Managen der Qualitätsaspekte (z. B. Kundenzufriedenheit, Fehlerfreiheit etc.) ergeben. Es steht also die Frage im Zentrum, wie wirksam (effektiv) die umgesetzten Aktivitäten sind und welche zukünftigen Aktivitäten sich davon ableiten lassen. Es ist Aufgabe der Führungskräfte, mittels der Managementbewertung zukünftige Handlungsfelder zu erschließen und die Weichen für eine mögliche Verbesserung zu stellen. Die Bewertung der Leistung sollte möglichst objektiv sein. Sie liefert die Basis für weitere Entscheidungen, und zwar für Entscheidungen, die faktenbasiert sind.

Dieser Abschnitt widmet sich vorrangig den folgenden Fragestellungen:

- Wie erfolgt die Bewertung unserer Leistung (Leistung der Organisation)?
- Wie überwachen und messen wir die Wirksamkeit (Effektivität) unseres QMS, die Konformität von Produkten und Dienstleistungen, die Qualität der Prozesse, die Kundenzufriedenheit sowie unsere Managementprozesse?
- Wie und wie oft führen wir unsere internen Audits durch?
- Wie analysieren und bewerten wir die Ergebnisse und welche Konsequenzen ziehen wir daraus?

Wirksamkeit ist das „Ausmaß, in dem geplante Tätigkeiten verwirklicht und geplante Ergebnisse erreicht werden" (ISO 9000:2015).

Bei der Managementbewertung müssen auch die ermittelten Einflussfaktoren (Themen) sowie die relevanten Stakeholder berücksichtigt werden. Die Ergebnisse der Bewertungen wiederum müssen sich in Ihrer Maßnahmenplanung wiederfinden.

Bild 9.1
Normkapitel 9 Bewertung der Leistung der ISO 9001 und IATF 16949 im Überblick

Bei einem Audit könnten folgende Fragen gestellt werden (Weghorn 2022):

- Wie erfolgt die Bewertung der Leistung der Organisation?
- Wie erfolgt die Analyse über die Wahrnehmung des Kunden (Kundenzufriedenheit)?
- Wie erfolgen eine Analyse und Beurteilung von Daten und Informationen, die sich aus Überwachung, Messung und anderen Quellen ergeben?
- In welcher Form erfolgen interne Audits und welche Auditkriterien gibt es?
- Wie werden Audits dokumentiert?
- Welche Aspekte (Eingaben) behandelt die Managementbewertung (Bewertung des QMS)?
- Welche Entscheidungen und Maßnahmen enthält die Managementbewertung?

Bei der IATF 16949 können noch folgende Auditfragen hinzukommen (Brückner 2019):

- Wie werden Produktionsprozesse überwacht und deren Leistung gemessen?
- Welche statistischen Methoden werden angewendet?
- Welche Qualitätsindikatoren werden zur Messung der Kundenzufriedenheit angewendet?
- Wie werden System-, Prozess- und Produktaudits durchgeführt?
- Wie und wann erfolgt die Durchführung der Managementbewertung?

9.1 Überwachen, messen, analysieren und bewerten

Bild 9.1 fasst die Aspekte dieses Normabschnitts zusammen. Überwachung bedeutet, dass der Zustand eines Produkts, einer Dienstleistung, einer Tätigkeit, eines Prozesses oder eines Systems bestimmt wird. Eine Messung liefert einen konkreten Wert. Überwachung und Messung sind im Regelfall eng verknüpft.

Analyse bedeutet, dass verschiedene Möglichkeiten aufgezeigt werden, dass nicht nur beschrieben wird, sondern auch erklärt. Dazu zählen auch Klassifikationen, Interpretationen, Erzählen oder Theoretisieren.

Bewertung bezieht sich darauf, was die Analyse konkret für ein Unternehmen bedeutet. Hier wird ein Urteil über die vorliegenden Zahlen, Werte etc. abgegeben. Die ISO übersetzt Bewertung mit „Bestimmung der Eignung, Angemessenheit und Wirksamkeit eines Objekts, festgelegte Ziele zu erreichen".

Bild 9.2 Abschnitt 9.1 der ISO 9001 und IATF 16949 im Überblick

9.1.1 Allgemeines

In diesem Abschnitt müssen Sie definieren, was Sie überwachen und messen müssen, welche Methoden Sie wählen, wann Sie das Ganze durchführen, analysieren und bewerten. Die Anforderungen an die Überwachung und Messungen sind eng mit dem Entwicklungsprozess (Abschnitt 8.3) verknüpft. Mit der Analyse der Daten können Sie auch den Erfolg von Verbesserungsmaßnahmen etc. bewerten.

Dieser Abschnitt konzentriert sich auf folgende zentrale Fragen:

- Was und wie wollen wir messen?
- Wie analysieren wir die Daten?
- Wie gehen wir bei der Bewertung vor?
- Wie, wie oft und wann messen, analysieren und bewerten wir die Kundenzufriedenheit, die Konformität der Produkte und Dienstleistungen, Leistung, Effektivität (Wirksamkeit) sowie den Verbesserungsbedarf des QMS, die Wirksamkeit unserer durchgeführten Maßnahmen zum Umgang mit Chancen und Risiken und die Leistung externer Anbieter?

Überwachung und Messung zielen darauf ab, dass die Konformität von Produkten und Dienstleistungen sichergestellt wird.

Sie können eine Dienstleistung, ein Produkt, einen Prozess, eine Tätigkeit oder ein System überwachen und messen. Bei der Überwachung kann es sich um eine Prüfung, Beobachtung, Beaufsichtigung oder dergleichen handeln. Bei der Messung müssen Sie definieren, welchen konkreten Wert Sie ermitteln wollen. Sollte ein Bauteil beispielsweise 3 cm lang sein, dann ist die Länge zu messen. Oder bei einer Schulung könnte es sich bei dem Messwert um die Durchfallrate handeln, beispielsweise < 5 %.

Nur wenn Sie wissen, was konkret erreicht werden soll, können Sie Abweichungen erkennen.

Sie müssen dabei Aspekte wie Gültigkeit, Zuverlässigkeit, Dokumentation etc. berücksichtigen. Ebenso berücksichtigen müssen Sie, dass die Personen, die die Überwachung und Messung durchführen, die erforderliche Kompetenz aufweisen.

Sie müssen auch definieren, welche Methoden Sie zur Überwachung, Messung, Analyse und Bewertung einsetzen wollen. Dabei müssen Sie sicherstellen, dass Sie mit den verwendeten Methoden gültige (valide) Ergebnisse erzielen. Unterstützen können hierbei Kennzahlen, Datenanalysen, manuelle und automatische Messungen etc.

Die Durchführung der Überwachung, Messung, Analyse und Bewertung muss jeweils terminiert werden. Bei der Produktion werden häufig automatisierte Verfahren eingesetzt, die alle vier Aspekte fortlaufend übernehmen; es könnte sich aber auch um Stichprobenprüfungen handeln, die beispielsweise stündlich durchgeführt werden.

Bei einem Schulungsunternehmen würden sich z. B. Termine wie nach dem ersten Modul, während der Halbzeit des Kurses und zum Schluss anbieten.

Dokumentierte Information

Die Ergebnisse der Leistungsbewertung und der Effektivität (Wirksamkeit) des QMS müssen nachgewiesen werden können. Dazu muss eine „geeignete" dokumentierte Information vorliegen.

Unterstützende Werkzeuge (Auswahl)

- Mess- und Prüfplan
- Messprotokolle- und Prüfberichte
- Sensorik & IoT-gestützte Systeme (Internet of Things)
- Trendanalysen & Zeitreihenvisualisierungen
- Kennzahlensysteme
- Bewertungstools (z. B. FMEA, SWOT)

9.1.1.1 Produktionsprozesse überwachen und messen (*X*)

Die IATF 16949 verlangt, dass neue Produktionsprozesse inklusive Montage und Sequenzierung überwacht, gemessen, analysiert und bewertet werden müssen, um die Prozessfähigkeit zu überprüfen. Das Ziel der Überwachung und Messung von Produktionsprozessen besteht darin, dass alle Prozesse beherrscht ablaufen. Durch strikt angewendete Methoden können Abweichungen von den Sollwerten früh erkannt und rechtzeitig Maßnahmen ergriffen werden, um Ausschuss und Nacharbeit zu reduzieren. Sie müssen nachweisen, dass Ihre Prozesse in der Lage sind, die Produkte in der Qualität zu liefern, dass die Spezifikationen und die Kundenanforderungen erfüllt sind.

Folgende Frage steht in diesem Abschnitt im Mittelpunkt:

- Haben wir einen systematischen Ansatz zur Überwachung und Messung neuer Produktionsprozesse?

Legen Sie für die Überprüfung der festgelegten Kundenanforderungen hinsichtlich Produkt- und Produktionsprozessfreigabe Vorgaben fest wie z. B. Prüfung auf Vollständigkeit, Konsistenz, Detaillierungsgrad, Aktualität.

Sie müssen sich strikt an die Kundenanforderungen halten, die im Produktionsprozess- und Produktfreigabeverfahren festgelegt sind und in erster Linie die Umsetzung folgender Aspekte prüfen:

- Prozessablaufplan,
- Prozess-FMEA,
- Produktionslenkungsplan

sowie die Einhaltung der festgelegten Messtechniken, Stichprobenpläne, Annahmekriterien, die tatsächlichen Messwerte bzw. Prüfergebnisse variabler Daten.

Wenn die Konformität nicht mittels Prozessfähigkeit nachgewiesen werden kann, können für diese Produkte alternative Methoden angewendet werden.

Prüfen Sie dazu, ob die verwendeten Messinstrumente korrekt kalibriert sind, ob die angewandten Messmethoden den spezifizierten Normen entsprechen und ob die Messergebnisse innerhalb der Toleranzgrenzen liegen, die vom Kunden vorgegeben wurden. Prüfen Sie zudem die notwendige Qualifikation des Personals.

Stellen Sie z. B. durch Audits sicher, dass die Stichprobenentnahmen vollständig gemäß den Vorgaben durchgeführt und die Annahmekriterien korrekt eingehalten werden. Achten Sie darauf, dass eventuell verwendete Messinstrumente kalibriert sind.

Wenn Annahmekriterien nicht erfüllt werden, müssen Reaktionspläne und Eskalationsprozesse eingehalten werden. Bei Nichterfüllung definierter Vorgaben oder bei identifizierten Instabilitäten muss der Reaktionsplan ausgelöst werden, der im Produktionslenkungsplan angegeben ist, um schnell geeignete Korrekturmaßnahmen zu ergreifen. Diese Korrekturmaßnahmen müssen dokumentiert werden, inklusive Terminen und Verantwortlichkeiten. Zudem muss der Maßnahmenplan zusammen mit dem Kunden bewertet und im Anschluss vom Kunden freigegeben werden.

Dokumentieren Sie jede Prozessänderung und archivieren Sie diese nach Ihren Vorgaben. Beachten Sie mögliche Aufbewahrungsfristen.

Das Ziel der Überwachung und Messung von Produktionsprozessen besteht darin, dass alle Prozesse beherrscht ablaufen. Durch strikt angewendete Methoden können Abweichungen von den Sollwerten früh erkannt und rechtzeitig Maßnahmen ergriffen werden, um Ausschuss und Nacharbeit zu reduzieren.

Dokumentierte Information

Werkzeugwechsel, Maschinenreparatur sowie das Inkrafttreten von Prozessänderungen müssen dokumentiert werden.

Unterstützende Werkzeuge (Auswahl)

- IATF-Core-Tools, darunter APQP/Control Plan, FMEA, MSA, SPC und PPAP
- Interne Audits
- P-FMEA
- PLP
- Wertstromanalyse

9.1.1.2 Festlegung statistischer Methoden (X)

Unternehmen, die nach der IATF 16949 zertifiziert sind, sind verpflichtet, geeignete statistische Methoden in ihrem Qualitätsmanagementsystem anzuwenden.

In diesem Abschnitt steht folgende Frage im Vordergrund:

- Haben wir geeignete statistische Methoden festgelegt?

Bei der Qualitätsvorausplanung müssen geeignete statistische Methoden angewendet werden. APQP ist beispielsweise eine strukturierte Methode, die verwendet wird, um die Qualität von Produkten während der Entwicklungsphase und während der Produktion sicherzustellen. Eine vergleichbare Methode ist beispielsweise DMAIC (Define, Measure, Analyze, Improve, Control), die APQP sehr ähnlich ist. Mit der Methode Reifegradabsicherung von Neuteilen wird sichergestellt, dass neue Teile oder Produkte den gewünschten Qualitätsstatus erhalten, bevor die Serienproduktion beginnt. An erster Stelle muss jedoch die Methode verwendet werden, die der Kunde fordert.

Statistische Methoden müssen auch bei Produkt- und/oder prozessbezogenen Risikoanalysen angewendet werden. In diesen Fällen können beispielsweise die Design- oder Prozessanalyse eingesetzt werden.

Auch im Produktionslenkungsplan müssen statistische Methoden hinterlegt werden, beispielsweise SPC.

Unterstützende Werkzeuge (Auswahl)

- Stichprobenplanung (z. B. ISO 2859)
- Prozessfähigkeitsanalysen (Cp, Cpk)
- Regelkarten/SPC
- Trendanalysen/Histogramme
- Pareto-Analysen
- Regressionsanalysen/Korrelationen

9.1.1.3 Anwendung statistischer Grundbegriffe (X)

Alle Mitarbeitenden, die sich mit der Erfassung, Analyse und Auswertung statistischer Daten befassen, müssen statistische Grundbegriffe verstehen.

Folgende Frage steht im Zentrum dieses Abschnitts:

- Verstehen unsere Mitarbeitenden die Grundbegriffe der Statistik?

Legen Sie die Zielgruppe fest, die die Grundbegriffe verstehen soll. In der Praxis hat es sich bewährt, wenn die Schulungen modular aufgebaut werden. Das Grundmodul sollte wichtige Grundbegriffe enthalten, wie beispielsweise Mittelwert, Standardabweichung, Streuung, Normalverteilung. Darauf aufbauend können dann wichtige Methoden geschult werden, wie beispielsweise statistische Prozesslenkung (SPC),

Prozessfähigkeit und praxisnahe Vorgehensweisen wie Datenerhebung, Software-Tools.

Wichtig ist, dass Sie mit qualifizierten Trainern arbeiten und regelmäßige Auffrischungsschulungen bzw. Schulungen für neue Mitarbeitende anbieten.

Unterstützende Werkzeuge (Auswahl)

- E-Learnings
- Präsenztrainings
- Workshops
- On-the-Job-Trainings
- Schulungsdatenbanken
- Schulungsnachweise

Tabelle 9.1 fasst die wichtigen Aspekte zu diesem Normabschnitt zusammen.

Tabelle 9.1 Anforderungen an die Überwachung und Messung definieren – Normabschnitte 9.1.1 der ISO 9001 und 9.1.1.1, 9.1.1.2, 9.1.1.3 der IATF 16949 umsetzen

Leitfragen

- Was müssen wir überwachen und messen?
- Welche Methoden wählen wir?
- Wann führen wir das Ganze durch? Wann analysieren und bewerten wir?
- Wie überwachen und messen wir Produktionsprozesse?
- Haben wir statistische Methoden festgelegt?
- Kennen unsere Mitarbeitenden statistische Grundbegriffe?

Ziel: Definition der Anforderungen an Überwachung und Messung

Umsetzungshinweis

Legen Sie einen Abschnitt in der dokumentierten Information oder im QM-Handbuch an, der folgende Grundsatzaussagen zur Bewertung der Leistung der Organisation enthält:

- Es ist festgelegt, was überwacht und gemessen werden muss.
- Es sind die Methoden zur Überwachung, Messung, Analyse und Bewertung festgelegt, um gültige Ergebnisse sicherzustellen.
- Es ist festgelegt, wann die Überwachung und Messung durchzuführen sind.
- Es ist festgelegt, wann die Ergebnisse der Überwachung und Messung zu analysieren und zu bewerten sind.
- Legen Sie fest, was gemessen werden muss.

Führen Sie die Analysen gemäß den gemachten Vorgaben durch und bewahren Sie geeignete Nachweise der Ergebnisse auf.

Das Fazit dieser Ergebnisse ist in die Managementbewertung einzubringen (siehe Normabschnitt 9.3).

(Weghorn 2022)

Identifizieren Sie die Produktionsprozesse, die überwacht werden müssen.

- Überprüfen Sie die Kundenanforderungen, die im Produktionslenkungsplan (PLP) festgelegt sind.
- Achten Sie darauf, dass diese mindestens die Aspekte des Abschnitts 9.1.1.1 enthalten.
- Dokumentieren Sie jeglichen Werkzeugwechsel oder jegliche Reparaturen entweder mit speziellen Formularen oder direkt im ERP-System.
- Lösen Sie bei Bedarf den Reaktionsplan aus, der im PLP festgelegt ist.
- Erstellen Sie, wenn erforderlich, einen Korrekturmaßnahmenplan.
- Dokumentieren Sie jede Art von Prozessänderung und archivieren Sie diese.

Legen Sie fest, wie Sie mit statistischen Methoden und Grundbegriffen umgehen.

- Stellen Sie sicher, dass geeignete statistische Methoden in der Qualitätsvorausplanung verwendet werden.
- Sorgen Sie dafür, dass Fähigkeiten im Hinblick auf statistische Grundbegriffe ermittelt und passende Schulungen geplant und durchgeführt werden.

(Brückner 2019)

Mögliche Auditnachweise

- Prüfplanungskonzept
- Kennzahlenübersichten
- Kennzahlen pro Prozess
- SPC-Überwachung von Prozessen
- Reviewberichte
- Prüfpläne
- Prüfschritte in Workflows
- Stichprobenpläne
- Prüfanweisungen
- Auswerteverfahren (Datenanalysen)
- Fehler-/Ausschussquoten
- Fehlerschwerpunkte, Trends
- Qualitätsberichte
- Kundenanforderungen (CSR)
- Nachweise über Prozessänderungen, Werkzeugwechsel, Maschinenreparaturen
- Korrekturmaßnahmenpläne
- Produktionslenkungsplan (PLP)
- Prozessablaufplan
- Design-FMEA
- Prozess-FMEA
- Messsystemanalysen (MSA)
- Auditberichte
- APQP
- DMAIC (Define, Measure, Analyze, Improve, Control)
- Reifegradabsicherung für Neuteile
- Qualifikationsmatrizen
- Kompetenzmatrizen
- Schulungsnachweise

(Gietl/Lobinger 2022, Brückner 2019)

9.1.2 Kundenzufriedenheit

In diesem Normabschnitt geht es darum, wie Sie die Kundenzufriedenheit messen und bewerten. Kundenzufriedenheit bezieht sich darauf, inwieweit die Erwartungen und Wünsche des Kunden erfüllt werden. Eine zentrale Forderung der ISO ist die Verbesserung der Kundenzufriedenheit.

Folgende Fragen stehen im Zentrum:

- Wie und mit welchen Methoden wird die Kundenzufriedenheit ermittelt?
- Welche Messkriterien werden verwendet?
- Wie wird aufgrund der Ergebnisse die Kundenzufriedenheit verbessert?

Diese können Sie nur verbessern, wenn Sie wissen, was der Kunde will, ob diese Wünsche stabil sind oder sich verändern und ob Sie diese Wünsche und Erwartungen erfüllen. Die Wünsche und Erwartungen müssen nicht zwingend explizit vom Kunden formuliert werden.

Um dies zu erreichen, müssen Sie die Wünsche der Kunden kennen, diese bewerten und feststellen, ob diese erfüllt werden können.

Die ISO 9001 gibt hierfür Beispiele, wie Kundenbefragungen, Rückmeldungen, Treffen mit Kunden, Marktanteilsanalysen, Anerkennungen, Gewährleistungsansprüche und Händlerberichte.

Die ISO 9001 schreibt nicht vor, wie oft die Kundenzufriedenheit ermittelt werden soll, sinnvoll ist jedoch eine jährliche Messung. In schnelllebigen Märkten kann eine höhere Frequenz nötig sein. Wichtig ist, dass Sie die Entwicklung der Zufriedenheit nachvollziehen können, indem Sie stets die gleichen Messkriterien verwenden. Es ist sinnvoll, reine Befragungen mit wirtschaftlichen Kennzahlen zu kombinieren. Auch die Anzahl der zu befragenden Kunden ist nicht festgelegt und sollte an Ihr Produkt oder Ihre Dienstleistung angepasst werden.

Die Ermittlung der Kundenzufriedenheit muss zu Ihrem Unternehmen passen!

Unabhängig von der ISO sollten Sie immer versuchen, möglichst nah an Ihren Kunden zu sein. Kunden wechseln leicht zu einem anderen Anbieter. Und Sie werden es nur sehr selten erleben, dass Kunden Sie hiervon im Vorfeld informieren. Diese Kunden sind dann einfach weg.

Für die allermeisten Unternehmen ist es überlebensnotwendig, Veränderungen der Kundenzufriedenheit möglichst schnell wahrzunehmen, um darauf passend reagieren zu können.

Sie müssen also definieren, wie Sie die Erwartungen (Anforderungen) Ihrer Kunden erfassen wollen, beispielsweise anhand von Befragungen, Einbindung des Kunden in die Entwicklung, Konkurrenzanalysen etc. Im Sinne der ISO müssen Sie die Kundenerwartungen auch immer im Blick behalten (überwachen). Hierfür bieten sich beispielsweise die Überprüfung von Kennzahlen (z. B. Absatzzahlen, Reklamationsquoten) nach festgelegten Zeitpunkten, Wiederholung der Befragung, Einholen von Feedback etc. an. Sie müssen dabei immer wieder überprüfen, ob sich die Erwartungen Ihrer Kunden verändert haben, beispielsweise anhand von Soll-Ist-Vergleichen der Kennzahlen, Vergleich der unterschiedlichen Befragungsergebnisse etc.

Wichtig ist, dass Sie regelmäßig überprüfen, ob Ihre Produkte oder Dienstleistungen weiterhin die Wünsche und Erwartungen (Anforderungen) Ihrer Kunden erfüllen, beispielsweise durch ein Reklamationsmanagement, Kundenbefragungen, Auswertung von Händlerberichten etc.

Unterstützende Werkzeuge (Auswahl)

- Kundenbefragungen
- Kennzahlensysteme
- Workshops
- Mess- und Prüfpläne

9.1.2.1 Kundenzufriedenheit – Ergänzung (*X*)

Die IATF 16949 fordert ergänzend, dass in die Leistungsindikatoren bei der Ermittlung der Kundenzufriedenheit Ergebnisse der Lieferungen im Hinblick auf Qualität mit einbezogen werden müssen.

Im Mittelpunkt dieses Abschnitts stehen folgende Fragen:

- Bewerten und überwachen wir unsere internen und externen Leistungsindikatoren kontinuierlich?

Entsprechen die Leistungen eines Unternehmens lediglich den Anforderungen und Erwartungen des Kunden, so wird dessen Zufriedenheit eher „neutral" ausfallen. Werden die Erwartungen übertroffen, dann wird die Kundenzufriedenheit steigen. Erst wenn das Unternehmen es schafft, den Kunden zu begeistern, wird die Möglichkeit steigen, dass der Kunde bei dem Unternehmen bleibt. Um das zu erreichen und um eine stetige Erfüllung der Kundenanforderungen sicherzustellen, strafft die IATF 16949 die Forderungen und gibt vor, dass die Zufriedenheit mit der eigenen Leistung durch interne und externe Leistungsindikatoren überwacht werden muss. Die Mindestaspekte für die Analyse sind dabei fix vorgegeben:

- Ergebnisse der Lieferungen im Hinblick auf Qualität
- alle Arten von Störungen in den geplanten Abläufen, die beim Kunden zu Produktionsunterbrechungen führen

- Feldausfälle
- Rückrufe und Fälle von Gewährleistungen
- Termin- und Mengentreue
- Vorfälle, die mit Zusatzfrachtkosten behaftet sind
- Kundenbenachrichtigungen im Hinblick auf Qualitäts- und Lieferprobleme
- Rückmeldungen über den Kundenstatus
- Einstufungen in den Kundenportalen
- Lieferantenbewertung durch die Kunden

Die relevanten Kennzahlen werden in der Regel in verschiedenen Abteilungen erhoben. Sie sollten beim QM zusammengeführt und über eine Gewichtung der einzelnen Aspekte als eine Kennzahl dargestellt werden, damit über die Jahre eine Trenddarstellung möglich ist.

Tabelle 9.2 fasst wichtige Aspekte des Normabschnitts 9.1.2 zusammen.

Tabelle 9.2 Kundenzufriedenheit ermitteln – Normabschnitt 9.1.2 der ISO 9001 und 9.1.2.1 der IATF 16949 umsetzen

Leitfragen ▪ Wissen wir, was unsere Kunden wollen? ▪ Erfüllen wir diese Wünsche und Erwartungen? ▪ Beziehen wir interne und externe Leistungsindikatoren mit ein? ▪ Überwachen wir alle Produktionsprozesse?
Ziel: Ermittlung der Kundenzufriedenheit
Umsetzungshinweis ▪ Legen Sie ein Verfahren fest, wie die Wahrnehmung von Kunden über den Erfüllungsgrad ihrer Anforderungen überwacht werden kann, z. B. als Prozessbeschreibung oder in Form eines Abschnitts im QM-Handbuch. Ziel ist eine mögliche Messung der Kundenzufriedenheit. ▪ Beschaffen Sie die für die praktische Umsetzung notwendigen Arbeitswerkzeuge wie Formblätter zur Kundenbefragung, Gesprächsprotokolle, Besuchsberichte etc. ▪ Führen Sie die Werkzeuge gemäß Ihrem Verfahren ein und sammeln Sie Daten, damit diese später analysiert werden können (siehe Normabschnitt 9.1.3). (Weghorn 2022) ▪ Beziehen Sie bei der Ermittlung der Kundenzufriedenheit die Mindestanforderungen des Abschnitts 9.1.2.1 mit ein. ▪ Legen Sie konkrete, messbare Kennzahlen fest, die die Leistung aus Sicht des Kunden widerspiegeln. (Beispielsweise ppm-Werte, Liefertreue, Gewährleistungsfälle und deren Kostenaufwand.) ▪ Weisen Sie Verantwortlichkeiten für die Erfassung, Analyse und Berichterstattung der Leistungsindikatoren zu.

- Führen Sie periodische Überprüfungen der gesammelten Daten durch (z. B. monatlich oder quartalsweise). Identifizieren Sie Trends und Abweichungen.

(Brückner, 2019)

Mögliche Auditnachweise

- Maßnahmenpläne aus persönlichen Kundengesprächen
- Indirekte Kennzahlen zur Kundenzufriedenheit (Wiederholkäuferrate, Marktanteil, Kundenabwanderungsrate, Kundenzugewinnrate etc.)
- Kundenzufriedenheitsanalysen
- Erhaltene Lieferantenbewertungen (durch unsere Kunden)
- Benchmarking
- Auswertungen von Mailings und Telefonaktionen
- Analysieren der Gründe für Gutschriften
- Besuchsberichte
- Auswertung Händleraussagen
- Zufriedenheitsspontanäußerungen
- Kundenbefragung
- Analyse der Marktanteile
- Gewährleistungsansprüche
- Händlerberichte
- Kundenscorecards
- Kennzahlensysteme
- Auditberichte
- Berichte von Kundenbesuchen
- Korrektur- und Vorbeugemaßnahmen

(Gietl/Lobinger 2022; Brückner 2019)

9.1.3 Analyse und Bewertung

Die Ergebnisse der Überwachung und Messung müssen analysiert und bewertet werden. Dazu eignen sich beispielsweise statistische Verfahren. Welche Methode Sie wählen, ist Ihnen freigestellt. Nutzen Sie hierfür auch die Ergebnisse Ihrer internen Audits.

Im Zentrum dieses Abschnitts steht folgende Frage:

- Analysieren wir die entsprechenden Daten und Informationen, die wir aus Messungen und Überwachungen erhalten?

Diese Analyse und Bewertung muss beim Managementreview mitberücksichtigt werden.

Die Konformität der Produkte und Dienstleistungen sowie der Kundenzufriedenheit muss anhand der Analyseergebnisse aus Überwachung und Messung bewertet werden. Ebenso müssen die Leistung (erreichte Ergebnisse) und die Wirksamkeit (Effektivität; das Richtige tun) des QMS bewertet werden. Zur Leistungsbewertung gehört, dass Kennzahlen mit betrachtet werden. Eine sinnvolle Bewertung kann nur erfolgen, wenn alle Zahlen berücksichtigt werden (z. B. anhand der Balanced Scorecard). Sie müssen, um die Wirksamkeit nachzuweisen, klare Ursache-Wirkungs-Ketten oder Regelkreise aufzeigen können.

Auch die Umsetzung der Planung muss bewertet werden; ebenso die Maßnahmen im Umgang mit Chancen und Risiken. Wurde mit den Maßnahmen tatsächlich das erreicht, was erreicht werden sollte? Leisten die externen Anbieter (Lieferanten) das, was sie leisten sollen? Auch diese Leistung muss bewertet werden.

Schließlich muss auch der Verbesserungsbedarf des QMS anhand der Analyseergebnisse aus Überwachung und Messung bewertet werden. Dieser ermittelte Verbesserungsbedarf muss dann wiederum in die Planung mit einfließen (PDCA).

Unterstützende Werkzeuge (Auswahl)

- Managementreviews
- Workshops
- Balanced Scorecard
- SWOT-Analyse
- Qualitätszirkel

9.1.3.1 Priorisierung von Daten (*X*)

Um die Kundenzufriedenheit stetig zu verbessern, ist es sinnvoll, die relevanten Daten kontinuierlich zu erheben und auszuwerten, damit stetig Maßnahmen ergriffen werden können.

Das wirft in diesem Abschnitt folgende Fragen auf:

- Wird ein Soll-Ist-Vergleich bei der Analyse durchgeführt?
- Werden vor Einleitung von Maßnahmen Priorisierungen vorgenommen?

Die Datenanalyse muss genutzt werden, um Verbesserungsmaßnahmen zu priorisieren. Es reicht nicht aus, einfach nur alle Probleme zu erkennen; es geht darum, die dringlichsten und wichtigsten zuerst anzugehen. Sie müssen sich auf die Daten konzentrieren, die am relevantesten sind. Nutzen Sie Methoden wie die Pareto-Analyse, um die wenigen Hauptursachen zu identifizieren, die für die meisten Probleme verantwortlich sind. Vergessen Sie dabei nicht, die Risiken und Auswirkungen auf den oder die Kunden zu berücksichtigen.

Probleme, die die Kundenzufriedenheit direkt beeinflussen oder sogar zu Produktionsausfällen führen könnten, haben immer höchste Priorität.

Die Priorisierung sollte nachvollziehbar und beispielsweise in einem Maßnahmenplan erkennbar dokumentiert werden, um sicherzustellen, dass die begrenzten Ressourcen dort eingesetzt werden, wo sie den größten Nutzen bringen.

Unterstützende Werkzeuge (Auswahl)

- KPI-Ampelbericht
- Pareto-Analyse
- Problemlösungsmethoden (z. B. 8D, Ishikawa-Diagramm oder 5 Why)

Tabelle 9.3 fasst die wichtigen Aspekte zu diesen Normabschnitten zusammen.

Tabelle 9.3 Ergebnisse analysieren und bewerten – Normabschnitt 9.1.3 der ISO 9001 und 9.1.3.1 der IATF 16949 umsetzen

Leitfrage: Ist sichergestellt, dass wir die Ergebnisse der Überwachung und Messung analysieren und bewerten?
Ziel: Analyse, Beurteilung und Priorisierung von Daten und Informationen, die sich aus Überwachung, Messung und anderen Quellen ergeben
Umsetzungshinweis Führen Sie Analysen und Bewertungen zu folgenden Punkten durch: ▪ Konformität der Produkte/Dienstleistungen ▪ Grad der Kundenzufriedenheit (siehe Normabschnitt 9.1.2) ▪ Leistung und Wirksamkeit des QMS ▪ Wirksamkeit der Umsetzung der Planung ▪ Wirksamkeit von Maßnahmen bezüglich Risiken und Chancen ▪ Leistung externer Anbieter ▪ Bedarf an Verbesserungen Die Ergebnisse der Analysen und Beurteilung sollten Sie in die Managementbewertung einbringen. **Hinweis:** Die Anwendung statistischer Methoden ist in der ISO 9001 nicht (mehr) explizit gefordert, jedoch kann eine dem Stand der Technik entsprechende Beurteilung/Analyse ohne sie in der Regel nicht umgesetzt werden. (Weghorn 2022) Nehmen Sie Priorisierungen vor. ▪ Ermitteln Sie, welche Leistungskennzahlen (KPIs) für Ihre Kunden am wichtigsten sind bzw. welche von Ihrem Kunden gefordert werden. ▪ Sammeln und analysieren Sie kontinuierlich Daten zu diesen KPIs. Nutzen Sie Werkzeuge wie Pareto-Analysen, um die größten Problembereiche zu identifizieren. ▪ Berücksichtigen Sie Kundenscorecards. ▪ Dokumentieren Sie Ihre Vorgehensweise für die Priorisierung. (Brückner 2019)

Tabelle 9.3 Ergebnisse analysieren und bewerten – Normabschnitt 9.1.3 der ISO 9001 und 9.1.3.1 der IATF 16949 umsetzen *(Fortsetzung)*

Mögliche Auditnachweise ▪ Statistiken zu Unternehmenskennzahlen ▪ Statistiken zu Prozesskennzahlen ▪ Statistische Auswertungen (Trendanalysen, Schwerpunkte, Korrelationen), Pareto-Diagramme, Histogramme ▪ Q-Regelkarten ▪ Kundenportale ▪ Kundenscorecards ▪ Aktionspläne ▪ Korrektur- und Vorbeugemaßnahmen mit Darstellung der Priorisierung (Gietl/Lobinger 2022)

9.2 Internes Audit

Die ISO und die IATF verlangen, dass Sie regelmäßig interne Audits durchführen. Sie sollten damit nachweisen, wie Sie die Anforderungen des QMS der ISO 9001 sowie der IATF 16949 erfüllen und dass das QMS effektiv umgesetzt und aufrechterhalten wird (Bild 9.3). Mit einem internen Audit können Sie auch notwendige Verbesserungen erkennen und Risiken identifizieren.

Folgende Fragen stehen im Zentrum:

- Wie planen und führen wir unsere internen Audits durch?
- Wie oft führen wir Audits durch? Führen wir System-, Prozess- und Produktaudits durch?
- Welche Kriterien gelten dabei?
- Welche Methoden und Berichterstattung nutzen wir?
- Welche Auditoren wählen wir?

Ein Audit ist ein systematischer, unabhängiger und dokumentierter Prozess zur Erlangung von Auditnachweisen und zu deren objektiver Auswertung, um zu bestimmen, inwieweit Auditkriterien erfüllt sind (ISO 9000:2015). Mit einem Audit werden Sachverhalte auf Basis von Nachweisen objektiv bewertet. Dazu werden Auditinterviews durchgeführt.

Im Sinne der Norm müssen Sie „ein oder mehrere Auditprogramme planen, aufbauen, verwirklichen und aufrechterhalten“. In einem Auditprogramm wird festgelegt, wer was wie auditiert. Die ISO 19011 dient hierbei als Orientierung. Ein internes Audit muss auch die unternehmensspezifischen sowie die gesetzlichen und behördlichen Anforderungen berücksichtigen.

Bild 9.3 Abschnitt 9.2 der ISO 9001 und der IATF 16949 im Überblick

Neben dem Nachweis, dass Vorgaben eingehalten werden, geht es bei internen Audits auch darum, Verbesserungspotenziale zu identifizieren (Bild 9.3). Es sollte nicht darum gehen, einen Schuldigen zu finden, sondern darum, dass Fehler als Chance zur Verbesserung interpretiert werden. Versuchen Sie dementsprechend, einen konstruktiven Umgang mit Fehlern zu implementieren.

Bei einem internen Audit wird der aktuelle Stand überprüft. Zu empfehlen ist, dass ein interdisziplinäres Team in einem Projekt für die Durchführung der internen Audits verantwortlich ist.

9.2.1 Auditintervalle

Interne Audits müssen in geplanten Abständen durchgeführt werden. Ziel ist es, zu überprüfen, ob das Qualitätsmanagementsystem (QMS) den eigenen Anforderungen sowie den Anforderungen der ISO 9001 entspricht und ob es wirksam umgesetzt und aufrechterhalten wird.

In diesem Abschnitt steht folgende Frage im Mittelpunkt:

- Werden unsere internen Audits so geplant und durchgeführt, dass sie die Wirksamkeit unseres Qualitätsmanagementsystems objektiv bewerten und kontinuierlich verbessern?

Zertifizierungsgesellschaften verlangen zumeist, dass alle drei Jahre das komplette QMS intern auditiert wird. Wie oft Sie ein internes Audit durchführen, bleibt Ihnen überlassen. Sie müssen allerdings den Abstand zwischen den einzelnen internen Audits definieren, wobei die ISO diese Abstände nicht weiter spezifiziert.

9.2.2 Das interne Auditprogramm

Die internen Audits müssen in geplanten Abständen stattfinden, um festzustellen, ob das Qualitätsmanagementsystem (QMS) den Anforderungen der Norm und den eigenen Anforderungen der Organisation entspricht und wirksam umgesetzt sowie aufrechterhalten wird.

Dieser Abschnitt konzentriert sich auf folgende zentrale Frage:

- Wie stellt Ihre Organisation sicher, dass interne Audits aktiv zur kontinuierlichen Verbesserung beitragen?

Ein Auditprogramm sollte festgelegt werden, das Häufigkeit, Methoden, Verantwortlichkeiten, Planungsanforderungen und die Berichterstattung umfasst. Es muss die Bedeutung der jeweiligen Prozesse, Änderungen, die das Unternehmen betreffen, und die Ergebnisse früherer Audits berücksichtigen.

Ein Auditprogramm ist eine Zusammenstellung, welche Audits mit welchen Zielen im nächsten Jahr im Unternehmen durchgeführt werden sollen. Dabei können ein oder mehrere Auditprogramme, z. B. nach Auditart, erstellt werden. Auditprogramme können ein oder mehrere Audits einschließen, unterschiedliche Ziele verfolgen sowie einzeln oder kombiniert durchgeführt werden. Innerhalb des Auditprogramms werden der Auditumfang, die Verantwortlichkeiten und die Ressourcenzuteilung für die Audits geplant.

Wichtig ist, dass Sie für jedes Audit die relevanten Auditkriterien festlegen. Auditkriterien sind dokumentierte Informationen oder Anforderungen (Referenzgrundlage,

Anforderungen bzw. Soll-Zustand) und dienen als Bezugsgrundlage. Auch der Umfang muss festgelegt werden. Sie können beispielsweise entweder nur ein Projekt, ein Produkt, einen Prozess etc. oder alles, was vom QMS in einem bestimmten Zeitraum betroffen ist, auditieren.

Sie sollten auch die Auditoren auswählen, die objektiv und unparteiisch sind. Da bedeutet, dass ein Auditor keinesfalls seinen eigenen Bereich auditieren darf.

Stellen Sie als Verantwortlicher sicher, dass die Auditergebnisse auch an die jeweilige Führungskraft weitergeleitet werden. Im Regelfall werden die Auditergebnisse in einem Bericht zusammengefasst.

Alle notwendigen Korrekturmaßnahmen, die sich aus einem Audit ergeben, müssen unverzüglich, in einem festgelegten Zeitraum, geplant und umgesetzt werden.

Dokumentierte Information

Bewahren Sie dokumentierte Informationen über die Auditprogramme und die Ergebnisse auf.

Unterstützende Werkzeuge (Auswahl)

- Auditberichte
- Auditchecklisten
- Normen und Leitfäden
- Softwaretools zur Auditverwaltung, -durchführung und Nachbereitung

9.2.2.1 Das interne Auditprogramm – Ergänzung (*X*)

Folgende Frage steht im Mittelpunkt dieses Abschnitts:

- Wie stellen wir die Wirksamkeit und Konformität unseres internen Auditprogramms sicher?

Auf Grundlage der IATF 16949-Anforderungen muss eine Organisation über einen dokumentierten internen Auditprozess verfügen. Dieser Prozess muss die Entwicklung und Umsetzung eines Auditprogramms umfassen, das folgende Audits abdeckt:

- QM-Systemaudits (Überprüfung des gesamten Qualitätsmanagementsystems)
- Prozessaudits in der Produktion (Bewertung der Prozesse in der Fertigung)
- Produktaudits (Prüfung der Konformität von Produkten)
- Das Auditprogramm muss auf der Grundlage von Risiken, internen und externen Leistungstrends sowie der Robustheit und Wichtigkeit der Prozesse priorisiert werden. Bei Risiken kann es sich beispielsweise um folgende Punkte handeln:
  - Es stehen nicht genügen Ressourcen zur Verfügung.

- Die notwendigen Ressourcen der Auditoren sind nicht ausreichend vorhanden.
- Etc.

Sofern eine Organisation auch für die Softwareentwicklung verantwortlich ist, müssen entsprechende Bewertungen, beispielsweise Software-Assessments, in dem Auditprogramm berücksichtigt werden. Die Häufigkeit der internen Audits ist bei Prozessänderungen, Störungen, Reklamationen, internen Fehlern etc. oder neuen Risiken zu überprüfen und gegebenenfalls anzupassen.

Dokumentierte Information

Dokumentierter interner Auditprozess

Unterstützende Werkzeuge (Auswahl)

- Auditberichte
- Normen und Leitfäden
- VDA-Turtle
- Softwaretools zur Auditverwaltung, -durchführung und Nachbereitung
- Reklamationsstatistik
- Interne Fehlerstatistik
- KVP-Protokolle
- Prozess-FMEA
- Risikoanalyse

Tabelle 9.4 fasst die wichtigen Aspekte zu diesem Normabschnitt zusammen.

Tabelle 9.4 Interne Audits durchführen – Normabschnitt 9.2 der ISO 9001 und 9.2.2.1 der IATF 16949 umsetzen

Leitfragen ▪ Führen wir regelmäßig interne Audits durch? ▪ Können wir nachweisen, ob wir die Anforderungen des QMS und der ISO 9001 erfüllen, das QMS effektiv umgesetzt und aufrechterhalten wird? ▪ Identifizieren wir dabei auch notwendige Verbesserungen sowie Risiken? ▪ Wie haben wir ein oder mehrere Auditprogramme erstellt? ▪ Haben wir den internen Auditprozess dokumentiert? ▪ Nehmen wir bei der Auditdurchführung eine Priorisierung vor?
Ziel: Durchführung von internen Audits und Planung des Auditprogramms
Umsetzungshinweis ▪ Legen Sie ein Auditprogramm fest, wann Sie wo ein internes Audit durchführen möchten. In einem Überwachungszyklus von drei Jahren sollten alle Normabschnitte einmal auditiert werden.

- Bereiten Sie für die einzelnen Audits eine Auditplanung (Zeitplan) sowie Auditcheck- und -fragelisten vor. Berücksichtigen Sie dabei, dass die zu prüfenden Auditkriterien zum einen von der Norm und zum anderen von der Organisation selbst kommen (dokumentierte Information/QM-Handbuch, Verfahrensanweisung, Arbeitsanweisung, Rechtsrahmen etc.).
- Führen Sie die internen Audits durch und dokumentieren Sie die Auditergebnisse während des Audits in Ihre Auditcheckliste.
- Führen Sie Ihre Auditfeststellungen in einem Auditbericht zusammen und legen Sie nach einer Ursachenanalyse Maßnahmen zur Beseitigung fest.
- Archivieren Sie Ihre Aufzeichnungen zum Audit.
- Auditoren sollten so ausgewählt und Audits so durchführt werden, dass die Objektivität und Unparteilichkeit des Auditprozesses sichergestellt sind.
- Maßnahmen, die sich aus Auditfeststellungen ergeben, müssen ohne ungerechtfertigte Verzögerung umgesetzt werden.

(Weghorn 2022)

Setzen Sie sich genau mit dem Auditprogramm und allen Audits auseinander.

- Dokumentieren Sie den internen Auditprozess und sorgen Sie dafür, dass dieser die Entwicklung und Umsetzung des Auditprogramms umfasst, welches das gesamte QMS mit allen Auditarten enthält.
- Berücksichtigen Sie Risiken, interne und externe Leistungstrends, Prozesse etc. bei der Erstellung des Auditprogramms.
- Achten Sie darauf, dass Softwareentwicklungs-Assessments (sofern relevant) im Auditprogramm berücksichtigt werden; beispielsweise CMMI (**C**apability **M**aturity **M**odel **I**ntegration) oder SPICE (**S**oftware **P**rocess **I**mprovement and **C**apability **D**etermination).
- Prüfen Sie kontinuierlich die Häufigkeit von Audits und passen Sie die Auditintervalle gegebenenfalls an. (z. B. bei Prozessstörungen). Weniger stabile Prozesse oder Prozesse mit häufigen Änderungen erfordern eine höhere Auditfrequenz.

(Brückner 2019)

Mögliche Auditnachweise

- Prozessbeschreibung zu internen Audits
- Auditprogramm (z. B. Einjahrespläne, Dreijahrespläne)
- Auditpläne (z. B. Tagesagenda)
- Auditkriterien (z. B. Checklisten)
- Auditaufzeichnungen (z. B. ausgefüllte Checklisten, Auditberichte)
- Auditauswertungen (Schwerpunktanalyse)
- Auditberichte
- Maßnahmenpläne zur Einführung von Korrekturmaßnahmen
- Berichte über die Wirksamkeit der Korrekturmaßnahmen
- Qualifikationsnachweise der internen Auditoren
- Erfahrungsaustausch von internen Auditoren
- Software-Assessments (falls relevant)
- Risikoanalyse
- Interne Fehlerstatistik
- Reklamationsstatistik

(Gietl/Lobinger 2022)

9.2.2.2 Das Systemaudit (✗)

Ein Systemaudit beurteilt die QM-Dokumentation und die Wirksamkeit eines gesamten QMS und stellt die Konformität zu einer bestimmten Norm sowie Schwachstellen, Korrektur- und Verbesserungsmaßnahmen fest.

Im Mittelpunkt stehen folgende Fragestellungen:

- Werden alle Prozesse des QMS innerhalb des dreijährigen Auditzyklus prozessorientiert auditiert?
- Wird eine Auswahl von kundenspezifischen Anforderungen in ein Audit mit einbezogen?

Es dient als unverzichtbares Überwachungsinstrument des Managements. Durch ein internes Systemaudit werden alle Prozesse eines Unternehmens auf Grundlage des Auditprogramms in regelmäßigen Abständen im Laufe eines dreijährigen Auditzyklus (SI 14) auf Basis der Anforderungen der ISO 9001 und IATF 16949 systematisch überprüft. Ziel ist es, ein Optimum an zweckmäßigen und wirksamen Aktivitäten zur Fehlerverhütung sicherzustellen. Dadurch wird die fortlaufende Konformität des Systems gewährleistet.

Sie müssen bei Ihren Audits den prozessorientierten Ansatz anwenden. Das bedeutet, dass ein Audit nicht nur isolierte Anforderungen oder einzelne Normpunkte überprüft, sondern die Zusammenhänge der Prozesse innerhalb des Managementsystems betrachtet.

Die Häufigkeit der Audits sollte sich an internen und externen Faktoren orientieren. Dazu gehören die spezifischen Leistungen der Organisation sowie die identifizierten Risiken (SI 14). So kann sichergestellt werden, dass besonders kritische Bereiche oder Prozesse mit höherem Risiko häufiger überprüft werden.

Darüber hinaus müssen im Audit die relevanten Prozessstörgrößen und -risiken evaluiert werden. Das Ziel ist es, Potenziale zur Prozessoptimierung zu erkennen und die Effizienz zu steigern.

Zudem ist es unerlässlich, dass alle relevanten kundenspezifischen und gesetzlichen Anforderungen in die Audits integriert werden. So wird die Einhaltung sämtlicher relevanter Vorgaben überprüft, was die Kundenzufriedenheit und die Rechtssicherheit erhöht.

Unterstützende Werkzeuge (Auswahl)

- IATF 16949 Anforderungen an Qualitätsmanagementsysteme für die Serien- und Ersatzteilproduktion in der Automobilindustrie
- Auditprogramm und Auditplan
- Prozesslandschaft und Turtle-Modell
- Core-Tools
- ISO 19011 (Leitfaden zur Auditierung von Managementsystemen)

9.2.2.3 Das Prozessaudit (✗)

Ein Prozessaudit ist ein Qualitätsaudit, das zur Beurteilung von Verfahren bzw. von Prozessen dient.

Folgende Frage steht im Zentrum dieses Abschnitts:

- Werden alle Produktionsprozesse innerhalb von drei Kalenderjahren auditiert?

Es ist ein universelles Instrument, um sich von der Wirksamkeit festgelegter Abläufe, Verfahren und Vorgehensweisen zu überzeugen. Dabei wird die Übereinstimmung von End- oder Teilergebnissen innerhalb eines Prozessablaufs mit den Vorgaben aus Fertigungsplänen, Prozessvorgaben, Prüfvorschriften und -plänen, Prozessbeschreibungen usw. beurteilt und bewertet.

Mit einem Prozessaudit stellen Sie sicher, dass vertraglich festgelegte Forderungen für Standard- und Sonderprodukte erfüllt werden; insbesondere durch die Beurteilung von Prozessbeschreibungen und Arbeits- und Prüfanweisungen.

Die IATF 16949 fordert in Abschnitt 9.2.2.3 eine Durchführung für alle Produktionsprozesse im Laufe von drei Kalenderjahren.

Prozessaudits können grundsätzlich für alle Prozesse eines Unternehmens durchgeführt werden.

Das Hauptziel ist, die Qualitätsfähigkeit von Prozessen festzustellen, also zu beurteilen, ob ein Prozess konstant die gewünschten Ergebnisse liefern kann.

Sie prüfen und bewerten die Einhaltung der vorgegebenen Prozessparameter sowie die dokumentierte Prozessfähigkeit detailliert. Darüber hinaus trägt das Audit dazu bei, die Prozessüberwachung während der Produktion oder bei der Erbringung einer Dienstleistung kontinuierlich zu verbessern.

Gefordert wird von den OEM in ihren kundensystemspezifischen Anforderungen in der Regel ein Prozessaudit nach VDA 6.3.

Unterstützende Werkzeuge (Auswahl)

- Auditprogramm und Auditplan
- VDA-Band 6.3 Prozessaudit
- Core-Tools
- Kundenspezifische Anforderungen (CSR)
- Prozesslandschaft und Turtle-Modell
- Risikobewertung

9.2.2.4 Produktaudit (✗)

Produktaudits werden sowohl innerbetrieblich mit eigenem qualifiziertem Personal als auch extern mit Fremdauditoren (z. B. durch Kunden oder Beauftragte einer unabhängigen Stelle) im Sinne einer Nachweisführung durchgeführt.

Folgende Frage steht im Zentrum dieses Abschnitts:

- Wie wird sichergestellt, dass die Produktaudits die spezifizierten Kundenanforderungen und internen Spezifikationen abdecken?

Sie können Produktaudits entweder in festgelegten Zeitabständen oder aus besonderem Anlass durchführen. Produktaudits sind interne betriebliche Aktivitäten, die keiner Zertifizierung durch externe Stellen unterliegen.

Aufgabe des Produktaudits ist es, versandfertige oder in Teilabschnitten fertiggestellte Produkte bzw. einsatzfertige oder abgewickelte Dienstleistungen, die alle vorgesehenen Routineprüfungen durchlaufen haben, auf Erfüllung der festgelegten Qualitätsforderungen zu prüfen.

Das Produktaudit dient der umfassenden Bewertung der Produktqualität inklusive systematischer Fehler und langfristiger Qualität. Es hat das Ziel, die Übereinstimmung des fertigen Produkts mit den festgelegten Qualitätsanforderungen zu begutachten.

Dabei werden auch Schwankungen in der Fertigungsqualität erkannt und nachgewiesen. Es sichert die Aussagen bereits durchgeführter Qualitätsprüfungen ab und ermöglicht es, das Qualitätsniveau von Zulieferungen und Wareneingangsprüfungen zu bestimmen.

Deshalb ist es notwendig, dass Sie bei der Fehleraufnahme und Fehlerbewertung bei jedem Produktaudit systematisch vorgehen, um später eine Trendanalyse durchführen zu können. Dies ist nur möglich, wenn vergleichbare Daten vorliegen.

Beim Produktaudit erfolgt die Untersuchung einer über ein Stichprobenverfahren festgelegten Anzahl von Teil- bzw. Endprodukten oder Dienstleistungsergebnissen während und nach der Produktion oder des Dienstleistungserbringungsprozesses mit den vorgegebenen Qualitätsmerkmalen bzw. Spezifikationen. Das Produkt oder die Dienstleistung wird auf Übereinstimmung mit den Kundenanforderungen, Spezifikationen, Zeichnungen, Normen, gesetzlichen Vorschriften und Ähnlichem geprüft. Sie ziehen praktisch alle Unterlagen heran, in denen Bestandteile der produktspezifischen Qualitätsanforderungen enthalten sind. Nur mit deren Hilfe kann beurteilt werden, ob die vorausgegangenen Realisierungsverfahren ausreichend in der Lage waren, die Qualitätsanforderungen zu erfüllen.

In der Automobilbranche wird zumeist von den Kunden ein Produktaudit nach VDA-Band 6.5 gefordert.

Unterstützende Werkzeuge (Auswahl)

- VDA-Band 6.5 Produktaudit
- Kundenspezifische Anforderungen (CSR)
- Prüfberichte
- Produktionslenkungsplan
- Requalifikationsprüfung

Tabelle 9.5 fasst die wichtigen Aspekte zu diesen Normabschnitten zusammen.

Tabelle 9.5 System-, Prozess-, Produktaudit – Normabschnitte 9.2.2.2, 9.2.2.3, 9.2.2.4 der IATF 16949 umsetzen

Leitfragen

- Wird jeder Prozess des QMS auditiert?
- Wird ein Prozessaudit für alle Fertigungsprozesse durchgeführt?
- Werden die auditierten Produkte auf ihre Konformität mit allen festgelegten Anforderungen geprüft?
- Wird für System- und Prozessaudits der dreijährige Auditzyklus eingehalten?
- Werden Risiken und kundenspezifische und gesetzliche Anforderungen (CSR) berücksichtigt?

Ziel: Durchführung von normkonformen System-, Prozess- und Produktaudits

Umsetzungshinweis

Bei System- und Prozessaudits

- muss die Audithäufigkeit nach den Risiken und der Bedeutung der Prozesse ausgerichtet sein,
- müssen bei Systemaudits alle Prozesse innerhalb eines dreijährigen Auditzyklus und bei Prozessaudits alle Produktionsprozesse im Laufe von drei Kalenderjahren auf der Basis des Auditprogramms auditiert werden.

Stellen Sie bei Systemaudits sicher, dass

- alle Anforderungen der ISO 9001 und der IATF 16949 vollständig überprüft werden,
- eine Auswahl kundenspezifischer Anforderungen berücksichtigt wird,
- gesetzliche und behördliche Anforderungen beachtet werden.

Sorgen Sie bei Prozessaudits dafür, dass

- alle Produktionsprozesse auditiert werden,
- die relevanten kundenspezifischen und gesetzlichen Forderungen in die Audits einbezogen werden,
- die Prozessfähigkeit und -stabilität überprüft wird.

Bei Produktaudits müssen Sie beachten, dass

- auch hier die Audithäufigkeit an der Produktkomplexitat und den Risiken ausgerichtet ist,
- die Audithäufigkeit an der Produktkomplexität und den Risiken ausgerichtet wird,
- alle relevanten Merkmale (Funktion, Maße, Aussehen) bei der Auditierung berücksichtigt werden,
- kundenspezifische Anforderungen und die Verpackung in das Audit einbezogen werden,
- sichergestellt wird, dass die Prüfmittel geeignet sind und die Prüfungen korrekt durchgeführt werden.

Tabelle 9.5 System-, Prozess-, Produktaudit – Normabschnitte 9.2.2.2, 9.2.2.3, 9.2.2.4 der IATF 16949 umsetzen *(Fortsetzung)*

Mögliche Auditnachweise
- Auditprogramm mit Nachweis der Risikobetrachtung
- Auditplan
- Auditberichte
- Maßnahmenpläne
- Kundenanforderungen
- Qualifikation der Auditoren
- Dokumentierte Informationen aus den Prozessen

9.3 Bewertung des Managementsystems

Die Managementbewertung ist eine Bewertung der Eignung, Angemessenheit sowie Wirksamkeit des QMS und sie muss auch das QMS hinsichtlich der Unterstützung der strategischen Ausrichtung bewerten (Bild 9.4). Durchgeführt werden muss sie von der obersten Führungsebene (z. B. Vorstand, Geschäftsführung), die unterstützende Personen hinzuziehen kann.

Die Meetings zu einer Managementbewertung müssen geplant, in ihnen müssen Entscheidungen getroffen und definierte Maßnahmen dokumentiert werden.

Dabei stehen folgende Fragen im Zentrum:

- Passt das, wie wir es tun (Eignung)?
- Passt das, was wir tun, oder ist es zu wenig/zu viel (Angemessenheit)?
- Setzen wir unsere Pläne um und erzielen wir die gewünschten Ergebnisse (Wirksamkeit)?
- Wie bewerten wir unser QMS? Unterstützt uns das QMS oder hindert es uns eher (strategische Ausrichtung)?
- Wie bewerten wir unseren Umgang mit Veränderungen, die Maßnahmen, die wir durchführen, die Kundenzufriedenheit sowie die Leistung unserer externen Anbieter?
- Welche Verbesserungsmöglichkeiten leiten sich daraus ab?

Dokumentierte Information

Die Ergebnisse der Managementbewertung müssen als dokumentierte Information vorliegen und aufbewahrt werden.

Bild 9.4 Abschnitt 9.3 der ISO 9001 und IATF 16949 im Überblick

9.3.1 Allgemeines

Die Managementbewertung oder das Managementreview ist eine in regelmäßigen Abständen stattfindende formelle Bewertung des Stands und der Angemessenheit des QMS durch die oberste Leitung. In der ISO 9001 gibt es hinsichtlich der Intervalle keine Anforderungen. In der Praxis sollte die Bewertung jedoch in angemessen festgelegten Intervallen erfolgen.

Im Zentrum steht folgende Frage:

- Wie bewertet die oberste Leitung in geplanten Abständen das QMS?

Je öfter die Bewertung durchgeführt wird, desto schneller kann bei Nichterreichung von Zielen reagiert werden. Kürzere Intervalle lassen eine zeitnahe Einleitung von Maßnahmen zu. Viele Unternehmen binden die Bewertung in regelmäßig stattfindende Besprechungen des Führungskreises ein. Diese Vorgehensweise vermeidet zusätzliche Termine. Weitere benötigte Personen anderer Ebenen oder Bereiche können je nach Anforderung zusätzlich eingeladen werden.

9.3.1.1 Managementbewertung – Ergänzung (X)

Die IATF 16949 hat in Abschnitt 9.3.1.1 klar ergänzt, dass die Managementbewertung mindestens einmal pro Jahr stattfinden muss. Eine Verkürzung des Intervalls hat zu erfolgen, wenn Risiken für die Erfüllung der Kundenanforderungen aufgrund interner und externer Veränderungen mit Auswirkung auf das QMS oder aufgrund leistungsbezogener Faktoren bestehen.

Folgende Fragen stehen im Mittelpunkt:

- Führen wir die Managementbewertung mindestens einmal pro Jahr durch?
- Passen wir die Häufigkeit bei erkannten Risiken an?

Die Managementbewertung stellt mehr als nur ein von den Normen gefordertes Instrument dar. Richtig angewendet und bei einer ernsthaften Nutzung des Instruments gibt es der Unternehmensleitung stets einen komprimierten Überblick über den Stand des QMS und zeigt das Interesse der Unternehmensleitung an einem funktionierenden, gelebten QMS (Signalcharakter).

Die Managementbewertung ist stark mit dem kontinuierlichen Verbesserungsprozess verbunden, indem durch die Managementbewertung die Wirksamkeit des QMS überprüft wird und Verbesserungsmaßnahmen angestoßen werden können, wenn Zielabweichungen erkannt oder neue Ziele definiert werden.

9.3.2 Eingaben für die Managementbewertung

Entscheidungen sollten möglichst faktenbasiert erfolgen, d. h., auch bei der Managementbewertung müssen Sie Zahlen, Daten und Information betrachten. Sie müssen Trends, das Wettbewerbsumfeld oder Ihre eigenen Stärken und Schwächen sowie alle bisherigen Überprüfungen (z. B. interne Audits), Analysen, Fehlerberichte etc. berücksichtigen.

Der Abschnitt konzentriert sich auf folgende Frage:

- Wird die Managementbewertung geplant und die Mindestanforderungen der ISO 9001 berücksichtigt?

Als Eingaben für die Managementbewertung gelten mindestens die in der ISO 9001 aufgelisteten Anforderungen, um die Wirksamkeit zu bewerten und zukünftige Maßnahmen abzuleiten.

- Status vorheriger Maßnahmen
  - Überprüfen Sie, ob die in früheren Managementbewertungen beschlossenen Maßnahmen umgesetzt und wirksam waren.
- Interne und externe Themen
  - Klären Sie, ob Veränderungen im Kontext der Organisation, wie z. B. Fachkräftemangel oder technologische Entwicklungen, vorliegen.

- Rückmeldungen von Stakeholdern
  - Analysieren Sie das von Feedback von Kunden, Mitarbeitenden, Behörden und Partnern und sonstigen interessierten Parteien. Bei Rückmeldungen der Stakeholder kann es sich beispielsweise um Informationen bezüglich Behördenauflagen, gesetzliche Änderungen, geänderte Vorgaben der Eigentümer, Rückmeldungen von Mitarbeitenden bzw. Ergebnisse einer Mitarbeiterbefragung, Informationen von Partnern, Informationen aus der Konzernzentrale etc. handeln.
- Kundenzufriedenheit
  - Bewerten Sie die Entwicklung der Kundenzufriedenheit anhand von beispielsweise Reklamationen, positiven Kundenrückmeldungen, Lieferantenbewertungen von Kunden, Ergebnissen einer Kundenbefragung.
- Qualitätsziele
  - Prüfen Sie, inwieweit die gesetzten Qualitätsziele erreicht wurden, und leiten Sie Maßnahmen bei Nichterfüllung ab.
- Prozessleistung
  - Analysieren Sie die Entwicklung Ihrer Prozesskennzahlen. Das bedeutet, dass alle wichtigen Produktions- bzw. Dienstleistungsprozesse mit Kennzahlen belegt sein müssen, die kontinuierlich gesammelt, ausgewertet und idealerweise mit Trend visuell dargestellt werden.
- Konformität von Produkten/Dienstleistungen
  - Bewerten Sie die Produktqualität, Dienstleistungserbringung, Reklamationsquoten und Abweichungen.
- Nichtkonformitäten und Korrekturmaßnahmen
  - Bewerten Sie die Fehleranalyse sowie die Wirksamkeit der Maßnahmen, die ergriffen wurden. Analysieren Sie, wo es Probleme gab und ob effektiv dagegen gesteuert wurde. Auch Korrekturmaßnahmen müssen bewertet werden, um festzustellen, ob sie langfristig erfolgreich sind.
- Ergebnisse aus Überwachung und Messung
  - Bewerten Sie die Ergebnisse aus Überwachung und Messung systematisch, um festzustellen, ob bei Abweichungen beim Soll-Ist-Vergleich Maßnahmen ergriffen wurden. Messergebnisse können quantitativer und qualitativer Natur sein. Sie bilden die Basis für die faktenbasierte Entscheidungsfindung.
- Auditergebnisse
  - Die Ergebnisse der internen und eventuell auch externen Audits, wie z. B. Kundenaudits, werden zusammengefasst und als Trend dargestellt. Die Auditergebnisse sollten konsequent analysiert und mit den Ergebnissen des oder der Vorjahre verglichen werden.

- Leistung externer Anbieter
  - Überprüfung Sie, ob Lieferanten und externe Partner zuverlässig sind. In der Regel erfolgt dies durch die Erstellung einer Lieferantenbewertung.
- Angemessenheit der Ressourcen
  - Beurteilen Sie, ob die vorhandenen Ressourcen (Personal, Maschinen, Software) weiterhin ausreichend sind.
- Chancen und Risiken
  - Bewerten Sie den Erfolg von Maßnahmen zum Umgang mit Risiken und zur Nutzung von Chancen mit der Zielrichtung, ob diese ausreichend waren, um den gewünschten Erfolg zu erzielen.
- Verbesserungsmöglichkeiten
  - Identifizieren Sie Potenziale zur Optimierung von Produkten, Dienstleistungen und Prozessen. Möglicherweise gibt es Optimierungsmöglichkeiten bei den Prozessen. Ermitteln Sie Schwachstellen, Schnittstellenproblematiken oder Verschwendung.

9.3.2.1 Eingaben für die Managementbewertung – Ergänzung (*X*)

Die Ergänzung zur Managementbewertung nach IATF 16949 Abschnitt 9.3.2.1 fügt der in ISO 9001 geforderten Managementbewertung zusätzliche Themen hinzu, die für die Automobilindustrie spezifisch sind.

Im Zentrum steht folgende Fragestellung:

- Werden alle für die Automobilindustrie relevanten Themen zu den Anforderungen der ISO 9001 in die Managementbewertung mit einbezogen?

Folgende Eingaben müssen zusätzlich zu den Anforderungen der ISO 9001 berücksichtigt werden:

- Interne und externe Fehlerkosten (IATF 16949)
  - Diese Kosten werden in den meisten Fällen im Controlling erhoben. Dabei handelt es sich in aller Regel um Prüf-, Nacharbeits- oder Verschrottungskosten und ebenso um Schulungskosten und Sonderfrachten.
- Ergebnisse der Bewertung der Effizienz der Produktrealisierungsprozesse (SI 16)
  - Die Ergebnisse der Kennzahlen müssen in der Managementbewertung aufgeführt werden. Dabei ist nicht für jeden Prozess eine Effizienzkennzahl erforderlich, sondern in der Organisation muss festgelegt werden, für welche Prozesse des QMS eine Effizienzkennzahl notwendig ist.
- Konformität von Produkten
  - Für die Überwachung der Produktkonformität werden die jeweiligen Ergebnisse während und am Ende der Produkt- bzw. Dienstleistungsrealisierung überwacht und gemessen. Ebenso werden die Abweichungen erfasst. Das be-

deutet, dass geprüft werden muss, ob die Produkte den vorgegebenen Spezifikationen entsprechen.

- Ergebnisse der Herstellbarkeitsbewertung
  - Im Managementbewertungsbericht müssen die Ergebnisse aller Machbarkeitsbewertungen für neue Produkte und Prozesse berücksichtigt werden.
- Kundenzufriedenheit
  - Die Rückmeldungen von Kunden zur Ermittlung der Kundenzufriedenheit stellen einen äußerst wichtigen Punkt dar und verdienen höchste Aufmerksamkeit des Führungskreises. Oft werden nur die Kundenreklamationen gesammelt und ausgewertet, obwohl eigentlich noch weiteren wichtigen Quellen Beachtung geschenkt werden sollte, wie z. B. Kundenbefragungen, Rücksendungen von Kunden, Kundenfeedback etc. Dabei muss das Unternehmen wirksame Regelungen für die Kommunikation mit dem Kunden zu folgenden Punkten umsetzen (Abschnitt 9.1.2 der ISO 9001).
- Bewertung der Kennzahlen für Wartung und Instandhaltung
  - Die KPIs für die Instandhaltungs- und Wartungsziele müssen ebenfalls analysiert werden. Aufgrund der Ergebnisse müssen gegebenenfalls Änderungen an den Abläufen in der Wartung und Instandhaltung vorgenommen werden.
- Kennzahlen zu Gewährleistung und Kulanz
  - Sofern eine Verpflichtung zu Gewährleistung und Kulanz bestehen, müssen dafür Kennzahlen etabliert werden. Die Ergebnisse fließen in die Managementbewertung ein. In den meisten Fällen wird es sich hier um finanzielle Kennzahlen handeln.
- Analyse der Kundenbewertungen (wenn zutreffend)
  - Dabei handelt es sich um die Bewertungen, die vom Kunden selbst übermittelt wurden.
- Potenzielle Feldausfälle, die durch Risikoanalysen ermittelt wurden
  - Ergebnisse aus Risikoanalysen (z. B. FMEA), die potenzielle Feldausfälle identifizieren, sind ebenfalls Teil der Managementbewertung.
- Tatsächliche Feldausfälle
  - Ergebnisse aus Risikoanalysen (z. B. FMEA), die potenzielle Feldausfälle identifizieren, sind ebenfalls Teil der Managementbewertung.
- Zusammenfassende Statusbewertung von Kenngrößen zu vorgegebenen Entwicklungsstufen der Produkt- und Produktionsprozessentwicklung – sofern zutreffend (SI 16)
  - Die Beachtung dieses Aspekts wird in Abschnitt 8.3.4.1 gefordert. Dabei kann es sich um Kennzahlen wie beispielsweise Kosten für die Herstellbarkeit handeln.

Es ist jederzeit eine Erweiterung der Punkte der Norm durch eigene Aspekte möglich und sogar wünschenswert, um ein umfassendes Bild darzustellen.

Die Aufbereitung der Daten für das Managementreview erfolgt in aller Regel durch den Managementbeauftragten eines Unternehmens. Die Daten werden komprimiert in einem Qualitätsbericht dargestellt und der Geschäftsführung zur Bewertung vorgelegt.

Unterstützende Werkzeuge (Auswahl)

- Workshops
- Zahlen, Daten, Fakten
- Kennzahlen-Dashboards

9.3.3 Ergebnisse der Managementbewertung

Im Rahmen der Managementbewertung müssen Entscheidungen getroffen und Maßnahmen definiert werden, und zwar zu den Verbesserungsmöglichkeiten, Veränderungen des QMS und in Bezug auf den Ressourcenbedarf.

Folgende Frage steht im Fokus dieses Abschnitts:

- Welche dokumentierten Entscheidungen und Maßnahmen müssen aus der Managementbewertung abgeleitet werden, um die fortlaufende Eignung, Angemessenheit und Wirksamkeit des Qualitätsmanagementsystems zu gewährleisten und dessen Verbesserung voranzutreiben?

Die Ergebnisse der Managementbewertung müssen dokumentierte Entscheidungen und Maßnahmen zu folgenden Punkten umfassen:

- Verbesserungsmöglichkeiten: Maßnahmen zur Steigerung der Leistung, z. B. Einführung eines Reklamationsmanagements oder von KVP-Projekten
- Änderungen am Qualitätsmanagementsystem (QMS): Anpassungen der Prozesse, um Schwachstellen zu beheben oder Chancen zu nutzen. Beispiele sind die Neudefinition von Abläufen oder die Einstellung einer spezialisierten QM-Kraft.
- Ressourcenbedarf: Sicherstellung der Verfügbarkeit notwendiger Ressourcen, z. B. neue Maschinen oder die Besetzung einer neuen Stelle, um das QMS zu unterstützen

Dokumentierte Information

Die Ergebnisse der Managementbewertung, also die getroffenen Entscheidungen und die definierten Maßnahmen, sind zu dokumentieren.

Unterstützende Werkzeuge (Auswahl)

- Bericht der Managementbewertung
- Ressourcenmanagement
- Budgetpläne
- Maßnahmenplan
- Ergebnisse und Trends der erhobenen Qualitätskennzahlen und Qualitätsziele (z. B. Balanced Scorecard)
- Kennzahlen-Dashboards

9.3.3.1 Ergebnisse der Managementbewertung – Ergänzung (*X*)

Die IATF 16949 fordert ergänzend, dass verpflichtend von der obersten Leitung ein Maßnahmenplan erstellt, dokumentiert und umgesetzt werden soll, wenn die Ziele der von Kunden geforderten Leistungsindikatoren nicht erreicht werden. Dieser Plan dient dazu, die Leistung zu verbessern und die Kundenzufriedenheit wiederherzustellen.

Tabelle 9.6 fasst die wichtigen Aspekte zu diesem Normabschnitt zusammen.

Tabelle 9.6 Managementbewertung durchführen und Maßnahmen ableiten – Normabschnitte 9.3 der ISO 9001 und 9.3.1.1, 9.3.2.1 und 9.3.3.1 der IATF 16949 umsetzen

Leitfragen ▪ Bewertet die oberste Leitung unser QMS in angemessenen Abständen? (Die IATF fordert mindestens einmal pro Jahr.) ▪ Berücksichtigen wir alle erforderlichen Mindesteingaben der ISO 9001 und der IATF 16949? ▪ Welche Informationen aus dem letzten Berichtszeitraum benötigen wir, um das QMS zu bewerten? ▪ Ist unser QMS nach wie vor geeignet, angemessen und wirksam? ▪ Welche Verbesserungsmöglichkeiten leiten sich daraus ab?
Ziel: Durchführung einer Managementbewertung und Ableitung von Maßnahmen
Umsetzungshinweis ▪ Legen Sie z. B. als dokumentierte Information oder im QM-Handbuch fest, dass die Managementbewertung nach Anforderung der IATF 16949 mindestens einmal pro Jahr durchgeführt wird. ▪ Nutzen Sie die Bewertung als strategisches Steuerungsinstrument. Präsentieren Sie nicht nur Zahlen, sondern treffen Sie Entscheidungen für die zukünftige Ausrichtung des Unternehmens. ▪ Bewerten Sie die Eignung, Angemessenheit und Wirksamkeit des gesamten Qualitätsmanagementsystems (QMS). ▪ Dokumentieren Sie alle getroffenen Entscheidungen und Maßnahmen schriftlich. Ein strukturiertes Protokoll der Ergebnisse ist Pflicht und dient als wichtige Grundlage für die Definition, Dokumentation und Nachverfolgung von Maßnahmen.

Tabelle 9.6 Managementbewertung durchführen und Maßnahmen ableiten – Normabschnitte 9.3 der ISO 9001 und 9.3.1.1, 9.3.2.1 und 9.3.3.1 der IATF 16949 umsetzen *(Fortsetzung)*

- Stellen Sie sicher, dass die aus der Bewertung abgeleiteten Entscheidungen und Maßnahmen direkt auf die in den Eingaben identifizierten Probleme und Chancen Bezug nehmen.
- Die IATF 16949 verlangt, dass die oberste Leitung die Wirksamkeit des Managementsystems zur Produktsicherheit separat bewertet. Planen Sie diesen Punkt explizit mit ein.
- Berücksichtigen Sie kundenspezifische Anforderungen in der Managementbewertung.
- Stellen Sie sicher, dass Ihre Managementbewertung Entscheidungen und Maßnahmen enthält zu folgenden Punkten:
  - Möglichkeiten der Verbesserung
  - Jeglichem Änderungsbedarf am QMS
  - Ressourcenbedarf
- Beachten Sie, dass ein konkreter Maßnahmenplan erforderlich ist, wenn die von Kunden geforderten Leistungsindikatoren nicht erreicht werden.

Bewahren Sie die Managementbewertungen als Nachweis der Ergebnisse der Überprüfung durch das Management auf.

(Weghorn 2022; Brückner 2019)

Mögliche Auditnachweise

Protokoll zur Managementbewertung

Nachweis von Inputs:

- Ergebnisse der Lieferantenbewertung
- Kundenzufriedenheitsanalysen
- Kundenanforderungen
- Prozesskennzahlen (KPI) auch zu Kulanz, Gewährleistung, Instandhaltung
- Quote umgesetzter Korrekturmaßnahmen
- Risiko- und Chancenentwicklung
- Ressourcenbedarf und -einsatzpläne
- SWOT-Analysen
- Berichte interner Audits
- Ergebnisse von Prozessaudits und/oder Produktaudits
- Unterlagen zur Produktsicherheit
- Interne und externe Fehlerkosten-Aufstellung
- Übersicht über potenzielle und tatsächliche Feldausfälle
- Investitionsplanungen etc.

Nachweise zu Ergebnissen der Managementbewertung:

- Geschäftsplan
- Strategiepläne
- Investitionspläne
- Personalpläne
- Neue Ziele
- Projekte
- Maßnahmenliste

(Gietl/Lobinger 2022; Brückner 2019)

10 Verbesserung: der alles antreibende Zyklus

Verbesserung ist eine „Tätigkeit zur Verbesserung der Leistung“ und kann sich auf die Verbesserung von Produkten, Dienstleistungen, Prozessen, Systemen oder Arbeitsabläufen beziehen.

Beim Abschnitt Verbesserung geht es um Chancen der Verbesserung in Bezug auf Produkte und Dienstleistungen sowie der Leistung und Wirksamkeit des QMS. Im Sinne der Norm muss sichergestellt sein, dass ein fortlaufender Verbesserungsprozess umgesetzt wird. Dabei muss Unerwünschtes verhindert, korrigiert oder verringert werden (Bild 10.1).

Das Ziel dabei: Erhöhung der Kundenzufriedenheit!

Im Zentrum steht der PDCA-Zyklus. Dazu gehört, dass Sie klar definieren, anhand welcher Kriterien Sie messen, ob das Gewünschte erreicht wird, wie Sie das Gewünschte erreichen wollen, wann und wie Sie das Ganze messen. Fehlerbehebung ist nicht die Suche nach einem Schuldigen, sondern eine Chance zur Verbesserung. Zum Verbesserungszyklus gehört also auch eine bestimmte Geisteshaltung, der Wille, tatsächlich besser werden zu wollen und auch risikobasiert zu denken.

Nachfolgende Fragen stehen im Zentrum; diese Fragen könnten auch so bei einem Audit gestellt werden:

- Welche Möglichkeiten der Verbesserung können wir definieren und umsetzen? Wie können wir dabei die Anforderungen erfüllen und die Kundenzufriedenheit erhöhen?
- Wie gehen wir mit Fehlern (Nichtkonformitäten) um? Welche Nachweise gibt es hierzu? Wie lernen wir daraus?
- Welche standardisierten Methoden wenden wir an?

- Wie stellen wir sicher, dass unser QMS fortlaufend verbessert wird (Eignung, Abgemessenheit und Wirksamkeit)? Und wie können wir dies nachweisen?

Bild 10.1 Normkapitel 10 Verbesserung der ISO 9001 und IATF 16949 im Überblick

10.1 Allgemeines

Zentral bei der ISO 9001 ist das Streben nach Verbesserung. Dementsprechend bildet der PDCA-Zyklus die Basis: planen, umsetzen, messen/bewerten und Verbesserungsmaßnahmen ableiten – ein sich fortlaufend wiederholender und nie endender Prozess. Bild 10.2 fasst die zentralen Aspekte zusammen.

Neben diesem routinemäßig durchgeführten Verbesserungsprozess schließt die ISO Verbesserungsmaßnahmen mit ein, die sich zudem aus „bahnbrechende(r) Veränderung, Innovation und Umorganisation“ ergeben können. Es geht also auch um Innovation und Change-Management.

> Das Ziel im Sinne der ISO muss immer sein, Kundenanforderungen zu erfüllen. Und Kundenanforderungen bleiben nicht statisch, sondern verändern sich.

Im Zentrum dieses Abschnitts stehen folgende Fragen:

- Können die aktuellen Kundenanforderungen erfüllt werden?
- Können die Erfordernisse und Erwartungen von morgen erfüllt werden?
- Erhöhen die Maßnahmen die Kundenzufriedenheit?
- Können die Verbesserungsmöglichkeiten Risiken minimieren und die Leistung und Effektivität des QMS erhöhen?

Es gibt viele Methoden, die auf Verbesserung abzielen. Die ISO schreibt nicht vor, welche Methode Sie umsetzen sollen.

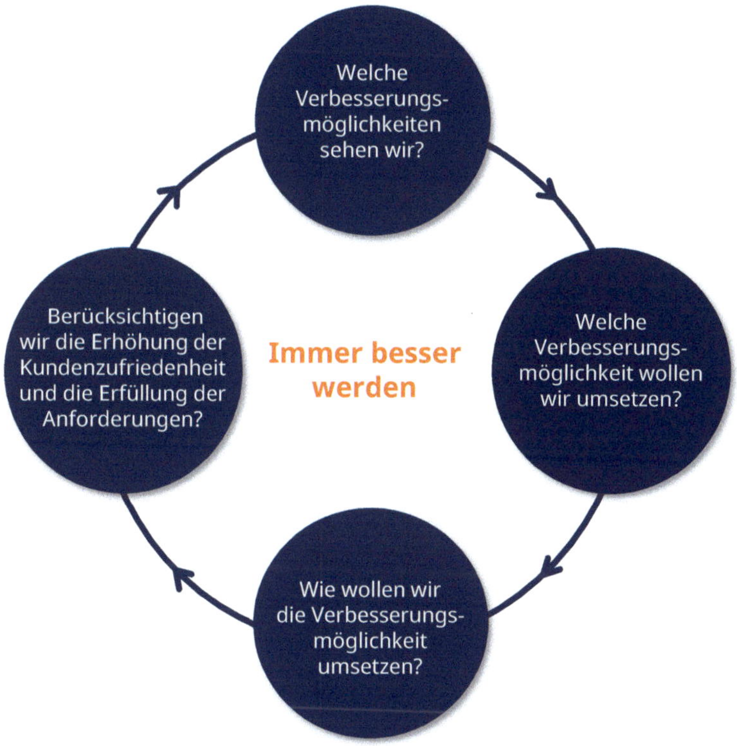

Bild 10.2 Abschnitt 10.1 der ISO 9001 im Überblick

Im Detail verlangt die ISO 9001 in diesem Abschnitt folgende Aspekte:

- Sie müssen Verbesserungsmöglichkeiten definieren. Diese können sich aus notwendigen Korrekturen, aus dem kontinuierlichen Verbesserungsprozess heraus oder aufgrund von Veränderungen am Markt etc. ergeben. Eine Verbesserungsmöglichkeit wäre beispielsweise die Einführung eines Reklamationsmanagements.

- Auf das Definieren müssen eine Bewertung und Auswahl der Verbesserungsmöglichkeiten sowie die Umsetzung des Ausgewählten erfolgen. Bei der Umsetzung unterstützen beispielsweise Projektmanagement oder die Anwendung von Design Thinking.
- Sie müssen bei jeder definierten Verbesserungsmaßnahme sicherstellen, dass Ihre Produkte/Ihre Dienstleistungen stets die definierten Anforderungen erfüllen, beispielsweise mittels Qualitätssicherungsmaßnahmen.
- Auch zukünftige Erfordernisse und Erwartungen Ihrer Stakeholder müssen erfüllt werden. Hier helfen beispielsweise Szenarioanalysen, Trendbeobachtungen, Stakeholderanalysen, Einbezug der Kunden in die Entwicklung.
- Sie müssen bei jeder definierten Verbesserungsmaßnahme sicherstellen, dass Ihre Produkte oder Dienstleistungen einen Beitrag zur Erhöhung der Kundenzufriedenheit leisten. Mithilfe von regelmäßigen Kundenbefragungen, Auswertung der Verkaufszahlen oder Reklamationsquoten und Betrachtung der Entwicklung können Sie beispielsweise erkennen, inwieweit dies der Fall ist.
- Zudem müssen Sie mögliche Risiken berücksichtigen. Bei der Korrektur, beim Verringern oder Verhindern der unerwünschten Auswirkungen helfen beispielsweise Qualitätssicherungsmaßnahmen, Qualitätskontrollen, Warnsysteme oder Notfallpläne.
- Die Verbesserungsmöglichkeiten müssen außerdem die Leistungsfähigkeit des QMS steigern. Dies bedeutet, dass es auch eine Verbesserung des QMS geben muss, beispielsweise durch Prozessoptimierung oder durch Reduzierung von Verschwendung.
- Zudem müssen die Verbesserungsmöglichkeiten die Effektivität (Wirksamkeit) des QMS steigern. Hier kann ein Kennzahlensystem wie die Balanced Scorecard unterstützen.

Unterstützende Werkzeuge (Auswahl)

- KVP
- PDCA-Zyklus
- FMEA
- Lessons Learned
- Kundenfeedback
- Betriebliches Vorschlagswesen
- Root-Cause-Analyse-Methoden (z. B. 5 Why, Ishikawa-Diagramm)

Tabelle 10.1 fasst die wichtigsten Aspekte zu diesem Normabschnitt zusammen.

Tabelle 10.1 Kontinuierlich besser werden – Normabschnitt 10.1 der ISO 9001 umsetzen

Leitfragen ▪ Halten wir den PDCA-Zyklus ein? ▪ Ist uns klar, was planen, umsetzen, messen/bewerten und Verbesserungsmaßnahmen ableiten konkret bedeutet?
Ziel: Chancen zur Verbesserung nutzen, um Anforderungen zu erfüllen und Kundenzufriedenheit zu verbessern
Umsetzungshinweis Beschreiben Sie in Ihrer QM-Dokumentation, beispielsweise in einem QMH, in dem Sie beschreiben, wie Sie Chancen zur Verbesserung bestimmen und auswählen, die folgende Punkte umfassen: ▪ Verbesserung von Produkten/Dienstleistungen ▪ Verhindern/Verringern von unerwünschten Auswirkungen ▪ Verbesserung der Leistung und Wirksamkeit des QMS Die Verbesserung kann dabei reaktiv (z. B. Korrektur, Korrekturmaßnahme), schrittweise (z. B. fortlaufende Verbesserung), sprunghaft (z. B. Durchbruch), kreativ (z. B. Innovation) oder durch Umorganisation erfolgen. Kennzeichnen Sie Maßnahmen und Entscheidungen in Ihrer Risikoanalyse, die Chancen zur Verbesserung enthalten. (Weghorn 2022)
Mögliche Auditnachweise ▪ Verbesserungsprojekte ▪ Six-Sigma-Projekte ▪ KVP-Workshops ▪ KVP-Datenbank (Maßnahmenübersicht) ▪ Übergreifende Verbesserungsgruppen ▪ Mitarbeiterfokusgruppen ▪ Benchmarking ▪ Verbesserungs- und Vorschlagswesen ▪ Anreizsysteme für Verbesserungen ▪ CIRS-Meldungen oder Beinahe-Fehlermeldesystem (CIRS: Critical Incident Reporting System) ▪ FMEA und Risikoanalysen ▪ SWOT-Analysen für Prozesse/Abteilungen (Gietl/Lobinger 2022)

10.2 Nichtkonformitäten und Korrekturmaßnahmen

10.2.1 Mit Nichtkonformitäten umgehen

Eine Nichtkonformität ist ein Fehler. Eine Korrekturmaßnahme ist nach ISO 9000 eine „Maßnahme zum Beseitigen der Ursache einer Nichtkonformität und zum Verhindern des erneuten Auftretens". Eine Korrektur dient dazu, dass der Fehler beseitigt wird. Beim Bäcker wäre beispielsweise eine Nichtkonformität, dass eine Torte, die süß sein soll, sauer ist. Die Ursachenanalyse ergibt, dass versehentlich Essig anstatt Sirup verwendet wurde. Als Korrekturmaßnahmen wird nun der Essig in Flaschen mit besonderer Kennzeichnung abgefüllt und die Lagerung erfolgt in einem anderen Regalfach. Zudem erhält die Belegschaft eine Schulung in Bezug auf die Wirkung unterschiedlicher Zutaten.

Dieser Abschnitt konzentriert sich auf folgende zentrale Fragen:

- Wie kann verhindert werden, dass ein Fehler erneut auftritt?
- Wie können Fehlerursachen beseitigt werden?
- Wie kann aus Fehlern gelernt werden?
- Gibt es vergleichbare Fehler oder könnten vergleichbare Fehler auftreten?
- Beeinflussen die erkannten Fehler und die als notwendig erachteten Korrekturmaßnahmen die definierten Chancen und Risiken oder das QMS?

Ein Fehler kann beispielsweise durch ein Audit erkannt werden, ein Kunde reklamiert, Nachfolgetätigkeiten passen nicht mehr, Ziele werden nicht erreicht etc.

Tritt ein Fehler bzw. eine Nichtkonformität ein (auch aufgrund von Reklamationen), dann müssen Sie im Sinne der ISO reagieren und Maßnahmen ergreifen. Diese Maßnahmen müssen „angemessen" sein, also zu den möglichen Auswirkungen des Fehlers passen. Die Art der Nichtkonformität, die definierten Korrekturmaßnahmen sowie die Ergebnisse der Korrekturmaßnahmen müssen dokumentiert werden. Bild 10.3 fasst die zentralen Aspekte dieses Abschnitts zusammen.

Bei Auftreten eines Fehlers müssen Sie den Fehler überprüfen und analysieren sowie die Ursachen ermitteln, warum der Fehler aufgetreten ist. Das Ziel dabei ist, dass die Nichtkonformität nicht erneut oder an anderer Stelle auftritt. Dazu müssen Maßnahmen, die die Fehlerursachen beseitigen sollen, definiert und bewertet werden. Hier können beispielsweise (digitale) Prüfverfahren, Risikoanalysen, Betrachtung der Wechselwirkungen, Betrachtung der Prozessketten, Materialprüfungen oder Ursache-Wirkungs-Analysen unterstützen.

Bild 10.3 Abschnitt 10.2 der ISO 9001 und IATF 16949 im Überblick

Zudem müssen Sie überprüfen, ob weitere vergleichbare Fehler bestehen oder auftreten könnten. Besteht der Fehler bei einem anderen Produkt, einer anderen Dienstleistung, einem anderen Prozess etc., oder könnte er erneut auftreten? Ist dies der Fall, dann müssen die definierten Korrekturmaßnahmen auch diese Fehlerbeseitigung berücksichtigen. Je häufiger sich bestimmte ähnliche Fehler wiederholen (könnten), desto wichtiger sind Maßnahmen, die den Fehlereintritt verhindern.

Wird ein Fehler festgestellt, dann müssen Sie Maßnahmen definieren und umsetzen, die den Eintritt des Fehlers in Zukunft verhindern. Das Ziel muss sein, dass ein Fehler nicht mehr eintritt.

Die Wirksamkeit der Maßnahmen im Umgang mit dem Fehler muss überprüft werden. Zeigen die umgesetzten Korrekturmaßnahmen den gewünschten Effekt? Wie wirksam sind sie? Wenn der gewünschte Effekt nicht erzielt wird, müssen weitere Ursachenanalysen und Korrekturmaßnahmen umgesetzt werden.

Eingetretene Fehler wirken sich auf den in der Planung definierten Umgang mit Risiken aus. Die Wahrscheinlichkeit ist hoch, dass diese Maßnahmen nicht ausreichend waren, sonst wäre die Nichtkonformität nicht eingetreten. Die früher definierten Maßnahmen im Umgang mit Risiken müssen daher überprüft werden. Wenn notwendig, dann müssen bei einem Fehlereintritt (Nichtkonformität) die in der Planung definierten Maßnahmen im Umgang mit Risiken angepasst werden. Wo und was muss geändert werden, damit der Fehler in Zukunft nicht mehr eintritt?

Eingetretene Fehler wirken sich auf den in der Planung definierten Umgang mit Chancen aus, daher müssen auch diese überprüft und, wenn notwendig, angepasst werden. Aus Risiken können sich Chancen ergeben, beispielsweise durch eine bessere Kundenbetreuung nach der Auslieferung des Produkts. Bei Eintritt eines Fehlers müssen die definierten Maßnahmen im Umgang mit Chancen überprüft werden.

Wenn notwendig, dann müssen Sie auch Ihr QMS anpassen. Eine Anpassung ist dann notwendig, wenn die Wirksamkeit oder Leistungsfähigkeit des QMS beeinflusst wird.

Die Maßnahmen, die für den Umgang mit einem Fehler eingeleitet werden, müssen angemessen sein. Je kritischer der Fehler, desto umfangreicher bzw. desto wichtiger die Korrekturmaßnahmen.

Unterstützende Werkzeuge (Auswahl)

- Maßnahmenmanagement
- Reklamationsmanagement
- Fehlermanagement
- 8D
- FMEA
- Poka Yoke
- Q7 (sieben Qualitätswerkzeuge)
- M7 (sieben Managementwerkzeuge)
- Qualitätszirkel

10.2.2 Dokumentation der Nichtkonformitäten

Die Art des Fehlers sowie die Korrekturmaßnahmen, die bei Eintritt einer Nichtkonformität definiert wurden, müssen dokumentiert werden, beispielsweise durch eine Beschreibung, eine Verfahrensanweisung oder eine Prozessdarstellung.

Ebenso müssen die Ergebnisse der eingeleiteten Maßnahmen im Umgang mit der Nichtkonformität als dokumentierte Information vorliegen, beispielsweise durch einen Soll-Ist-Vergleich der Kennzahlen.

Dokumentierte Information

Folgende dokumentierte Informationen müssen als Nachweis aufbewahrt werden:

- Art der Nichtkonformität sowie jeder daraufhin getroffenen Maßnahme
- Ergebnisse jeder Korrekturmaßnahme

10.2.3 Probleme lösen (✗)

Ziele und Nutzen des Problemlösungsprozesses liegen klar auf der Hand. Die systematische Bearbeitung und Überwachung für Korrekturmaßnahmen, um die Nichtkonformitäten abzustellen, ist ein zentraler Bestandteil eines jeden QMS. Das vorrangige Ziel besteht darin, Wiederholungsfehler bzw. ein Wiederauftreten (SI-Nr. 20) zu vermeiden oder ihnen vorzubeugen und durch eine systematische Bearbeitung den Kunden zufriedenzustellen.

Zentrale Leitfrage dieses Abschnitts ist:

- Gibt es einen dokumentierten Problemlösungsprozess, der Vorgaben zur Lösung unterschiedlicher Arten von Problemen enthält?

Wichtig ist der Bezug zu der Bewertung von Risiken und Chancen, die ggf. nach der Ergreifung von Korrekturmaßnahmen wieder aktualisiert werden muss.

Stellen Sie sicher, dass Vorgehensweisen für Probleme bei Neuentwicklungen, bei der Produktion, bei Beanstandungen aus dem Feld sowie Feststellungen bei Audits in einem dokumentierten Prozess berücksichtigt werden.

Für die richtige Abarbeitung und Umsetzung im Unternehmen sollte eine Systematik eingeführt werden. Dabei hat sich für die Abarbeitung in der Automobilindustrie die 8D-Systematik als eine wirkungsvolle Methode etabliert. Diese wird zumeist auch von den Kunden gefordert.

Sie müssen dafür sorgen, dass keine fehlerhaften und fehlerverdächtigen Teile ausgeliefert werden. Dazu müssen in der Produktion spezielle Sperrlager oder Klärflächen eingerichtet werden, auf denen fehlerhafte und fehlerverdächtige Produkte gelagert werden. Diese Teile kennzeichnet man am besten mit roten Anhängern, die Sperrdatum, Sperrgrund und Name der Person, die die Sperrung vorgenommen hat, enthalten. Wenn ein Lagerverwaltungssystem benutzt wird, dann sollte für das Sperrlager ein eigens für die Buchung eingeführter Schlüssel verwendet werden.

Wichtig ist, dass Ihre Mitarbeitenden Ursachenanalyse-Methoden (beispielsweise 5 W, Ishikawa, FTA, FMEA) anwenden und die Ergebnisse nachweislich dokumentieren.

Wenn der Kunden Methoden vorgibt, dann müssen diese angewendet werden.

Wichtig ist, dass nach der Analyse von Problem und Ermittlung der Fehlerursache Korrekturmaßnahmen umgesetzt werden, um eine vollständige Abstellung des Problems zu gewährleisten. Beispielsweise Tests, Versuche und der Einsatz von Methoden unterstützen bei der Definition wirksamer Maßnahmen. Auswirkungen des Problems auf andere Prozesse müssen berücksichtigt werden.

Vergessen Sie nicht, dass Dokumente wie z. B. FMEA, Produktionslenkungsplan, Arbeits- und Prüfanweisungen überprüft und gegebenenfalls aktualisiert werden müssen.

Dokumentierte Information

Der Prozess zur Lösung von Problemen muss dokumentiert werden.

Unterstützende Werkzeuge (Auswahl)

- 8D-Report
- A3-Report
- 5-Why-Methode
- Ishikawa-Diagramm
- FMEA

10.2.4 Fehlersicherheit (engl.: Error Proofing) (✗)

Fehlersicherheit ist ein zentraler Aspekt, um den Kunden mit fehlerfreien Produkten zu beliefern. Das bedeutet, dass man sich schon bei der Entwicklung von Produkten und Produktionsprozessen überlegen muss, wie welche Methoden eingesetzt werden können und wie eine Überwachung erfolgen kann.

Folgende Fragestellung bildet den Kern dieses Abschnitts:

- Welche Methoden zur Fehlersicherheit werden verwendet?

Sie müssen sicherstellen, dass ein dokumentierter Prozess vorliegt, der Methoden wie beispielsweise FMEA vorgibt. Dokumentieren Sie die Prüfhäufigkeit im Produktionslenkungsplan (PLP).

Achten Sie darauf, dass der Prozess auch Vorgaben für die Durchführung der Funktionsprüfungen mit qualifiziertem Personal enthält. Die Ergebnisse müssen in Prüfprotokollen oder Systemen dokumentiert werden. Es sollte auch vorgegeben werden, dass die Ergebnisse in regelmäßigen Abständen analysiert werden müssen, um Probleme zu identifizieren, Muster und Trends zu erkennen und um gegebenenfalls Maßnahmen einzuleiten.

Das bedeutet, dass durch einfache Vorkehrungen sichergestellt werden soll, dass im Produktionsprozess keine Fehler auftreten. Diese getroffenen Vorkehrungen, wie z. B. technische Lösungen, müssen regelmäßig auf ihre Funktionen geprüft werden, damit ausgeschlossen wird, dass der auszuschließende Fehler nicht begangen werden kann. Sollten hierzu z. B. Referenzteile oder Nicht-in-Ordnung-Teile (n.i.O.-Teile) eingesetzt werden, dann müssen diese in die Prüfmittelüberwachung einfließen.

Dokumentierte Information

Es muss ein dokumentierter Prozess zur Erhöhung der Fehlersicherheit vorliegen, der die zu verwendenden Methoden vorgibt. Die Ergebnisse aus der Durchführung von Funktionsprüfungen müssen nachweislich dokumentiert werden. Die Prüfhäufigkeiten müssen sich im PLP wiederfinden.

Unterstützende Werkzeuge (Auswahl)

- Poka Yoke
- FMEA
- PLP
- CAQ-Systeme
- Automatisierte Prüftechnik

10.2.5 Gewährleistungsmanagementsysteme (X)

Folgende Frage steht im Zentrum dieses Abschnitts:

- Wie wird geprüft, ob eine Verpflichtung zur Gewährleistung besteht?

Gewährleistungen kosten Geld. Dabei handelt es sich um Kosten von Leistungen nach dem Gefahrenübergang zur Erfüllung von Gewährleistungs- und Garantieansprüchen aufgrund selbst anerkannter Verpflichtungen (z. B. bei Rückrufaktionen) oder aufgrund berechtigter qualitätsbezogener Reklamationen von Auftraggebern (Kunden).

Damit handelt es sich bei der Gewährleistung um die gesetzliche Haftung eines Verkäufers oder eines Unternehmens für die Rechts- und Sachmängelfreiheit der verkauften Sache. Der Kunde hat dabei Anspruch auf Wandlung, Minderung oder Nachlieferung.

Wenn Ihre Organisation zur Gewährleistung verpflichtet ist, muss sie ein dementsprechendes System einführen, damit sichergestellt werden kann, dass je nach Produkt eine Methode für die Schadteilanalyse, wie beispielsweise visuelle Prüfungen, Ultraschallprüfungen, mechanische Tests etc., angewendet wird. Zudem muss der NTF-Prozess (No Trouble Found) angewendet werden, wenn mittels der Schadteilanalyse keine Fehler entdeckt wurden.

Der NTF-Prozess hat die Aufgabe, Ursachen für ein Problem zu finden, für das in der Ursachenanalyse im Rahmen der Befundung keine Lösung gefunden werden konnte.

Unterstützende Werkzeuge (Auswahl)

- Programme zum Umgang mit Gewährleistungsfällen
- 8D-Report
- Tools für die Analyse von Feldrückläufern
- Audits

10.2.6 Schadteilanalyse und Ursachenanalyse bei Feldausfällen (*X*)

Die Anforderungen dieses Abschnitts sind entscheidend für den Umgang mit Kundenbeanstandungen und Feldausfällen.

Im Mittelpunkt dieses Abschnitts steht folgende Frage:

- Werden bei Kundenbeanstandungen und Feldausfällen Schadteilanalysen durchgeführt?

Der Prozess Schadteilanalyse muss bei Gewährleistungen, Teileausbauten in Werkstätten sowie bei Feldausfällen durchlaufen werden. Normale Reklamationen unterliegen dem Problemlösungsprozess.

Dieser Abschnitt fordert, dass Sie eine Vorgehensweise einführen, um systematisch auf Produktfehler zu reagieren, die beim Kunden auftreten. Finden Sie auf diese

Weise die Grundursache für Ausfälle und führen Sie wirksame Korrekturmaßnahmen ein. Die Wirksamkeit muss verifiziert werden, um ein Wiederauftreten zu verhindern. Dazu gehört eine gründliche Schadteilanalyse, die optimalerweise durch ein multidisziplinäres Team durchgeführt wird. Führen Sie eine klare und direkte Kommunikation mit dem Kunden durch.

Die Erkenntnisse aus den Analysen sollen dann genutzt werden, um vorbeugende Maßnahmen zu entwickeln und die Produkt- und Prozessqualität kontinuierlich verbessern, aus Fehlern zu lernen, die Kundenzufriedenheit zu gewährleisten und zukünftige Probleme zu vermeiden.

Tabelle 10.2 fasst die wichtigen Aspekte zu diesem Abschnitt zusammen.

Tabelle 10.2 Aus Nichtkonformitäten lernen und Korrekturmaßnahmen definieren – Normabschnitt 10.2 der ISO 9001 und IATF 16949 umsetzen

Leitfragen

- Wie können wir verhindern, dass ein Fehler erneut auftritt? Wie können wir die Fehlerursachen beseitigen?
- Wie lernen wir aus Fehlern?
- Gibt es vergleichbare Fehler oder könnten vergleichbare Fehler auftreten?
- Beeinflussen die erkannten Fehler und die als notwendig erachteten Korrekturmaßnahmen die definierten Chancen und Risiken oder das QMS?
- Wie lösen wir Probleme?
- Haben wir Methoden zur Fehlersicherheit festgelegt?
- Müssen wir Gewähr leisten?
- Führen wir Schadteilanalysen bei Kundenbeanstandungen und Feldausfällen durch?

Ziel: Regelung zum Umgang mit Nichtkonformitäten und Definition von Korrekturmaßnahmen

Umsetzungshinweis

Beschreiben Sie in Form einer Verfahrensanweisung, einer Prozessbeschreibung oder im QM-Handbuch, welche Regelungen greifen, wenn Nichtkonformitäten (Fehler) auftreten – einschließlich solcher, die sich aus Reklamationen ergeben. Maßnahmen müssen den Auswirkungen entsprechend angemessen sein.

Prüfen Sie Ihre Beschreibung auf folgende Punkte, die in der Regelung enthalten sein müssen:

- Beschreibung der Maßnahmen (Sofortmaßnahmen (Korrektur) und Ursachenbeseitigung (Korrekturmaßnahmen)/Umgang mit den Folgen)
- Bewertung der Notwendigkeit einer Ursachenforschung (Wann reichen Sofortmaßnahmen aus, wann müssen Korrekturmaßnahmen eingeleitet werden?)
- Prüfung der Wirksamkeit der ergriffenen Maßnahmen
- Wenn erforderlich – Einfließen der Ergebnisse in die vorhandene Risikoanalyse
- Wenn erforderlich – Einleitung von Änderungen am QMS

Tabelle 10.2 Aus Nichtkonformitäten lernen und Korrekturmaßnahmen definieren – Normabschnitt 10.2 der ISO 9001 und IATF 16949 umsetzen *(Fortsetzung)*

Führen Sie ein Instrument ein (z. B. Formblatt), über das aufgetretene Nichtkonformitäten entsprechend obiger Regelung dokumentiert werden. Dabei müssen folgende Informationen enthalten sein: ▪ Beschreibung der Nichtkonformität (was, wann, wer, wie viel, womit, wie) ▪ Art der Nichtkonformität (Klassifizierung) ▪ Getroffene Maßnahmen ▪ Ergebnisse der Maßnahmen einschließlich Wirksamkeit Hinweis zur Abgrenzung von Normabschnitt 8.7 (Steuerung nichtkonformer Ergebnisse): Dieser Abschnitt erweitert die Anforderungen auf alle möglichen Fehler in der Organisation, während Abschnitt 8.7 auf die gezielte Lenkung fehlerhafter Produkte im Bereich Fertigung/ Dienstleistungserbringung abzielt. (Weghorn 2022) Stellen Sie robuste Prozesse zur kontinuierlichen Verbesserung, zur Gewährleistung und zur Bewältigung von Feldausfällen und Kundenbeanstandungen sicher. Beachten Sie dazu folgende Aspekte: ▪ Definierte Methoden zur Ursachenanalyse und Beseitigung von Nichtkonformitäten müssen angewendet werden. ▪ Mittels Anwendung von Methoden zur Fehlersicherheit, wie beispielsweise einer Prozess-FMEA, sollen potenzielle Fehler präventiv vermieden oder ihre Auswirkungen minimiert werden. ▪ Systematische Erfassung und Analyse von Gewährleistungsansprüchen, um relevante Maßnahmen einzuleiten. ▪ Strukturierte Bearbeitung von Kundenbeanstandungen und Feldausfällen mittels Schadteilanalysen, um schnell auf Kundenrückmeldungen reagieren und aus tatsächlichen Feldausfällen lernen zu können mit dem Ziel, die Kundenzufriedenheit zu erhöhen und die Produktqualität kontinuierlich zu verbessern. (Brückner, 2019)
Mögliche Auditnachweise ▪ Verfahrensanweisung oder Prozessbeschreibung zum Umgang mit Fehlern, Durchführung der Schadteilanalyse und Gewährleistungsmanagement ▪ Verfahrensanweisung oder Prozessbeschreibung zur Festlegung und Verfolgung von Korrekturmaßnahmen ▪ Fehlerprotokolle ▪ Korrekturmaßnahmenlisten ▪ Ursachenanalysen (5 Why, Ishikawa-Diagramm, Kraftfeldanalyse) ▪ Prozessbeschreibung Reklamationsbearbeitung ▪ 8D-Report ▪ FMEA ▪ PLP ▪ Prüfpläne ▪ Prozessaudits ▪ Schadteilanalyseprozess

- Standardisierte und validierte Prüfmethoden
- Detaillierte Berichte über die Schadteilanalyse
- AIAG CQI-14 Self-Assessment
- Lagerung und Handhabung von Schadteilen
- Kommunikationsnachweise mit den Kunden

(Gietl/Lobinger 2022; Brückner 2019)

10.3 Fortlaufende Verbesserung

Fortlaufende Verbesserung ist im Sinne der ISO die fortlaufende Umsetzung des PDCA-Zyklus. In diesem Abschnitt wird nochmals explizit auf die Umsetzung des PDCA-Zyklus hingewiesen. Bild 10.4 zeigt diesen Abschnitt im Überblick.

Bild 10.4 Abschnitt 10.3 der ISO 9001 und IATF 16949 im Überblick

Es stehen folgende Fragen im Zentrum:

- Wie kann sichergestellt werden, dass fortlaufend die Eignung, Angemessenheit und Wirksamkeit unserer QMS verbessert werden?
- Gibt es Chancen und/oder Verbesserungsmöglichkeiten oder Notwendigkeiten dazu, die berücksichtigt werden müssen?
- Wie wird sichergestellt, dass hierbei die Analyse- und Bewertungsergebnisse sowie die Managementbewertung einfließen?

Damit ein fortlaufender Verbesserungsprozess wirklich gelingt, ist ein entsprechendes Qualitätsbewusstsein notwendig. Die Unternehmenskultur muss so sein, dass sich Mitarbeitende einbringen können und sich trauen, auf Missstände hinzuweisen. Zentral ist auch hier das risikobasierte Denken, also dass Folgen, Auswirkungen, sich eventuell ergebende Möglichkeiten mitbedacht werden.

Der fortlaufende Verbesserungsprozess ist kein Kapitel für sich, das angehängt und dann singulär erledigt wird, sondern spielt bei allem mit rein. Egal was Sie machen, Sie sollten immer im Kopf behalten:

> Der PDCA-Zyklus ist nie abgeschlossen, sondern eine Endlosschleife, die keinen Anfang und kein Ende hat!

Die Eignung, die Wirksamkeit sowie die Angemessenheit des QMS müssen fortlaufend verbessert werden. Unterstützen kann hier beispielsweise die Umsetzung von Prozessmanagement, das Definieren von Indikatoren, die Sie regelmäßig überprüfen, um dann Ihre Maßnahmen entsprechend anzupassen, oder die Einführung von QM-Methoden wie etwa 5S.

Bei jeder Verbesserungsmaßnahme müssen die Ergebnisse der Analysen und Bewertungen einschließlich der Managementbewertung berücksichtigt werden (faktenbasierte Entscheidungsfindung). Es muss immer klar sein, warum und auf welchen Daten diese Entscheidung basiert. Gibt es beispielsweise eine große Nachfrage nach einem bestimmten Produkt, die das Angebot übersteigt, dann würde eine Aufstockung der entsprechenden Produktionsraten auf Basis dieser Nachfragezahlen erfolgen.

10.3.1 Fortlaufende Verbesserung – Ergänzung (✗)

In diesem Abschnitt konkretisiert die IATF die Anforderungen der ISO und bezieht diese verstärkt auf die Produktion von Produkten. Die fortlaufende Verbesserung gilt innerhalb der IATF als umgesetzt, wenn die Produktionsprozesse fähig sind und beherrscht werden sowie die Produktmerkmale die Anforderungen der Kunden erfüllen.

Folgende Frage steht im Zentrum dieses Abschnitts:

- Ist ein Prozess mit einem systematischen Ansatz zur kontinuierlichen Verbesserung dokumentiert und eingeführt?

Gefordert werden die Fehlerbehebung sowie das systematische Erkennen von Verbesserungspotenzialen, um die Leistung und Effizienz stetig zu steigern. Maßnahmen zur Verbesserung der Produktionsprozesse müssen erstellt und Werkzeuge für die Betrachtung von Risiken berücksichtigt werden.

Dokumentierte Information

Es muss ein dokumentierter Prozess zur fortlaufenden Verbesserung vorliegen und eingeführt sein.

Unterstützende Werkzeuge (Auswahl)

- FMEA
- PDCA-Zyklus
- Pareto-Analyse
- Ishikawa-Diagramm
- 5-Why-Methode
- Shopfloor Management
- Wertstromanalyse

Tabelle 10.3 fasst wichtige Aspekte des Abschnitts zusammen.

Tabelle 10.3 Fortlaufenden Verbesserungsprozess sicherstellen – Normabschnitt 10.3 der ISO 9001 und IATF 16949 umsetzen

Leitfragen ▪ Wie können wir sicherstellen, dass wir fortlaufend die Eignung, Angemessenheit und Wirksamkeit unseres QMS verbessern? ▪ Gibt es Chancen und/oder Verbesserungsmöglichkeiten oder Notwendigkeiten dazu, die wir berücksichtigen müssen? ▪ Wie stellen wir sicher, dass hierbei die Analyse- und Bewertungsergebnisse sowie die Managementbewertung einfließen? ▪ Wie stellen wir sicher, dass das QMS kontinuierlich verbessert und auf der Grundlage von Leistungstrends, Datenanalysen sowie Rückmeldungen aus Prozessen und Kunden wirksam weiterentwickelt wird?
Ziel: Fortlaufende Verbesserung der Eignung, Angemessenheit und Wirksamkeit

Umsetzungshinweis

Formulieren Sie eine dokumentierte Information oder legen Sie einen Abschnitt im QM-Handbuch fest.

- Beschreiben Sie, wie Sie die Eignung, Angemessenheit und Wirksamkeit Ihres QMS fortlaufend verbessern.
- Beschreiben Sie kurz die Werkzeuge und Methoden, auf die Sie Ihren KVP gründen (Audits, Datenanalysen, KVP-Berichtsanalysen etc.).

Stellen Sie auf Basis der festgelegten Methoden und Werkzeuge im Rahmen der Managementbewertung (siehe Abschnitt 9.3) dar, wo es im zurückliegenden Zeitraum in der Organisation Verbesserungen gab und wie diese bewertet werden. Die Aussagen gründen sich in der Regel hauptsächlich auf Ergebnisse aus Kapitel 9 und 10.

(Weghorn 2022)

Beschreiben Sie den Prozess zur kontinuierlichen Verbesserung.

- Identifizieren Sie Verbesserungspotenziale auf Basis fundierter Daten, beispielsweise Prozessleistungskennzahlen, interne/externe Audits, Kundenreklamationen, interne Fehleranalysen, Risikoanalysen (FMEA), Lessons Learned.
- Nutzen Sie standardisierte Problemlösungsmethoden wie die 5-Why-Analyse, das Ishikawa-Diagramm, den PDCA-Zyklus sowie die 8D-Methode zur Ursachenanalyse und nachhaltigen Beseitigung erkannter Schwachstellen.
- Lassen Sie Maßnahmen dokumentieren, mit Verantwortlichkeiten und Fristen, und überprüfen Sie diese regelmäßig auf ihre Umsetzung mit abschließender Bewertung hinsichtlich ihrer Wirksamkeit.

(Brückner 2019)

Mögliche Auditnachweise

- Projektpläne
- Protokolle und Trends zu Zielvorgaben
- Fortschrittsberichte
- Managementreview
- Verfahrensanweisung oder Prozessbeschreibung zum Umgang mit Fehlern
- Verfahrensanweisung oder Prozessbeschreibung zur Festlegung und Verfolgung von Korrekturmaßnahmen
- Fehlerprotokolle
- Korrekturmaßnahmenlisten
- Ursachenanalysen (5 Why, Ishikawa-Diagramm, Kraftfeldanalyse)
- Prozessbeschreibung Reklamationsbearbeitung
- 8D-Report
- KVP-Maßnahmenliste
- Interne Auditberichte
- FMEA mit Aktualisierungen
- SPC-Auswertungen
- Lessons-Learned-Datenbank
- Ideenmanagement
- Benchmarking-Berichte

(Gietl/Lobinger 2022; Brückner 2019)

11 Anhänge

11.1 Anhang der ISO 9001

Anhang A

Der Anhang A der ISO 9001 enthält Hinweise zu der Struktur und zu der Terminologie: Weder die Struktur noch die Terminologie sind bindend. Im Sinne der Norm müssen Sie auch keine Stakeholder (interessierte Parteien) berücksichtigen, die Sie als nicht relevant für Ihr QMS eingestuft haben. Es besteht keine Pflicht, ein Risikomanagement umzusetzen. Wie Sie damit umgehen, welche Maßnahmen etc. Sie ergreifen, ist von der Art des Risikos, der Art des Unternehmens, den Auswirkungen usw. abhängig. Die ISO gibt hier keine Vorgaben.

Im Anhang wird nochmals betont, dass Sie Ihren Kontext (Normabschnitt 4) verstehen müssen und risikobasiertes Denken (vorausschauend, vorbeugend denken) zu fördern ist, was eine höhere Flexibilität in den Anforderungen an Prozesse, dokumentierte Information und Verantwortlichkeiten ergibt.

Ein weiterer Hinweis im Anhang betrifft die Deklarierung von nicht zutreffenden Anforderungen. Hier wird nochmals betont, dass die „Entscheidung zu keinem Misserfolg beim Erreichen der Konformität von Produkten und Dienstleistungen führt".

Aus dem Anhang ergeben sich keine weiteren Maßnahmen.

Anhang B

Der Anhang B der ISO 9001 informiert über weitere Normen, die über die ISO 9001 hinausgehen bzw. diese ergänzen. Dabei ist die ISO 9001 eine von drei zentralen Normen, die vom ISO/TC 176 erarbeitet wurden:

- „ISO 9000, Quality management systems – Fundamentals and vocabulary, liefert den wesentlichen Hintergrund für das richtige Verständnis und die richtige Umsetzung der vorliegenden Internationalen Norm. Die Grundsätze des Qualitätsmanagements, die während der Erarbeitung der vorliegenden Internationalen Norm berücksichtigt worden sind, werden in ISO 9000 ausführlich beschrieben. Diese Grundsätze sind keine Anforderungen an sich, sondern sie bilden die Grundlage für die Anforderungen, die in der vorliegenden Internationalen Norm festgelegt sind. ISO 9000 legt außerdem die Begriffe und Konzepte fest, die in dieser Internationalen Norm verwendet werden.

- ISO 9001 (die vorliegende Internationale Norm) legt Anforderungen fest, die hauptsächlich darauf ausgelegt sind, Vertrauen in die Produkte und Dienstleistungen zu schaffen, die von einer Organisation bereitgestellt werden, und dadurch die Kundenzufriedenheit zu erhöhen. Ihre richtige Umsetzung kann auch andere Vorteile für die Organisation mit sich bringen, z. B. eine verbesserte interne Kommunikation, ein besseres Verständnis und eine bessere Steuerung der Prozesse einer Organisation.
- ISO 9004, Managing for the sustained success of an organization – A quality management approach, liefert Leitlinien für Organisationen, die sich dazu entscheiden, über die Anforderungen der vorliegenden Internationalen Norm hinaus zu arbeiten, um ein breiteres Themenspektrum abzudecken, was zur Verbesserung der Gesamtleistung der Organisation führen kann. ISO 9004 enthält Leitlinien für ein Verfahren zur Selbstbewertung einer Organisation, um den Reifegrad ihres Qualitätsmanagementsystems bewerten zu können."

Nachfolgende Normen können Sie dabei unterstützen, Ihr „Qualitätsmanagementsystem, dessen Prozesse und dessen Tätigkeiten aufzubauen bzw. festzulegen, oder beim Bestreben, sie zu verbessern":

- ISO 10001, Quality management – Customer satisfaction – Guidelines for codes of conduct for organizations,
- ISO 10002, Quality management – Customer satisfaction – Guidelines for complaints handling in organizations
- ISO 10003, Quality management – Customer satisfaction – Guidelines for dispute resolution external to organizations
- ISO 10004, Quality management – Customer satisfaction – Guidelines for monitoring and measuring
- ISO 10005, Quality management systems – Guidelines for quality plans
- ISO 10006, Quality management systems – Guidelines for quality management in projects
- ISO 10007, Quality management systems – Guidelines for configuration management

- ISO 10008, Quality management – Customer satisfaction – Guidelines for business-to-consumer electronic commerce transactions
- ISO 10012, Measurement management systems ISO/TR 10013
- ISO 10014, Quality management – Guidelines for realizing financial and economic benefits
- ISO 10015, Quality management – Guidelines for training
- ISO/TR 10017, Guidance on statistical techniques for ISO 9001:2000
- ISO 10018, Quality management – Guidelines on people involvement and competence
- ISO 19011, Guidelines for auditing management systems

11.2 Anhang der IATF 16949

Anhang A Produktionslenkungsplan (PLP)

In diesem Anhang, der aus zwei Teilen besteht, beschreibt Anhang A.1, dass ein Produktionslenkungsplan, soweit zutreffend, auf allen Ebenen wie System, Subsystem, Bauteil oder Material und für alle Phasen des Prototyps, Vorserie und Serie erstellt werden muss.

Nach den Anforderungen des Anhangs A.2 der IATF 16949 ist beschrieben, welche Inhalte ein Produktionslenkungsplan in der Regel aufweist.

Innerhalb des PLP wird jeder Prozessschritt benannt. Für jeden Prozessschritt wird die verwendete Maschine aufgeführt. Im Anschluss daran werden die Produkt- und Prozessmerkmale aufgeführt, die für den Prozessschritt oder das Produkt wichtig sind.

Dabei kann es ein oder mehrere Prozessmerkmale geben, die ein Produktmerkmal beeinflussen. Besondere Merkmale werden in einer extra Spalte gekennzeichnet. Sie müssen mit denen in den FMEAs übereinstimmen. Das eingesetzte Prüf- oder Messsystem, mit dem die Merkmale des Produktes oder Prozesses überwacht werden, wird dargestellt. Wenn notwendig, werden noch Stichprobenumfang und -häufigkeit benannt. Durch die Benennung der Lenkungsmethode und des Reaktionsplans wird für die Überwachung eines Prozessschrittes gesorgt und werden Sofortmaßnahmen genannt, die bei fehlerverdächtigen oder fehlerhaften Produkten eingesetzt werden.

Anhang B: Bibliografie – automobilspezifische Ergänzung

Folgende Standards werden als automobilspezifische Ergänzungen in Anhang B des Normenwerks nach einzelnen Bereichen aufgeführt und sind je nach Kundenanforderungen anzuwenden.

Interne Audits

- CQI-8 Layered Process Audit (AIAG)
- CQI-9 Special Process: Heat Treatment System Assessment (AIAG)
- Nachfolgend CQI-11 bis CQI-27 (AIAG)
- AQ 008 Process Audit (ANFIA)
- Production Process Audit Manual (FIEV)
- Auditor Guide for IATF 16949 (IATF)
- Band 6 Teil 3 Prozessaudit (VDA)
- Band 6 Teil 5 Produktaudit (VDA)

Fehler- und Korrekturmaßnahmen

- CQI-14 Automotive Warranty Management Guideline (AIAG)
- CQI-21 Effective Problem Solving Leader Guide (AIAG)
- Band Schadteilanalyse Feld (VDA)

Messsystemfähigkeitsanalyse

- CQI-14 Automotive Warranty Management Guideline (AIAG)
- CQI-21 Effective Problem Solving Leader Guide (AIAG)
- Band Schadteilanalyse Feld (VDA)
- ISO 22514-7 Statistical methods in process management – Capability and Performance Part 7 (ISO)
- JCGM 100-GUM-Evaluation of measurement data (JCGM)

Produktions- und Produktfreigabe

- Product Part Approval Process PPAP (AIAG)
- Band 2 Sicherung der Qualität von Lieferungen (VDA)
- Band 19 Teil 1 Prüfung der technischen Sauberkeit (VDA)
- Band 19 Teil 2 Technische Sauberkeit in der Montage (VDA)

Produktentwicklung

- APQP and Control Plan (AIAG)
- CQI-24 Design-Review Based on Failure Modes (AIAG)
- AQ 009 FMEA (ANFIA)
- AG 014 Manual Experimental Design (ANFIA)
- AQ 025 Reliability Guide (ANFIA)
- Band 4 Kapitel FMEA (VDA)
- Band Reifegradabsicherung für Neuteile (VDA)
- Band Robuster Produktionsprozess (VDA)
- Band Besondere Merkmale (VDA)

Produktionslenkung
▪ MMOG/LE Materials Management Operational Guidelines/Logistics (AIAG) ▪ Implementing Standardised (SMMT)
Aufbau Qualitätsmanagement
▪ AQ 026 Managing and improving the process (AIAG) ▪ Rules für achieving and maintaining IATF recognition (IATF)
Risikoanalyse
▪ Band 4 Sicherung der Qualität in der Prozesslandschaft (VDA)
Softwareprozess-Assessment
▪ Capability Maturity Model Integration (CMMI) ▪ Automotive SPICE (R) (VDA)
Statistische Methoden
▪ Statistic Process Control (SPC) (AIAG) ▪ AQ 011 SPC (ANFIA)
Lieferanten-Qualitätsmanagement
▪ CQI-19 Sub-Tier Supplier Management Process Guideline (AIAG) ▪ Minimum Automotive Quality Management System Requirements Sub-Tier Suppliers (MAQMSR) (IATF)
Sicherheit und Gesundheitsschutz am Arbeitsplatz
▪ ISO 45001 Occupational health and safety management systems (ISO)

12 Wesentliche Bausteine des Verbesserungsprozesses

Die ISO 9001 und die IATF 16949 enthalten Anforderungen an ein Managementsystem, die eine strukturierte Vorgehensweise liefern. Dabei werden komplexe und unterschiedlichste Managementaufgaben zusammenhängend dargestellt und diese mit der Unternehmensstrategie verbunden. Die QM-Grundsätze bilden die grundlegende Basis.

Versuchen Sie bei allem, was Sie machen,

- die Erhöhung der Kundenzufriedenheit im Blick zu behalten,
- sich der zentralen Rolle der Führung bewusst zu sein und diese Rolle wahrzunehmen,
- Personen (Belegschaft) wertzuschätzen und sie so weit wie nur irgendwie möglich einzubinden. Betroffene müssen zu Beteiligten werden!
- in Prozessen zu denken und zu handeln,
- bei allem den Verbesserungsansatz mit zu beachten,
- immer auf Fakten bei Entscheidungen zuzugreifen,
- auch bei Lieferanten, Dienstleistern etc. auf Kooperation und Win-win-Situationen zu setzen.

Begriffe und Werkzeuge

Begriffe, die Sie kennen müssen

- Anforderung
- Maßnahme
- Konformität

Werkzeuge, die Sie anwenden müssen

- Kennzahlen (Leistungsindikatoren) einsetzen
- Fortlaufend überwachen, messen und prüfen
- Effektivität misst, ob die Ziele erreicht werden (die richtigen Dinge tun).
- Effizienz misst, ob die Ziele mit dem geringstmöglichen Aufwand erreicht werden (die Dinge richtig tun).
- Risikobasiert denken

Diese Aspekte beziehen alle Ebenen mit ein, von der einzelnen Maßnahme bis hin zum Erreichen der Unternehmensziele!

Immer im Zentrum: Erhöhung der Kundenzufriedenheit und das Streben nach Verbesserung. Bild 12.1 zeigt die Begriffe im Zusammenspiel.

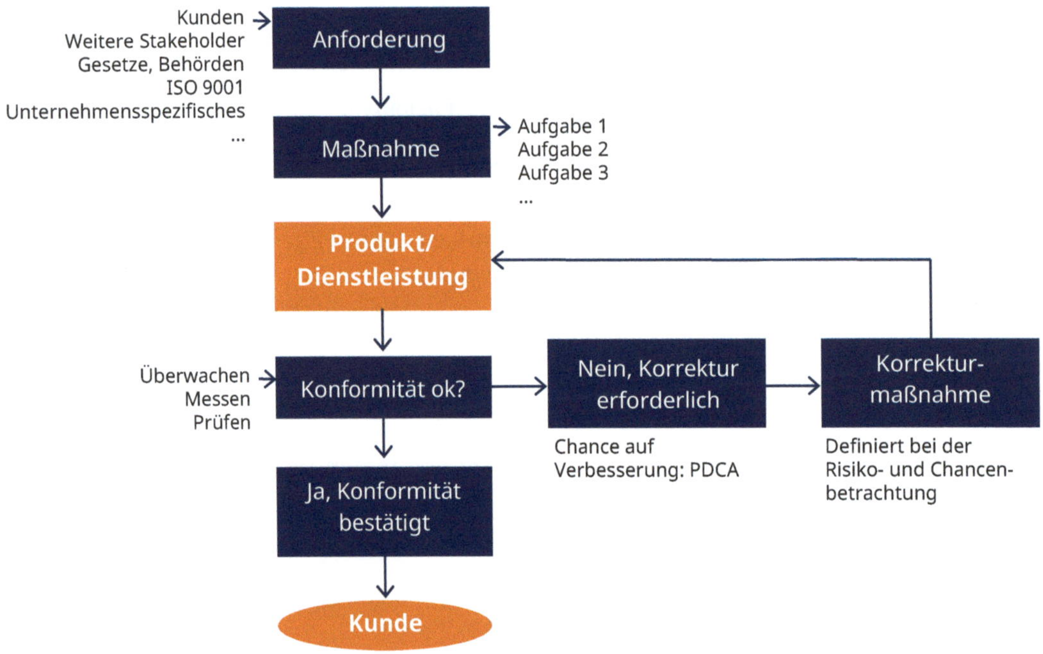

Bild 12.1 Die Begriffe im Zusammenspiel

12.1 Anforderung

„Der Hauptschwerpunkt des Qualitätsmanagements liegt in der Erfüllung der Kundenanforderungen und dem Bestreben, die Kundenerwartungen zu übertreffen." (ISO 9001)

Der Begriff „Anforderung“ ist sowohl in der ISO 9001 als auch in der IATF 16949 grundlegend und bezieht sich auf die Erwartungen, die an ein Produkt, eine Dienstleistung, einen Prozess oder ein System gestellt werden.

Obwohl in beiden Normen von „Anforderung“ gesprochen wird, gibt es im Detail wichtige Unterschiede, insbesondere aufgrund des branchenspezifischen Charakters der IATF 16949.

Das Ziel der ISO 9001besteht in erster Linie darin, sicherzustellen, dass die Organisation die Fähigkeit besitzt, qualitativ hochwertige Produkte und Dienstleistungen bereitzustellen, die konstant in der Lage sind, die Kunden- und gesetzlichen bzw. behördlichen Anforderungen zu erfüllen sowie die Lieferung stets sicherzustellen, um die Kundenzufriedenheit kontinuierlich zu steigern.

Neben dem Ziel der ISO 9001, das auch für die IATF 16949 Gültigkeit hat, legt diese Norm noch Schwerpunkte auf die kontinuierliche Verbesserung, Fehlervermeidung, Reduzierung von Streuung und Verschwendung in der gesamten Lieferkette der Automobilindustrie.

Bei beiden Normen beziehen sich die Anforderungen in erster Linie auf:

- Kundenanforderungen
- Gesetzliche und behördliche Anforderungen
- Individuelle interne Anforderungen
- Anforderungen der interessierten Parteien
- Normanforderungen

Zusätzlich dazu gibt es in der IATF 16949 erweiterte und spezifischere Anforderungen, die für die Automobilbranche von entscheidender Bedeutung sind z. B.:

- Core-Tools
- Kundenspezifische Anforderungen (CSR)
- Produktsicherheit
- Erweiterte Forderungen an die Rückverfolgbarkeit
- Gewährleistung
- Lieferantenmanagement und -entwicklung

Wenn Sie eine Zertifizierung nach IATF 16949 wünschen, dann muss Ihr QMS die Anforderungen der ISO 9001 und die Zusatzanforderungen der IATF 16949 erfüllen. Bei allen Produkten und Dienstleistungen, die vom QMS erfasst werden, müssen die zutreffenden Anforderungen erfüllt werden, ein willkürliches Ausklammern oder „pauschale Ausschlüsse“ von Normanforderungen oder ganzen Abschnitten der Norm ist nicht möglich.

Innerhalb der IATF 16949 ist der einzig zulässige Ausschluss die Produktentwicklung gemäß Abschnitt 8.3 der ISO 9001. Dieser Ausschluss muss begründet werden und als dokumentierte Information vorliegen. Die Produktionsprozessentwicklung kann nicht ausgeschlossen werden.

Man spricht von drei unterschiedlichen Sichtweisen von Anforderungen:

- Aus Sicht der Stakeholder (einschließlich behördlicher Anforderungen)
- Aus Sicht des Unternehmens: Anforderungen, die Sie selbst definiert haben
- Aus Sicht der ISO 9001
- Aus Sicht der IATF 16949

In der IATF 16949 gibt es drei unterschiedliche Beschreibungen für die Erfüllung von Anforderungen:

- „Kann" bedeutet, dass eine Maßnahme oder eine Anforderung optional ist. Das Unternehmen kann diese Maßnahme umsetzen, ist aber nicht dazu verpflichtet. Die Kann-Anforderung kommt zum Tragen, wenn empfohlene Praktiken oder alternative Lösungen gefordert werden, die nicht zwingend notwendig sind, um die Normkonformität zu gewährleisten.
- „Soll" bedeutet, dass eine Anforderung empfohlen wird, aber nicht zwingend erfüllt werden muss. Allerdings wird erwartet, dass die Anforderung berücksichtigt wird, außer es liegt ein triftiger Grund für die Nichterfüllung vor. Das bedeutet, dass die Anforderung umgesetzt werden sollte, aber alternative Lösungen oder Maßnahmen sind auch möglich.
- „Muss" bedeutet, dass die Anforderung verbindlich zu erfüllen ist, damit den Anforderungen der IATF 16949 entsprochen wird. Die Muss-Anforderung ist somit ein minimales Kriterium, die ausschlaggebend für die Erreichung und Aufrechterhaltung einer Zertifizierung ist.

12.2 Angemessenheit

In der IATF 16949 kommt dem Begriff „Angemessenheit“ eine große Bedeutung zu. Vom Grundsatz her bedeutet der Begriff, dass etwas geeignet, passend, ausreichend und wirksam sein muss, um die jeweiligen Anforderungen zu erfüllen und um damit die angestrebten Ziele zu erreichen.

Nachfolgend werden die wichtigsten Bereiche aufgeführt, in denen „Angemessenheit“ eine Rolle spielt:

Angemessenheit von Ressourcen

Eine Organisation muss über angemessene Ressourcen verfügen, um das QMS wirksam umzusetzen und um qualitativ hochwertige Produkte liefern zu können. Ressourcen umfassen in diesem Bereich

- ausreichend qualifiziertes und kompetentes Personal,
- geeignete Infrastruktur (z. B. Gebäude, Anlagen, Ausrüstung, Transportmittel, Hard- und Software),
- geeignete Arbeitsumgebung (z. B. Beleuchtung, Sauberkeit, Temperatur, Lärm),
- geeignete kalibrierte Prüf- und Messmittel für die jeweilige Anwendung,
- notwendiges geeignetes Wissen in der Organisation.

Angemessenheit von Prozessen

- Die Prozesse einer Organisation müssen angemessen ermittelt, dokumentiert und kontinuierlich überwacht werden, um die Kunden- und Normanforderungen zu erfüllen.
- Dazu müssen auch die relevanten automobilspezifischen Methoden, Werkzeuge und die statistischen Methoden angewendet werden, um die beabsichtigten Ergebnisse erzielen zu können.

Angemessenheit der Dokumentation

Der Umfang einer Dokumentation eines QMS muss der Größe einer Organisation, der Branche, den jeweiligen Tätigkeiten, der Komplexität der Prozesse und deren Wechselwirkungen angepasst sein. Sie muss so aufgebaut sein, dass

- Prozesse gesteuert werden können,
- die Konformität von Produkten und Dienstleistungen nachgewiesen werden kann,
- Audits effektiv durchgeführt werden können,
- Laborverfahren angemessen sind.

Angemessenheit von Notfallplänen

Notfallpläne müssen regelmäßig auf Wirksamkeit geprüft werden, „soweit angemessen“ auch durch Simulation und/oder Tests, um sicherzustellen, dass sie im Notfall tatsächlich greifen. Das gilt zunehmend für die immer wichtiger werdende Cybersicherheit.

Angemessenheit von Audits

Audits müssen angemessen durchgeführt werden, um die Einhaltung der Vorgaben zu bewerten und um Verbesserungspotenziale zu identifizieren. Dazu muss ein geeignetes Auditprogramm vorliegen, und die angewendeten Auditmethoden müssen so gewählt sein, dass alle relevanten Bereiche einer Organisation abgedeckt werden.

Angemessenheit der Managementbewertung

Die Managementbewertung muss in geeignetem Maß durchgeführt werden, um die Wirksamkeit des QMS zu bewerten.

12.3 Dokumentierte Information

Dokumente und Aufzeichnungen spielen innerhalb von Managementsystemen eine herausragende Rolle. In der ISO 9001 und IATF 16949 wird zusammenfassend von „dokumentierter Information“ gesprochen. Die Akzeptanz eines QMS steht und fällt mit der Dokumentation, die die Vorgaben, Zusammenhänge und Abläufe für die Mitarbeitenden eindeutig darstellt. Dasselbe gilt für die Nachweisdokumente, die innerhalb der einzelnen Arbeitsabläufe erstellt werden.

Dokumente sind im Sinne des Qualitätsmanagements Dokumente mit Vorgabecharakter. Das sind in der Regel Dokumente, die Vorgaben für Produkte, Prozesse oder Projekte enthalten. Dazu gehören neben den Dokumenten zur Unterstützung des QMS, die die Norm explizit fordert, wie Qualitätspolitik, Qualitätsziele, Formulare, Checklisten, Qualitätsmanagementhandbuch, Prozessbeschreibungen, Arbeitsanweisungen etc., weitere Dokumente, die

- allgemeingültigen Charakter haben, wie z. B. Organisationsanweisungen, interne Richtlinien etc.,
- für die Abwicklung von Bestellungen und Aufträgen notwendig sind, wie z. B. Kundenbestellungen, Kundenzeichnungen, Spezifikationen, Bestellunterlagen etc.,
- für die Abwicklung von Projekten benötigt werden, wie z. B. Projektpläne, Pflichtenhefte, Produktspezifikationen etc.

Aufzeichnungen im Sinne des Qualitätsmanagements sind Unterlagen und Daten, die erstellt werden. Dazu zählen z. B. Prüfberichte, Prüfaufzeichnungen, Aufzeichnungen zu Kundenaufträgen, Freigabeprotokolle aus der Entwicklung, Ergebnisse der Lieferantenbewertung, Berichte der Managementbewertung, Auditberichte, Schulungsnachweise etc.

Der große Unterschied zwischen Dokumenten und Aufzeichnungen liegt darin, dass Dokumente Vorgabecharakter haben und einem Änderungsdienst mit Versionierung unterliegen. Viele Unterlagen sind aber zunächst Dokumente und werden durch ihre Bearbeitung zu Aufzeichnungen. Das ist z. B. durch das Ausfüllen von Checklisten und Formularen gegeben. Einmal getätigte Aufzeichnungen dürfen nicht mehr geändert werden. Als Beispiel lässt sich die Dokumentation eines Messergebnisses anführen, welches im Nachhinein nicht nochmals verändert werden darf, um z. B. bei einer Kundenreklamation die entsprechenden Nachweise vorliegen zu haben.

Die Dokumentation des QMS muss nach ISO 9001 Folgendes beinhalten:

- Dokumentierte Informationen (Dokumente und Aufzeichnungen), die von dieser Norm gefordert werden, sowie Prozesse, die die Organisation für die Durchführung ihrer Tätigkeiten benötigt,
- Dokumente, die ein Unternehmen zur wirksamen Planung, Durchführung und Lenkung der Prozesse benötigt,
- Kundenforderungen sowie gesetzliche und behördliche Forderungen.

Die Art und Form der Dokumente sind nicht vorgeschrieben, d. h., sie können in Papierform oder elektronisch vorliegen. Die ISO 9001 fordert kein Qualitätsmanagementhandbuch (QMH) mehr, die IATF 16949 sehr wohl.

In Abschnitt 7.5.1.1 der IATF 16949 wird das Qualitätsmanagementhandbuch näher erläutert. Es wird jedoch darauf hingewiesen, dass das QMH auch aus einer Reihe einzelner Dokumente bestehen kann, dann muss jedoch eine Liste existieren, welche Dokumente zu dem QMH gehören.

Für die Inhalte eines QMH gelten folgende Anforderungen:

a) Geltungsbereich inkl. Beschreibung der Ausschlüsse

b) Alle dokumentierten Prozesse einschließlich Abfolge und Wechselwirkung, die für das QMS relevant sind, oder eine Referenz darauf, z. B. durch eine Prozesslandschaft

c) Lenkung ausgegliederter Prozesse

d) Eine Matrix, Tabelle oder eine Liste, die darstellt, an welche Stelle im Unternehmen kundenspezifische Anforderungen adressiert werden

Die IATF 16949 fordert dreiundzwanzig dokumentierte Prozesse (Tabelle 12.1). Das heißt nicht, dass jeder Prozess für sich alleine beschrieben werden muss, sondern die Vorgaben können – dort, wo es möglich ist – in bestehende Prozesse integriert oder zusammengefasst werden.

Tabelle 12.1 Geforderte Prozesse von der IATF 16949

Abschnitt	IATF 16949	TIPP
4.4.1.2	Dokumentierter Prozess für das Management von sicherheitsrelevanten Produkten und Produktionsprozessen	
7.1.5.2.1	Dokumentierter Prozess für die Verwaltung und Aufzeichnung der Kalibrierung/Verifizierung	
7.2.1	Dokumentierter Prozess für Ermittlung Schulungsbedarf einschließlich Maßnahmen zur Bewusstseinsbildung	
7.2.3	Dokumentierter Prozess für die Kompetenz von internen Auditoren	Integration in den Schulungsprozess
7.3.2	Dokumentierter Prozess zur Mitarbeitermotivation	
7.5.3.2.2	Dokumentierter Prozess zur Bewertung, Verteilung und Umsetzung aller technischen Normen/Spezifikationen des Kunden	Integration in den Prozess Lenkung dokumentierter Informationen
8.3.1.1	Dokumentierter Entwicklungsprozess	
8.3.3.3	Prozess zur Ermittlung besonderer Merkmale	
8.4.1.2	Dokumentierter Prozess zur Auswahl von Lieferanten	
8.4.2.1	Dokumentierter Prozess ausgegliederter Prozesse	
8.4.2.2	Dokumentierter Prozess, der vorgibt, dass alle extern bereitgestellten Prozesse, Produkte und Dienstleistungen den jeweils gesetzlichen und behördlichen Anforderungen des Ausfuhrlandes, Einfuhrlandes und des vom Kunden genannten Bestimmungslandes genügen	Integration in den Prozess Lenkung von gesetzlichen Anforderungen
8.4.2.2	Lenkung gesetzlicher und behördlicher Anforderungen	
8.4.2.4	Dokumentierter Prozess mit Kriterien zur Lieferantenbewertung	Integration Lieferantenauswahlprozess
8.5.2.1	Prozess für die Kennzeichnung und Rückverfolgbarkeit	

Abschnitt	IATF 16949	TIPP
8.5.6.1	Dokumentierter Prozess zur Lenkung von und Reaktion auf Änderungen	Integration in den Prozess Lenkung dokumentierter Informationen
8.5.6.1.1	Dokumentierter Prozess über die Regelung des Einsatzes alternativer Steuerungs- und Überwachungsmethoden	
8.7.1.4	Dokumentierter Prozess für die Freigabe/ Beauftragung von Nacharbeit	Integration in den Problemlösungsprozess
8.7.1.5	Dokumentierter Prozess für die Freigabe/ Beauftragung von Reparaturen	Integration in den Problemlösungsprozess
8.7.1.7	Dokumentierter Prozess für die weitere Verwendung fehlerhafter Produkte	Integration in den Problemlösungsprozess
9.2.2.1	Dokumentierter Prozess zur internen Auditierung inklusive Entwicklung und Umsetzung des Auditprogramms	
10.2.3	Dokumentierter Prozess zur Problemlösung	
10.2.4	Dokumentierter Prozess zur Anwendung von Methoden zur Fehlersicherheit	Integration in den Problemlösungsprozess
10.3.1	Dokumentierter Prozess zur fortlaufenden Verbesserung	

Vergessen Sie nicht, die ausgegliederten Prozesse, die die Produktkonformität beeinflussen, zu lenken und in Ihrem QMS darzustellen.

12.4 Konformität

Ein zentrales Ziel ist, dass „beständig Produkte und Dienstleistungen" geliefert werden, die die „Kundenanforderungen und zutreffende gesetzliche und behördliche Anforderungen erfüllen". Das bedeutet, dass Produkte, Prozesse, Dienstleistungen und das gesamte Qualitätsmanagementsystem (QMS) den festgelegten Spezifikationen, Regeln und Erwartungen entsprechen müssen.

Diese Aspekte müssen sozusagen „abgesichert“ werden. Und das geschieht mithilfe des Konformitätsbegriffs. Konformität bezieht sich darauf, dass festgelegte Anforderungen erfüllt werden (konform zu etwas sind).

Im Sinne der IATF 16949 bedeutet das in erster Linie:

- **Produktkonformität:** Das herzustellende Produkt, z. B. ein Bauteil, muss gemäß aller technischen Spezifikationen, Zeichnungen, Leistungsmerkmalen, funktionalen Anforderungen und Sicherheitsstandards, die vom Kunden, von der IATF 16949 und den anwendbaren Gesetzen gefordert werden, produziert werden. Das schließt auch Ersatzteile und Zukaufteile mit ein.
- **Prozesskonformität:** Die Produktionsprozesse sowie unterstützende Prozesse müssen gemäß den definierten Prozessen, Arbeitsanweisungen und Prozesskontrollen ablaufen. Sie müssen stabil und fähig sein, Produkte herzustellen, die den Anforderungen entsprechen. Dazu werden beispielsweise Prozessfähigkeitsnachweise (C_{pk}, P_{pk}), FMEAs und Produktionslenkungspläne (PLP) erstellt.
- **Normkonformität:** Das gesamte QMS mit allen dokumentierten Informationen muss den Anforderungen der ISO 9001 und den Zusatzanforderungen der IATF 16949 entsprechen. Das bedeutet, dass alle geforderten Prozesse definiert, dokumentiert, überwacht und aufrechterhalten werden, um eine kontinuierliche Verbesserung zu erreichen.
- **Konformität der Lieferkette:** Die IATF 16949 fordert, dass auch die Lieferanten idealerweise nach IATF 16949, aber zumindest nach ISO 9001 zertifiziert sind unter Berücksichtigung zusätzlicher automobilspezifischer Forderungen.

Konformität ist die Voraussetzung dafür, dass Kunden und andere interessierte Parteien Vertrauen in die Qualität und Zuverlässigkeit der Produkte und Prozesse setzen können.

12.5 Kundenzufriedenheit

„Kundenzufriedenheit“ wird definiert als „Wahrnehmung des Kunden zu dem Grad, in dem die Erwartungen des Kunden erfüllt worden sind“ (ISO 9001:2015). „Die Organisation muss die Wahrnehmungen des Kunden über den Erfüllungsgrad seiner Erfordernisse und Erwartungen überwachen“, und sie „muss die Methoden zum Einholen, Überwachen und Überprüfen dieser Informationen bestimmen“ (ISO 9001:2015).

> Bei den Kundenanforderungen muss zwischen Kundenerwartungen, Kundenbedürfnissen und den Kundenforderungen unterschieden werden, die je nach Erfüllungsgrad zur Kundenzufriedenheit führen.

Kundenerwartungen charakterisieren sich durch stark konkretisierte Anforderungen des Kunden an ein Produkt oder eine Dienstleistung. Ihnen liegen meistens bereits gemachte direkte oder indirekte Erfahrungen zugrunde. Es kommen aber ebenso Kommunikations- und Werbeaussagen sowie das Image eines Anbieters hinzu.

Der Begriff der Erwartungen kann unter zwei Dimensionen betrachtet werden: einerseits, wie sich nach Ansicht der Kunden ein Produkt oder eine Dienstleistung gestalten wird, und andererseits, wie die Kunden möchten, dass eine Dienstleistung erbracht wird.

Als **Kundenbedürfnisse** wird ein grundsätzliches Mangelgefühl einer bestimmten Zielgruppe bezeichnet, die den Wunsch hat, dieses Gefühl zu kompensieren. Die Bedürfnisse der Kunden sind noch nicht konkret und besitzen keinen Bezug zu irgendwelchen Produkten oder Dienstleistungen. Kundenbedürfnisse müssen daher zunächst analysiert und aufbereitet werden.

Konkretisierte Kundenbedürfnisse werden als **Kundenforderungen** bezeichnet. Der Fokus liegt dabei auf verschiedenen Möglichkeiten, die eingesetzt werden können, um den bestehenden Mangel bei den Kunden zu beseitigen. Sie haben Bezug zu den Grundfunktionen der Bedürfnisbefriedigung und beschreiben das, was der Kunde haben möchte.

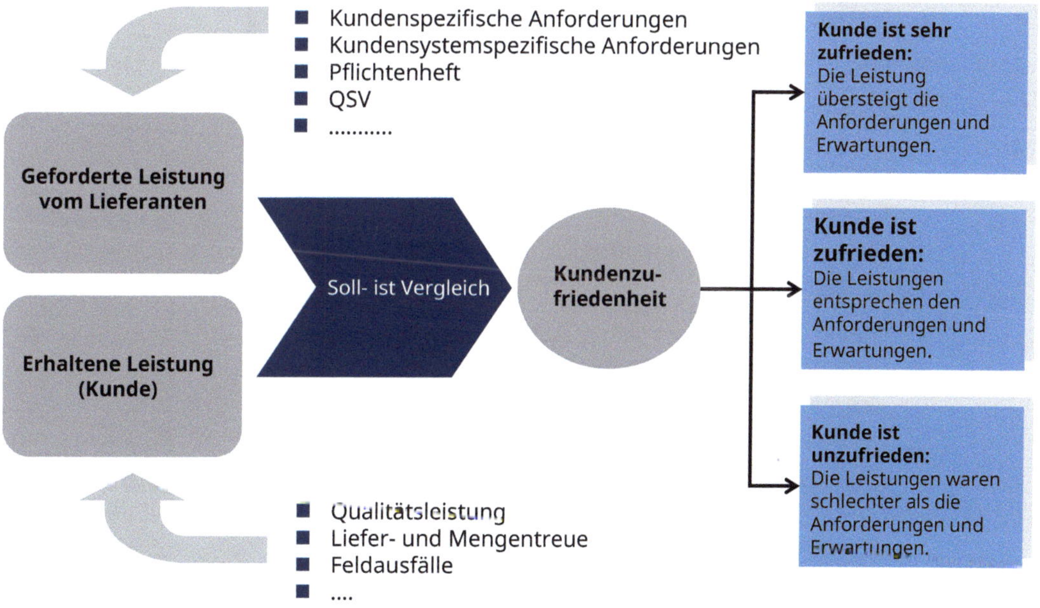

Bild 12.2 Arten der Kundenzufriedenheit

Wie zufrieden ein Kunde ist, ermittelt ein Unternehmen durch den Vergleich der erwarteten Soll-Leistung und der beim Kunden wahrgenommenen und erhaltenen Ist-Leistung. Die Erfüllung dieser Erwartungen beeinflusst die Zufriedenheit des Kunden.

Entsprechen die Leistungen eines Unternehmens lediglich den Anforderungen und Erwartungen des Kunden, so wird dessen Zufriedenheit eher „neutral" ausfallen. Werden die Erwartungen übertroffen, dann wird die Kundenzufriedenheit steigen. Erst wenn das Unternehmen es schafft, den Kunden zu begeistern, dann wird die Chance steigen, dass der Kunde bei dem Unternehmen bleibt (Bild 12.2).

Auf die Bewertung der Kundenzufriedenheit wird innerhalb der IATF 16949 großen Wert gelegt.

Gemäß Abschnitt 9.1.2.1 der IATF müssen zur Ermittlung der Kundenzufriedenheit mindestens folgende KPIs erhoben werden:

- Ergebnisse der Lieferungen im Hinblick auf Qualität
- alle Arten von Störungen in den geplanten Abläufen, die beim Kunden zu Produktionsunterbrechungen führen
- Feldausfälle
- Rückrufe und Fälle von Gewährleistungen
- Termin- und Mengentreue
- Vorfälle, die mit Zusatzfrachtkosten behaftet sind
- Kundenbenachrichtigungen im Hinblick auf Qualitäts- und Lieferprobleme
- Rückmeldungen über den Kundenstatus
- Einstufungen in den Kundenportalen
- Lieferantenbewertung durch die Kunden

Für die Ermittlung der Kundenzufriedenheit stehen objektive und subjektive Verfahren zu Verfügung:

- **Objektive Verfahren** sind quantifizierbare Kennzahlen. Diese werden in der Regel in verschiedenen Abteilungen erhoben. Sie sollten beim QM zusammengeführt und über eine Gewichtung der einzelnen Aspekte als eine Kennzahl dargestellt werden, damit über die Jahre eine Trenddarstellung möglich ist. Die Auswertungen aus der Beschwerdeanalyse finden ebenso ihren Stellenwert im Qualitätsbericht und fließen damit in die Managementbewertung (Management Review) mit ein.
- Eine zusätzliche Möglichkeit, die Zufriedenheit des Kunden zu erfahren, ist die Durchführung **subjektiver Verfahren**. Dabei wird die persönliche Wahrnehmung des Kunden ermittelt. Dies erfolgt beispielsweise über Online-Befragungen oder Fragebögen.

12.6 Leistungsindikatoren

Ein Leistungsindikator ist eine Kennzahl, die sich auf eine Leistung bezieht und ein messbares Ergebnis liefert. Dieses kann sich auf Produkte, Dienstleistungen, Tätigkeiten, Systeme oder Organisationen beziehen und dabei qualitativ oder quantitativ sein.

Sie müssen im Sinne der Normen Kennzahlen definieren, mit denen Sie die Leistung Ihres Unternehmens bzw. Ihrer Prozesse überwachen und messen können. Dabei müssen Sie sicherstellen, dass die erfassten Daten und Informationen ausreichend präzise und verlässlich sind. Wie die Daten und Informationen analysiert und bewertet werden, ist von den Normen nicht vorgegeben, lediglich, dass die Verfahren „geeignet" sein müssen.

Leistungsindikatoren werden in allen Unternehmen benötigt. Man braucht sie zunächst als Grundlage, um die Unternehmensstrategie beschreiben zu können. Dies geschieht z. B. mit Kennzahlen wie Marktanteil, Umsatzsteigerung, Kostensenkung, Produktivität etc. Sie werden aber auch dazu verwendet, um den einzelnen Bereichen oder Mitarbeitenden eindeutige Zielvorgaben mitzuteilen, an denen sie ihre eigenen Aktivitäten ausrichten können. Gerade für die Prozessverbesserung braucht man sie, um ermitteln zu können, welche Leistungsfähigkeit ein Prozess aktuell besitzt, und um die Stellgrößen festlegen zu können, an denen Verbesserungen notwendig und möglich sind.

Ein Kennzahlensystem dient demnach nicht nur dazu, Entscheidungen zu unterstützen und Prozesse zu überwachen, sondern es hat vor allem auch die Aufgabe, Probleme zu erkennen, um schnell reagieren zu können. Ein Unternehmen erhält mit einem auf sich zugeschnittenen Kennzahlensystem zuverlässige Informationen über

- Wirtschaftlichkeit,
- Produktivität,
- Rentabilität und
- Liquidität.

Durch die Erhebung von Kennzahlen wird das komplexe Unternehmensgeschehen auf wichtige aussagekräftige Faktoren reduziert. Man erhält übersichtlich und kompakt Auskunft über die Stärken und Schwächen, die ein Unternehmen besitzt, sowie über die Entwicklungen, die ein Unternehmen anstrebt. Zudem wird die momentane Situation dargestellt.

In der Literatur wird eine Unterscheidung von Kennzahlenarten aufgrund ihrer statischen Form gewählt, und zwar in

- relative Kennzahlen (Verhältniskennzahlen) und
- absolute Kennzahlen.

Absolute Kennzahlen sind einzelne Zahlenwerte, die direkt aus Daten erhoben oder als Summe, Differenz oder Durchschnitt berechnet werden.

Relative Kennzahlen weisen zumeist eine höhere Aussagefähigkeit auf (z. B. Produktionskostenanteil, Umschlagsgeschwindigkeit, Auslastungsquoten von Maschinen). Trotzdem müssen auch absolute Kennzahlen (z. B. Anzahl der internen Fehler, Befundungszeit von Reklamationen) als wichtiges Hilfsmittel im gesamten operativen Planungs-, Steuerungs- und Kontrollprozess herangezogen werden. Die Datenbasis muss sich dabei aus Früh- und Spätindikatoren, kurz- und langfristigen sowie aus monetären und nicht monetären Messgrößen zusammensetzen.

Nur wenn Sie klare und messbare Ziele definieren, können Sie feststellen, ob Sie Ihre Ziele erreicht haben. Mithilfe von zuverlässigen und validen Kennzahlen können Sie erkennen, ob Sie auf dem richtigen Weg sind, sich fortlaufend verbessern oder ob Sie gegensteuern müssen.

Sie müssen neben den Kennzahlen auch definieren, wie Sie mit Abweichungen umgehen wollen (risikobasiertes Denken). Aussagekräftige Kennzahlen oder Leistungsindikatoren bilden die Basis eines fortlaufenden Verbesserungsprozesses!

Kennzahlen müssen faktenbasiert ermittelt werden. Sie müssen zu Ihrem Unternehmen und zu Ihrer Branche passen. Dabei sollten Sie beachten, dass die Soll-Kennzahlen wie jede Definition von Zielen auch den SMART-Kriterien entsprechen, also spezifisch, messbar, attraktiv, realistisch und terminierbar sind.

Erarbeiten Sie Ihre Kennzahlen am besten in einem interdisziplinären Team. Zumeist liegen im Controllingbereich bereits Kennzahlen vor. Formulieren Sie Ihre Kennzahlen nicht losgelöst voneinander. Unterstützung bietet hier auch ein Kennzahlensystem, wie z. B. die Balanced Scorecard.

Für Prozessoptimierungen und Prozessbewertungen ist es von großer Bedeutung, dass die relevanten Kennzahlen definiert, erhoben und ausgewertet werden.

Die Prozessoptimierung, und damit eine Verbesserung des Prozesses, ist für Unternehmen unumgänglich, denn optimierte Prozesse

- verbessern die Qualität,
- verkürzen die Entwicklungszeiten,
- wirken kostensenkend und
- erlauben eine höhere Effektivität, Effizienz und auch Flexibilität.

Wichtig ist, dass man sich auf wenige aussagekräftige Kennzahlen konzentriert. In einem Unternehmen wird in der Regel eine Vielzahl von Kennzahlen erhoben. Aus diesem Fundus sollten die Kennzahlen herausgezogen und den Prozessen zugeordnet werden, die wirklich etwas aussagen. Wichtig ist, dass dabei alle Bereiche abgedeckt werden. Das heißt, es werden Kennzahlen aus dem Finanz-, Kunden-, Prozess- sowie Personalbereich benötigt. Beispiele dafür sind:

- Return on Investment (ROI),
- Liquidität,
- Anlagen- und Umlaufintensivität,
- Deckungsgrade,
- Maschinendurchlaufzeiten,
- Störzeiten,
- Ausschusszahlen,
- Krankheitsquoten,
- Ergebnisse aus Mitarbeiterbefragungen,
- Kundenzufriedenheit,
- Umsatz usw.

Kennzahlen werden benötigt, um Antworten auf Problemlösungen zu bekommen und um den aktuellen Status feststellen zu können. Betriebswirtschaftliche Sachverhalte oder sonstige Zusammenhänge werden in absoluten oder relativen Kenngrößen dargestellt. Dazu müssen Mengen-, Zeit- und Wertdaten aussagekräftig dargestellt werden. Am besten werden die benötigten Informationen elektronisch, d. h. computergestützt, gewonnen und ausgewertet. Die kontinuierlichen Auswertungen geben Informationen darüber, ob Maßnahmen eingeleitet werden müssen, um auftretende Probleme zu lösen.

12.7 Maßnahmenmanagement

Alle Maßnahmen, die sich auf Qualität beziehen, müssen im Einklang mit den Qualitätszielen stehen. Maßnahmen sind systematische Schritte, um Ziele eines QMS zu erreichen. Diese Ziele sind primär auf die kontinuierliche Verbesserung, Fehlervermeidung und Reduzierung von Abweichungen und Verschwendung in der gesamten Lieferkette der Automobilindustrie ausgerichtet.

Maßnahmen können präventiver oder korrigierender Natur sein und sind eng mit dem prozessorientierten Ansatz und dem risikobasierten Denken der Norm verbunden.

Innerhalb der IATF 16949 gibt es verschiedene Bereiche, in denen vornehmlich mit Maßnahmen gearbeitet wird:

- **Korrekturmaßnahmen** werden eingeleitet, um interne und externe Nichtkonformitäten zu beseitigen. Dabei kann es sich beispielsweise um Auditergebnisse, Feldausfälle, fehlerhafte Produkte, Reklamationen oder Auditergebnisse handeln.
- **Vorbeugemaßnahmen** werden zur Beseitigung von Ursachen möglicher Fehler eingeleitet, um deren Auftreten zu verhindern. Als Beispiele lassen sich Risikoanalysen (FMEA), Managementbewertungen, Kundenfeedback und Lessons Leanrned anführen.
- **Maßnahmen zur stetigen Verbesserung** werden eingeleitet, um die Effizienz und Effektivität des gesamten QMS und von Prozessen zu verbessern. Dabei handelt es sich z. B. um Ergebnisse von Kennzahlerhebungen, betriebliches Vorschlagswesen, KVP-Workshops und interne Audits.

Für das Maßnahmenmanagement fordert insbesondere die IATF 16949:

- Eine systematische Planung, Umsetzung und Überwachung von Maßnahmen sowie deren Wirksamkeitsüberprüfung
- Dokumentation der Maßnahmen sowie der erzielten Fortschritte
- Bereitstellung von Ressourcen, wie beispielsweise Personal, Zeit, finanzielle Mittel
- Festlegung von Verantwortlichkeiten für die Planung, Umsetzung und Überwachung von Maßnahmen
- Einbindung von Risikoanalysen zur Priorisierung der Maßnahmen

Zusammenfassend bedeutet das, jede definierte Maßnahme muss „angemessen“ sein, das heißt, sie muss zu Ihrer Organisation und zu dem jeweiligen Aspekt passen. Ein großes Risiko mit verheerenden Auswirkungen muss beispielsweise stärker aufgefangen werden als ein kleines Risiko mit sehr wenigen Auswirkungen.

Alle Maßnahmen müssen auch hinsichtlich ihrer Wirksamkeit bewertet werden: Erzielen die Maßnahmen also den Effekt, der geplant war? Dazu muss klar sein, wann eine Maßnahme diesen Effekt erzielt. Zu jeder Maßnahme braucht es also Indikatoren (Kennzahlen), die anzeigen, ob der gewünschte Effekt erzielt wurde.

Maßnahmen müssen so formuliert werden, dass sie die Konformität gewährleisten, also konform zur Norm, zum QMS und zu den definierten Anforderungen sind.

12.8 Normanforderungen an Risiken und Chancen

Die Anwendung eines Risikomanagements ist in den gesamten Normenwerken von ISO 9001 und IATF 16949 wiederzufinden. Um dieses klarer zu gestalten, gibt Tabelle 12.2 einen Überblick über die Normanforderungen hinsichtlich der Betrachtung von Risiken.

Die Methode, die für die Betrachtung von Risiken und Chancen gewählt wird, ist den Unternehmen freigestellt. Eine Ausnahme bildet die Anwendung der FMEA für Unternehmen, die nach IATF 16949 zertifiziert sind oder sich danach zertifizieren lassen wollen.

Tabelle 12.2 Normanforderungen hinsichtlich des Risiko- und Chancenmanagements

Abschnitt ISO 9001	Abschnitt IATF 16949	Anforderung
4.4		Bei der Bestimmung der Prozesse für das QMS müssen die im Rahmen der Planung des Qualitätsmanagements festgelegten Maßnahmen zum Umgang mit Risiken berücksichtigt werden.
5.1.1		Die Unternehmensführung muss sicherstellen, dass der prozessorientierte Ansatz sowie das risikobasierte Denken gefördert werden.
5.1.2		Die Unternehmensführung muss sicherstellen, dass die Risiken, die die Konformität der Produkte und Dienstleistungen sowie die Fähigkeit zur Erhöhung der Kundenzufriedenheit beeinflussen, bestimmt und behandelt werden.
6.1.1		Risiken und Chancen müssen behandelt werden, um sicherstellen zu können, dass das QMS ▪ wirksam ist, ▪ Chancen verstärkt werden, ▪ Risiken minimiert bzw. verhindert und ▪ Verbesserungen angestrebt und umgesetzt werden.
6.1.2		Maßnahmen zum Umgang mit Chancen und Risiken müssen geplant und deren Wirksamkeit bewertet werden. Möglichkeiten für den Umgang mit Risiken sind z. B.: ▪ Vermeidung von Risiken ▪ Akzeptanz eines Risikos, um eine Chance wahrzunehmen ▪ Beseitigung von Risikoquellen ▪ Änderung von Wahrscheinlichkeiten und Konsequenzen ▪ Teilung von Risiken ▪ Akzeptanz eines Risikos durch eine fundierte Entscheidung
	6.1.2.1	In eine Risikoanalyse müssen gewonnene Erkenntnisse (Lessons Learned) bzgl. Rückrufaktionen, Produktaudits, Feldbeanstandungen, Reparaturen, Reklamationen, Ausschuss und Nacharbeit mit einbezogen werden. Diese Ergebnisse müssen dokumentiert und aufbewahrt werden.
	6.1.2.2	Einführung eines Prozesses zur Verringerung der Auswirkungen negativer Effekte aus Risiken, um ▪ potenzielle Fehler und deren Ursache zu ermitteln inkl. dokumentierter Maßnahmen, ▪ durch gewonnene Erkenntnisse ein Wiederauftreten zu verhindern.

Tabelle 12.2 Normanforderungen hinsichtlich des Risiko- und Chancenmanagements *(Fortsetzung)*

Abschnitt ISO 9001	Abschnitt IATF 16949	Anforderung
	6.1.2.3	Interne und externe Risiken für alle Produktionsprozesse und Fertigungseinrichtungen müssen ermittelt und bewertet werden, um in Abhängigkeit von den Ergebnissen Notfallpläne zu erstellen. Erstellung von Notfallplänen in Abhängigkeit von den Risiken/Auswirkungen für den Kunden
7		Bei der Bestimmung und Bereitstellung von erforderlichen Ressourcen aller Art (Personal, Betriebsmittel, Infrastruktur etc.) müssen mögliche Risiken berücksichtigt werden, z. B.: ▪ Risiko eines hohen Krankenstandes ▪ Unvorhergesehene steigende Fluktuation ▪ Abwanderung von Schlüsselpersonal oder für die Infrastruktur z. B.: ▪ keine ausreichende Kundenversorgung durch mangelnde Verfügbarkeit von Anlagen, Werkzeugen, Logistik, Informations- und Kommunikationssystemen Gleichermaßen sind Risiken bei der Erfüllung konkreter Normforderungen in den Bereichen Kompetenz, Bewusstsein, Kommunikation und Dokumentation zu berücksichtigen.
	7.1.3.1	▪ Risikoidentifizierung und -minderung bei der Entwicklung und kontinuierlichen Verbesserung von Werks-, Anlagen- und Einrichtungsplänen ▪ Regelmäßige risikobezogene Neubewertung der Prozesse zur Werks-, Anlagen- und Einrichtungsplanung
	7.1.5.2.1	Bewertung der Risiken bei Messmitteln, die durch fehlerhaften Zustand entstanden sind im Hinblick auf den beabsichtigten Gebrauch
	7.2.3 und 7.2.4	Interne Auditoren und Second-Party-Auditoren müssen Kompetenzen für den prozessorientierten Ansatz sowie die risikobasierte Denkweise besitzen und nachweisen. Prozessauditoren müssen darüber hinaus den Umgang mit prozessbezogenen Risikoanalysen beherrschen (FMEA).
	7.3.1	Nachweis darüber, dass sich alle Mitarbeitenden über die Risiken von nichtkonformen Produkten und den damit verbundenen Auswirkungen bewusst sind.
	7.5.3.2.2	In 7.5.3.2.2 und 8.1 und 8.2.1 gibt es keine expliziten Forderungen in Bezug auf „Risiken", aber die Änderungen von technischen Spezifikationen können Änderungen der Risikoanalysen zur Folge haben.
8.1		Bei der Planung und Steuerung der relevanten Prozesse, die für die Produktions- oder Dienstleistungserbringung erforderlich sind, besteht eine Auswirkung auf den Umgang mit Maßnahmen für die Reduzierung oder Eliminierung von Risiken.

Abschnitt ISO 9001	Abschnitt IATF 16949	Anforderung
8.2.1		Die Anforderung besteht darin, klare Regelungen für die Kommunikation mit dem Kunden vorzugeben. Wenn unklare Regelungen getroffen werden, kann dies insofern ein Risiko darstellen, da aufgrund mangelhafter Kommunikation Qualitätsprobleme auftreten.
	8.3.2.1	Bei der Entwicklungsplanung müssen Risikoanalysen (FMEAs) erstellt und überprüft sowie Maßnahmen zu Reduzierung potenzieller Risiken getroffen werden.
	8.3.2.3	In die Selbstbewertungen von intern entwickelter, integrierter Software muss eine Priorisierung nach Risiken und potenziellen Auswirkungen für den Kunden erfolgen.
	8.3.3.1	Eingaben für die Produktentwicklung müssen Risikobewertungen bezüglich der Entwicklungseingaben und die Fähigkeiten des Unternehmens hinsichtlich einer Risikominderung enthalten. Die in der Herstellbarkeitsanalyse erkannten Risiken müssen dabei mitberücksichtigt werden.
	8.3.3.3	Interne besondere Merkmale müssen im Rahmen von Risikoanalysen ermittelt werden. Interne besondere Merkmale und die vom Kunden festgelegten müssen in Risikoanalysen wie z. B. FMEA gekennzeichnet werden.
	8.3.5.1	Die Ergebnisse der Produktentwicklung müssen eine produktbezogene Risikoanalyse enthalten (FMEA).
	8.3.5.2	Die Ergebnisse der Produktionsprozessentwicklung müssen eine prozessbezogene Risikoanalyse enthalten (FMEA).
8.4		Der Abschnitt 8.4 beschäftigt sich mit der Steuerung extern bereitgestellter Produkte, Prozesse und Dienstleistungen. Hierunter fallen auch die bisher als ausgelagert bezeichneten Prozesse. Dabei müssen Lieferanten nach bestimmten Kriterien ausgewählt und bewertet werden. Das schließt Risiken in der Lieferkette nicht aus. Aus diesem Grund sollte auch hier eine Risikoabschätzung stattfinden.
	8.4.2.1	Der dokumentierte Prozess zur Ermittlung und Steuerung ausgegliederter Prozesse muss Produkt-, Material- oder Dienstleistungsrisiken und auf deren Basis – zusammen mit der Lieferantenperformance – Maßnahmen zur Lieferantenbewertung einleiten.
	8.4.2.3.1	Lieferanten müssen ihre Software einer Selbstbewertung unterziehen, dabei muss eine Priorisierung nach Risiken und potenziellen Auswirkungen für den Kunden mit einbezogen werden.
	8.4.2.4.1	Second-Party-Audits müssen unter anderem basierend auf Risikoanalysen geplant werden und können auch zur Bewertung des Lieferantenrisikos angewendet werden.

Tabelle 12.2 Normanforderungen hinsichtlich des Risiko- und Chancenmanagements *(Fortsetzung)*

Abschnitt ISO 9001	Abschnitt IATF 16949	Anforderung
	8.4.2.5	Lieferantenentwicklungsmaßnahmen müssen unter anderem auf Basis von Risikoanalysen festgelegt werden.
	8.5.1.1	In den Produktionslenkungsplan (PLP) für Vorserie und Serie müssen Informationen aus den Risikoanalysen der Entwicklung mit einfließen. Außerdem müssen Überprüfungen und Überarbeitungen der PLP unter anderem zu festgelegten Zeitpunkten erfolgen, die aus einer Risikoanalyse abgleitet werden.
	8.5.2.1	Anhand des Grades des Risikos und der Bedeutung des Fehlers für Kunden, Mitarbeitende und Endverbraucher müssen Analysen für alle Produkte, welche die Automobilindustrie betreffen, durchgeführt werden.
8.5.4		In diesem Abschnitt wird die Sicherstellung der Produkterhaltung gefordert. Es gibt jedoch keine konkreten Ausführungen zu Risiken in der Norm. Aber aus Praxissicht ist es sinnvoll, eine Analyse zu machen, welche Risiken bei Lagerung, Transport etc. auftreten, und dementsprechend die Anforderungen an Verpackung, den Transport, die Lagerung etc. zu formulieren. Demnach müssen auch hierfür mögliche Risiken wie z. B. ▪ fehlerhafte Handhabung bei Lagerung, Verpackung und Transport ▪ nicht ausreichende oder unzureichende Mess- und Prüfmittel ▪ fehlerhafte Prozesse betrachtet werden.
	8.5.6.1	In den dokumentierten Prozess zur Lenkung und Reaktion auf Änderungen müssen Nachweise für durchgeführte Risikoanalysen erbracht werden.
	8.5.6.1.1	Durchführung einer Risikobetrachtung für zeitlich begrenzte Änderungen in Produktionsprozessen (z. B. FMEA)
	8.7.1.4	Risiken in Nacharbeitsprozessen müssen mit Risikoanalysen bewertet werden (FMEA).
	8.7.1.5	Risiken bei der Lenkung reparierter Produkte müssen mit Risikoanalysen bewertet werden (FMEA).
9.1.3		Abschnitt 9 fordert die Bewertung der Leistung eines QMS. Die Ergebnisse aus Überwachungs- und Messtätigkeiten müssen analysiert werden. Diese Analyseergebnisse eignen sich besonders dazu, um die Wirksamkeit durchgeführter Maßnahmen im Umgang mit Risiken zu bewerten.
	9.1.1.2	Geeignete statistische Methoden für Risikoanalysen müssen festgelegt werden, wie z. B. die Design- oder Prozess-FMEA.
	9.2.2.1	Das Auditprogramm muss unter anderem auf der Basis von Risiken erfolgen.

Abschnitt ISO 9001	Abschnitt IATF 16949	Anforderung
	9.2.2.3	Prozessaudits müssen unter anderem die Auditierung prozessbezogener Risikoanalysen (Prozess-FMEA) enthalten.
9.3.4		Eingaben der Managementbewertung müssen den Umgang mit Risiken enthalten.
	9.3.1.1	Wenn Risiken für die Erfüllung der Kundenanforderungen bestehen, muss die Frequenz der Durchführung der Managementbewertung erhöht werden.
	9.3.2.1	Die Eingaben für die Managementbewertung müssen durch Risikoanalysen ermittelte Feldausfälle enthalten.
10.2.1		Es wird gefordert, dass beim Auftreten von Nichtkonformitäten geeignete Korrekturmaßnahmen ergriffen werden. Das hat zu Folge, dass die Planung im Hinblick auf Risiken gemäß Abschnitt 6.1 aktualisiert werden muss.
	10.2.4	Die Anwendung von Methoden zur Fehlersicherheit muss in einem dokumentierten Prozess festgelegt werden. Die Details zur Methode müssen in der prozessbezogenen Risikoanalyse festgelegt werden.
	10.3.1	Für die fortlaufende Verbesserung muss ein dokumentierter Prozess eingeführt werden, der den Umgang mit Risikoanalysen wie z. B. FMEA beinhaltet.

Insgesamt wird das Thema Chancen mit untergeordneter Bedeutung in der Norm betrachtet, aber Abschnitt 0.3.3 gibt einige Hinweise, was unter Chancen zu verstehen ist. Dabei handelt es sich z. B. um:

- Kundengewinnung
- Entwicklung neuer Produkte und/oder Dienstleistungen
- Verringerung von Abfällen
- Verbesserung der Produktivität
- Chancen, die sich aus der Betrachtung von Risiken ergeben

Weitere Beispiele für Chancen erhält man in Abschnitt 6.1.2:

- Übernahme neuer Praktiken
- Erschließung neuer Märkte
- Gewinnung neuer Kunden
- Aufbau von Partnerschaften
- Verwendung neuer Techniken

Ein Risikomanagement ist demnach ein Frühwarnsystem, dessen Indikatoren es den Unternehmen ermöglichen, Risiken frühzeitig zu erkennen. Aus diesem Grund kann jedes rechtzeitig erkannte Risiko zu einer Chance werden.

12.9 Fehlerkultur als Chance zur Verbesserung

Fehler haben fast immer eine negative Bedeutung. Fehler sind zu vermeiden, Fehler haben immer einen Schuldigen. Der Begriff Fehler ist in unserer Gesellschaft immer mit negativen Gefühlen behaftet. Diese Einstellung findet man immer wieder auch bei Mitarbeitenden und Verantwortlichen eines Unternehmens. Sehr oft haben Mitarbeitende auch Angst, sich zu Fehlern zu bekennen, da sie Restriktionen wie z. B. eine Abmahnung fürchten. Genau dieser Umstand zeigt, dass Fehler nur behandelt und nicht als Verbesserungspotenzial gesehen werden.

Die Erkenntnis, dass offengelegte Fehler auch als Chance für (operative und strategische) Verbesserungen nutzbar zu machen sind, veranlasst immer mehr Organisationen dazu, eine interne Fehlerkultur aufzubauen.

Man spricht in der Regel von vier zentralen Aufgabenbereichen eines Qualitätsmanagementsystems:

1. Qualitätsplanung

   Teil des Qualitätsmanagements, welcher auf die Erfüllung der Qualitätsziele ausgerichtet ist.

2. Qualitätslenkung

   Teil des Qualitätsmanagements, welcher auf die Erfüllung der Qualitätsanforderungen ausgerichtet ist.

3. Qualitätssicherung

   Teil des Qualitätsmanagements, welcher Vertrauen erzeugen soll, dass die Qualitätsanforderungen auch erfüllt werden.

4. Qualitätsverbesserung

   Teil des Qualitätsmanagements, welcher auf die Verbesserung der Eignung zur Erfüllung der Qualitätsanforderungen ausgerichtet ist.

Ein wesentliches Element der Qualitätslenkung ist die Fehlererfassung. Diese kann zur unmittelbaren Fehlerbehebung bei einer Abweichung führen oder zu vorbeugenden Maßnahmen, um einen möglichen Fehlereintritt im Voraus zu verhindern. Diese Abweichungen werden produktbezogen ermittelt: Dazu werden die Qualitätsmerkmale/Produktspezifikationen über Produktzwischen- und Produktendprüfungen gemäß einer festgelegten Prüfplanung (Prüfmittel, Prüflingsentnahme, Prüfzyklus etc.) kontrolliert. Für ein prozessorientiertes QMS werden über Prozesskennzahlen oder Prozessaudits zusätzlich die Abweichungen für die Geschäftsprozesse ermittelt.

Fehler müssen im Unternehmen kultiviert werden, um Verbesserungen zu erreichen.

Die Unternehmenskultur stellt die Basis für eine Fehlerkultur dar. So wie die Unternehmenskultur das allgemeine Verhalten der Mitarbeitenden beeinflusst, wird durch die Fehlerkultur der Umgang mit Fehlern beeinflusst. Dies geschieht aber nicht durch direkte Anweisungen, sondern indirekt durch Überzeugungen, Denkmuster, Wertevorstellungen und Verhaltensnormen etc., die von der Unternehmenskultur vorgelebt werden.

Ähnlich wie bei der Unternehmenskultur hat jede Organisation auch eine Fehlerkultur. Dies ist immer der Fall, auch wenn es nicht immer bewusst zum Ausdruck kommt. Keine Fehlerkultur ist auch eine Kultur, wenn auch keine gute.

Natürlich sollten am besten keine Fehler vorkommen. Das ist sicherlich das Ziel eines jeden Unternehmens. Unternehmen, die sich nicht mit Fehlern beschäftigen, ziehen sehr schnell ihre Mitarbeitenden zur Rechenschaft. Die Konsequenz daraus ist, dass die Mitarbeitenden versuchen werden, den Fehler zu vertuschen, zu verheimlichen – weiterhin können gegenseitige Schuldzuweisungen die Folge sein.

Fehler passieren und sind nie ganz auszuschließen. Überall dort, wo Menschen arbeiten und Entscheidungen treffen, können Fehler entstehen – das ist eine Tatsache. Selbst wenn ein sehr hoher Technologiestandard eingesetzt wird, werden technische Fehler, die unabhängig von menschlichem Handeln entstehen, nicht ganz zu vermeiden sein.

Grundvoraussetzung dafür, dass Fehler kultiviert und als Chance für Verbesserungen angesehen werden, ist, dass insbesondere Führungskräfte sensibel damit umgehen und Vorgehensweisen vorgeben, wie mit Fehlern umgegangen wird. Das heißt, es muss Transparenz herrschen. Mitarbeitende dürfen einen Fehler nicht als Schwäche ihrerseits, sondern als Anknüpfungspunkt für Verbesserungen sehen. Sie müssen so viel Vertrauen zu ihren Vorgesetzten haben, dass sie auf diese Fehler aufmerksam machen und sie nicht vertuschen.

Natürlich muss eine Maschine sofort gestoppt werden, wenn diese fehlerhafte Teile erzeugt. Aber was folgt dann? Wird der Fehler irgendwo dokumentiert? Wird aus diesem Vorgang für die Zukunft irgendetwas abgeleitet? Wird etwas optimiert, oder bleibt es bei der Ad-hoc-Reparatur und „alles ist wieder gut“?

Für den Umgang mit Fehlern sollte unbedingt Folgendes berücksichtigt werden: Je später ein Fehler entdeckt wird, desto mehr Kosten werden verursacht. Deshalb muss es das Ziel eines jeden Unternehmens sein, dass Fehler so früh wie möglich entdeckt werden.

Ein wichtiger Bestandteil eines Fehlermanagements sind der Aufbau und die Pflege einer Fehlerdatei oder eines Software-Tools für die Fehlererfassung. Dort werden alle Erkenntnisse bezüglich des Fehlerentstehungsortes, Fehlerentdeckungsortes, der Fehlerarten bzw. Fehlerklassifizierungen, Fehlerursachen, Fehlerauswirkungen, Fehlerkosten und durch Datenverdichtung auch die Fehlerhäufigkeit gespeichert. Sinn und Zweck ist, dass in der Zukunft auf Erfahrungswerte bzw. auf konserviertes unternehmensinternes Wissen bezüglich Fehlerumgang und Fehlervermeidung zurückgegriffen werden kann.

Um ein frühzeitiges Erkennen von Fehlern zu gewährleisten, werden bereits in der Produktentstehungsphase präventive QM-Methoden eingesetzt wie z. B. FMEA (Fehlermöglichkeits- und Einflussanalyse), QFD (Quality Function Deployment), FTA (Fault Tree Analysis), TRIZ (Theory of Inventive Problems Solving).

Für die Fehlererfassung und Fehleranalyse können die sogenannten „Sieben Qualitätstechniken" angewendet werden („Q7"). Für die Lösungsfindung können die sogenannten „Sieben Managementwerkzeuge" genutzt werden („M7").

Wesentliche Elemente der Fehlerkultur sind für eine positive, produktive, offene Fehlerkultur elementar:

- Vertrauensbildung

  Mitarbeitende, die keine Angst vor Fehlern und daraus folgende Sanktionen haben, achten auf gute Arbeitsergebnisse, da dieses Vertrauen motivationsfördernd wirkt.

- Lösungen suchen – nicht Schuldige

  Fehleranalysen müssen losgelöst von den persönlichen Aspekten durchgeführt werden.

- Fehler als Chance sehen

  Fehler sollten als willkommene Lernchance gesehen werden, um sich weiterentwickeln zu können. Wenn aus Fehlern gelernt wird, wird nach besseren (effektiveren oder effizienteren) Möglichkeiten gesucht. Innovationen werden gefördert. Diese Sichtweise ebnet den Weg zur „Lernenden Organisation". Die Organisation hat bei einer „Lernenden Organisation" zur Aufgabe, das Mitarbeiterbewusstsein zu fördern.

- Kompetenzen der Mitarbeitenden fördern

  Mitarbeitenden sollte ein Entscheidungsrahmen zugesprochen werden, in dem sie auf bestimmte Situationen selbstständig und schnell reagieren können. Dieser zugesprochene Entscheidungsspielraum wirkt motivationsfördernd. Mitarbeitende sehen dies als Wertschätzung ihrer Arbeitsleistung.

- Fehlerkulturleitsätze einführen

Der Umgang mit Fehlern sollte in den Leitsätzen eines Unternehmens verankert werden. Darin muss zum Ausdruck kommen, in welcher Art und Weise mit Fehlern umgegangen und welche Fehlerstrategie verfolgt wird.

- Fehlerkultur vorleben

  Die in der Unternehmenspolitik verankerten Leitsätze hinsichtlich des Umgangs mit Fehlern muss von den Führungskräften vorgelebt und eingehalten werden. Das bedeutet, dass die Führungskräfte ihre Vorbildfunktion wahrnehmen und ebenso zu begangenen Fehlern stehen und gemeinsam mit anderen nach Optimierungen suchen.

Ein eingeführtes Fehlermanagement bedeutet noch nicht, dass es sich um eine Fehlerkultur handelt. Eine vertrauensvolle Fehlerkultur im Kontext mit der Unternehmenskultur zeigt sich erst in der Art und Weise, wie die Fehler intern betrachtet werden und wie mit ihnen umgegangen wird. Eine positive Betrachtungsweise sieht Fehler nicht nur als Irrtum oder als misslungene Interaktion an, sondern als Chance zum Lernen und zur Weiterentwicklung eines Systems. Mitarbeitende haben in einer positiven Fehlerkultur keine Angst vor Konsequenzen, sondern sie werden den Fehler umgehend an die entsprechenden Stellen melden. Ein weiteres charakteristisches Merkmal ist eine gewisse Risikobereitschaft, Fehler machen zu dürfen, um den Weg für Verbesserungen freizumachen.

12.10 Mit Audits kontinuierliche Verbesserung herbeiführen

Audits sind ein wichtiges Führungs- und Steuerungsinstrument, um Schwachstellen und Verbesserungspotenziale in einem Unternehmen feststellen zu können.

Managementsysteme sind unternehmensspezifische Gebilde, die dazu bestimmt sind, die strategischen Unternehmensziele zu erfüllen. Damit diese Managementsysteme effektiv und effizient arbeiten können, müssen zahlreiche verknüpfte und in Wechselbeziehung zueinander stehende Prozesse definiert und beherrscht werden. Audits stellen eine Methode dar, um die Wirksamkeit dieses Gefüges als Ganzes oder innerhalb von Teilbereichen zu untersuchen.

Audits können für die unterschiedlichsten Managementsysteme eingesetzt werden, z. B.:

- Qualitätsmanagementsysteme
- Umweltmanagementsysteme
- Arbeitssicherheitsmanagementsysteme
- Informationssicherheitsmanagementsysteme

- oder auch zusammengeführte Managementsysteme, sog. integrierte Managementsysteme

Ein Audit ist ein Verfahren zur Überwachung und Verbesserung des gesamten Qualitätsmanagementsystems. Es basiert auf einer unabhängigen und systematischen Untersuchung.

In vielen Unternehmen oder vielleicht auch nur bei manchen Mitarbeitenden hat ein Audit etwas Unangenehmes. Es ist lästig.

Der Auditor möchte, dass man voll und ganz für vielleicht Stunden zur Verfügung steht. Und ein Audit will eigentlich auch vorbereitet sein, denn wenn ein Auditor Schwachstellen entdeckt, ist das schlecht; für einen selbst und vielleicht auch für das Unternehmen. Es ist also wichtig, sich damit zu befassen, welche Art von Audit es ist und was der Auditor genau anschauen möchte.

Es gibt unterschiedliche Qualitätsaudits (Bild 12.3). Von der IATF 16949 werden System-, Prozess- und Produktaudits gefordert. Das bedeutet, dass Audits aus unterschiedlichsten Anlässen stattfinden.

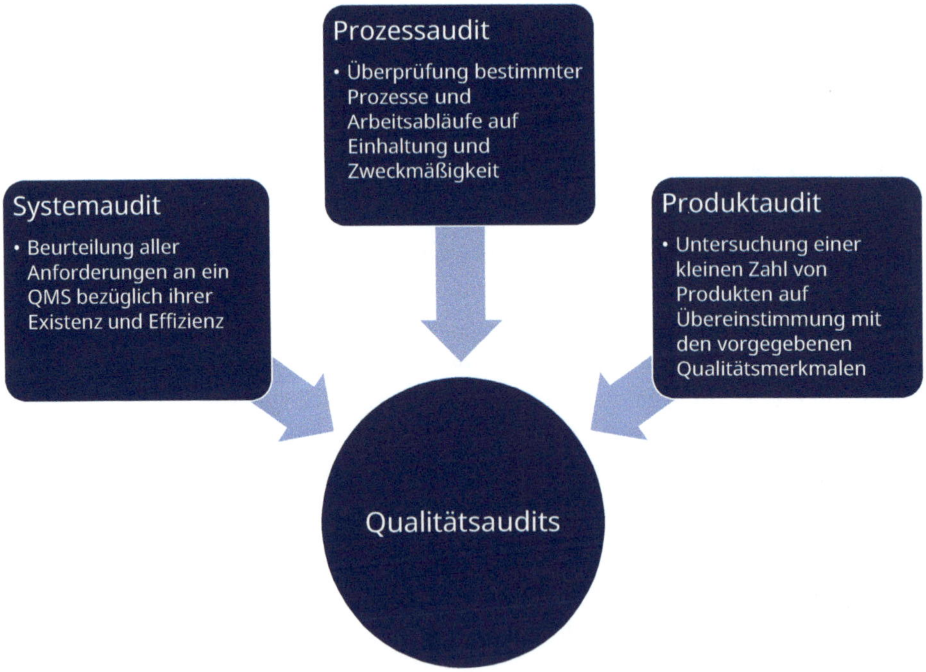

Bild 12.3 Arten von Qualitätsaudits

Deshalb kommen Audits in unterschiedlichen Unternehmensbereichen manchmal sehr häufig vor. Aus Sicht des Qualitätsmanagements und des QMS dienen Audits dazu, für sich selbst zu überprüfen, ob das QMS wie geplant gelebt wird und funktioniert. Dazu schauen sich geeignete Mitarbeitende aus dem Unternehmen die unterschiedlichsten Bereiche an und wie dort gearbeitet wird.

Audits können aber auch stattfinden, weil ein Kunde sich einen oder mehrere Bereiche einer Organisation anschauen möchte. Dies kann unter Qualitätsgesichtspunkten erfolgen, aber auch aus logistischen oder aus finanziellen Gesichtspunkten. Audits können demnach thematisch unterschiedlich motiviert sein. So finden Audits auch im Rahmen anderer Managementsysteme statt, z. B. Audits im Rahmen von Umweltmanagementsystemen. Weiter finden aber auch Audits statt, in denen in Prozessaudits nur ganz fokussiert einzelne Produktionsprozesse angeschaut werden oder verkaufsfertige Erzeugnisse in Form von Produktaudits. Audits finden auch im Rahmen einer Zertifizierung statt, in dem beispielsweise ein QMS ein IATF 16949-Zertifikat erhalten soll.

Immer geht es darum, strukturiert – also nach einem klaren Plan mit klaren Fragen – vorzugehen, um Nachweise zu finden, ob die Vorgaben, die man sich für etwas gesetzt hat, erfüllt werden – oder nicht. Weiter gehört beispielsweise dazu, dass ein Audit nicht überfallartig, sondern nach Vorankündigung stattfindet, dass ein Audit auch positive Aspekte aufdecken soll und dass ein Auditor bestimmte Kompetenzen mitbringen muss.

Gerade weil Audit nicht gleich Audit ist, sollte der zu Auditierende sich genau informieren, was für ein Audit ansteht. Dann kann er sich die Anforderungen – also die Auditkriterien – ansehen, auf die der Bereich überprüft wird, und kann proaktiv sicherstellen, dass diese Anforderungen eingehalten sind. Bei einem Prozessaudit bezüglich eines Produktionsprozesses gehören hierzu mindestens der Produktionslenkungsplan als wesentliches Dokument sowie alle weiteren mitgeltenden und mit zu berücksichtigenden Dokumente aus dem QMS.

Damit Audits tatsächlich auch Optimierungen nach sich ziehen, muss der Verbesserungsprozess, der nach den Audits angestoßen wird, geplant und koordiniert werden.

Im Auditbericht werden nur Empfehlungen und Nichtkonformitäten gelistet. Die eigentliche Maßnahmenplanung erfolgt durch die betroffenen Unternehmensbereiche selbst. In kleineren oder mittelständischen Unternehmen wird der interne Auditor oft an dieser Maßnahmenplanung mit einbezogen.

Der Auditor kann Empfehlungen aussprechen, wie das Team für die Maßnahmenfindung zusammengesetzt sein sollte oder welche Funktionsbereiche oder Prozessverantwortlichen mit einbezogen werden sollten. In manchen Fällen ist es sinnvoll, dass die Endtermine für Maßnahmen vom Auditor festgelegt werden. Dies kann z. B. der Fall sein, wenn ein Zertifizierungsaudit ansteht.

Oft ist es auch hilfreich, wenn der Auditor bei der Ursachenanalyse hinzugezogen wird, da er Methoden und Techniken empfehlen kann, um die Teamarbeit zu erleichtern und Bearbeitungszeit zu verkürzen. Insgesamt sollte der Auditor den Auditbeteiligten jederzeit als Ansprechpartner zur Verfügung stehen.

Um wirksame Auditfolgemaßnahmen einleiten zu können, müssen die Ursachen für die Nichtkonformitäten eindeutig erkannt sein, damit diese langfristig abgeschafft werden können. Deshalb ist es wichtig, alle Gründe der Fehlerursachen bzw. die Nichtnutzung des vorhandenen Potenzials aufzudecken, um dann nachfolgend fundiert entscheiden zu können, wo Veränderungen zu realisieren sind und durch welche Maßnahmen diese Veränderungen eingeleitet werden sollen.

Audits sind ein sehr wichtiges Instrument, um QMS, Prozesse und Produkte eines Unternehmens auf ihre Konformität zu überprüfen. Dadurch werden vorhandene Schwachstellen und Defizite erkannt, und Verbesserungsmaßnahmen können gezielt eingeführt werden. Bei richtiger Anwendung bilden Audits eine Basis und damit eine große Chance für Verbesserungen. Sie sind ein elementarer Bestandteil des kontinuierlichen Verbesserungsprozesses.

Grundlegende Verbesserungen bei der Auditdurchführung haben sich dadurch ergeben, dass eine Abkehr von den Checklisten und eine Hinwendung zur prozessorientierten Auditierung analog dem Turtle-Modell des VDA stattgefunden haben. Diese Art der Auditierung ist vielleicht etwas aufwendiger, bringt aber deutlich bessere Ergebnisse hervor. Sie verlangt allerdings von den Auditoren gutes Normenwissen und Training mit der Methode.

> Richtig aufbereitet lässt sich aus den Auditergebnissen eine große Wissensressource schaffen. Das bedingt jedoch, dass diese professionell durchgeführt und vor allem sehr gut nachbereitet werden.

Audits sind damit auch ein wichtiges Managementinstrument. Wenn die notwendige Akzeptanz im Unternehmen vorliegt, bietet es ungeahnte Chancen zur Verbesserung, zur Motivation der Mitarbeitenden und damit zur Steigerung der Kundenzufriedenheit.

12.11 Motivation von Mitarbeitenden

Die Motivation von Mitarbeitenden ist ein immer wieder diskutierter Punkt in den meisten Unternehmen. Wie können Mitarbeitende motiviert werden? Oder müssten sie nicht eigentlich von sich aus motiviert sein, um die ihnen gestellten Aufgaben zu absolvieren? Sind die Führungskräfte in der Lage, ihre Mitarbeitenden zu motivieren?

Man versteht unter dem Begriff Mitarbeitermotivation das Schaffen von Anreizen, die den oder die Mitarbeitenden dazu bringen, sich mit persönlichem Einsatz und aus voller Überzeugung für das Unternehmen einzusetzen und beste Leistungen anzustreben.

Um die richtigen Ansatzpunkte zu erkennen, lassen Sie uns zunächst mit den Begrifflichkeiten und mit den wichtigsten Erkenntnissen aus der psychologischen Bedürfnis- bzw. Motivationsforschung beginnen!

Das Wort „Motivation" beinhaltet „Motiv", und damit sind Beweggründe für menschliches Handeln gemeint. Die Beschäftigung mit „Motivation" fragt demzufolge nach unseren Beweggründen und liefert Antworten auf das „Warum" unseres Verhaltens.

In der Fachliteratur gibt es eine Vielzahl von Managementtheorien, die sich mit Motivation befassen. Man denke an sehr bekannte wie die Hawthorne-Experimente, Abraham Maslows Hierarchie der Bedürfnisse oder die Forschungen von Frederick Herzberg, die sich mit dem Thema Arbeitszufriedenheit auseinandersetzen.

Auch die Normen für die Automobilbranche haben erkannt, dass motivierte Mitarbeitende qualitativ gute Produkte und Dienstleistungen herstellen und zur kontinuierlichen Verbesserung des QMS beitragen.

In der Praxis hat sich immer wieder gezeigt, dass eine höhere Vergütung eines Mitarbeitenden oder ausgezahlte Prämien nur kurzfristig motivieren. In diesem Fall handelt es sich um die sogenannte extrinsische Motivation.

Extrinsische Motivation bedeutet, dass die Motivation durch externe Faktoren erfolgt, wie z. B. Belohnung oder Bestrafung. Das bedeutet, dass eine Tätigkeit ausgeführt wird, um eine Belohnung zu erhalten oder eine Strafe zu vermeiden.

Die zweite Art der Motivation ist die sogenannte **intrinsische Motivation**. Das bedeutet, dass Tätigkeiten aus eigener Motivation ausgeführt werden, weil ein Interesse daran besteht und es den Menschen Spaß macht. Die intrinsische Motivation ist stärker, nachhaltiger und wirkungsvoller.

In der Fachliteratur machen die theoretischen Konzepte deutlich, dass bestimmte Voraussetzungen vorliegen müssen, um eine wirkliche Motivation zu erzeugen. Dazu zählt z. B., dass das Leistungsergebnis vom jeweiligen Mitarbeitenden beeinflussbar sein muss. Weiterhin müssen die Mitarbeitenden sich gerecht behandelt fühlen und im Unternehmen sollten Offenheit und Transparenz vorherrschen.

Mitarbeitende zu motivieren ist keine leichte Aufgabe. Den Grundstein legen die Unternehmensleitung und die Führungskräfte, indem sie überhaupt zur aktiven Motivation ihrer Mitarbeitenden bereit sind. Erwiesenermaßen liegt die Arbeitsleistung bei motivierten Mitarbeitenden wesentlich höher als bei unmotivierten oder frustrierten Mitarbeitenden.

Neben allen organisatorischen Veränderungen, neben der Förderung von Systematik und Methodik dürfen wir nicht vergessen, die Kultur im Unternehmen (= „Unternehmenskultur“) weiterzuentwickeln, die sich zusammensetzt aus:

- Führungskultur
- Teamkultur
- Servicekultur
- Kommunikationskultur
- Konfliktkultur
- Lernkultur
- Innovationskultur

Neben systematischen Methoden wie Mitarbeitergesprächen, Personalentwicklung, Coaching oder Konfliktlösung liegen die Grundvoraussetzungen für motivierte Mitarbeitende in einer offenen Kommunikation und transparenten Information und sind durch den Führungsstil sowie eine vertrauensvolle Zusammenarbeit gegeben.

Prämien und Anerkennung durch Sachmittel steigern die Motivation nur in geringem Maße. In der Praxis hat sich gezeigt, dass die Arbeitsleistung sogar gesenkt werden kann. Mitarbeitende wollen Anerkennung, Lob und Beachtung. Vielfach ist es den Mitarbeitenden mehr wert, wenn sie Verantwortung und schwierigere Aufgaben zugewiesen bekommen.

Maßgeschneiderte, auf die konkrete Situation Ihres Unternehmens abgestimmte Aktivitäten und Programme helfen hier weiter. Nachfolgend werden einige Beispiele aufgezeigt, die insbesondere in kleinen und mittelständischen Unternehmen (KMU) positive Veränderungen bewirken konnten:

- Führungskultur weiterentwickeln
  - Grundsatzworkshop mit dem gesamten Führungsteam
  - Führungsleitlinien erarbeiten („Unser Führungsanspruch und -verhalten“)
  - „Grundlagen zeitgemäßer Menschenführung“ vermitteln
- Informationsfluss/Kommunikation verbessern
  - „Grundlagen der Kommunikation“ vermitteln
  - regelmäßige Besprechungsrunden organisieren
  - Intranet aufbauen

- Zusammenarbeit optimieren
  - „Spielregeln“ erarbeiten
  - Teamentwicklungsmaßnahmen (z. B. Workshop) ergreifen
- Betriebliche Abläufe optimieren
  - Transparenz schaffen
  - Managementsystem entwickeln
- Kontakt mit den Mitarbeitenden intensivieren
  - Jährliches Mitarbeitergespräch
  - Mitarbeiterbefragung
  - Betriebliches Vorschlagswesen
- Methoden vermitteln
  - z. B. Moderationstechniken, Projektmanagement, Zeitmanagement

Grundsätzlich gilt: Je motivierter Mitarbeitende, desto einsatzbereiter sind sie und desto besser funktioniert die interne Kommunikation. Mitarbeitende gehen mit Freude an ihre Arbeit, was wiederum einen reibungslosen Ablauf im Unternehmen garantiert und den Teamgeist steigert. Weiterhin können die Mitarbeitenden flexibler auf unterschiedliche Situationen reagieren. Insgesamt tragen die richtig eingesetzten Elemente der Mitarbeitermotivation zu einer kontinuierlichen Verbesserung des QMS und zu einer niedrigen Fluktuationsrate bei.

12.12 Der Schadteilanalyseprozess

Unternehmen sind zur Gewährleistung verpflichtet. Die IATF 16949 besagt, dass ein Prozess dokumentiert wird, der auch eine Methode hinsichtlich der Analyse von Schadteilen, inklusive eines sogenannten „NTF-Prozesses“ (No Trouble Found), vorgibt. Sollte der Kunde einen konkreten Prozess vorgeben, dann muss zwingend dieser umgesetzt werden.

Zudem fordert die IATF 16949, dass in jedem Fall von fehlerhaften Produkten, die im Zusammenhang mit Teilen, die in Werkstätten ausgebaut wurden (Schadteile Feld), oder in richtigen Feldausfällen eine „Schadteilanalyse Feld“ durchgeführt wird. Dieser Prozess beschreibt die Befundung, den NTF-Prozess, die Problemanalyse und Lessons Learned.

Der Prozess nach dem VDA-Band Schadteilanalyse Feld muss bei Gewährleistungen, Teileausbauten in Werkstatten sowie bei Feldausfällen durchlaufen werden. Normale Reklamationen unterliegen dem Problemlösungsprozess.

Definition Gewährleistung: „Unter Gewährleistung versteht man die gesetzliche Verpflichtung des Schuldners, eine Sache oder ein Werk im mangelfreien Zustand abzuliefern. Voraussetzung für die Geltendmachung von Gewährleistungsansprüchen ist daher das Vorhandensein eines Mangels." (Quelle: Rechtswörterbuch)

Definition Feldausfall: Bei Feldausfällen handelt es sich um potenzielle Ausfälle in der Gebrauchsphase, bei denen für Sachmängel gehaftet werden muss.

Der Schadteilprozess im Überblick

Der Schadteilanalyseprozess (Bild 12.4) stellt ein eskalierendes Prüfkonzept mit Befundung dar, die sich aus Standardprüfung und Belastungsprüfung sowie aus dem NTF-Prozess (No Trouble Found) zusammensetzt. Im Unternehmen muss ein dokumentierter und implementierter Prozess zur Schadteilanalyse vorliegen.

Die Methode wird dem kontinuierlichen Verbesserungsprozess zugeordnet, der über dem gesamten Schadteilanalyseprozess steht. Beim Lieferanten beginnt der Schadteilanalyseprozess bereits im Wareneingang oder wenn der Kunden schadhafte Teile beim Lieferanten vorgelegt hat.

Gemäß VDA-Band

- ist ein Teil fehlerhaft, auch wenn der Fehler in der Schadteilanalyse beim Lieferanten nur einmal vorgekommen ist,
- werden Prüfungen, die korrekt durchgeführt wurden, nicht wiederholt,
- werden Prüfmerkmale als „n.i.O." gekennzeichnet, wenn ein interner Gerätefehler vorliegt,
- bedarf es bei Bauteilen, die nicht zerstörungsfrei demontiert werden können, einer Abstimmung mit dem Kunden.

Sämtliche Prüfergebnisse müssen dokumentiert und die Fähigkeit der Prüfgeräte muss nachgewiesen werden. Zudem müssen Mitarbeitende, die am Schadteilanalyseprozess beteiligt sind, die entsprechende Qualifikation nachweisen. Für kritische Teile müssen Sondervereinbarungen getroffen werden.

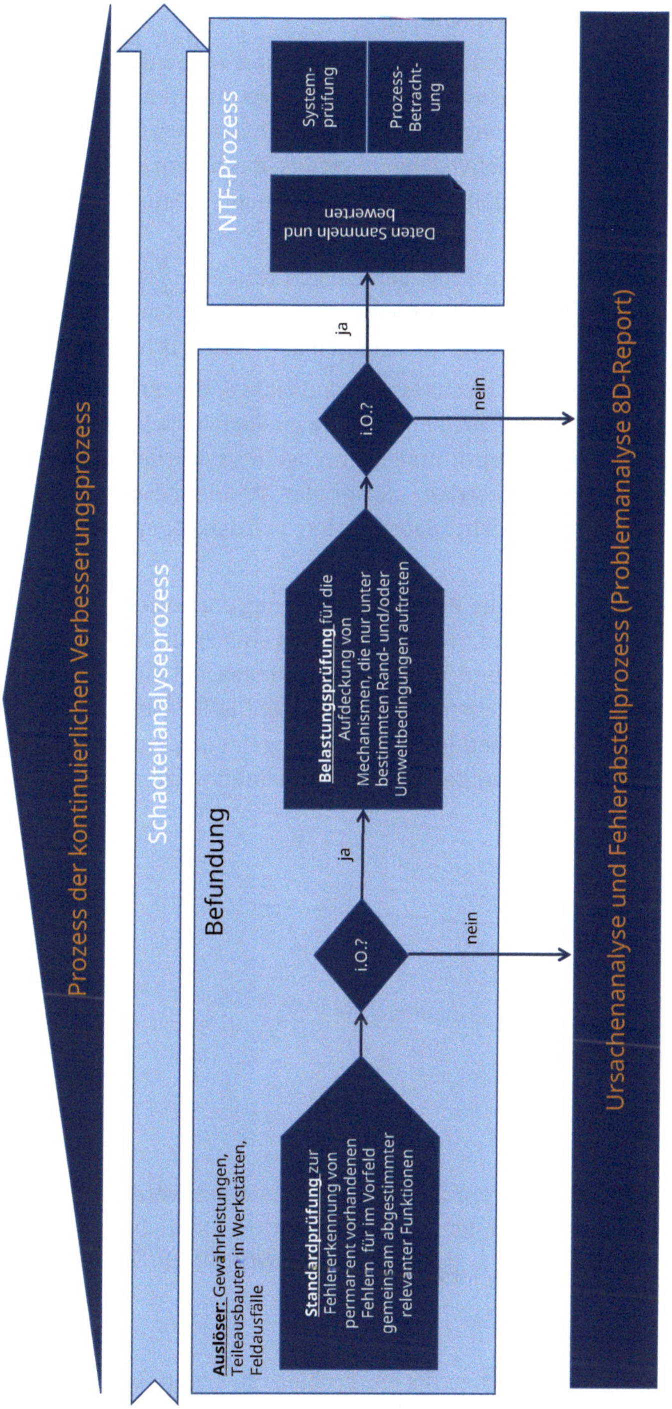

Bild 12.4 Der Schadteilanalyseprozess

Befundung (Standard- und Belastungsprüfung)

Die Befundung wird in zwei Schritten durchgeführt. Begonnen wird mit einer Standardprüfung, auf die eine Belastungsprüfung folgt. Diese wird eingeleitet, wenn die vom Kunden beanstandeten Abweichungen nicht plausibilisiert werden können. Kann die Beanstandung vom Kunden nachvollzogen werden, dann wird der Problemlösungsprozess eingeleitet. Für beide Befundungen sind geeignete Stichprobengrößen festzulegen.

Die relevanten Bauteile durchlaufen zunächst gemeinsam festgelegte Standardprüfungen, die den Umgebungsumständen im Fahrzeug relativ genau entsprechen müssen. Hier gilt es, Fehler zu erkennen, welche im Schadteil dauerhaft vorhanden sind.

Belastungsprüfungen sollen diejenigen Mechanismen aufdecken, die nur sporadisch unter gewissen Bedingungen auftreten. Dazu müssen die im Vorfeld zwischen Kunde und Lieferant abgestimmten Funktionsprüfungen durchgeführt werden. Kann die Kundenbeanstandung plausibilisiert werden, startet der Problemlösungsprozess. Können die Kundenbeanstandungen nicht plausibilisiert werden, dann startet der NTF-Prozess.

Gemäß dem VDA-Band muss für jede neue Produktentwicklung vor Serieneinsatz der Schadteilanalyseprozess detailliert geplant werden. Dazu ist eine Prüfplanung durchzuführen, welche Standardprüfungen und Belastungsprüfungen enthält sowie eine getrennte Dokumentation der Prüfvorgaben und Ergebnisse. Die Belastungsparameter müssen denjenigen aus z. B. Lastenheften und Zeichnungen entsprechen. Bei der Festlegung der Prüfmerkmale kann auf folgende Dokumentation zurückgegriffen werden:

- FMEA
- Lastenheft
- Spezifikationen
- Reklamationen
- Fertigungsbegleitende Prüfungen
- (Re-)Qualifizierungsprüfungen
- etc.

Alle Prüfungen müssen zwischen Lieferant und Kunde abgestimmt werden. Alle verwendeten Prüfmittel und Messmethoden müssen angegeben sein. Sind die Ergebnisse in Ordnung und lassen sich keine Fehler feststellen, dann tritt der NTF-Prozess in Kraft.

Der NTF-Prozess

Der NTF-Prozess hat die Aufgabe, Ursachen für ein Problem zu ermitteln, für das innerhalb der Ursachenanalyse im Rahmen der Befundung keine Lösung gefunden werden konnte.

Der Prozess wird durchgeführt, wenn die festgelegten Auslösekriterien erreicht wurden. Die Betrachtung erfolgt dann nicht mehr auf das Einzelteil, welches zu Problemen geführt hat, sondern das Problem wird durch die Sammlung und Bewertung von Daten, die Prüfung des Systems und/oder die Betrachtung des jeweiligen Prozesses versucht zu lösen.

Für die Datensammlung und -bewertung, die einmal beim Kunden und/oder beim Lieferanten erfolgen muss, sind in dem VDA-Band Beispiele aufgeführt:

- Daten des Kunden
  - Fahrzeugdaten
  - Schadensklassifizierungen
  - Diagnoseergebnisse
  - etc.
- Daten des Lieferanten
  - Messwerte und Ergebnisse aus einer Befundung
  - Schadensklassifizierungen
  - Ausgelesene Fehlercodes
  - etc.

Für die Bewertung lassen sich folgende Beispiele anführen:

- Ausfälle über die Laufleistung
- Fahrzeughistorie
- Ausfälle nach Märkten
- etc.

Die Möglichkeiten für die Durchführung eines NTF-Prozesses sind:

- eigenverantwortliche Durchführung durch den Kunden
- eigenverantwortliche Durchführung durch den Lieferanten
- gemeinsame Durchführung unter abgestimmter Aufgabenverteilung (Quelle: VDA-Band Schadteilanalyse Feld + Auditierung)

Für den NTF-Prozess ist ein Leitfaden produktbezogen oder für Produktgruppen zu erstellen. Zunächst erfolgen eine Datensammlung und eine Datenbewertung. Dazu werden Daten des OEM und des Lieferanten verwendet.

Die Auslösekriterien für den NTF-Prozess müssen zwischen Kunde und Lieferant vereinbart werden.

Dazu werden zunächst die jeweiligen verfügbaren Daten und Informationen gesammelt und bewertet, um weiterführende Informationen zu erhalten. Kommen dadurch neue Erkenntnisse zum Vorschein, müssen diese durch eine Systemprüfung und/oder eine Prozessbetrachtung untersucht werden.

In einer Systemprüfung werden technische Gegebenheiten überprüft, wohingegen die Prozessbetrachtung systemische und organisatorische Zusammenhänge überprüft.

Software- und Diagnosefunktionen elektronischer Komponenten sind auch zu betrachten.

Die Ergebnisse des NTF-Prozesses sind zu dokumentieren und zu kommunizieren. Empfohlen werden die Verwendung eines Maßnahmenplans sowie die Kommunikation in regelmäßig stattfindenden Management-Meetings.

Wurde im NTF-Prozess ein Problem identifiziert, so erfolgt die Problemlösung nach dem vereinbarten Problemlösungsprozess.

Wurde hingegen kein Problem festgestellt, dann muss der Auslöser des NTF-Prozesses prüfen, ob noch weitere Analysen zielführend sind. Wird entschieden, dass weitere Analysen keinen Sinn ergeben, dann wird die Beendigung des NTF-Prozesses dokumentiert.

Der Problemlösungsprozess

Dieser Prozess wird verwendet, wenn Standardprüfungen und/oder Belastungsprüfungen negative Ergebnisse liefern oder wenn eine weitere Analyse im NTF-Prozess notwendig wird. Grundlage für den Problemlösungsprozess ist dabei die Beschreibung des Ausfallgrundes für einen Fehler, der sich im NTF-Prozess bestätigt hat, oder die Beschreibung der Ausfälle aus Standard- und Belastungsprüfungen.

Für den Problemlösungsprozess hat sich in der Automobilindustrie die 8D-Methode etabliert.

Kennzahlen zur Überwachung

Für die kontinuierliche Überwachung des Schadteilanalyseprozesses müssen Kennzahlen erhoben und ausgewertet werden. Im VDA-Band wird die Berechnung der Kennzahlen erläutert.

- Durchschnittliche Befundungszeit
- Durchschnittliche Dauer vom Eingang des Teils beim Lieferanten bis zum Abschluss der Problemanalyse oder eines i.O.-Ergebnisses
- Anteil Teile i.O. gemäß Befundung

  Anteil der Teile, die in der Befundung ein i.O.-Ergebnis erhalten haben
- Durchschnittliche Rückführzeit

  Dauer für die Zeit vom Versand vom OEM bis zum Lieferanten

Zudem werden noch weitere Kennzahlen empfohlen:

- Anzahl bestätigter Fehler bei Standardprüfungen
- Anzahl bestätigter Fehler bei Belastungsprüfungen
- Durchschnittliche Versandzeit

Der Schadteilanalyseprozess ist Teil des kontinuierlichen Verbesserungsprozesses. Aus diesem Grund müssen gemäß dem PDCA-Zyklus bei festgestellten Abweichungen Ursachen identifiziert und Maßnahmen ergriffen werden. Gegebenenfalls sind auch weitere Kennzahlen notwendig.

Ebenso sollten die bestehenden Prüfmerkmale kontinuierlich durch Prozessaudits überprüft werden und die Risiken in FMEA integriert sein.

Kommunikation

Der Datentausch innerhalb der Lieferkette erfolgt in der Regel über internetbasierte Systeme bzw. über Portale. Gemäß dem Leitfaden des VDA Schadteilanalyse Feld ist ein Benutzerhandbuch für die Datenaustauschsysteme zu erstellen.

Folgende Datenfelder und Dateninhalte, die in dem Leitfaden genau spezifiziert sind, sollen bei der Teilerückführung ausgetauscht werden:

- Bereitzustellende Daten bei Teilerückführung
- Datenfelder zum Schadteil
- Datenfelder zum Fahrzeug
- Datenfelder und/oder Dokumente mit Zusatzinformationen

Folgende Datenfelder aus dem Schadteilprozess sind ebenso über Kundenportale rückzumelden (falls anwendbar):

- Wareneingangsbestätigung
- Befundungsergebnisse
- Herstelldatum der Teile
- Hard- und Softwarestände
- Ergebnisse der Problemanalyse
- Fehlerverursacher
- Fehlerbezeichnung mit Beschreibung
- 8D-Berichtsnummer
- Beschreibung der Bedingungen, bei denen der Fehler während der Befundung auftrat
- Informationen über Rückführung

Lessons Learned

Aufgrund der Erfahrungen aus durchgeführten Schadteilanalysen können auch Verbesserungen in diesen Prozess einfließen. Das bedeutet, dass beispielsweise der Befundungsprozess oder der NTF-Prozess verbessert werden können.

13 Arbeitshilfen zum Download

Unter *plus.hanser-fachbuch.de* finden Sie folgende Arbeitshilfen zum Download:

- ISO 9001: Revisionsstand
- ISO: Anwendungsbereich festlegen
- ISO: Bewerten
- ISO: Maßnahmenplanung
- ISO: Prüfmittel
- ISO: Stakeholderanalyse Ist-Analyse
- ISO: Stakeholderanalyse Teil 1
- ISO: Stakeholderanalyse Teil 2
- ISO: Themen ermitteln
- ISO: Überwachen und Messen
- ISO: Verantwortungsmatrix
- ISO: Wechselwirkung
- IATF: Basiswissen
- IATF: Qualitätspolitik (Beispiel)
- IATF-Begriff Anforderungen
- IATF-Begriff Besondere Merkmale
- IATF-Begriff Der Produktsicherheitsbeauftragte
- IATF-Begriff Kundenspezifische Anforderungen
- IATF-Begriff MAQMSR

- IATF-Begriff Organisation Produktsicherheit
- IATF-Begriff Produkt- und Prozesskonformität
- IATF-Begriff Prozessverantwortliche und Prozessteams
- IATF-Begriff Relevante Organe in der Automobilbranche
- IATF-Begriff Rollenbeschreibung Kundenbeauftragter
- IATF-Begriff Überwachen und Messen
- IATF-Begriff Verhaltenskodex

14 Literatur

Erschienen im Carl Hanser Verlag		
AIAG	APQP – Advanced Product Quality Planning and Control Plan, Ausgabedatum: 01.2008; 2. Auflage	Januar 2008
AIAG	PPAP – Production Part Approval Process, Ausgabedatum: 01.2006; 4. Auflage	Januar 2006
Backerra, Hendrik; Malorny, Christian; Schwarz, Wolfgang	Kreativitätstechniken	November 2019
Bendel, Oliver	„Blended Learning". Von *https://wirtschaftslexikon.gabler.de/definition/blended-learning-53492/version-276579*	2018
Brecht, Agathe; Bornemann, Manfred; Hartmann, Günter; John, Ute; Keller, Christian; Röllecke, Thomas; Schmidt, Olaf, Soyez, Nadine; Vollmar, Gabriele, Weubel, Michael; Wiktor, Kerstin	Wissensmanagement in der Norm ISO 9001:2015, Deutsche Gesellschaft für Qualität (DGQ) und Gesellschaft für Wissensmanagement (GfWM)	2016
Brückner, Claudia	Qualitätsmanagement und Fehlerkultur	Juni 2021
Brückner, Claudia	Qualitätsmanagement – Das Praxishandbuch für die Automobilindustrie	April 2019
Brunner, Anne	Die Kunst des Fragens	Dezember 2016
Brunner, Franz	Japanische Erfolgskonzepte	Oktober 2023

Erschienen im Carl Hanser Verlag		
Danzer, Wolfgang	Qualitätsmanagement in der Produkt- und Prozessentwicklung	April 2016
Dunst, Michael; Vahs, Dietmar	Innovations- und Qualitätspotenziale optimal kombinieren	September 2021
Fritz, Jürgen	Datenbasierte Optimierung des Business Management Systems	Februar 2022
Füermann, Timo	Prozessmanagement	Juli 2014
Füermann, Timo; Dammasch, Carsten	Prozessmanagement	November 2008
Gassmann, Oliver; Frankenberger, Karolin; Choudry, Michaela	Geschäftsmodelle entwickeln	Dezember 2020
Gassmann, Oliver; Sutter, Philipp	Praxiswissen Innovationsmanagement	Juli 2013
Geiger, Gerhard; Hering, Ekbert; Kummer, Rolf	Kanban	Juni 2020
Gerhards, Sandra; Baum, Bettina	Wissensmanagement	November 2019
Gietl, Gerhard; Lobinger, Werner	Leitfaden Qualitätsaudit	August 2022
Gleißner Prof. Dr., Werner	Grundlagen des Risikomanagements: Mit fundierten Informationen zu besseren Entscheidungen, 4., vollständig überarbeitete und erweiterte Auflage, Vahlen Verlag, München	2022
Gorecki, Pawel; Pautsch, Peter	Praxisbuch Lean Management	Januar 2024
Gorecki, Pawel; Pautsch, Peter	Lean Management	November 2021
Hemmrich, Angela; Harrant, Horst	Projektmanagement	Dezember 2015
Herrmann, Joachim; Fritz, Holger	Qualitätsmanagement – Lehrbuch für Studium und Praxis	September 2021
Hofbauer, Helmut; Kauer, Alois	Einstieg in die Führungsrolle	April 2021
Hummel, Thomas; Malorny, Christian	Total Quality Management	April 2011
IATF – International Automotive Task Force	IATF 16949:2016 – Häufig gestellte Fragen (FAQs); in: *https://www.iatfglobaloversight.org/iatf-169492016/iatf-169492016-faqs*	

Erschienen im Carl Hanser Verlag		
Jochem, Roland	Was kostet Qualität? – Wirtschaftlichkeit von Qualität ermitteln	Dezember 2018
Jung, Berndt; Schweißer; Stefan; Wappis, Johann	8D – Systematisch Probleme lösen	Juni 2020
Jung, Berndt; Schweißer; Stefan; Wappis, Johann	Qualitätssicherung im Produktionsprozess	November 2020
Kamiske, Gerd F.	Qualitätssicherung – Praxiswissen	September 2015
Kamiske, Gerd F.; Brauer, Jörg-Peter	Qualitätsmanagement von A – Z	August 2011
Kamiske, Gerd F.; Brauer, Jörg-Peter	ABC des Qualitätsmanagements	November 2020
Knon, Dieter; Janetz, Gabriele	Qualitätsmanagement in der Rehabilitation	Juni 2019
Knorr, Christine; Friedrich, Arno	QFD – Quality Function Deployment	April 2016
Kohlen, Ralf; Müller, Rudolf A.	Quality Reinvented!	November 2020
Komus, Ayelt; Hofmann, Ralf	Praxisbuch Prozessmanagement	Juni 2018
Kostka, Claudia	Change Management	August 2016
Kostka, Claudia	Agiles Coaching	Juni 2019
Kostka, Claudia	Der Kontinuierliche Verbesserungsprozess	November 2017
Kostka, Claudia	Change Management	September 2017
Koubek, Anni	Praxisbuch ISO 9001:2015	Oktober 2015
Koubek, Anni	DIN EN ISO 9001:2015 umsetzen	Januar 2018
Koubek, Anni; Pötz, Wolfgang	Integrierte Managementsysteme	Mai 2014
Kroslid, Dag; Ohnesorge, Doris; Pohl, Johannes	5S – Arbeitsumgebung, Prozesse und Projekte optimieren	November 2020
Kubenz, Lukas; Pötters, Patrick	Lean Office	November 2018
Lang, Michael; Wagner, Reinhard (Hrsg.)	Das Change Management Workbook	Juli 2022
Lang, Michael; Wagner, Reinhard	Der Weg zum projektorientierten Unternehmen – Wissen für Entscheider	August 2019

Erschienen im Carl Hanser Verlag		
Lehner, Franz	Wissensmanagement. Grundlagen, Methoden und technische Unterstützung. 7., überarbeitete und erweiterte Auflage	Februar 2021
Leyendecker, Bert; Pötters, Patrick	Shopfloor Management	November 2020
Lindner, Alexandra; Richter, Ivo	Wertstromdesign	Juni 2019
Lindner, Alexandra; Schwarz, Tilo	KATA	November 2020
Linß, Gerhard; Linß, Elske	Qualitätsmanagement – Grundlagen	Januar 2024
Linß, Gerhard; Linß, Elske	Qualitätsmanagement – Methoden und Werkzeuge	März 2024
Linß, Gerhard; Linß, Elske; Greiner, Philipp; Illhardt, Sebastian	Qualitätsmanagement – Integrierte Managementsysteme	März 2024
Malorny, Christian; Langner, Marc-Alexander	Moderationstechniken	Oktober 2007
Meister Holger; Meister, Uta	ISO 9001 in der Dienstleistung	Mai 2018
Müller, Götz	TWI – Training Within Industry	Juni 2018
Müller-Prothmann, Tobias; Dörr, Nora	Innovationsmanagement	November 2019
Neumann, Reiner	Die Kunst des Einfachen	November 2021
Osann, Isabell; Mattheis, Henrike; Götzenbrugger, René	Workbook Kreislaufwirtschaft	September 2021
Osann, Isabell; Mayer, Lena; Wiele, Inga	Design Thinking Schnellstart	Juli 2020
Peschke, Friedrich	Product Lifecycle Management (PLM)	September 2017
Petersen, Susanne	Führung und Zusammenarbeit in Managementsystemen	August 2016
Pfeufer, Hans-Joachim	FMEA – Fehler-Möglichkeits- und Einfluss-Analyse nach AIAG und VDA	Juli 2021
Preißner, Andreas	Balanced Scorecard anwenden	Juni 2019
Reiter, Markus; Sommer, Steffen	Perfekt schreiben	Juni 2013
Röd, Irina	Schritt für Schritt zum erfolgreichen Geschäftsmodell	April 2021
Rußegger, Johann; Koubek, Anni	Managementsysteme auditieren	Juni 2019

Erschienen im Carl Hanser Verlag		
Scheibeler, Alexander; Scheibeler, Florian	Easy ISO 9001:2015 für kleine Unternehmen	August 2019
Schmelzer, Hermann; Sesselmann, Wolfgang	Geschäftsprozessmanagement in der Praxis	April 2020
Seghezzi, Hans-Dieter; Fahrni, Fritz; Friedli, Thomas	Integriertes Qualitätsmanagement	September 2013
Sommerhoff, Benedikt	QM im Wandel	April 2021
Sommerhoff, Benedikt; Wolter, Olaf	Agiles Qualitätsmanagement	Juni 2019
Sondermann, Jochen-Peter	Poka Yoke	November 2018
Stauss, Bernd; Seidel, Wolfgang	Beschwerdemanagement	Januar 2023
Summerer, Alois; Maisberger, Paul	Teamwork agil gestalten – Das Mitmachbuch	August 2020
Theden, Philipp; Colsman, Hubertus	Qualitätstechniken	November 2013
Vahs, Dietmar	Qualitätsbewusstsein schaffen	Juli 2019
Wagner, Karl Werner; Käfer, Roman	PQM – Prozessorientiertes Qualitätsmanagement	September 2023
Wagner, Karl Werner; Lindner, Alexandra	WPM – Wertstromorientiertes Prozessmanagement	März 2022
Wagner, Karl Werner; Patzak, Gerold	Performance Excellence – Der Praxisleitfaden zum effektiven Prozessmanagement	Februar 2020
Weghorn, Roland	QM-Atlas	Januar 2022
Weidner, Georg Emil	Qualitätsmanagement	April 2020
Winz, Gerald	Einführung ins Qualitätsmanagement, 2., aktualisierte Auflage	März 2023
Zeller, Elmar	Layered Process Audit (LPA)	Januar 2018
Zollondz, Hans-Dieter; Ketting, Michael; Pfundtner, Raimund	Lexikon Qualitätsmanagement: Handbuch des Modernen Managements auf der Basis des Qualitätsmanagements	Juni 2016

Erschienen im Beuth-Verlag		
DIN EN ISO 9001:2015-11	Qualitätsmanagementsysteme – Anforderungen (ISO 9001:2015). Deutsche und englische Fassung EN ISO 9001:2015	November 2015
DIN EN ISO 9001/A1	Qualitätsmanagementsysteme – Anforderungen – Änderung 1: Ergänzungen zu klimabezogenen Maßnahmen (ISO 9001:2015/ Amd.1:2024); Deutsche und Englische Fassung EN ISO 9001:2015/A1:2024	November 2024
DIN EN 31000	Risikomanagement – Leitlinien (ISO 31000:2018), Ausgabe 10/2018	Oktober 2018
DIN ISO 37301	Compliance-Managementsysteme – Anforderungen mit Leitlinien zur Anwendung, Ausgabe 11/2021	November 2021

Erschienen beim VDA-QMC		
DIN EN ISO 9001:2015-11	Qualitätsmanagementsysteme – Anforderungen (ISO 9001:2015). Deutsche und englische Fassung EN ISO 9001:2015	November 2015
IATF	IATF Auditor-Leitfaden für IATF 16949, 5. Ausgabe	Januar 2025
IATF 16949	IATF 16949, Anforderungen an Qualitätsmanagementsysteme für die Serien- und Ersatzteilproduktion in der Automobilindustrie, 1. Ausgabe	Oktober 2016
Verband der Automobilindustrie	Prozessbeschreibung: Besondere Merkmale (BM)	April 2020
Verband der Automobilindustrie	Kundenspezifische Anforderungen, Erstellung kundenspezifischer QM-Systemanforderungen auf Basis der IATF 16949 Inhalte, Dokumentation und Erläuterungen, 2. überarbeitete Ausgabe	November 2018
Verband der Automobilindustrie	Produktintegrität	März 2021
Verband der Automobilindustrie	Reifegradabsicherung für Neuteile – Methoden, Messkriterien, Dokumentationen; 3., überarbeitete Auflage	Juni 2022

Erschienen beim VDA-QMC		
Verband der Automobilindustrie	Band 6 Teil 3 Prozessaudit. Potenzialanalyse, Produkt- und Produktionsprozessentwicklung, Produkt- und Produktionsprozessrealisierung, Serienproduktion. 4., überarbeitete Auflage	Januar 2023
Verband der Automobilindustrie	Band 5 Mess- und Prüfprozesse – Eignung, Planung und Management, 3., überarbeitete Auflage	Juli 2021
Verband der Automobilindustrie	Band 1 Dokumentierte Informationen und Aufbewahrung, 4., vollständige überarbeitete Ausgabe	August 2018
Verband der Automobilindustrie	Band 2 Sicherung der Qualität von Lieferungen, Produktionsprozess und Produktfreigabe (PPF) 6., überarbeitete Auflage	April 2020
Verband der Automobilindustrie	Schadteilanalyse Feld + Auditstandard 2., überarbeitete Ausgabe	November 2018
Verband der Automobilindustrie	8D – Problemlösung in 8 Disziplinen. Methode, Prozess, Bericht, 1. Ausgabe	November 2018
Verband der Automobilindustrie	VDA-Band Robuster Produktionsprozess – Produktherstellung und -lieferung, Voraussetzungen, Standards, Controlling, Beispiele, 1. Auflage November 2007, aktualisierter Nachdruck	November 2019

Die Autorin

Dipl.-Kff. Claudia Brückner führt seit mehr als 20 Jahren eine Unternehmensberatung im Bereich Qualitätsmanagement, insbesondere für den Bereich der Automobilindustrie. Dort ist sie für namhafte deutsche und internationale Unternehmen tätig.

Nach dem Studium der Wirtschaftswissenschaften war sie in verschiedenen Unternehmen als Qualitätsmanagerin und Projektmanagerin tätig.

Claudia Brückner unterstützt bei der Umsetzung von Managementsystemen nach IATF 16949, ISO 9001, VDA 6.2, ISO 14001 etc. und führt Prozessoptimierungen, Schulungen sowie interne und externe Auditierungen durch.

Sie ist Herausgeberin und Autorin von zahlreichen Fachbüchern, Artikeln und digitalen Medien im Bereich Qualitätsmanagement.

Index

U

V

W

Z

Ihr Plus – digitale Zusatzinhalte!

Auf unserem Download-Portal finden Sie zu diesem Titel kostenloses Zusatzmaterial.

Geben Sie dazu einfach diesen Code ein:

plus-zomm7-olbhi

plus.hanser-fachbuch.de

PI13881058
9879266